CW01525386

1 MONTH OF
FREE
READING
at
www.ForgottenBooks.com

By purchasing this book you are eligible for one month membership to ForgottenBooks.com, giving you unlimited access to our entire collection of over 1,000,000 titles via our web site and mobile apps.

To claim your free month visit:

www.forgottenbooks.com/free619708

* Offer is valid for 45 days from date of purchase. Terms and conditions apply.

ISBN 978-0-666-63725-3
PIBN 10619708

This book is a reproduction of an important historical work. Forgotten Books uses state-of-the-art technology to digitally reconstruct the work, preserving the original format whilst repairing imperfections present in the aged copy. In rare cases, an imperfection in the original, such as a blemish or missing page, may be replicated in our edition. We do, however, repair the vast majority of imperfections successfully; any imperfections that remain are intentionally left to preserve the state of such historical works.

Forgotten Books is a registered trademark of FB &c Ltd.
Copyright © 2018 FB &c Ltd.
FB &c Ltd, Dalton House, 60 Windsor Avenue, London, SW19 2RR.
Company number 08720141. Registered in England and Wales.

For support please visit www.forgottenbooks.com

6378

Ludwig Anzengruber

Vorstadtgeschichten

Herausgegeben von

Rudolf Latzke

188561.
24. 3. 24.

Kunstverlag Anton Schroll & Co.
Wien und Leipzig

Copyright 1920 by Kunstverlag Anton Schroll & Co., Wien
Druck von Christoph Reißer's Söhne, Wien

Inhaltsübersicht

Bekannte von der Straße

Der Herr Professor

In Großstädten finden sich wohl häufiger als anderswo merkwürdige, flüchtige Begegnungen, auftauchend wie eine Welle aus dem Menschengewoge und sogleich wieder von demselben eingeschlungen, oder sonderbare Bekannte von der Straße her, mit denen wir nie persönlich verkehrten, deren Wohnungen wir nie betraten, und die von unserer Existenz keine Ahnung haben, während wir mit allen ihren Eigenheiten vertraut sind, von der Einrichtung ihrer Zimmer bis herab zu den Nippsachen auf ihren Schreibtischen genaue Kenntnis haben, ja vielleicht sogar von ihrem Leben mehr wissen, als sie uns selbst zu sagen vermöchten, wenn sie uns ihre Geschichte erzählten.

Es macht sich das ganz leicht; eine Person interessiert uns, wir fragen ihr nach, und nun weiß der eine dies, der andere jenes über dieselbe zu berichten, und ehe wir es uns versehen, haben wir ein Bild von allem Tun und Treiben, Beginnen und Lassen des sonst so bescheidenen Auffälligen.

Jener alte Herr, der auf jeden Gruß seinen haarlosen Zylinder bis zu den Knien schwenkt, als wollte er sagen: „Zu viel Ehre, daß Sie sich bemühen, vor mir den Hut zu rücken", würde sich gewiß etwas unbehaglich fühlen, wenn er sich als Gegenstand unserer Aufmerksamkeit wüßte. Man nennt ihn den Herrn Professor, denn er versieht das Lehrfach für Mathematik und Geometrie an einem Realgymnasium. Er ward noch nie auf einem anderen Wege betroffen als auf dem vom Hause nach der Schule und von der Schule nach Hause, und diese Bahn durchläuft er mit der Regelmäßigkeit eines Gestirnes; in dem Kaffeehause, an dem er alltäglich vorübereilt, wissen wir ganz genau auf Stunde, Minute und Sekunde, wann sein Bild in den Rahmen der Spiegelscheibe eintritt und nach kurzer Verfinsterung derselben wieder verschwindet.

Er wohnt ziemlich entlegen von der Schule, an welcher er lehrt, bei der Witwe eines vor langer Zeit heimgegangenen Kollegen, den er bei dessen Lebzeiten nicht als solchen hätte bezeichnen können; denn er war als Knabe in das Haus desselben gekommen, hatte dort Aufnahme, Unterricht und Pflege gefunden und befand sich, als sein alter Lehrer starb, auf der niedrigsten Entwicklungsstufe zum künftigen Professor, nämlich im Stadium eines Lektionen gebenden Schülers.

Daß er sich entschloß, bei der Witwe des Verewigten zu bleiben, schrieb man keineswegs einer dankbaren Regung, sondern einem stark entwickelten Gewohnheitssinne zu, über jeden anderen Verdacht — obwohl die Hinterbliebene erst dreißig zählte und für hübsch galt — war er erhaben! Mutwillige behaupten, er hätte zwar bei jeder Aufmerksamkeit, welche der Frau Professorswitwe von männlicher Seite zu teil wurde, alle Qualen der Eifersucht durchgelitten, jedoch ohne das Leitmotiv der Liebe, bloß weil er fürchtete, bei einer durchgreifenden Änderung der Verhältnisse die Wohnung wechseln zu müssen.

Wie dem auch sei, gewiß ist, daß er kurz nach dem Tode des Seligen dessen Stube bezog, in deren vier Mauern seine Studien vollendete, Privatdozent und schließlich Professor wurde, und daß mittlerweile die Frau Professorswitwe ein sehr altes Mütterchen geworden war, das sich nun auf seine Hilfe und Pflege angewiesen sand.

Als er jene Stube bezog, war ausbedungen worden, daß kein Möbel umgestellt, kein Bild herabgenommen werde, daß in derselben alles so zu verbleiben habe, wie es der Selige verlassen; es unterlag daher einigen Schwierigkeiten, von der Beschaffenheit dieses Zimmers irgend einen Schluß auf dessen Inwohner zu ziehen, es war keines der Einrichtungsstücke, ja nicht einmal die Anordnung derselben sein eigen. Nur an der Wand über dem Schreibtische gewahrte man ein Bild. Der schwarze, unsaubere Rahmen und das erblindete Glas gaben beredtes Zeugnis von einer wenn auch verderblichen Sorgfalt, mit der ein jeder Staublappen ferngehalten wurde, es lag hier eine offenbare Vernachlässigung seitens der Frau Professorswitwe vor, es war nur zu gewiß, daß das Bild zu ihr in keiner Beziehung stand, und es ist sogar höchst wahrscheinlich, daß sie es über dem Schreibtische ihres Seligen nicht geduldet haben würde, denn es war das Porträt einer jungen Dame. Dasselbe war eine

Kohlezeichnung von einer sehr unglücklichen Hand und darnach angetan, selbst der bescheidensten Anforderung in das Gesicht zu schlagen; in der linken Ecke unter dieser strafwürdigen Mißhandlung eines wehrlosen Mitgeschöpfes zeigte sich noch hinter dem Glase ein fahlbrauner Gegenstand: bei näherem Zusehen erkannte man eine verstäubende Rose.

*

Der Herr Professor gehörte zu jenen Gestalten, an denen die Natur immerfort ausbessert und ausgleicht, und welche uns erst gealtert sympathisch werden, ja fast rührend aussprechen. Es stimmt uns wehmütig, aber es befriedigt zugleich unser Gerechtigkeitsgefühl, wenn einem Menschen das Alter gewährt, was die Jugend versagte — die freundliche Erscheinung.

Der Herr Professor war einmal jung gewesen, aber nicht zu seinem Vorteile. Der junge Hauslehrer machte keinen besonders günstigen Eindruck. Sein großer Mund schien beim Vortrage die von sich gegebene Weisheit sogleich wieder einschlingen zu wollen, dem Hörer das leere Nachsehen lassend, und selbst wo er eine innerste Überzeugung aussprach, bildeten sich an den Winkeln so arge, böse Falten, daß man fast glauben konnte, er spotte im stillen über die Leichtgläubigkeit des Auditoriums; die Nase war fast gar keine zu nennen, die Augen waren groß, starr und gläsern, die lange, hagere Gestalt ruhte auf großen, plumpen Füßen, und die dürren Arme hingen in argloser Selbstvergessenheit zu beiden Seiten des Rumpfes herab, erst unter den forschenden Blicken anderer erinnerten sie sich ihres Vorhandenseins und begannen in den wunderlichsten Gesten herumzuschwärmen, bis sie sich wie aufgescheuchte Nachtvögel wieder an den gewohnten Stellen zur Ruhe gaben. In Eifer geraten durfte der junge Mann gar nicht, weil er dadurch seine Schüler in die bedenklichsten Lachkrämpfe stürzte. Da er sich nie zu dem Wunsche verstieg, anders auszusehen, und sein ungünstiges Äußere als ganz selbstverständlich hinnahm, so fand er sich auch ohne Arg in die Stellung eines sehr gesuchten Hauslehrers für — junge Fräuleins.

In solcher Eigenschaft ging er auch in dem Hause eines höher gestellten Beamten aus und ein, welcher zwei hübsche Töchter hatte, und ihm erschienen seine Schülerinnen ebenso fröhlicher als echt weiblich verschämter Natur, da sie stets lachten, sobald sie seiner nur ansichtig wurden, und es oft geschah, daß sie während seines Vortrages unter merklichem Erröten ihre Taschentücher vor das Gesicht drückten und in Eile das Zimmer verließen; daß dabei jede vor der anderen die Türe zu gewinnen suchte, schrieb er der Regung des Schicklichkeitsgefühles zu, das eben keiner jungen Dame gestattet, mit einem jungen Manne allein zu bleiben, wenn auch derselbe allen Eigenschaften nach so unverfänglich sein mochte, wie er sich selbst dafür hielt.

Damals lebten seine Eltern noch und er besuchte dieselben alle Jahre in den Schulferien; bevor er diese Reise antrat, machte er in allen Häusern, wo er Unterricht erteilte, seine Abschiedsvisite, also auch in dem des höher gestellten Beamten, das er zuvor schon einige Monate nicht betreten hatte, da eine bedenkliche Erkrankung des älteren Fräuleins die Lektionen früher unterbrach. Als er wieder nach der Stadt zurückkehrte, vernahm er, daß seine ehemalige Schülerin kurze Zeit nach seiner Abreise verstorben war; es geschah ihm recht leid um sie, und er nahm sich vor, bei nächster Gelegenheit die Angehörigen des Mädchens aufzusuchen und ihnen seine aufrichtige Teilnahme auszusprechen.

Eines Tages nun führte er dieses Vorhaben aus und wagte den Besuch. Als er die Treppe hinanstieg, malte er sich die gramgefurchten Züge der Eltern, die tränenden Augen der Geschwister im Geiste lebhaft aus und geriet in eine weiche Stimmung. Er zog die Klingel und ward von der Dienstmagd eingelassen, fand aber nicht die Eltern seiner verblichenen Schülerin daheim, sondern nur deren Schwester und Bruder; der letztere, ein hoch aufgeschossener, etwa sechzehnjähriger Junge, lud den Herrn Lehrer, nach dessen ersten kondolierenden Worten, freundlichst ein, Platz zu nehmen.

Monate waren seit dem Todesfalle verstrichen, der erste Anfall des Schmerzes war verwunden, und nur mit leisem Finger, in Stunden wehmütiger Erinnerung, rührte er an das Elternherz, die Geschwister trauerten mehr um die Gespielin. Der Mensch lernt gar leicht vergessen, Freunde, Liebste, alles! Wir wissen ja auch, daß wir Eltern hatten, aber wir denken es kaum, wenn wir sie vor langem verloren. Das Schicksal spottet der Dauer all unserer Empfindungen, das Liebste räumt es uns wie Spielzeug hinweg aus dem Leben, wie Kinder greinen wir eine Weile darum, und wie diese geben wir uns endlich zufrieden. Der junge Hauslehrer kam also mit seinen Gefühlen etwas hinterher und ahnte wohl nicht, daß er weniger zu trösten als zu erheitern berufen war, nachdem man ihn auf den Stuhl genötigt, den er jetzt in steifer Unbeholfenheit einnahm.

Der junge Mann, der ihm gegenüber saß, leitete das Gespräch auf die unerwartetste Art ein, er bog sich etwas nach vorne und sagte, auf die Füße des angehenden Pädagogen deutend: „Sie tragen eine hübsche Beschuhung."

Der Angeredete war einigermaßen verblüfft und sah errötend hinab nach seinen Stiefeln; es waren wahrhafte Proletarier von Schuhzeug mit hie und da aufgesetzten Flicken und überdem so maßlose Ungetüme, daß man versucht war, zu glauben, sie ließen sich mit leichter Mühe aufklappen und an den etwas vorbohrenden Knien befestigen; der verschämte Lehrer bog die letzteren ein und ließ die Füße, so weit es anging, unter dem Sitzbrette des Stuhles verschwinden.

„Sie sind überhaupt ein schöner Mann", fuhr der Junge fort. „Nicht wahr, Schwester?"

Der sonst nie Geschmeichelte konnte sich in dieser ihm völlig neuen Situation nicht zurechtfinden, sie erschien ihm jedenfalls bedenklich, er wußte nicht, wo zu bleiben und was zu machen, und versuchte es, mit einem Auge nach den Parketten, mit dem andern nach dem Plafond des Zimmers zu blicken, was wohl kaum als probates Mittel gegen irgend welche Verlegenheiten anzuempfehlen sein dürfte.

„Die selige Erwina", sprach der lästerliche Bursche weiter, „hat das oft gesagt. Und, Herr Professor, da wir unter uns sind und Sie keinen Gebrauch davon machen werden, so kann es ja gesagt werden, Erwina hat Sie geliebt!"

Da schrak der höflichst zum Professor graduierte Student zusammen, daß er auf die gedeckte Stellung seiner Füße vergaß und mit denselben hervor über den glatten Boden schliff, er schloß die Augen und streckte die Arme von sich, als wollte er in schwacher Abwehr ein ohnmächtiges Apage stammeln, und sagte dann leise, den Kopf senkend: „Das war sehr — sehr gütig von dem Fräulein!"

Eine kleine Weile saß er vor sich hinstarrend, dann hob er langsam die Rechte und fühlte mit dem kleinen Finger nach dem Winkel des Auges, stand rasch vom Sitze auf und wollte fort.

Der junge Herr fing ihn am Rockärmel und hielt ihn zurück. „Einen Augenblick noch, Herr Professor. Nehmen Sie doch ein Angedenken mit."

Er stürzte ab und ließ seine Schwester, die innerlich über diese Vorgänge sehr empört war, in einer ganz eigenen Lage zurück. Die junge Dame fühlte zwar, daß sie der Ehre ihrer Familie schuldig wäre, diesem höchst ungeziemenden Spaß ihres Bruders ein Ende zu machen und einen derartigen Irrtum nicht aufkommen zu lassen; aber wenn sie nach dem langen Menschen nur aufblickte, dem die Wehmut gar abscheulich zu Gesichte stand, verlor sie die Fassung, und als sie es endlich zu überwinden glaubte, entschlossen auf ihn zutrat und er mit seltsam arbeitenden Zügen, nach Worten ringend, einen Schritt ihr entgegen trat, da wandte sie ihm schleunig den Rücken, eilte an das Fenster und sah ganz verzweifelt starr hinab nach der Straße, aber ja nicht zurück über ihre Schulter.

Der junge Hauslehrer war in derlei Dingen unerfahren wie ein Kind, und wie gemütsroh und unpassend ihm auch die Art erscheinen mochte, mit welcher ihm der Bruder der verstorbenen Erwina von deren stiller Neigung Mitteilung machte, so zweifelte er doch nicht an der Wahrheit des Vorgebrachten, eben weil kein Grund vorlag, ihm zu sagen, was sich zartfühlender hätte verschweigen lassen.

Der junge Mann kehrte mit einem Blatte Papier zurück, es war die schon erwähnte Kohlezeichnung, und drückte dieselbe dem Lehrer in die Hand. Setzte das junge Talent einigen Zweifel in das Auffassungsvermögen des Empfängers oder in die Vollkommenheit der eigenen Leistung —? Genug, er fügte erläuternd bei: „die Schwester".

Der Beschenkte warf einen flüchtigen Blick darauf, rollte das Blatt hastig zusammen, daß es aussah, als trüge er ein Kreuzerkerzchen in seiner breiten, grobknochigen Faust, und war mit zwei Schritten aus dem Zimmer, der Junge hinter ihm her, das Fräulein am Fenster hörte noch außen die Stimme ihres Bruders: „Ihr letzter Hauch war —", dann wurde die Türe, die nach dem Gange führte, heftig aufgerissen. Jetzt eilte die junge Dame zornglühend nach dem Vorzimmer, um dem Bruder seinen rohen Spaß gründlich zu verweisen. Draußen aber lehnte der lange Bursche in einem Winkel; um nicht laut zu werden, so lange der Mystifizierte noch in Gehörweite war, hatte er sich das Taschentuch in den Mund gestopft, und über diesem Knebel pfusterte er heraus und blickte mit den vergnüglichsten Augen in die Welt; er sah aus wie ein Dämon, der im Begriff ist, über seine eigene höllische Bosheit mit himmlischem Behagen zu zerplatzen; als er nun das Tuch entfernte und laut heraus brüllte, warf das Mädchen ärgerlich die Türe hinter sich zu.

Indessen war der junge Hauslehrer unten am Tore angelangt, er blickte auf nach den Fenstern der Wohnung, welche er eben verlassen hatte und nie mehr betreten wird, dann trabte er seines Weges; die Rechte, in welcher er sorglich das Röllchen hielt, hatte er an die Brust gedrückt. Es war Abend geworden, die enge Straße mit den hohen, grauen Häusern lag düster vor ihm, die nächste, in die er einbog, sah nicht freundlicher, und so blieb es Gasse aus, Gasse ein, bis er durch ein Stadttor auf das Glacis gelangte; dort war es lichter, aber der Rasen war fahl und das Laub auf den Bäumen welk.

Er achtete nicht darauf. Er dachte an seine Eltern. Er dachte zurück, so weit er sich besinnen kounte, bis auf die Zeit, da er als Kind neben den beiden rüstigen Leutchen einhersprang, und daran knüpften sich Träume, wie er nie zuvor welche gehabt. Er trieb sich lange im Freien herum und kam erst spät nach Hause, die Zeichnung barg er in der Lade seines Schreibtisches, nahm sein frugales Abendbrot und ging zur Ruhe. Einmal noch drehte er den Schlüssel und sah in dem Versteck nach dem Bilde, dann legte er sich stille. Er hätte weinen mögen, aber er kam nicht dazu; es geschah ihm zu weh, um froh zu sein, und zu wohl, um sich ganz ohne Trost zu fühlen.

Dieses Herz, das sich ihm gegeben, ihm, der nach keinem zu suchen verstand, es war wohl das einzige, das er jemals auf dieser Welt sein nennen sollte. Und denn doch das eine!

Der Morgen darauf fand ihn auf dem Friedhofe, an dem Grabe Erwinas. Er stand davor ohne Gedanken, ohne Worte, er hätte daher auch niemandem zu sagen gewußt, was er fühlte; er klagte weder die Natur an, noch forderte er, daß sie ihm diese Tote herausgebe.

Es wäre ihm auch übel bekommen. Die Wiedererstandene würde, wenn sie seiner ansichtig geworden, gewiß gelächelt haben, ganz so wie bei ihren ersten Lebzeiten, aber wenn er mit dem näheren Sachverhalte herausgerückt wäre, hätte sie sich wohl höchlich verwundert, die dunklen Brauen finster zusammengezogen — was ihr übrigens gar nicht übel zu Gesichte stand — und etwa gesagt: „Wie mögen Sie sich nur derlei in den Kopf setzen lassen, Erbarmungswürdigster? Ich — Sie? Welch ein Gedanke? Und was für ein Einfall, Tote zu erwecken, um diese und sich selbst lächerlich zu machen! Lieber noch einmal sterben, als mich die Ihrige nennen!“ Spräche es und stiege trotzig wieder in ihre Grube.

Aber wie gesagt, er hatte gar nicht die himmelstürmende Intention, die Tote wieder an das Licht der Sonne zurückzurufen, vielleicht beschlich ihn sogar eine heimliche Furcht, wenn er sich im Umgange mit der Lebenden dachte, der er sich weder in geistiger noch leiblicher Beweglichkeit gewachsen fühlte, während er im einseitigen Verkehr mit der stillen Toten sich nichts vergeben konnte. Er begnügte sich, aus einem Kranze, der auf dem Hügel lag, eine der besser erhaltenen Rosen zu lösen, — dieselbe, die jetzt unter dem Bilde zerstäubt — und legte sie zwischen die Blätter eines Buches, dann bückte er sich noch etwas tiefer, hielt den Atem an sich, fuhr mit der Hand sanft über die welk niederhangenden Grasbüschel, als striche er über das Haar eines Schlummernden, und ging stille von hinnen.

Jahr für Jahr, immer einige Tage nach Allerseelen, um nicht mit den Angehörigen Erwinas zusammenzutreffen, besuchte er den Friedhof und legte ein Immortellensträußchen auf das Grab. So wurde es immer länger und länger her, in die Reihen der alten, verwitterten Denkmale schoben sich mehr und mehr neue, blanke Steine ein, die jüngst Gestorbenen verdrängten die von vorlängst, er fand das Grab immer verwahrloster und endlich gar nicht mehr. Ja, es kommt ein Tag, wo jedem Toten sein Angedenken nachstirbt.

Nachdem solchergestalt dem Herrn Professor die

örtliche Gelegenheit zur Betätigung seiner Gefühle benommen war, verlegte er deren Pflege nach seinem Innern und die Räumlichkeit nach seinem Zimmer, was ungleich bequemer war und nichts verschlägt.

Den Allerheiligentag hat er für sich, und an selbem darf niemand vor, selbst der Bedienerin nimmt er mittags und abends die Speiseschalen unter der Türe ab. Wenn er am Morgen dieses Tages an den Schreibtisch tritt, da langt er das Bild von der Wand herab und fährt mit dem Ärmel seines Schlafrockes über das trübe Glas. Mittags rückt er sein kleines, reinlich gedecktes Tischchen nahe an den Sekretär. Und wenn ihm recht wohl geschehen soll, muß es außen kalt und stille sein, Schnee in großen Flocken rasch zur Erde fallen und nur manchmal ein lustiger Windstoß dazwischen fahren, daß alles, wie erschreckt, durch einander wirbelt, während von der Stubenecke her das Feuer im Ofen hell aufflackert und laut knistert. Dann sitzt er still behaglich für sich, es liegt ihm im Ohre wie leichte, schwebende Tritte — wie das Rauschen eines Kleides — wie helles Lachen ....

In diesem Leben sollte es nicht sein. — Das Grab deckt ein Geheimnis so wohlig und traulich wie dieser Tag. — Vielleicht einmal doch, — später. — Wer weiß es? Wer weiß davon überhaupt?

— — — — — — — — — — — — — — — —

— — — — — — — — — — — — — — — —

Tags darauf ist der Herr Professor, wie alle Tage des Jahres, wieder der Alte, nur an diesem einen erlaubt er sich zu schwärmen und glaubt dazu allen Anlaß zu haben.

Und wenn man ihm jetzt, nach so langen Jahren, sagte, daß dem nicht so sei, würde der alte Mann mit zitternden Händen nach dem Bilde langen, um es zu entfernen? —

Nein, er würde es nicht.

Wer aber vermöchte auch, es ihm zu sagen, wer hätte das Herz dazu? Ich habe Umfrage gehalten bei fröhlichen Gesellen, die nicht leicht einem Scherze aus dem Wege gehen, sie meinten aber, das wäre keiner.

Ein Wilder von Profession

Johann Knöpfelmacher hieß er, war aber Kammmacher gewesen. Das waren seine besten Tage, als er seine Werkstätte auftat, zwei Gesellen beschäftigte, ein dralles Weibchen in der Küche wußte und in der Stube zwei übermütige Knirpse sich herumtreiben sah, die sich auf den Dielen wälzten und in die Hornspäne bliesen, daß sie davonstoben. Aber die Herrlichkeit dauerte nicht lange, von „da draußen" wurden Kämme auf den Markt gebracht, die trotz Zoll und Spesen wohlfeiler kamen, als sie hierorts zu erzeugen waren, was Wunder, daß sie denn auch von den Leuten gekauft wurden? Da mußte denn erst der eine Geselle, dann der andere weggegeben werden, und bald fielen gar keine Späne mehr auf den rein gescheuerten Stubenboden. Nun ging die Frau Kammacherin zu den Lenten ins Haus waschen, und der Herr Meister bediente ein paar alleinstehende Junggesellen, welchen aber weder Jugend noch Unerfahrenheit, sondern nur ihr Hagestolzentum zu dieser sonderlichen Bezeichnung verhalf, diesen klopfte und bürstete er die Kleider und putzte ihnen die Stiefel. Aber das wollte doch nicht langen und nicht reichen.

Eines Tages nun legte der ehemalige Kammmacher Ausklopfstäbchen und Bürste beiseite und bedeutete seinen bisherigen Gönnern mit — wie es schien — etwas gedrücktem Selbstgefühl, daß er eine anderweitige, lohnendere Beschäftigung gefunden; über deren Beschaffenheit ließ er sich nicht aus, doch brach er jedem Versuche, ihn etwa festhalten zu wollen, von vorneherein die Spitze ab, indem er mit bedeutsamem Lächeln so nebenhin etwas von einem Taglohne in der imponierenden Höhe eines Guldens verlauten ließ. So viel wandte kein alternder Junggeselle an die Reinigung seines äußeren Menschen.

Von da ab konnte man ihn von der Straße her kennen, aber man mußte früh aufstehen oder spät heimkehren, um seine Bekanntschaft zu machen.

*

Wie Lichtental, Spittelberg, Gumpendorf und andere sogenannte „alte Gründe" Wiens, deren Gedächtnis für die jüngere Generation nur mehr in Straßenaufschriften lebt, wurde auch Hungelbrunn einem der neuen, großen zehn Bezirke einverleibt, und zwar dem vierten.

Hungelbrunn klingt nicht hochtrabend, auch war der Grund, welcher diese Bezeichnung trug, ein bescheidener und ist es geblieben, er bemühte keine Baukünstler, sondern beschied sich mit Maurern, welche im städtischen Hüttenbau erfahren waren, und wenn sich heute noch die Hungelbrunner als solche fühlen wollen, so steht dem gar nichts entgegen, es gleicht das nur der Bescheidenheit eines Menschen, der in vornehmerer Gesellschaft sich etwas zurückhält.

Es gibt dort ebenerdige Häuser mit langer Front, zwei Seitentrakten und einem Hintertrakte, die im Gevierte einen großen Hofraum einschließen und aussehen wie etwa ein Dutzend an einander geschobene Hütten. Wenn es gegen Morgen am Himmel graut und der Frost vor der Sonne einhergeht, da schiebt sich an der Türe einer solchen Hofwohnung der Vorhang, der zwei Glasscheiben bedeckt, zurück, denn die fest schließende Wintertüre hangt nachtüber offen in den Angeln, ein Mann blickt nach der Witterung aus, und scheint ihm die entsprechend, dann tritt er in den Hof; er verabschiedet sich mit einigen Worten, die er halblaut zur Stube hineinspricht, als gälte es, jemand nicht im Schlafe zu stören, leise schließt er die Türe und entfernt sich. Er geht die Straße rasch dahin, etliche Milchwägen oder Gefährte, mit Grünzeugbutten beladen, rasseln an ihm vorüber, auch einzelne Weiber, die mit Waren auf den Markt ziehen, begegnen ihm, sonst ist alles ruhig, wie ausgestorben, die Stadt schläft noch.

Der Mann ist nahe an fünfzig, klein und mager von Gestalt, er trägt eine schwarze Kleidung, eine sehr hochfährtige Hülle, die sich auf Kosten des Ganzen an etlichen Stellen einem höchst ungerechtfertigten Glanze hingibt, der Rock ist bis zum Halse hinauf zu, und das blanke Blech der Knöpfe lugt neugierig durch das faserige Netz des abgeriebenen Tuches, auch die Stiefel scheinen, ihrer behäbigen Breite nach, allen Tritten seitwärts ausgewichen und ein paar durchgeriebene Gesellen zu sein, nur der Hut teilt keine der üblen Eigenschaften der anderen Gewandstücke, er hat aller Eitelkeit in bezug auf Form und Farbe entsagt und bescheidet sich, als treuer Filz unbestimmbarer Kategorie das anvertraute Haupt zu schützen; dieses selbst ist von langen, wirren Haarbüscheln umgeben, darunter zeigt sich ein Gesicht, das mit den dunklen, etwas matten Augen, der breiten, geraden Nase und den wulstigen Lippen wohl für gutmütig gelten konnte. Das Männchen huscht wie scheu auf dem Wege dahin, nur manchmal überkömmt es eine sprunghafte, katzenartige Behendigkeit, und dazu schneidet es eine Fratze, gerade übel genug, um minder aufgeweckte Kinder fürchten zu machen, aber das scheint nur eine Angewöhnung und nicht in seiner Natur zu liegen.

Heller war es geworden, als Knöpfelmacher die Praterstraße erreichte und an deren Häuserreihe rasch dahinschritt. Plötzlich schlug ein Ton an sein Ohr, der ihn erschreckt aufblicken machte. An einem Fenster des Erdgeschosses lehnte ein Mann, der behaglich aus einer türkischen Pfeife dampfte, und ihm zur Seite stand ein Käfig mit ein paar Turteltauben. Die Tiere gurrten. Der gewesene Kammmacher warf ihnen einen Blick ungeheuchelten Abscheues zu und führte die Hand nach dem Kehlkopfe, als würge ihn dort ein Gefühl des Ekels. Darüber lachte der Mann im Fenster laut auf, und Knöpfelmacher warf im Weitereilen die Rechte gegen Himmel empor, als wollte er unsichtbare Mächte zu Zeugen einer angetanenen Unbill aufrufen.

Im Prater war es noch stille, nur die Vögel lärmten, Tau glitzerte auf dem Grase, da und dort tauchte zwischen den Bäumen eine weiße Gestalt auf, mit einer Kreunze auf dem Rücken oder einem Zöger über der Schulter, ein Bäckergehilfe oder Fleischerknecht, welcher einem Wirte den täglichen Bedarf zutrug. Kreuzt einer dieser Gesellen den Weg des einherhastenden Männchens, so geschieht das mit so vertraulichem und aufdringlichem Gruße, etwa wie man einer Maske zunickt: Du, ich kenn dich! Und wie eine solche, allen Erkennungsszenen abhold, wendet sich Knöpfelmacher in unwilliger Verlegenheit und rennt mit eiligeren Schritten dahin, bis er endlich in einer Schaubude verschwindet.

Sei willkommen in diesem kleinen, leinwandumfriedeten Raume, Held des Tages!

Es war eine ambulante Schaubude mit Bretterwänden und einem Leinendache, die ersteren braun angestrichen, das letztere mit blauen Streifen bemalt, den Winter über hielt sie sich an den Linien Wiens oder auf den Hauptplätzen der Vororte auf, und mit Beginn der milden Jahreszeit übersiedelte sie nach dem Prater.

Eine Bretterwand, mit rotem Plüsche verkleidet, und zwei Vorhänge von gleichem Stoffe zu beiden Seiten derselben bildeten einen kleinen Vorraum, da stand ein sehr schmales Tischchen, das war auch rot ausgeschlagen, und dahinter saß eine sehr breite Dame, die trug ein schwarzes Seidenkleid und schwitzte dabei, vielleicht weil es schwarz war, denn ein schweres war es nicht; aber indem sie rechts und links um ein gutes Stück hervorsah, hob das das Rot des Tischchens ganz prächtig. Nur an ihr vorüber — und das hatte seinen guten Grund — gelangte man zu den Sehenswürdigkeiten der Bude. Zwei kühne Schildereien, die außen an den Bretterwänden hingen, bereiteten auf dieselben vor; es waren zwei höchst interessante Stücke, entweder hatten sie die moralische Mission, durch den Verbrauch von nur einigen wenigen Farben in dem Beschauer Sinn für Einschränkung und Sparsamkeit zu erwecken, oder es waren Versuche, uns die Malerei aus Urzeiten zu vergegenwärtigen, wo man nur zwei Farben kannte, rot und schwarz, und die anderen vielleicht nur als Nüancen davon oder wohl gar nicht empfand. Das eine Bild war „Marine", das andere lebensgroße Figur. Auf dem ersten war ein orangefarbes Schiff im Begriffe, in schwarzer See an ziegelroten Felsen zu scheitern, darüber stand „Weltpanorama", auf dem zweiten war ein roter, nackter Mensch, der sich selbst schwarze Schlagschatten auf die Haut warf.

Ein leibhafter junger Mensch, so eckig und ungelenk wie der gemalte, nur besser bekleidet, steht mit einem Stäbchen bewaffnet neben dem Bilde.

Vormittags, wo der Prater nur von einzelnen Spaziergängern besucht wird, erweckt dieser junge Mann durch stilles Wesen und Bescheidenheit ein günstiges Vorurteil, er prüft die Vorübergehenden mit unauffälligen Blicken, und nur in seltenen Fällen tritt er auf einen derselben zu und murmelt eine

Einladung, „den Wilden zu besichtigen", welche jedoch gewöhnlich abgelehnt wird. Ruhig kehrt er dann auf seinen Posten, rechter Hand vor der Hütte, zurück und sonnt sich, gähnt von Zeit zu Zeit, oder wenn ihm die Sonnenstrahlen das Gesicht schief ziehen, dann niest er wohl gar.

Wunderbare Verkettung der Einwirkung von allem auf alles im All! Welche ungeheure Weiten des Raumes liegen zwischen dem flammenden Sonnenballe und den Schleimhäuten unserer Nase! Und doch wie erschütternd ist die Wirkung! Um wie viel gewaltiger muß sie wohl auf dem sonnennahen Merkur sein, wo sich die Niesenden vermutlich in Krämpfen winden? Gewiß, sie haben dort mehr Recht, einander „Helf Gott" zuzurufen, und wir können wohl mit dem weniger drastischen „Zur Gesundheit" unser Auslangen finden.

*

Der Nachmittag, wo sich in den Alleen des Praters tausende Erholung Suchende herumtreiben, ändert das Ansehen der Vergnügungsorte und das Gebaren der Unternehmer und der Bediensteten.

Auch der stille, bescheidene junge Mann vor der Schaubude ist wie ausgewechselt. Er murmelt nicht mehr seine Einladung, er brüllt sie der Menge vor, er herrscht diese an, daß man die Bude besuchen müsse, um überhaupt sagen zu können, man habe etwas gesehen. Dazu agiert er wie besessen mit dem Stäbchen, und es wird nun der Gebrauch desselben klar, er interpunktiert nämlich damit seine Rede.

Ein kurzer Hieb in die Luft versinnlicht den Beistrich, ein Hinweisen auf das Bild wiegt so schwer wie ein Strichpunkt, und ein Schlag auf die bemalte Leinwand, daß es klatscht, ist so gut, wo nicht besser, als ein Ausrufungszeichen. In seiner Rede läßt er das Weltpanorama links liegen und hält sich vorzugsweise an den Wilden.

„Hereinspaziert, meine Herrschaften! Immer hereinspaziert!"

Er beschreibt lässig einen Bogen, etwa das Viertel eines Kreises, mit dem Stäbchen gegen das oberwähnte Marinestück. Das bedeutet etwa so viel als: darüber habe ich nur so nebenher, „eingeklammert", ein paar Worte zu sagen. Damit ja niemand das Nebensächliche dieses Gegenstandes mit der in Aussicht zu stellenden Hauptsache verwechsle, beginnt er sogar mit einem Folgesatze seine Rede, für deren Form und Inhalt der Verfasser dieses keine Verantwortung übernimmt.

„Hier wird weiter noch gezeigt das ‚Weltpanorama', ein lehrreicher Anblick für Kinder und Erwachsene. Währenddem hier einzig und allein lebend in Europa zu sehen ist ein wirklicher Buschklepper, das ist ein wilder Indianerneger, geboren auf den Azorinseln in Neuseeland!

Das muß man sehen, mit eigenen Augen, wie dieser untergeordnete Mensch der lebenden Taube den Kopf abbeißt und das Blut aussaugt, sonst würde man es nicht für möglich halten! Hereinspaziert, immer herein! Die Fütterung beginnt gleich!"

Hinter dem Leinen erhob sich ein Gebrüll.

„Aha!" sagte der Ausrufer. „Er hat schon Hunger. Es kann angehen, kann angehen! Bitte, meine Herrschaften, einzutreten und sich zu überzengen. Nur zehn Kreuzer Entree. So billig kommt man nimmer dazu. Nach der Fütterung folgt ein Kriegstanz, mit welchem sich diese wilden Völker unter einander fürchten machen, und welcher auch auf jeden Gebildeten einen abschreckenden Eindruck nicht verfehlt! Immer herein! Es gehört zu den seltensten Naturereignissen, diesen merkwürdigen Menschen in seiner Naturtätigkeit zu betrachten!"

Wenn ein Redner in einer Ansprache an die Menge gezwungen ist, zu öfteren Malen den gleichen Gegenstand zu berühren, so steht es ihm wohl an, wenn er plötzlich abspringend an eine einzelne Person seine Worte richtet; es benimmt das der Wiederholung ihre Eintönigkeit und kräftigt dadurch den Eindruck. So auch unser Volksredner. Er wandte sich an ein Bauernweib, das mit einem dumm glotzenden Jungen an der Hand andächtig zuhörte.

„Frauerl, Sie da!" schrie er sie an. — Sie erschrak nicht wenig darüber. — „Sie müssen mit dem Buben da herein kommen! So etwas sieht er sein Lebtag nicht wieder und kostet nur zehn Kreuzer. Ein wirklicher Buschklepper, der wildeste Indianerneger, auf den Azorinseln in Neuseeland geboren. Nur hier zu sehen! Sogleich! Sogleich!" —

Hier folgte Schlag auf Schlag mit dem Stäbchen nach der bildlichen Darstellung des Angepriesenen.

Etliche wandten ihre zehn Kreuzer daran, die

Mehrzahl aber blieb unbeweglich vor der Bude stehen, sie wollte erst aus den Mienen der Zurückkehrenden entnehmen, „ob es auch der Müh wert sei, da hineinzschauen“. Manchen ließ die Neugier seine eigene Vorsicht bereuen, als er nach Verlauf weniger Minuten, nicht ohne einigen Schauer, das schon einmal gehörte Gebrüll vernahm, darauf folgte Stille — beredte Stille —, es ging etwas da drinnen vor. — Darauf erhob sich in der Bude ein Gepolter, wie von verwegenen Sprüngen auf einem wackeligen Podium, und nachdem auch dieses Geräusch erstorben war, drängten alle, welche darinnen gewesen, wieder heraus ins Freie.

Harmlose, allzeit zufriedene Gemüter sagten im Weggehen: „Schön war's!“

Andere meinten, „es wäre halt eben eine Dummheit, wie viele andere da herunten.“

Es fehlte aber auch nicht an kritisch abwägenden Stimmen.

Ein untersetzter, fettleibiger Bursche mit einem hohen, schmalkrämpigen Zylinder auf dem runden Kopfe, mit breitem Gesichte, das durch die große Masche des Halstuches abgeschlossen erschien, sagte: „'s ist schad ums Geld dafür!“

Sein Begleiter war ein hagerer, langer Mensch, hatte eine formlose Seidenkappe auf dem Kopfe sitzen und trug darunter die Scheitel nach den Schläfen vorgestrichen und dort sorgfältig aufpomadet. Sein Halstnch war in einen Knoten geschlungen und ließ zwei breite Zipfel herabflattern. Er war eben bemüht, eine Virginiazigarre in Brand zu setzen; während er an dem Stroh derselben sog, nickte er bloß zustimmend, und als er das Zündhölzchen, das ihm die Finger braun sengte, wegwarf, sagte er: „Wir wissen schon auch, was ein Wilder ist. Vor der Mariahilfer Linie haben sie einen bessern gehabt, der heißt nichts!"

„Der soll seine Landsleut schrecken, aber uns nit!"

Doch da begann schon wieder das Geschrei des Ausrufers, es strömten frische Neugierige zu, wieder ließen sich manche locken, und andere bildeten heraußen die Gruppe der Unentschiedenen, und dieses Treiben dauerte fort, bis die Erde in ihrem unermüdlichen Wirbeltanze die fernen Berge vor der Sonne aufrollte und deren Antlitze das weitgebreitete Wien und die Auen des Praters entzog und die ganze Gegend in eine laue Mondnacht versenkte.

*

Der Leser wird bemerkt haben, daß ich es nicht unterlasse, jeden Absatz mit einer emphatischen Apostrophe, einem überraschenden Gedauken oder einem neuartigen Bilde zu schließen. Zuvor habe ich auf Grund des Nießreizes, der uns aus Sonnenweite überkömmt, einen Gedanken ausgesprochen, der manchen Gelehrten zu tiefen Forschungen anregen könnte, und einmal in den wissenschaftlichen Stil hinein geraten, bediente ich mich an letzter Stelle auch eines Bildes, das gegenüber der alten Angewöhnung der Wahrheit die Ehre gibt. Ich lasse die Sonne nicht auf- und nicht untergehen, weil man ihr das seit geraumer Zeit nicht mehr nachsagen kann und eine so wahrheitsgetreue Schilderung wie die vorliegende kein irrtümliches Bild verträgt.

Hoch am Himmel glänzte der Mond. Man hat offenbar Unrecht getan, den schlauen, skrupellosen Mäkler für einen harmlosen, freundlichen Gesellen zu nehmen, denn abgesehen davon, daß er in neuerer Zeit stark im Verdachte steht, bei Erdbeben hervorragend mitbeteiligt zu sein, so ist doch von alther bekannt, daß er Kuppelei treibt und nebenbei Sonnenlicht, welches er in Kommission übernommen, stark verwässert den Wesen der Erde anbietet; aber die wenigsten, nur scheue oder arge Gesellen, machen davon Gebrauch, anständige Geschöpfe — das allein spricht schon wider ihn — lassen sich nicht täuschen und schicken sich bei seinem Kommen zur Nachtruhe an. Die Vögel duckten das Köpfchen unter die Flügel oder hielten es sonst damit, wie je nach ihrer Art Schlafens Brauch war, die Bäume senkten das Laub, die Gräser die Halme. Ein bißchen Geschrill und Gezirp ertönte noch eine Weile von den Rasenplätzen her, bis auch dieses erstarb; die eingetretene Stille wurde nur mehr hie und da durch das Lärmen und Lachen einzelner Gäste unterbrochen, welche spät nachts noch an den Wirtshaustischen im Freien saßen, über ihnen flammten Gaslichter, und geflügelte Insekten hielten daselbst eine gefährliche Nachtwache, mehr als ein Falter stürzte mit versengten Flügeln hilflos in die Glasglocke.

Der Prater war still und menschenleer geworden. Da regt es sich in dem tiefen Schatten der Schaubude und das Männlein, das frühmorgens so vorsorglich hineinhuschte, tritt hervor in das helle Mondlicht. Johann Knöpfelmacher — der Wilde!

Eile scheint er nun keine zu haben, er wandelt vielmehr jenen bedächtigen Schritt, wie Kinder und Betrunkene, auf „alle Fälle" vorbereitet.

Kindlicher Unbeholfenheit kounte sein unsicherer Gang nicht zugeschrieben werden, so blieb denn leider zur Erklärung desselben nur die Annahme des minder unschuldsvollen Zustandes über. Er behauptete übrigens, daß er das wildeste Stück Wildheit nicht ohne einige Herzstärkung würde leisten können, das Herz stärken kann aber bekanntlich nur der Branntwein.

Wenn er aber nachts heraustrat auf gebahnte Wege, heimgeleuchtet von endlosen Reihen flammender Lichter, umwittert von allen Segnungen der Kultur, die er tagüber verleugnen mußte, um nur zum Genusse eines ganz geringen Teiles derselben zu gelangen, da war er nicht mehr starken Herzens, da tröstete ihn nicht einmal die behördliche Bewilligung zur Schaustellung urzuständlicher Vernachlässigung des menschlichen Geschlechtes, er ward sich der ungeheueren Lüge seines Daseins bewußt und sank — ein ungebärdig greinendes Kind — zurück an den Mutterbusen der Zivilisation.

Nachdem er tagüber durch rauhes Gebrüll sich seine Mitgeschöpfe entfremdete, fühlte er nunmehr das Bedürfnis, durch sanfte Klage wenigstens eines derselben für sich zu gewinnen. In diesem Drange schloß er sich dem ersten besten, welcher des Weges wandelte, an, suchte mit ihm Schritt zu halten und sprach zu ihm als Mensch zum Menschen; nur mußte der Betreffende ebenso schlechtes Deutsch sprechen oder wenigstens Verständnis dafür haben.

„Guten Abend! Sie erlauben schon, lieber Herr, daß ich ein kleines Stückerl mit Ihnen geh, denn hier herunten ist man vor keinem Gesindel sicher; obwohl ich als ganz unvermögender Mensch kaum einen anständigen Spitzbuben aus seinem Schlupfwinkel herauszulocken vermöcht, so fürchte ich doch mehr den Schrocken als einen Anfall."

Meistens murmelt der Angeredete einige unverständliche Worte, welche eben so gut für „Seien Sie mir willkommen" oder „Scheren Sie sich zum Teufel" verstanden werden können, und beschleunigt seine Schritte, aber Knöpfelmacher stürzt eilig hinterher.

„Denken Sie nicht, Euer Gnaden, daß ich Ihnen anbetteln will! Gott sei Dank" — er schlägt an seine Brusttasche, daß der Rockknopf, der in der Nähe an einem langen Faden gleich einer reifen Kirsche baumelt, wild emporschnellt —, „Gott sei Dank, hier trag ich einen ganzen Gulden, im Schweiße meines Angesichtes verdient, ein Blutgeld, werden Sie sagen, mein lieber Herr, wenn ich Ihnen auseinandersetz, was ich dafür tun muß! Ja, so weit ist es mit mir gekommen! Mein Herr, ich steh heutigen Tages noch als ehrlicher Mann vor aller Welt und vor Ihuen da; aber vor paar Jahren, da bin ich anders dagestanden. Da war ich noch ein aufrechter Kammacher, und es ist mir nicht darauf angekommen, alle Sonntag meine Alte und unsere zwei Buben da herunter in den Prater zu führen. Damals waren das noch glückselige Tage, mein Herr! Aber seit wir zu Grunde gegangen sind, darf mir keines von meiner Familie nur auf daher denken. Nicht denken, sage ich, mein bester Herr, denn mittlerweile bin ich des lieben Brotes willen ein hiesiger Wilder geworden!"

Hier findet gewöhnlich der „beste Herr" die Gesellschaft Knöpfelmachers doch gar zu ungemütlich und macht den Versuch, entweder ein paar Schritte Vorsprung zu gewinnen oder eine Strecke zurückzubleiben. Knöpfelmacher ist auf diese Taktik seiner Opfer vorbereitet, er taumelt immer die richtige Diagonale, um den Weg nach vor- oder rückwärts abzuschneiden.

„Ja, mein bester Herr, Sie erstaunen sich! Aber so weit kann es in Wien, in der Großstadt Wien, ein kleiner Geschäftsmann bringen, daß er sich aus Not hier herunten im Prater für Geld sehen lassen muß, als Wilder, neben Frauenzimmern, die ohne Unterteil gezeigt werden, und die ich oft, auf dem Weg hieher, mit gesunden Füßen vor mir herlaufen seh, und neben fettsüchtigen Weibern, die sich Riesendamen nennen, und müssen doch gegen manche Fleischersfrau und Bäckin zurückstehen, die für ganz unentgeltlich all Tag im Laden sitzt. Ja, solch einen Schwindel verlangt das Volk, dafür hat es ein Geld!

Mir als armem Teufel und abgewirtschaftetem Kammacher ein Zehnerl zu schenken, das wär keinem eingefallen — freilich sind wir ruinierten Geschäftsleut in Wien jetzt keine Seltenheit mehr —, aber das Eintrittsgeld zum Wilden, das legen sie ohne Widerred nieder, da gehen sie hinein mit Weib und Kind und sehen weder was Schönes noch etwas Lehrreiches und haben oft vierzehn Tag darnach — weil die Kinder alles nachmachen — das Haus voll Gebrüll, närrischem Herumtanzen und unnötiger Tierquälerei!"

Hier schlug Knöpfelmachers Groll gegen die Welt plötzlich in eine weiche Stimmung um, deren Auslassungen er ein gewisses Pathos verlieh, indem er rein „nach der Schrift" zu sprechen versuchte.

„Geehrter Herr! In aller Frühe muß ich schon vom Hanse weglaufen, wenn die Kinder noch schlafen, und wenn ich jetzt heimkomme, da schlafen sie wieder. Mein eigen Fleisch und Blut ist mir im wachenden Zustande unbekannt! Mich kennen sie gar nicht. Aber es wird ein Tag kommen, wo sie ihren Vater kennen lernen werden, wenn dieser daliegt und nicht mehr aufsteht und ihnen die Mutter sagt: Der ist es gewesen! Und die Nachbarsleut werden sagen: der hat im Prater einen Wilden gemacht! O, mein hochgeehrter Herr, ist dieses ein Leben? Wenn es einen Gott gibt, so sitzt der jetzt da und schaut mir zu!"

Wenn hier Knöpfelmacher die feuchten Augen anklagend gegen Himmel richtet, so ist in den meisten Fällen sein Begleiter so rücksichtsvoll, das Taschentuch an — den Mund zu drücken.

„Und doch muß man Gott danken, daß es die Natur so weise eingerichtet hat, daß meine Buben jetzt schlafen, denn wenn sie ihren Vater in einem Zustande erblicken möchten, von dem sie noch gar keine Ahnung haben, der aber Euer Gnaden wohl aufgefallen sein dürfte, was möchten sich die Kinder da wohl denken? Sehen Sie, niemand, der nicht weiß, was das für ein Geschäft ist, ein Wilder zu sein, hat einen Begriff, welch ein notwendiges Übel der Branntwein ist. Aber was tut man nicht alles für Weib und Kind!

Denken sich Euer Gnaden, Sie hätten auch einmal etwas gelernt und wären wer gewesen und müßten sich jetzt von dem Ausrufer den ganzen Tag als Buschklepper und untergeordneten Menschen hinstellen lassen und dann hinaus vor die neugierigen Leut, denen einen Narren vormachen! Von dem Kriegstanz zum Schluß red ich gar nicht, wo einer mit der Lanze in der Hand herumhupfen kann wie ein Zimmerputzer mit dem Besen, wenn er Parketten wichst; das ist Kinderei! Aber was möchten Sie sagen, wenn Ihnen vorher mein Prinzipal eine lebende Taube zuwirft, Sie müßten ihr mit eigenen Zähnen den Kopf abreißen und tun, als ob Sie ihr das Blut aussaugen täten!? Und nicht bei jeder Produktion ist die lebende Taube lebendig, das möcht zu viel kosten, so krieg ich öfter die schon gebrauchten vorgeworfen, die Vorstellung muß aber ihren ordentlichen Verlauf nehmen — Herr, ich habe Familie und ein Gulden für den Tag ist auch ein Stück Geld —, so muß ich mich halt mit diesen grauslichen Viehern abgeben, und wenn mich gleich alle Üblichkeiten anwandeln, und da darauf nehm ich mitunter einen Schluck Branntwein, und der müßt ein Unmensch sein, der mir das verdenken könnt!

Herr, es ist wahr, ich bin nie unter Wilden gewesen, aber ich habe früher auch mit Weib und Kind solche Dinge in Augenschein genommen, und — ganz ohne Stolz — ich besitze Talent, denn wie ich es später nachgemacht habe, da war mein Prinzipal gleich mit meinem ersten Versuche zufrieden, und ich war bald so wild, wie sie nur irgend einen da herunten haben. Aber es gibt Menschen, lieber Herr, Menschen, die an nichts ein Genügen finden, die sich für ihre zehn Kreuzer noch mehr erwarten und doch auch nie keinen Wilden gesehen haben; die wollen es nicht gelten lassen, daß man so gut ist wie ein anderer!"

Man sieht, Knöpfelmacher war für Kritik nicht unempfindlich, auch dieser Wilde von Hungelbrunn war ein besserer Mensch, der sich seine künstlerischen Bestrebungen nicht anzweifeln lassen wollte, was heutzutage doch manchen in zivilisatorischem Wirkungskreise gleichgültig läßt.

Die beiden waren bis zur Praterstraße gelangt, da verbeugte sich Knöpfelmacher unbeholfen und rückte zum Abschiedsgruße seinen formlosen Filz, aber plötzlich faßte er den „geehrten Herrn" an einem Rockknopfe und hielt ihn daran zurück.

„Ein Wort noch, mein Herr!"

Der Angehaltene, nunmehr von der Harmlosigkeit dieses Wilden überzeugt und durch die Nähe einer Sicherheitswache beruhigt, verhielt sich abwartend.

„Ein offenes Wort, sehr geehrter Herr, unter uns, die wir gebildete Männer sind! Meinen Sie nicht auch, daß gegen einen hiesigen Wilden ein wirklicher Eingeborener es noch gut hat? Es ist wohl möglich, daß die Wilden den Tanz gar nicht keunen, den wir ihnen hier für Wien aufgebracht haben, dagegen hab ich aber auch nie gehört, daß sie kein Feuer nicht hätten, und wenn sie eines haben, aus welcher Ursache sollten sie hernach die Tauben roh und ungerupft genießen? Es ist meine heilige Überzeugung, daß sie dieselben braten! Das mit der Tanbe ist also der allerhöchste Schwindel! Und heut wie alle Tage, wenn ich daheim meiner schlafenden Familie den Gulden als morgiges Kostgeld in die Tischlade lege, frag ich mich: ist das auch ehrlich verdientes Geld? Aber, sehr geehrter Herr, wenn ich herentgegen bedenke, daß die rohe Taube eben den Glanzpunkt unserer Vorstellungen bildet, daß diesem unwissentlichen Volke bald kein Wilder mehr wild genug sein wird, dann sage ich, es geschieht ihnen recht, daß sie mystifiziert werden, denn sie verdienen es gar nicht, einen richtigen Wilden zu sehen!"

Nein, ehrlicher Knöpfelmacher, sie verdienen es gar nicht!

Die Freundin

Abwechselnd bald in der einen, bald in der andern öffentlichen Gartenanlage bemerkt man eine hochbejahrte Frau. An heitern Wintertagen ergeht sie sich nach Tische etwa ein Stündchen, in milder Jahreszeit erscheint sie, sobald die Morgensonne den Tau aufgetrocknet, und verbringt den größern Teil des Tages daselbst. Der Ausdruck „altes Mütterchen" würde für ihre Erscheinung nicht passen; es ist eine hohe, nur ein klein wenig vorgebeugte Gestalt, immer in dunkelfarbige Seide gekleidet, Winters kommt ein Tuchmantel darüber und statt des geschlossenen Hutes eine warme Haube, welche den Kopf einhüllt und in einem kleinen Kragen bis zur Schulter herabfällt. Der Gang ist langsam, statt des Stockes bedient sie sich eines Schirmes, und die Linke hält lässig eine ziemlich große Handtasche. Das Gesicht ist bleich und glatt, bis auf einige Fältchen in den Winkeln des Auges und unter demselben, dessen Stern etwas getrübt und matt erscheint, aber wohl dermaleinst heller und frischer in die Welt geblickt hat. Unter Hut oder Haube sehen nur kleine Streifen der grauen Scheitel hervor, aber an jeder Schläfe hangt eine dichte Locke nieder. Man nennt sie Frau, wohl auch — wie in Wien üblich — gnädige Frau, obgleich ihr die Ansprache Fräulein gebührt, da sie unvermählt geblieben. Sie war eine der gesuchtesten Kunststickerinnen gewesen, bis zur Zeit, wo ihre Mutter verstarb, das geschah vor etwa fünfzehn Jahren, als sie selbst schon über fünfzig zählte; da versagte der plötzlich Vereinsamten das Auge, das an alle Arbeit, aber nicht an häufiges, stilles Weinen gewöhnt war. Was sie für ihren bescheidenen Unterhalt bedurfte, das war ihr zurückzulegen geglückt, und wenn sie nun auch überall ihr Strickzeug mit sich führte, so geschah das nur, „damit sie doch etwas zu tun habe."

Gewiß, das Leben dieser Frau, in welchem stete Arbeit die Sorge fernhielt und stille Ergebung dem Kummer seinen schärfsten Stachel benahm, es dürfte wenig Erzählenswertes bieten. Selbst ihre Bekannten entsannen sich in Beziehung auf sie nur zweier Vorgänge, wenn man es so nennen konnte; aber es war gewiß, daß in den Gehirnkammern nach jeder Begegnung mit der alten Dame zwei Bilder, Gegenstücke, in frischen Farben wieder freundlich aufleuchteten, und vielleicht lohnt es sich doch, eine Kopie davon zu nehmen.

*

Es ist ein kleines, friedliches Gemach, durch ein Doppelfenster fällt das helle Sonnenlicht herein, und weiße Vorhänge verteilen es gleichmäßig im Raume. Die Fensterpfeiler sind sehr breit, und zwischen ihnen befindet sich, eine Stufe hoch über dem Stubenboden, ein kleines Empor, auf welchem ein Tischchen und zwei Stühle stehen.

Es sitzt daselbst eine ältere Dame, sie hält die Schürze voll Kaffeebohnen mit der Linken aus einander gefaltet und klaubt mit der Rechten Steine aus, sie schüttelt mißbilligend den Kopf, wenn sie dabei auf einen rostigen Nagel oder ein Weihrauchkörnchen trifft, ersterer bevorteilt sie ja im Gewichte, und letzteres könnte beim Brennen den ganzen Vorrat verderben. Ist das nicht dieselbe Erscheinung, der wir jetzt noch in den öffentlichen Gärten begegnen? Ach nein. Die Gestalt ist behäbiger, die Stirne etwas niederer, die Scheitel sind glatt und die Lippen, ein klein wenig aufgeworfen, sinnlicher.

Ihr gegenüber sitzt ein junges Mädchen, es stemmt das untere Ende eines Stickrahmens gegen den Schoß, während der obere Teil an dem Tischchen lehnt, auf welchem bunte Seide, glänzende Glasperlen und samten aussehende Chenillefäden liegen.

Die Stufe tiefer streckt sich ein junger Mann in einem altväterischen Stuhle, dessen runde Lehne den Rücken des Sitzenden sorglich aufnimmt und ihm zugleich mit beiden Enden unter die Arme greift. Eine Stufe tiefer. Er muß zu dem Mädchen vor ihm aufsehen, und er findet das in der Ordnung.

Warum doch nur? Er war ein munterer Junge, ja, wie man ihm nachsagte, ein gar zu munterer. Warum gibt er sich hier so gesetzt wie einer?

Wenn es sich beschreiben ließe! Jugend und Schönheit wirken immer erfreulich, ein wenig Anmut noch dazu, und ihr habt den bestrickenden Eindruck; aber es gibt weibliche Naturen von einer Reinheit und Güte des Wesens, von der sich auch ihrer Umgebung mitteilt, ferne von ihnen entfährt uns kein leichtfertig Wort, befällt uns kein arger Gedanke, und in ihrer Nähe glauben wir uns selbst reiner und besser. Ich weiß es nicht, ob jeder im Leben eine solche Erfahrung gemacht, aber das weiß ich, daß ich jeden beklage, dem sie fehlt.

„Es ist nicht schön, daß Sie alte Bekannte so vernachlässigen, Herr Leopold", sagte die alte Frau. „Es ist lange her, seit Sie sich das letzte Mal bei uns haben sehen lassen."

„Verteufelt lange. Anderthalb Jahre. Kurze Zeit nach meiner Promovierung war's."

Die Stickerin faßte mit der Nadelspitze eine Glasperle auf. „Und ein Promovierter heißt ‚Herr Doktor', aber nicht ‚Herr Leopold'"!

„Mein Gott, wenn er so selten kommt, so vergißt man immer wieder darauf und gewöhnt sich gar nicht, ihn Herr Doktor zu nennen."

„Machen Sie sich damit auch keine Mühe, Frau Mutter. Als ich noch Student der Medizin war, schmeichelte es mir, wenn man mich Doktor nannte, jetzt, nachdem ich Arzt geworden, ist es mir angenehmer, nicht daran erinnert zu werden."

„Daß Sie Ihr Ziel erreicht?"

„Ja, eben am Ziele ergibt sich immer eine artige Differenz zwischen dem Geträumten und dem Erreichten. Eingebracht hat mir der Doktor bisher so gut wie nichts, aber er kostet mich viel Geld, schwere Mühe und meine Freiheit."

„Ihre Freiheit?"

„Davon später. Ich bin zu Ihnen gekommen, mich

einmal recht auszuplaudern, von meinen Träumen freundlichen Abschied zu nehmen, also ertragen Sie mich in Geduld."

„An der haben wir es Ihnen gegenüber nie fehlen lassen." .

„Wahrhaftig nicht. Sie haben es eine hübsche Reihe von Jahren mit mir ansgehalten. Seit ich das väterliche Haus zu Linz verließ, bis etwa zwei Jahre vor meiner Promovierung, wo Sie sich auf diese kleine Räumlichkeit beschränkten, die keinen Mietsmann zuläßt, war ich in der Eigenschaft eines solchen der Prüfstein Ihrer Nachsicht und Geduld. Ich weiß mich noch gut zu erinnern, wie ich als schmächtiges Bürschchen mit einem kleinen Bündel, von einer würdigen Verwandten geleitet, Ihr Haus betrat. Ich fand damals jene Dame, welche mich jetzt über ihren Stickrahmen weg keines Blickes würdigt, —"

Da sah sie ihn von der Seite an, so freundlich, als er es nur wünschen konnte.

„— — als sehr gemütliches Backfischchen und fühlte mich ihr so weit überlegen, als sie sich heute wohl mir gegenüber fühlt."

„Sie irren sich, Doktor. Wo nähme ich ein solches Gefühl her?"

„Woher, das weiß ich nicht, mag Ihnen wohl selbst unbekannt sein, ich konstatiere bloß, daß ich den Eindruck von so etwas dergleichen verspüre. Woher aber ich es damals hatte, das kann ich Ihnen sagen; ich war eben über meine Bestimmung ins Reine gekommen. Bis dahin wußte ich auf die

Frage: „was willst du denn werden?“ keine entschiedene Antwort zu geben, aber gerade zur Zeit war in meinem Elternhause ein armer Teufel von Taglöhner nach schwerer Krankheit genesen, und ich spielte im Hofe, als er zum ersten Male vor seiner Wohnungstüre sich sonnte und zum letzten Male der Arzt nachsehen kam. Ich war Zeuge der Dankesszene, ich sah, wie er dem Manne die Hand gewaltsam entziehen mußte, wie ihm das Weib weinend den Saum des Rockes küßte, wie sich die Kinder an ihn drängten, und da sagte ich mir: das willst du werden! Ein prächtiger Bubengedanke das, ich bin noch heute stolz auf ihn; aber einigermaßen beschämt mich die Erkenntnis, daß Dankestränen keine Subsistenzmittel sind.“

„Spotten sie nur. Was Sie einst als blutjungen Menschen für den Beruf begeisterte, das verklärt Ihnen denselben gewiß noch heute.“

„Ei ja, es würde schon. Aber leider kommen mir keine Karten ins Haus von Leuten, die sich wollen retten lassen. Alle Krankheitsfälle hier am Platze sind bereits in festen Händen, und die lassen nicht eher locker, bis entweder die Krankheit oder der Patient ein Ende nimmt. Nur zu ein paar Aufgegebenen wurde ich ins Haus gerufen, um Freund Hein Assistenz zu leisten und ihnen und zugleich meiner jungen Praxis den Totenzettel zu schreiben. Ach, ich bin in kurzer Zeit eine nette medizinische Autorität geworden, wo ich hinkomme, trete ich auf, ein Mann für ein ganzes Consilium abeundi! Die denkenden Laien fanden es natürlich höchst auffällig, daß einem Doktor, der so wenig Patienten hatte, doch alle diese verstarben, sie hüteten sich daher, nach mir zu schicken, und in der Nachbarschaft nannte man mich bald — zur großen Genugtuung meiner umwohnenden Herren Kollegen — den Totendoktor. Ich gewann in kürzester Frist die Überzeugung, wie bezeichnend und meiner Lage anpassend dieser Titel sei; die Lebenden fragten mir nicht mehr nach, und ich war sonach ein Doktor für die Toten, welche bekanntlich keinen brauchen. Gestehen Sie nur, es wirkt etwas ernüchternd, wenn man so mit der verklärten Mission im Herzen mitten auf den Markt des Lebens stürzt und nach einer kleinen Weile ganz unbegehrt und unbeachtet sich zurückziehen muß, den verheißenden Blick unter den gesenkten Augendeckeln, das tröstliche Maul geschlossen und die helfende Hand in der Hosentasche, krampfhaft nach dem letzten Sechserstück suchend, um Wurst dafür zu kaufen. O, Mutter Heidenreich, Sie wissen gar nicht, wie einem Menschen zu Mute ist, der nach hochfliegenden Jugendträumen über einem Endchen Wurst sitzt, in Wäsche, die er nicht einmal wechseln kann! Ich weiß das!"

„Nun, nun", sagte die alte Frau, „so arg wird es wohl nicht sein, wie Sie es machen. Wo wenig ist, muß das wenige zusammengehalten werden. Sie müssen sich eben um eine brave Frau umsehen."

„Sehr richtig. Der Gedanke ist mir in jener denkwürdigen Fastnacht auch gekommen; ich habe mich geprüft, gewogen und sehr leicht befunden. Was ganz Besonderes war ich nicht wert. Ein Ideal, wozu auch? Um es auf halbe Wurstration zu setzen und in schmutzige Wäsche zu wickeln? Gott bewahre mich vor dieser Profanation! Eine zärtliche Epheuranke, die sich an eine starke Stütze schmiegen will, hätte die auch nicht an mir gefunden und hübsch am Boden fortkriechen müssen; ich brauchte etwas, das nicht so leicht unglücklich zu machen war, etwas Munteres, immer Singendes, Hüpfendes, eine Grille — aber eine Grille mit einem Haus. Die hab ich gefunden."

„Gefunden?"

„Ja. Und darauf hin mögen Sie mich jetzt ansehen, so viel Sie wollen, abgemerkt haben Sie mir doch nichts. Nicht einmal Fräulein Friederike, wo wir uns doch lange genug kennen und, so zu sagen, mit einander aufgewachsen sind. Ich bin Bräutigam."

„Im Ernst, Doktor?"

„Im vollen Ernst!"

Friederike sah sich den Mann, mit dem sie aufgewachsen war, jetzt darauf hin an. Was er sich wohl ausgefunden hatte? Eine kleine, behäbige Dame — eine hoch aufgeschossene — eine mit eigenen Locken — oder einem großen Chignon —, und je mehr sie darüber nachsann, je mehr zogen sich ihre frischen, roten Lippen von den kleinen, glänzend weißen Zähnen zurück.

„O, lächeln Sie nicht, es ist immer sehr ernst, wenn ein Mann, der alles mit ungeschickten Händen anfaßt, selbst daran geht, sein Glück zu machen."

„Aber Sie müssen uns doch Ihre Braut ein wenig beschreiben, Herr Leopold."

„Gewiß. Wir haben in dem Falle als Frauen und alte Bekannte das Recht, neugierig zu sein. Bitte, Herr Doktor."

„Ja so, ‚Herr Doktor'. Immer vergeß ich's."

„Gedulden Sie sich, Sie sollen alles erfahren. In meiner Nähe wohnt ein alter Doktor, alt als solcher und älter als Mensch. Dieser bejahrte Herr zog mich einmal zu einer Operation bei, er mochte sich nicht mehr recht auf seine Hand verlassen, er fand mich geschickt, ich gefiel ihm, er versprach mir seine Protektion und lud mich in sein Haus, es ist in der Tat sein eigenes, und er hat noch einige andere in der nämlichen Gasse. Leider ließ ich mir's wegen der Einladung nicht gesagt sein, ich blieb aus und damit auch die zugesagte Protektion. Ich erfuhr erst später, was es für eine Bedeutung hatte, in sein Haus geladen zu werden, er hat nämlich dringenden Bedarf nach Schwiegersöhnen. Als mir die Not bis an die Stubendecke ging, besann ich mich auf ihn und sagte: der Mann hat sieben Töchter, dem Manne kann geholfen werden."

„Sieben Töchter?"

„Sieben Töchter. Nicht wegen des räuberischen Zitates an Schiller, sondern wirklich und leibhaft sieben. Er ist langjähriger Witwer, Sie können sich denken, wie die mutterlose Sieben in seinem Hause heranwuchs, flatterte, flirrte und piepte, rein um den Kopf zu verlieren! Veranschlagen Sie, Erziehung so viel wie gar keine, Aussicht auf siebenfache Verschwägerung und siebengeteilte Mitgift, dazu noch, daß die Gesichtszüge aller dieser jungen Damen eine fatale Ähnlichkeit mit ihrem alten Vater aufweisen, und Sie werden begreifen, daß dieses sonst so einladende Haus eher gemieden als besucht wird."

„Sehr launig auseinandergesetzt, wenn Sie die Sache fern und nah nichts anginge, da sich aber Ihre Braut unter den mißhandelten Sieben befindet, so finde ich es recht abscheulich von Ihuen, Herr Doktor, so zu sprechen. Ich glaube die Familie zu erraten, von der die Rede ist, und entsinne mich, einmal den Damen begegnet zu sein; ich habe gar nichts Fatales an ihnen bemerkt, große Näschen haben sie, das ist alles."

„Große Näschen ist hübsch gesagt. Da Ihnen also die Damen schon bekannt sind, so brauche ich Ihnen bloß zu sagen, die Älteste ist meine Braut."

„Das hat sich sehr rasch gemacht, Herr Leopold."

„Ja, es wurde ebenso rasch angesponnen als abgewickelt. O, ich habe mich von jeher darauf verstanden, zahme Tauben zu kirren, eine Wissenschaft, die man mir zwar für übel nehmen wollte, die sich aber nun doch einträglicher zeigt als mein Brotstudium. Der Herr Schwiegerpapa in spe tut auch ein übriges, er verschreibt uns ein ganzes Haus und tritt mir einen Teil seiner Patienten ab, all das wohl nur in der freudigen Erregung über den gemachten Anfang und um zur Nachfolge anzulocken."

„Nun, wir gratulieren. Wer hätte Ihnen das angesehen, daß Sie gar noch Hausherr würden?"

„Ach, Mutter Heidenreich, was ist das mehr als ein dummer Glücksfall? Er kann mir bei der Erfolglosigkeit meines eigenen Strebens wenig Befriedigung gewähren, und ich empfinde ihn meinen Wünschen und Träumen gegenüber als eine Einschränkung."

„Ich denke, in der Form könnten Sie sich dieselbe schon gefallen lassen."

„Freilich wohl, aber der Traum von einer selbst begründeten, still zufriedenen Häuslichkeit hat seine Poesie, dagegen ist der zufällige Erwerb eines ganzen Hauses doch nur nackte Prosa."

Die Stickerin erhob das Köpfchen. „Lassen Sie es nur nicht später Ihrem armen Weibchen entgelten, Herr Poet, daß es Ihnen so viel Prosa zugebracht."

„O, seien Sie ohne Sorge. Meine Gemahlin wird sehr glücklich und zufrieden sein. Sie verlangt ja keine Gefühle, sondern nur Aufmerksamkeiten, eine Stellung in der Gesellschaft und ein Haus zu führen. Meine Arbeit und unsere Mittel werden mich in Stand setzen, diesen bescheidenen Anforderungen zu entsprechen. Weder Hedwig, sie heißt so, noch meine Wenigkeit werden Ursache haben, unseren gegenseitigen Wahlakt zu bereuen. Sie ist so klug, als es der Welt gegenüber nötig ist, und für mich war es nicht länger geraten, dumm zu bleiben. Ei ja, ich denke, es bleibt im Leben keinem erspart, daß er einmal klug wird, so recht von ganzer — Vernunft. Ich habe den Schwärmer an den Nagel gehängt, aber er zappelt noch ein wenig; um ihm seine Scheidestunde zu versüßen, habe ich ihn hieher mitgeschleppt."

Das Mädchen an dem Stickrahmen schüttelte ärgerlich den Kopf, steckte die Nadel mit dem bunten

Faden in das Zeug und sah mit zusammengezogenen Brauen auf. „Sind das Reden für einen Mann? Sie sprechen von Ihrer Braut gerade nicht wie von einem Ideale und von Ihrer Verheiratung wie von einem Opfer. Wenn Sie nicht mit sich einig sind, so treten Sie zurück! Wenn Sie eine Verbindung eingingen, die Ihnen in allen Voraussetzungen zuwider ist, was doch immer auch der andere Teil mit zu büßen hätte, so ließen Sie sich ja eine Schlechtigkeit zuschulden kommen! Es handelt sich hier nicht allein um Ihre werte Person!“

„Es hat Ihuen immer allerliebst zu Gesichte gestanden, Fräulein Friederike, wenn Sie sich herabließen, mit mir zu zanken, und das geschah, meines Erinnerns, jedes Mal, so oft wir einander sprachen, und es hätte mich heute recht schmerzlich berührt, ungescholten zu bleiben; ich danke Ihuen für Ihre gütige Entrüstung, denn sie frischt das Angedenken an vergangene, ganz unvernünftig selige Tage wunderbar auf. Wie Sie wissen, hatten Sie mir meistens nur Worte übel zu nehmen, während wir uns über die Gedanken fast immer einigten. Wollen Sie mich auch jetzt nicht mißverstehen. Ich fühle es vollkommen, daß ich da ein ganz unverdientes Glück mache, daß ich mich eigentlich in einer beneidenswerten Lage befinde, und schon allein dieser Erkenntnis zufolge haben die, welche mir vertrauten, keinen Fehlgriff getan, denn ich bin nicht undankbar. Nur, daß Glück und Neid gleich unverdient kamen, daß überhaupt das Leben uns zwingt, zu nehmen, was kommt, indem es uns alle Aussicht benimmt, daß je kommt, was wir gehofft und geträumt, daß wir aus Kopf und Herz eingewohnte, liebe Gedanken delogieren müssen, um neuen, noch fremd anmutenden Raum zu machen, daß uns die Zukunft, so zu sagen, unter den Händen umgetauscht wird, ein Tausch, bei dem sich das Gemüt immer übervorteilt fühlt, wie ein Kind, wenn man ihm gleich das glänzendste Spielzeug für sein altes, abgegriffenes gibt: Das ist's, Friederike, was mich wehmütig stimmt, und in diesem Sinne sage ich, könnte ich wie ein fauler Schuljunge jene zehn Jahre repetieren, die ich in Ihrem Hause zugebracht, ich gäbe zehn weitere darum, macht in Summe zwanzig."

„Sie sind nicht recht klug, Doktor."

„Hätte ich Ihnen ein Kompliment sagen wollen, so fände ich diese Form der Ablehnung etwas unartig, ich meinte es aber mit dem, was ich sagte, vollkommen ernst. Was habe ich nicht alles in Ihrem Hause erlebt, während mir eigentlich daselbst gar nichts begegnete! Aber zwischen Ihren vier Wänden, unter Ihren Augen wuchs und gedieh mein innerer Mensch. Sie waren meine Vertraute, Ihnen legte ich alle meine Gedanken und Pläne offen dar, die Gedanken mögen oft bunt und kraus genug gewesen sein, die Pläne waren schön. Nicht weniger als alle Kranken und Bresthaften, in welchem Winkel der Erde sie auch leiden mochten, wollte ich aufsuchen und heilen, und waren Sie nicht gewillt, nötigenfalls Ihrer verehrten Frau Mutter durchzubrennen, mich auf meiner Missionsreise zu begleiten, meinen Ruhm und die Segnungen zu teilen und erst, nachdem wir, zwei Heilande, eine Welt von Gesunden hergestellt, zurückzukehren und um Verzeihung zu bitten für die kleine Angelegenheit, die wir zu Hause verursachten?!"

Das Mädchen blickte ihn mit errötendem Gesichte lächelnd an.

„Später entschlossen wir uns freilich, im Lande zu bleiben und uns redlich zu nähren. Ich gab nebenbei Lektionen, und Sie stickten. Was waren das aber für Abende, die wir nach des Tages Mühen um den runden Tisch beim Lampenschein verbrachten. Wo Sie sich Ihre zerstochenen Finger streichelten, ich die Weisheit aller meiner sieben Professoren und die Dummheit meiner fünf Schüler hinter mir ließ und wir von einer großen Zukunft fabulierten, von einer Zukunft, die, so groß sie war, doch in der traulichen Stube Raum fand. Es war, als könnte das immer nur eine Fortsetzung haben und kein Ende nehmen." — Der junge Mann strich mit der Hand über den runden Tisch, der nahe dem Stuhle stand. — „Du herrliches Möbel, so trocken und eichen du auch bist, hätte ich an dir sitzen bleiben, dich mit andern als Schaugerichten meiner Phantasie bedecken, dich mit einem frohen, dichten Kreis immer mehr einengen können, was für ein Prachtskerl wäre aus mir geworden! Gelt? Das ist vorbei. Ich werde nun Besitzer des Hauses Nummer so und so viel in der Dingsgasse da, Doktor, der seine Ordinationsstunden zwischen ein und drei Uhr nachmittags hat, vormittags und abends seine Patienten besucht und nachts seine Frau aus Gesellschaften heimführt. Fräulein Friederike, wenn Sie einmal Migräne haben sollten, vergessen Sie nicht, nach mir zu schicken, man hat doch immer mehr Vertrauen zu einem Arzte, der es, Gott sei Dank, nicht nötig hat. Ich empfehle mich Ihnen.

„So eilig?"

„Etwas Zahnschmerz, der macht immer ungesellig. Gott befohlen, Mutter Heidenreich!"

Die alte Frau erhob sich und geleitete ihn hinaus. Die Klinke in der Hand rief er noch nach der Stube zurück: „Leben Sie recht wohl, Friederike!"

Das Mädchen beugte sich über den Stickrahmen vor, um nach der Küchentüre sehen zu können. „Viel Glück, Doktor!"

„Danke."

Die Mutter kehrte langsam in das Gemach zurück. Friederike zog eben einen Faden durch die Nadel. „Leopold spricht noch immer scherzhaft über die ernstesten Dinge und ernst über scherzhafte, ein schrecklicher Mensch, man weiß sich bei ihm nie recht aus. Nun, wenn er es nur glücklich trifft."

Da war die Mutter ganz nahe herangetreten und küßte sie auf die Stirne. „Armes Kind!"

Sie sah mit verwundertem Lächeln auf. „Aber warum denn, Mutter?"

*

Während der ersten paar Jahre nach seiner Vermählung kam der Doktor noch ab und zu in das Heidenreichsche Haus, bald aber ließ er eine immer geraumere Zeit von einem Besuch auf den andern verstreichen und machte sich selten. Man hatte nicht den Mut, ihn darüber freundschaftlich zur Rede zu stellen, denn er war ein „schrecklicherer Mensch“ als je geworden; er gewöhnte sich mehr und mehr, von den ernstesten Dingen geradezu verletzend zu sprechen, und hob durch ein boshaftes Pathos die niedrigsten auf die gleiche Rangstufe; fehlte ihm dazu die Lanne, so saß er fast wortlos und düster da. So auch an dem Tage, wo er den beiden Frauen mitteilte, daß ihm nach zweijähriger Ehe ein Kind geboren worden sei. Nach langem Schweigen erhob er sich und ging, es war sein letzter Besuch gewesen.

Fünf Jahre waren seit diesem verflossen. Eine böse Seuche wütete in der Stadt, wer irgend konnte, machte sich auf und davon. Der Doktor schickte seine Frau samt den Kindern, er hatte nun deren zwei, nach einem fernen Bade, blieb aber selbst pflichtgetreu auf dem Posten.

Da verbreitete sich eines Tages ein eigentümliches Gerücht, und als dasselbe Friederike Heidenreich zu Ohren kam, nahm das nunmehr alternde Fräulein die Mantille aus dem Schrank, warf sie über und verließ das Haus.

Etwa fünf Stunden zuvor schäkerte in dem Vorzimmer der Wohnung des Doktors ein gutmütig, aber etwas beschränkt aussehender Diener mit einer Magd, die sich keines klügeren Aussehens erfreute. Ein Provinzialismus bezeichnet dieses unter naiven Gemütern gang und gäbe unschuldige Vergnügen mit dem etwas demütigenden Ausdruck „Kälberspiel“. Sie sollten sich dessen nicht lange erfreuen. Der Wagen des Doktors rollte in den Hofraum, es konnte heute noch kaum die Hälfte der Visiten erledigt sein. Was bedeutet das?

Die beiden eilen aus der Türe, der Herr kommt die Treppe, gegen seine Art, langsam heraufgestiegen. Er tritt in das Vorzimmer. „Kinder, ich hab's!"

„Mein Gott", ruft das Mädchen, „das muß doch gleich der Gnädigen telegraphiert werden!"

„Kein Wort. Ich verbiete es!"

Damit wankte der Doktor nach seinem Schlafzimmer.

Du lieber Gott! Es lief dem lebensfrohen Pärchen eisig kalt über die breiten Rücken.

„Er hat's", sagte Hanns.

„Und er will nicht, daß man Frau und Kinder rufe. Allein sollen wir mit ihm bleiben", sagte Hanne.

„Das geht ans Leben!"

„Und darüber bringt einen die Angst um."

Weniger aus Pflichtvergessenheit, sondern in leichenfahler Dummheit verließen beide, ohne rückzusehen, das Haus. Noch fragten sie im Vorbeieilen bei dem Kutscher an, der im Hofe die Pferde ausschirrte, ob er auch von der Partie sei? Aber der erklärte, daß ihn der ganze erste Stock und was da vorgehe gar nicht bekümmere, er bleibe im Stalle bei seinen Pferden und damit „Holla".

Er faßte sogar noch einen großen Entschluß. Nachdem er die Mitwirkung der Hausbesorgerin gewonnen, stieg er in deren Begleitung den ersten Stock hinan, meldete dem Herrn die Flucht der andern „Ragalien", die er ohnehin nie für etwas

Ordentliches angesehen habe! Freilich beeilte er sich hinzuzufügen, daß auch er und seine Gefährtin nur zur Nachfrage heraufgekommen seien und sich nicht lange aufzuhalten gedächten.

„Für die gnädige Frau wär halt ein Telegraph gut", meinte die Hausbesorgerin.

Darüber wurden sie zu ihrer nicht geringen Befriedigung von dem Kranken hinausgewiesen.

„Doktor Leopold Sänger ist von der Seuche befallen, seine Dienerschaft ist ihm entlaufen, er liegt für den Augenblick allein und ohne Pflege und verbietet, seine Frau an sein Krankenlager zu rufen."

Das war das Gerücht, das Fräulein Friederike Heidenreich veranlaßte, die Mantille überzuwerfen und aus dem Hanse zu gehen.

— — — — — — — — — — — — — — — — — —

„Das geht denn doch durchaus nicht, werter Herr Kollega, daß ich Sie in diesem Zustande so mutterseelenallein hier liegen lasse. Ist Ihre Dienerschaft ausgerissen, so muß man eben in der Eile eine andere improvisieren, eine Person wenigstens muß um Sie sein."

So sprach ein kleines, bewegliches Männchen unter der Türe des Krankenzimmers und nach demselben hinein, es schien entschlossen, sogleich sich nach der einen Person umzusehen. Der Kranke mußte eine mißliebige Bemerkung machen, denn der kleine Kollega wandte sich noch einmal zurück. „Donnerwetter, wollen Sie wohl meine Anordnungen respektieren?! Ich sag es ja, wenn wir Ärzte krank werden, so geben wir für unsere Patienten das schlechteste Beispiel, schon darum sollten wir von allen Übeln verschont bleiben."

Er schloß die Türe hinter sich und schritt eilig durch die Zimmer nach dem Vorgemache, dort traf er auf eine eben eintretende Frauensperson.

„Was wollen Sie?"

„Den Doktor sprechen."

„Er ist krank."

„Ich weiß es."

„Siud Sie Wärterin?"

„Ich will bei ihm bleiben, so lange es nötig."

„Sie wollen bei ihm bleiben? Schön. Kennt er Sie?"

„Ja."

„Ihr Name?"

„Friederike Heidenreich."

Das Doktorchen lief nach dem Krankenzimmer zurück. Eine — zwei Minuten vergingen, dann kam er wieder. „Alles in Ordnung", sagte er. „Verhalten Sie ihn nur, daß er vorschriftsmäßig einnimmt, und wechseln Sie fleißig die Umschläge. Wenn Sie auch in anderer Beziehung auf ihn Einfluß üben könnten, so wäre das recht gut. Ich hoffe zwar das Beste, aber es scheint" — er sah sie mit einem bedeutenden Blicke an —, „er will mir nicht an die Hand arbeiten." Er schwenkte den Hut, den er noch nicht auf hatte, zum Empfehl. „Gott befohlen, mein bestes Fräulein!"

Friederike versperrte hinter ihm die Türe.

Der Kranke hörte das Knacken des Schlosses. Die leichten Tritte waren über den Laufteppichen unhörbar, aber einzelne Fußtafeln knisterten, dann öffnete sich sachte die Türe.

„Friederike?"

„Ich bin es, Doktor."

„Fürchten Sie nicht, von meiner Krankheit anzuziehen?"

„Nein."

„Setzen Sie sich."

„Sie erlauben vorerst, daß ich Ordnung mache und das Nötige besorge. Sie haben wohl noch gestern abends hier geraucht?"

„Noch heute früh."

„Gestatten Sie, daß ich die Fenster öffne und das abscheuliche Tischchen mit den Rauchrequisiten vor die Türe setze."

„Das ist ganz praktisch. Wer hat Sie das gelehrt?"

„Niemand."

„Wie verfielen Sie darauf?"

„Bitte, das weiß ich ebensowenig zu sagen, als wie ich jetzt darauf verfalle, daß es für Sie ungleich besser wäre, wenn Sie ein wenig schlummerten. Lassen Sie sich den Polster zurechtrücken, und tun Sie mir den Gefallen."

„Wenn Sie es wünschen. Eine Gefälligkeit ist ja der andern wert."

Ein eisig kaltes Gefühl an der Stirne machte ihn erwachen. Es war Abend geworden. Eine Lampe brannte.

„Sie haben gut geschlafen", sagte, von seinem Bette zurücktretend, Friederike; sie hatte die Ärmel ihres Kleides zurückgeschlagen und trug die Arme bis über die Ellbogen bloß. „Sie haben gut geschlafen, und ich zögerte lange, Sie zu wecken, aber es muß ja doch einmal mit dem Verordneten ein Anfang gemacht werden."

„Ach ja, ein Anfang." Der Kranke fühlte das nasse Tuch, das um seinen Kopf gewunden war, er sah um sich, zu Füßen seines Bettes stand ein Kübel mit Wasser, in welchem Eisstücke schwammen, und von einer Medizinflasche auf dem Nachttischchen fiel ein unförmlicher Schatten über seine Bettdecke. „Schade dafür und um Ihre Mühe!"

Das alte Mädchen setzte sich ganz nahe zu ihm an das Lager. „Was ist doch nur mit Ihuen, lieber Freund. Was haben Sie?"

„Meine eigene Ansicht, wie in so vielen Dingen. Ich halte uns Ärzte für ganz zweckwidrig. Einmal muß der Mensch ja doch sterben, und ich denke, da soll er keine Gelegenheit vorübergehen lassen, wo sich das gerade hübsch bewerkstelligen läßt, wer weiß, was ihm das Zuwarten bringt."

„Ich hoffe, daß wir Sie doch noch recht lange Zeit zuwarten sehen."

Der Doktor schüttelte ärgerlich den Kopf. „Pah, als ob das Leben wert wäre, gelebt zu werden! Gar meines lohnt nicht der Mühe; es hätte anders, viel anders sein können."

„Mein Freund, über den Wert des Lebens will ich nicht mit Ihnen streiten, das ist in neuerer Zeit eine wissenschaftliche Frage geworden, und da kann ich nicht mitreden, aber das weiß ich, daß für das

„Könnte“ kein Platz in dieser wahrhaften und wirklichen Welt ist, keines Menschen Leben kann besser sein, als es eben ist, das fügt sich, und dem fügt man sich. Tun Sie es auch und denken Sie hübsch an Weib und Kind.“

„Die sind versorgt und geborgen auch ohne mich.“

„Ei, reden Sie nicht so! Aber Sie tun das wohl nur, um mich zu ärgern.“

„Bewahre, ich spreche im Ernste.“

„Unmöglich!“

„Gewiß!“

„Wissen Sie auch, daß das wie eine Anklage gegen Ihre Frau aussieht?“

Der Kranke zuckte mit den Schultern.

Das Fräulein erhob sich rasch. „Dann machen Sie mich bereuen, daß ich Sie bisher für einen Mann und trotz Ihrer Grillen und Schrullen für einen ganzen, tüchtigen Mann gehalten habe! Sie dürfen ja gar nicht mit Ihrem Lose unzufrieden sein, wenn einer, so waren Sie Ihres Glückes Schmied. Sie sind mit vollem Bewußtsein und freiem Willen in diese Verhältnisse eingetreten, jede Klage hinterher ist unmännlich, eine Anklage aber gegen andere ist feige, ist ungerecht!“

„Oho!“

„Auf Ihr Gewissen, Doktor, antworten Sie mir die Wahrheit. Liebt Sie Ihre Frau?“

„Ich glaube, ja. In Wahrheit, ich kann wohl sagen, ich weiß es.“

„O, wie Ihr Männer doch herzlos zu sein vermögt! Er weiß es und doch —! Wollen Sie — Sie

— sich auf den Getäuschten hinausspielen? Ich schlage Sie mit Ihren eigenen Worten. Galt Ihnen Ihre Braut für ein Ideal, für eine zärtliche Epheuranke? Nein, für ein immer hüpfendes, zirpendes Ding, eine Grille, aber eine Grille mit einem Haus. Sagten Sie nicht so? Welche Anforderungen Sie im allgemeinen an eine Frau stellen, das weiß ich nicht, aber welche Sie an Ihre Frau stellen durften, das wußten Sie. Verlangen Sie also nicht mehr, als sie zu geben vermag, und vermöchte sie nichts, als Sie zu lieben, so geschieht Ihuen damit kein Unrecht, begehen Sie auch an ihr keines. Verstehen Sie sich mit ihr in dem einzigen, wo Sie auch ihr verständlich sind, in der Neigung! Seien Sie nicht ungerecht, seien Sie nicht undankbar, Freund; wenn auch die arme Grille ihr Haus zurückbekommt, damit allein ist doch gar nichts wett gemacht!"

Der Kranke schöpfte tief Atem. „Weiß Gott, von der Seite habe ich es noch nie betrachtet, und es ist doch die netteste an dem ganzen Dinge. Ich will sie mir morgen näher ansehen. Heute bin ich zu hundemüde."

„Nehmen Sie vorher noch zu dem übrigen diesen Schluck Medizin."

„Geben Sie! Brr! Bitter ist manchmal heilsam. Danke Ihnen!"

„Ich darf Ihre Frau benachrichtigen?"

„In Gottes Namen!" Er sank zurück.

Es war eine üble Nacht für den Kranken und für seine Pflegerin. Er raste in Fieberhitze auf und phantasierte, er lag fröstelnd und lallend in Kälte, im Halbschlummer ächzte er oft tief, und dann blickte er nach der Wand, gegen welche er lag, wartete, bis der Schatten sich zeigte, bis derselbe kleiner ward, dann lächelte er wie ein Kind und schloß die Augen, wenn seine Wärterin sich über ihn beugte.

Der Morgen saud ihn wach und matt. Er sah um sich.

Friederike trat heran, sie war bleich und zeigte blaue Ringe um die Augen.

„Guten Morgen!"

„Ich wünschte Ihnen einen besseren als diesen! Arme Rieke, ich habe Ihuen wohl schwere Sorge gemacht?"

„Es ist vorüber. Wie fühlen Sie sich?"

„Matt. Schade, da ich mich nicht selbst behandle, so darf ich auch noch nicht wissen, daß ich einige Hoffnung auf Genesung habe, und muß warten, bis es mir mein Arzt sagt."

„Ich darf mich aber darüber freuen?"

„Ja, so viel Sie wollen, nur dürfen Sie mir's nicht merken lassen; wie gesagt, bis der Doktor kommt."

„Hier ist etwas für Sie." Friederike reichte ihm ein Telegramm.

„MORGEN FRÜH UM ACHT UHR BIN ICH MIT DEN BEIDEN KINDERN BEI DIR.

HEDWIG."

Er faltete das Papier zusammen. „Macht mit Doktortitel, Tauf- und Familiennamen, Ort, Bezirk, Gasse und Hausnummer gerade ein Wort zu viel für eine einfache Depesche. Sie können nicht rechnen. Sie kommen um acht Uhr." — Er beugte sich über das Nachttischchen, auf welchem die laut tickende Taschenuhr lag, und sah dann mit einem verlegenen Blicke nach seiner Freundin. — „Das ist bald. Hm, die Weiber sind oft wunderlich, Friederike."

Sie verstand ihn. „Ich bin, Gottlob, hier nicht mehr nötig und kann beruhigt an meinen Stickrahmen zurückkehren. Werden Sie uns nur bald ganz gesund, Doktor."

„Sobald als tunlich. Seien Sie indes bestens bedankt für diese Nacht, es war wohl die erste . . ." Ihm lag eine Zweideutigkeit auf der Zunge, aber er schwieg plötzlich, senkte die Augen und fuhr mit gedämpfter Stimme fort: „Wollen Sie das nicht gehört haben, Friederike; ich wollte mir mit einem zynischen Witze über den Gedanken hinweghelfen, daß Sie jetzt von mir gehen, wohl für immer. Verzeihen Sie mir!" Er faßte ihre Rechte, die trug einen unscheinbaren Ring und stak halb in der breiten Manschette. Der Ring war von blauem Email mit einem Sternchen in der Mitte, in welchem eine kleine Perle glänzte, er kannte ihn wohl, er hatte ihn ihr als Student geschenkt, und an der Manschette waren ein paar Tropfen Medizin eingetrocknet. Gegen Morgen, als sie die Umschläge einstellte und die Ärmel über die schauernde Haut streifte, hatte er sie wohl wieder durch einen Anfall erschreckt, und mit zitternder Hand, mit vor Angst um ihn zitternder Hand, hatte sie diese Tropfen verschüttet!

Da senkte er den Kopf tief, tief nach der kleinen, fleißigen, treuen Rechten, aber nicht diese wagte er zu küssen, er drückte leise seine Lippen auf jene Flecken an der Manschette.

„Leben Sie recht wohl, mein Freund, und wenn Sie wieder gut sind, so bleiben Sie es auch gegen andere. Sie verstehen mich. Gott schütze Sie!"

Das dunkelfärbige Seidenkleid — sie trug sich schon damals so — schwand unter der Türe, die Parketten knisterten. — Der Kranke legte sich mit einem leisen Seufzer wieder zurecht. Sein Auge war feucht, sein Mund lächelnd und seine Seele still und sinnend.

Eine Weile noch — dann mögen die Seinen kommen!

— — — — — — — — — — — — — — — —

— — — — — — — — — — — — — — — —

Unter dem Doppelfenster, an welchem das alte Fräulein arbeitend saß, gerade über dem Haustore, befand sich eine kleine Nische mit einem Marienbilde aus Stein. So oft der Doktor dort in der Nähe zu tun hatte, so oft er vorüberfuhr oder -ging, versäumte er es nie, er mochte Eile haben oder nicht, ehrerbietig den Hut zu lüften. Die Leute fanden das fromm, denn sie konnten nicht ahnen, wem eigentlich sein Gruß galt, und trotzdem konnten die Leute doch Recht haben.

Anfangs nickten zwei Frauenköpfe dankend hinter den Fensterscheiben, später nur einer, und dann blieb auch der Grüßer weg. Vor fünfzehn Jahren hatte sie ihre Mutter begraben, vor zwölf begruben sie ihren Jugendfreund. Es ist eine lange Zeit, seit sie nichts mehr hat, für das sie im stillen hoffen, um das sie sich sorgen und opfern könnte. Sie geht ganz vereinsamt dem Grabe zu, eine Seele, die auf Erden ihren Frühling nicht gefunden.

Aber sie geht gelassen unter uns einher, die alte Frau, die hohe Gestalt ein wenig vorgebeugt, die Rechte leicht auf den Schirm gestützt und in der Linken die umfangreiche Tasche.

Zeigtet ihr für sie eine Träne, ein Mitleid, da würde die Locke des linken Scheitels unter halbem Kopfschütteln leise erzittern:

„Aber warum denn?"

O Frauenherz!

Der Literat

Die Wohnung liegt etwas hoch, es wäre ganz untunlich, höher wohnen zu wollen, denn sie befindet sich im fünften Stockwerke, den Halbstock nicht mitgerechnet, aber sie ist so geräumig, so bequem und so elegant ausgestattet wie alle im Hause, sie kommt auch dem Mieter verhältnismäßig sehr billig zu stehen, er zahlt einen Ausnahmszins, es ist ein Protektionsquartier, denn der Hausherr ist ein Jugendfreund des Inwohners, und nur für den Fall, als der letztere die Unvorsichtigkeit beginge, den ersteren zu überleben, könnte ihm von Seite der Erben eine Erhöhung des Mietbetrages drohen, denn es gehört zu den charakteristischen Eigenschaften honetter Erbfolger, daß sie pietätlos sind.

Wie in den meisten größeren Wohnungen befindet sich auch hier eine Räumlichkeit, welche, vermutlich infolge einer allgemein menschlichen Vorliebe für das Widersprechende, „Arbeitszimmer" heißt, weil nichts darin gearbeitet wird. Rings an den Wänden stehen auf Konsolen die Büsten der Heroen der Ton- und der Dichtkunst, die Wortdichter waren ziemlich nach den Ecken gerückt, die Tondichter schwebten über dem Sekretär; dieser ist selbstverständlich sehr sauber gehalten, kein Körnchen Sand, kein Flöckchen Staub verunziert ihn, er imponiert jedem als elegantes Möbel, und man vergißt ganz darauf, daß er eigentlich einen Schreibtisch vorstellen soll.

Ein Mann mit leeren Taschen war allem Anscheine nach der Besitzer dieses Sekretärs nicht, dagegen war dieser unleugbar auch kein Möbel mit leeren Laden; gleich in der großen oberen Lade lag ein Stoß Miniaturbändchen in Goldschnitt und farbigen, gepreßten, reich verzierten Decken, Gedichte von Gottfried Hornfels, drei Sammlungen, „Jugendstürme", „Nachlese" und „Herbstwehen" betitelt, wie in Golddruck auf den Rücken der Exemplare zu lesen stand. Die typische Ausstattung dieser Ausgaben war jene elegante und splendide, welche vorwiegend von Kennern hoch geschätzt wird, weil sie auf der einen Seite unter der Aufschrift des Gedichtes nur eine, höchstens zwei nicht allzu lange Strophen gestattet, so daß jeder, der auf das Folgende nicht besonders aus ist, ruhig bis zum nächsten Poem weiterblättern kann, was das Lesen ungemein vereinfacht und viel Zeit erspart.

Die übrigen Laden standen mit dieser Haupt- und Bundeslade in einem geistigen Zusammenhange: die beiden links, die obere wie die untere, enthielten Bündel vergilbter Zeitungsblätter, die beiden rechts viel Zarteres, daher härter von der Zeit Mitgenommenes, Briefe, Locken, Liebeszeichen von enthusiasmierten Damen.

Wer sich die Mühe genommen haben würde, die alten Zeitungen durchzustöbern und die Referate über Gottfried Hornfels' Gedichte zu vergleichen, der würde — ob zu seiner Überraschung, das kommt auf den Fonds seiner Erfahrungen an —, aber er würde jedenfalls die Entdeckung gemacht haben, daß beim Kunstgenuß wie bei jedem anderen, nehmen wir zum Beispiel das Trinken, die Kraft der Wirkung aus der Konstitution des Genießenden resultiert, es kommt eben darauf an, was und wieviel einer vertragen kann, und das ist sehr ungleich.

Wenn nach dem einen Kritiker die Gedichte von Gottfried Hornfels „alles, was in den letzten Jahrzehnten auf dem Gebiete der Lyrik geleistet wurde, um ein Erkleckliches überragen", so findet ein anderer, daß dieselben „einer gewissen nicht wegzuleugnenden Geleckheit halber zwar gegen die knorrige Volltönigkeit des zeitgenössischen Sängerkonzertes zurückstehen, jedoch —". Nennt einer Gottfried Hornfels einen „naiv sinnlichen Dichter", flugs ist ein zweiter bei der Hand, der seine Lieder als „berauschenden Hymnus glühender Sinnlichkeit" bezeichnet. Hat der eine herausgefunden, daß „ein graziöser Zynismus zephirhaft durch diese Zeilen weht" — wobei dahingestellt bleiben mag, ob Zynismus irgend welcher Art überhaupt weht und wie —, so entgegnet ihm der andere mit der Entdeckung, daß in jenen Liedern „melancholischer Mutwille über erlittenes Liebesleid triumphiert". Einer zitiert:

Nimmer frug ich eine Blume,
Deren Duft beglückt ich sog,
Ob sie wohl die Ackerkrume,
Ob das Treibhaus sie erzog —,

bezeichnet das als „kleine Probe der unserem Autor so reichlich zu Gebote stehenden schelmischen Neckerei, welche wohl geeignet sein dürfte, auch auf rosigen Mädchenlippen ein Lächeln hervorzuzaubern", während ein anderer, auf Grund der nämlichen Zeilen, bei dem Publikum ein gutes Wort einlegt, „dem Verfasser, in Hinsicht auf sein bedeutendes Talent, derlei Schlüpfrigkeiten zu verzeihen".

Da Gottfried Hornfels all diese Blätter und Blättchen so sorgsam aufbewahrte, so ist ihm wohl nie eine Ahnung von der Gefährlichkeit eines solchen zerfasernden Lobes aufgestiegen, und er wußte nichts davon, wie man einen Autor auf warmem Wege in seine Atome auflösen und aus der Literaturgeschichte verflüchtigen kann.

Was den Inhalt der beiden Laden rechts anlangt, so erhärtete derselbe augenscheinlich, daß es mit dem bekannten Goetheschen Rate „bei edlen Frauen anzufragen" durchaus nicht eilt, da diese, wenn man sich nur ein klein wenig abzuwarten entschließt, von selbst kommen und einem sagen, was sich ziemt, und noch manches andere.

Auf Rosapapier: „Teurer Freund! Fahre so fort, noch ein Schritt, und Du stehst auf dem Pindus."

Auf glattem, geripptem Blatt mit sehr sicheren Zügen: „Deine Gedichte gefallen mir viel besser als die von Schiller und Goethe, besonders seit ich Dich persönlich kenne."

Auf einem Zettelchen, mit Bleistift gekritzelt: „Angebetteter Gottfried! Nie noch, wie in den seligsten

Augenblicken erfüllt es mich mit Stoltz, einen Dichter zum Geliebten zu haben. Morgen ist der Geburtztag des Vaters, köntest Du uns nicht schnell einen klein Wunsch für Carl machen?"

In einem Blatte aber tritt uns der ganze opfermutige Heroismus, dessen ein Weib fähig ist, entgegen, das Papier enthält eine kleine Haarlocke und die begleitenden Worte: „Hier hast Du mein Alles!"

— — — — — — — — — — — — — — — — — —

Vergilbt sind die Zeitungsblätter, vergilbt sind die Briefchen, verblaßt die Haar- und Busenschleifen, die getrockneten Blumen sind zerfallen, und die Locken sehen aus wie Strähnchen feinen Drahtes. Sie liegt auch schon etwas gar lange, diese Sammlung.

Der Besitzer derselben bekleidete zu seiner Zeit eine sehr bescheidene Stellung im Staatsdienste, konnte sich also füglich als Dichter größer wie als Beamter dünken. Nach und nach avancierte er; je mehr sein Gehalt stieg, je mehr glich sich auch der Widerspruch zwischen Ideal und Wirklichkeit in seinem Busen aus, und als er vor einigen Jahren von einer Hofstelle weg in sehr anständige Pension trat, da besann er sich, daß er eigentlich in der Poesie so gut wie ein anderer das Höchste hätte leisten können, aber es fehlte ihm die Zeit, und überdem gewann er die Überzeugung, daß es überhaupt mit der Poesie nicht so weit her sei, als man die Leute glauben mache. Dichten, du lieber Gott, das konnte jeder, Gottfried Hornfels selbst konnte es, und wer hat im Leben nie gedichtet? Die Dichter konnte er gar nicht bewundern, manche trafen es besser als er, trotzdem bleibt es immer noch eine wohl aufzuwerfende Frage, ob er es an ihrer Stelle nicht besser getroffen haben würde wie sie. Aber Musik, das war ein anderes, davon verstand er so wenig, daß er sich nichts zu machen getraut hätte, darum war Musik die erste Kunst, darum standen die Büsten der Tondichter in seiner Wohnung auf dem Ehrenplatze und die seiner begabten Kollegen etwas abseits, damit er ihnen vertraulich zunicken konnte: „Wir haben zwar auch was geleistet, aber an einen von jenen reichen wir alle zusammengenommen nicht hinan."

Allerdings ließ er von der Vertraulichkeit, die er sich gegen Dichtergrößen herausnahm, öffentlich nichts verlauten und heuchelte unbedingte Verehrung.

Muße hätte er nun freilich genug gehabt, aber er verzichtete darauf, Vergangene oder Gegenwärtige in Schatten zu stellen, und schrieb nur Referate über Opernaufführungen, das konnte ihn nicht sehr in Anspruch nehmen, und so war er einer der fleißigsten Straßengänger geworden.

Es ist ein hochgewachsener, stämmiger Mann, der raschen Ganges an uns vorüberschreitet, er hält sich, wohl mehr aus Nachlässigkeit als aus Abspannung, etwas vorgebeugt, das runde, rötlich angehauchte Gesicht beschattet ein breitkrempiger Hut, eine Brille in massiver Silbereinfassung blitzt hervor.

Er wird gegrüßt, er dankt.

„Wer ist der Herr?"

„Ein pensionierter Hofbeamter, Gottfried Hornfels.“

Hört er zufällig noch diese Antwort, dann wendet er sich rasch um und mißt die beiden Männer. Er könnte ihnen wohl ein wenig das Gedächtnis auffrischen und sie erinnern, daß Gottfried Hornfels nicht immer nur Hofbeamter gewesen, er brauchte nur, wozu er sonst selten Anlaß nimmt, die Schatzkammern seines Schreibtisches aufzuschließen.

Wenn sich ein neuer Stern am Himmel der Poesie zeigt — diese Phrase ist so ewig neu und so einfach wie alles Wahre, daß man sie nicht oft genug anwenden kann, darum noch einmal —, wenn sich ein neuer Stern am Himmel der Poesie zeigt, dann kehrt Hornfels wohl unterwegs in einem Buchladen ein und kauft sich die neueste Schnuppe dieses Gestirnes, schleppt das Buch auf seinen Spaziergängen mit und liest es in den Alleen des Praters, und wenn er dann nach Hause kommt, setzt er sich vor seinen Sekretär, kramt in den Laden und schwelgt in Erinnerungen, wie er gefeiert, gelobt und geliebt wurde —, sperrt die Schlösser und klappt mit einem mitleidigen Lächeln das Buch des Neulings zu.

Es war an einem schönen Sommernachmittage, als er einst im Prater an einem Tische unter schattigen Bänmen saß, er hatte ein Glas Bier vor sich und ein paar Spalten Salami, es war ein sehr stimmungsvolles, appetitliches Bild. Die Wurst lag auf bedrucktem Papiere, ein Lächeln innigster Schadenfreude verklärte das Gesicht Hornfels', als er einige fettgetränkte Lyrik gewahr wurde, er zog das Blatt ein wenig hervor und las:

Botanik der Liebe.

Nimmer frug ich eine Blume,
Deren Duft beglückt ich sog ...,

er streifte die Wurst hinab, die ein herumlungernder Hund dankbarst verschlang, er blickte um sich, zerknüllte eilig die Makulatur und schob sie in die Tasche, klopfte, zahlte und ging.

Er saß diesen Abend lange an seinem Schreibtische und hatte alle Laden ausgekramt, er saß in tiefe Gedanken versunken, plötzlich kicherte es hinter seinem Rücken, er warf einen vorwurfsvollen Blick nach dem Poetenwinkel seines Arbeitszimmers, doch die Herren sahen so ernst und starr wie immer, unter der offenen Türe aber stand seine alte Bedienerin, und als er sie nach dem Grunde ihrer Heiterkeit fragte, fertigte sie ihn mit einer alltäglichen, sehr albernen Geschichte ab.

Von da an ging der Mann nach Schönbrunn, im Prater stellte er sich erst wieder ein, als wertlose Aktien, Rechenschaftsberichte und dergleichen als Makulatur verbraucht wurden.

Unsere kleinen Enttäuschungen

Es war ein ziemlich geräumiger Saal, große Spiegel an den Wänden, Goldleisten, Gaskandelaber, die milchweiße Glaskugeln trugen, durch welche das Licht gedämpft durchschlug, Tische, so viel sich placieren ließen, und an jedem derselben saßen Leute, so viel ihrer Platz hatten; an der Rückwand des Lokales war ein kleines Podium aufgeschlagen, ein Piano stand daueben, der Pianist spielte einen Walzer, die Gäste aßen, tranken und plauderten. Da klang ein Glöckchen. Das Gespräch sauk zum Gemurmel herab, die Messer und Gabeln wurden behutsamer gehandhabt, die leeren Biergläser mit Geflüster den Kellnern eingehändigt, denn jetzt kam sie, die gefeierte Volkssängerin.

Sie rauschte heran, trug ein dunkles Seidenkleid, ihre Wangen schienen rosig, ihre Augen blitzten, sie trat vor und sang ein Lied. Ein wahnsinniges Händegeklatsche und Geschrei lohnte ihre Produktion, sie sang ein zweites, ein drittes Mal, derselbe Erfolg, sie lächelte, strich ihre Halsmasche zurecht und sagte in derselben kurzen Weise, mit welcher sie ein neues Lied ankündigt: „Verlangen S' nit alles auf einmal!" Die Gäste schienen auch für den Augenblick einen neuen Vortrag zu erwarten, als die Sängerin aber ihre Verbeugung machte und die paar Stufen hinabstieg, da ertönte neuerdings Applaus, sie mußte sich noch einmal bedanken, denn es war ein „rechter Jux“, den sie sich da mit einem verehrten Publikum, das ihr nichts übel nahm, erlaubt hatte.

Nach ihr kam ein Komiker, der sich ebenfalls einer großen Beliebtheit erfreute, es war ein hagerer Mensch, die eckigen Bewegungen standen ihm sehr spaßig; daß ihn oft in höheren Lagen Stimme und Atem verließ und er sich durch eine Art Gegröhle half, das machte ihn nur noch spaßiger.

Der Text, welchen die beiden ihren Liedern unterlegt hatten, bezog sich auf sehr natürlich menschliche Verhältnisse, welche jedoch nur euphemistischerweise mit „Liebe“ zu bezeichnen waren, und es sah aus, als stünden die beiden Vortragenden auf einem höchst objektiven Standpunkte außerhalb der gesellschaftlichen Sitte und des Anstandes und spotteten mit souveränem Übermute derselben. Die Palme der Ungeniertheit gebührte jedoch der Sängerin, der Sänger war etwas bescheidener.

Also freie Leute, die allabendlich ihr Publikum vergnügten, es die Last des Tages vergessen machten und dafür Geld und Beifall einernteten, dabei selbst in ausgelassener Fröhlichkeit dahinlebten; wenn auch nicht zu rühmen, doch beneidenswert.

Wer das auch könnte, sich so über alles hinwegsetzen, in toller, überschäumender Lebenslust sich gehaben, gehalten und getragen von derselben, beliebt und belobt um derselben willen und aller Not enthoben eben durch dieselbe!

*

Am Morgen darauf war der Himmel grau und die Straßen schmutzig. Zwei Personen schritten Arm in Arm auf dem unsaubern Gehwege einer schmalen Gasse einher, die heute gar trostlos aussah; sie kamen in kurzen Tritten, aber ziemlich rasch heran, es war ein Mann und eine Frau, der erstere stützte sich dabei auf seine Begleiterin, diese hatte ein abgetragenes Kleid am Leibe, dessen kurze Schleppe im Kote nachschleifte, und trug einen löcherigen Einkaufkorb, in dem sich die Erfordernisse zu einem sehr frugalen Mittagsmahl befanden. Die Leute in der Gasse waren es gewohnt, um die Marktzeit diese beiden des Weges kommen zu sehen, hatten aber ihrer wenig acht, und wenn es ja geschah, daß sich einer merken ließ, er kenne sie, so erwartete er einen Gruß von ihnen. Nur einigen machte es augenscheinlich Spaß, mit einer Art übertriebenen Höflichkeit zu grüßen, und sie bekamen zum Dank ein Scherzwort von dem Manne oder irgend eine mehr vertrauliche als höfliche Bezeichnung von der Frau. Nur manchmal runzelte der lange Mensch die Brauen, hüstelte und wandte sich mit grämlichem Gesichte ab, und das gab auch zu lachen, und darauf war es abgesehen.

„Die dumme Bagasch“, sagte der Mann, als sie außer Gehörweite waren, „alle Abend sitzen sie in unseren Soireen und Tags darauf tun sie, als möchten s' einen nit kennen, man dürft ein unehrlich Gewerb treiben, andere verlangen ein Kompliment bis auf die Erd, weil sie abends vorher so gnädig waren, sich gut zu unterhalten, und noch andere denken, sie müßten morgens darauf einen Spaß als Zuwag kriegen, ich glaub, wenn ich mich jetzt auf die Straße hinlegte, um zu sterben", — er gebrauchte einen viel stärkeren Ausdruck für das letzte — „sie möchten auch lachen! Ach mein Gott!" Er fuhr sich über die Stirne.

„Heut hast wieder ein lieben Humor", sagte die Frau.

„Du hast leicht reden, du bist jünger, du bist gesund und leichtsinnig wie alle Weiber. Ich bin fertig, ich hab's auf der Brust. Ich wollt, ich hätt eine leichte Arbeit gelernt, so möcht ich mich noch ein paar Jahr halten, aber so bleibt mir nichts über, als in dem Tabaksqualm und Dunst fort zu plärren und zu schreien, so lang ich noch ein Restel Luft im Blasbalg hab. Hol's der Teufel! Als junger Bursch bin ich blind hineingetappt, seit ich aufgehört hab, das zu sein, hat mir immer gegraust, wenn ich gedacht hab, wie das ein End nimmt. Ist mir gleich lieber, ich komm in die Grube, als in die Versorgung. Wenn mir des Abends durch den Kopf schießt, daß ich da als Freithofkandidat den Leuten für ihre paar Groschen Lazzi vormach, da werd ich melancholisch, und wenn ich in der Stimmung ein sentimentalisches Lied sing, dann geht erst recht die Hetz an, es ist ganz zum Verzweifeln lustig mit die Leut."

Die Frau sah ihn von der Seite an und lachte. „Mein lieber Antou, ich bitt um ein andern Dischkurs. Sinn dir lieber ein paar neue Spaß für heute Abend aus, ist dir jedenfalls gesünder, tot bist noch nit, und wenn's auch manchmal schmal geht, so wirst du, solang ich leb, keine Not leiden müssen."

Sie bogen in einen Hausflur ein.

„Solang du lebst?" entgegnete der Lange. „Solang ich noch kriechen kann, mag sein, daß du mir mit ein überflüssigen Kleingeld aushelfen kannst, was aber einmal aus dir wird, wenn du aufgehört haben wirst, den Leuten neu zu sein, und dir nichts geblieben ist als der Leichtsinn, der einem, alt und krank, über gar nichts weghilft, sondern einen brennt wie Salz auf ein frischen Schnitt in der Haut, das erleb ich nicht, mag's auch nicht erleben. Jetzt hast du leicht die gute, großmütige Freundin spielen, wo man dir nachläuft, wo man noch ein Vergnügen findt, von dir ein paar Grobheiten angehängt zu kriegen. Man weiß ja, gar so ernst ist's damit nit gemeint."

„Wer weiß das, wer sagt's", fragte scharf die Volkssängerin, sie zog unwillig ihren Arm zurück. Er faßte nach dem Stiegengeländer und begann hinaufzusteigen. Auf dem Gange des ersten Stockwerkes hielt er atemlos stille. Er wandte sich an seine Begleiterin und sagte: „Ich weiß es, und ich sag es."

Sie zog die Schultern empor, ging an ihm vorüber und stieg zum zweiten Stockwerk hinan. Oben angelangt, schloß sie eine Wohnungstüre auf.

Der lange Komiker kam indessen die Treppe heraufgekeucht und lehnte an einem Pfeiler. „Ich weiß es, und ich sag es", wiederholte er. „Meinst du, ich weiß nicht, woher manchmal so eine seidene Fahne in deinen Kleiderschrank kommt oder ein Schmucketui in deine Lade, wenn es gleich bald auf

Nimmerwiedersehen ins Versatzamt wandert? Meinst du, ich weiß es nicht?! Das ist mir das Bitterste, daß ich mich davon soll füttern lassen."

„Dank du Gott, daß ich dich fütter!"

„Heleu!"

Die beiden standen sich Gesicht gegen Gesicht gegenüber. Auf dem Gange war es ziemlich hell gegen das Zwielicht, das auf der Straße herrschte. Der Mann zeigte alternde, verlebte Züge, ein großes, mattes Auge, die Haut war bleich, und zwei brennend rote Flecken standen über den breiten Backenknochen, das Gesicht war etwas verzerrt, sonderbare Winkel und Striche liefen teils feinspurig, teils tief eingegraben über dasselbe, es waren wohl Linien, welche die langjährige Übung seines Gewerbes gezogen, sie fanden sich in keinem Gesichte eines Menschen wieder, der sich gehaben kounte eben wie ein anderer Mensch.

Aus der fahlen Larve des Weibes aber blitzten ein paar dunkle, brennende Augen, der Mund war sinnlich aufgeworfen, und ein unsäglich gemeiner Zug an dessen Winkeln schien zu sagen, daß sie sich selbst nicht achte, daß ihr an fremder Achtung wenig gelegen, dazu gezählt noch ein paar Fältchen an den Augenwinkeln, und die Rechnung ergab, daß sie auch alle jene verachte, die es unterließen, sie zu verachten.

„Ich sollte Gott dauken", sagte der Mann aufgeregt, „daß du mich in der Weis erhältst? Seit zehn Jahren leben wir zusammen, ich hab dich zu dem gemacht, was du bist —"

„Sagst du denn nicht selbst, wie oft — fünfzig Mal untertags reicht nicht —, daß eben nicht viel an dem sei, wozu du mich gemacht?!“

„Damals dacht ich's nicht. Ich hab es immer mit dir aufrichtig und ehrlich gemeint, aber du hast mich unter der Zeit immer weiter und weiter von dir weg in den Winkel geschoben. Damals war ich dein Geliebter, dein Mann, wer, wer bin ich denn jetzt?“ Er faßte sie hart am Arme.

„Laß mich los“, sagte sie, „oder ich sag dir etwas, das dich verdrießen wird.“

„Sag's“, schrie er aufgeregt, ohne sie freizugeben.

„Kneip mich nit so in den Arm, Lump! Ein ehrliches Bürgermädel war ich, dem du etwas vorgeschwindelt hast, weil ich dir gefallen hab; Talent hab ich gehabt, und du hast schon damals an nichts anderes gedacht, als dich durch mich zu versorgen, so nimm's jetzt, wie es kommt!“ Sie drängte sich an ihm vorbei in die Küche.

„Das laß ich bleiben“, schrie er und folgte ihr hastig nach. „Ich leid es nicht, von heut ab nicht; eher hungern, als .....“

Die Türe schloß sich hinter ihm, das Gezänke hinter derselben wurde ärger, plötzlich wurde sie wieder aufgerissen, und das Weib schrie heraus: „Und wenn das ganze Haus darüber zusammenlauft, schlagen lasse ich mich nicht!“

Danu wurde die Türe mit Gewalt zugezogen, und es blieb stille in der Wohnung. Nebenan und gegenüber öffneten sich die Wohnungstüren, zwei Nachbarinnen blickten heraus nach dem Gange, als sich ihre Augen begegneten, lächelten sie einander zu und nickten, als wollten sie sagen: Heute wie gestern, hätt uns wundergenommen, wenn es einmal weggeblieben wäre.

Abends funkelten wieder die Lichter, das Piano erklang, die Sängerin rauschte heran, ihre Wangen schienen rosig, ihre Augen blitzten, sie trat vor und sang ein Lied, lärmender Beifall lohnte ihre Produktion. Nach ihr trat der lange Komiker auf, er war spaßiger als je.

Ja, wer sie da sah, die beiden! Wer das auch könnte, sich so über alles hinwegsetzen, in toller, überschäumender Lebenslust sich gehaben, gehalten und getragen von derselben, beliebt und belobt um derselben willen und aller Not enthoben eben durch dieselbe.

Am Morgen darauf geht wieder ein abgelebtes Weib mit dem Einkaufskorbe an der Seite eines hüstelnden Mannes durch die schmale Gasse, und wer sie gestern sah in den glänzenden Räumen und sie heute zufällig auf der Straße erkennen würde, er brauchte nicht erst ihr Gespräch zu belauschen, er würde sehr betreten und enttäuscht sein über die „Gefeierte" und den „Beliebten".

Ja, es gibt derartige kleine Enttäuschungen mehr, sie haben wenigstens das Gute, daß sie nicht wie andere schmerzen. Es gibt verschiedene Existenzen, zu denen honette Leute mit einem gewissen Gefühle berechtigten Neides aufschauen und sie für leidlich gesund und unverdient wohlhabend nehmen. Laßt sie euch doch erst von der Straße her bekannt werden als bresthafte Bettler, und dann ist's, als streckte sich aus all dem verlogenen Flitter eine abgezehrte Hand. „O gnädige Herren und schöne Frauen, nur ein ganz klein wenig Mitleid, nur ein bißchen achselzuckendes Erbarmen. Was Sie geben wollen! Meine Herren, schöne Frauen, um der Liebe Gottes willen!"

Alte Liebe

Gewiß, ihr müßt sie schon einmal gesehen haben, die beiden alten Leute! Sie gehen zusammen wie Manu und Frau. Er ist ein kleines, greises Herrchen, von den schneeweißen Haaren fallen ihm einzelne Strähne auf den Kragen des Tuchrockes, der ihm ein paar Handbreit unter die Knie reicht; er ist sehr abgetragen, dieser Rock, und der Staub setzt sich in den rauhhaarigen Stellen fest. Die Hose scheint etwas zu kurz, aber sie ist mit Vorsatz aufgezogen, denn bei schlechtem Wetter schont das das Beinkleid, und bei gutem stößt sich's nicht ab; darunter gucken die Stiefelchen hervor und zeigen einen kleinen Fuß. Er trägt einen breitkrempigen Hut, das Gesichtchen darunter ist rund und voll, ein wenig rot angehaucht, die matten, grauen Augen sind an den Rändern etwas angeschwollen, und sie blicken sehr gutmütig, die Nase ist klein und an der Spitze rundlich, und der Mund ist stets geschlossen, aber er lächelt in den Winkeln. Ein guter Manu, ein guter alter Mann. Er stützt sich im Gehen auf den Arm seiner Begleiterin; sie ist so hoch bei Jahren wie er, trägt immer einen, der Mode nach, unmöglichen Hut, der beschattet ein sehr energisches Gesicht, schwarze Augen, die es noch nicht verlernt haben, nach allem auszugucken, eine schmale Nase, etwas gebogen, einen Mund, der nicht allein freundlich lächeln, der sich auch ganz ärgerlich in Falten legen kann; ein buntes Umhängtuch fällt von der Schulter, das Kleid ist grau, nicht immer e i n Kleid und stets ein anderes Grau. Zeigt der alte Herr sich offenbar etwas vernachlässigt in seinem Äußern, so ist die Frau desto netter bei aller Einfachheit.

Sie gehen meist ohne zu sprechen neben einander her, nur wenn sie auf einen Bekannten treffen, grüßen sie und bleiben schwatzend stehen, das heißt, der Mann bietet den Gruß, und die Frau besorgt das andere. Wenn er sich ja einmengt und infolge seiner Schwerhörigkeit oder Kindischkeit etwas ganz Verkehrtes äußert, so schüttelt sie ärgerlich den Kopf und winkt dem Befreundeten zu: da merken Sie, wie der Mann ist, und was man für ein Kreuz mit ihm hat. Sie fühlt sich in solchen Augenblicken ihrem Schützling ungeheuer überlegen. Was würde aus ihm ohne sie?

Sprechen sie aber je zusammen, dann streiten sie. Der alte Herr vermeidet deshalb jeden Meinungsaustausch auf das sorgfältigste, nur manchmal scheint ihm ein Thema ganz unverfänglich, und er glaubt leicht ausbeugen zu können — eine Täuschung, der er zwar lange schon ledig sein sollte, aber du lieber Gott, man gibt derlei nicht so leicht auf, wie andere denken —; so läßt er sich denn ab und zu doch in ein Gespräch ein, und das läuft nie ohne Streit ab.

Mit einmal läßt dann der Alte beleidigt den Arm seiner Begleiterin fahren, sie zankt, wie er das tun könne, und faßt ihn wieder unter dem seinen und einträchtig wie zuvor, weil schweigend, setzen sie ihren Weg fort.

So war man sie gewöhnt, seit man sie zum ersten Male zusammen gesehen, und das war vor etwa fünf Jahren, als sie sich wieder fanden.

Sie hatten sich eine lange Zeit über verloren gehabt, und ihr Wiederfinden fiel gerade in jene Zeit des Jahres, wo jeder, soweit er kann, die Hände für seine Lieben auftut, und wo sie ihm, durch tausend und eine Rücksicht, für Fremde geöffnet werden, zwischen Weihnacht und Neujahr; mit solch einem Datum haften viel geringfügigere Dinge im Gedächtnisse, und so oft es jährig wird, erinnert es mich an die Geschichte der beiden alten Leute; sie läßt sich ebenso gut erzählen wie irgend eine andere.

Sie waren in e i n e m Hause als Nachbarskinder aufgewachsen. Als sie siebzehn Jahre zählte und er neunzehn, da war aus dem kleinen Mädchen ein tolles, übermütiges Ding und aus dem Knaben ein schüchterner Bursche geworden, der sie im stillen anbetete und ihr das für sein Leben gern gesagt hätte, aber es immer unterließ, weil er fürchtete, von ihr ausgelacht zu werden. Leider sollte er durch andere die Erfahrung machen, daß er sich da einem argen Irrtum hingegeben. „Fräulein Mini“ ließ es sich nicht ungerne sagen, daß sie hübsch sei, und pflegte junge Leute, die einen so guten Geschmack bekundeten, eben nicht einzuschüchtern.

Die meisten jungen Männer sind auf ihre Jugendgespielinnen, mögen sie deren viele oder wenige haben, eifersüchtig, ohne nach irgend einer Berechtigung dazu zu fragen; sie sind es, weil sie es sind. Hier war gar der schlimme Fall eingetreten, daß es sich nur um eine Gespielin und um mehrere Verehrer, sohin um ein erhöhtes Gefühl der Zurücksetzung handelte. Als er aber eines Tages bei „Fräulein Mini" eintrat und einen schmucken Offizier vorfand, der mit Wärme gebeten wurde, doch nicht schon so bald zu gehen, während man ihm mit merklicher Kälte freistellte, zu bleiben, da ging er und verfluchte die Stunde seiner Geburt, sämtliche Frauenzimmer und die Offiziere aller Waffengattungen — was tut nicht so ein unbesonnener junger Mensch? — und verschwor es, je wieder dem leichtsinnigen Geschöpfe unter die Augen zu treten.

Mochte es ihm nun schwer oder leicht fallen, diesem Schwure nachzuleben, jedenfalls wurde ihm das Festhalten an demselben durch den Umstand erleichtert, daß seine Eltern in jener Zeit nach dem anderen Ende der Stadt übersiedelten.

Besuchte er ab und zu einige Freunde in dem alten Stadtviertel, so neckten ihn diese oft mit „Fräulein Mini" und behaupteten, „seine alte Flamme habe wieder einen neuen Brenner", und was dergleichen Junge-Leut-Späße mehr sind. Indessen läßt sich nicht leugnen, daß er sich darüber ungeheuer ärgern konnte, und das nicht seiner selbst willen, der erlittenen schnöden Behandlung wegen, sondern — wie er behauptete — nur des Mädchens halber, das sich derart in üblen Ruf brachte.

Er suchte sie nie auf, manchmal trieb er sich wohl

in der Nähe des Hauses, wo sie wohnte, herum, aber dann durfte er sie nur über die Straße oder aus dem Tore kommen sehen, um sich sofort zu entfernen. Darin blieb er sich getreu, daß er jede Annäherung vermied; ob er sich auch in seinen Gedanken nicht mit ihr beschäftigte, ist eine andere, aber müßige Frage.

Mit einem Male hieß es, sie hätte geheiratet und wäre ihrem Manne außer Landes, nach seiner Heimat gefolgt.

Unser Bekannter — Herr Hermann Hermann hieß er — war gerade Rechnungsoffizial geworden, als er davon erfuhr. Daß sich ein Mann fand, der sie zum Weibe begehrte, das gab in seinen Augen der Jugendgespielin wieder einigen Wert; er summierte ihre Fehler und Annehmlichkeiten; bei ersteren beanständete er einige Posten als puren Klatsch oder böswillige Verleumdung und warf sie ganz bei Seite und erhielt ein Ergebnis, mit dem der gegenwärtige Gemahl der Dame ganz zufrieden sein konnte. Aus dem aber, was Positives von den Kindertagen bis zu seiner letzten Begegnung mit „Fräulein Mini" vorlag, berechnete er seine eigenen Jugenderinnerungen; er brachte seine Unbeholfenheit in Abzug und erhielt das Angedenken an ein glutäugiges, lebhaftes, freundliches Mädchen, dem er sehr gut und das ihm nie gram war; ein Fazit, mit dem auch er, still vor sich hinlächelnd, sich zufrieden gab.

Darum berührte es ihn gar eigentümlich, als er nach langer Zeit — er war bereits in Pension —

wieder hörte, jene „Mini" wäre, verwitwet, aus ihres Mannes Heimat fortgezogen, in die ihre nicht zurückgekehrt, — verschollen!

Vor etwa fünf Jahren — denn nur in der Woche, in welche das Ereignis fiel, stimmen alle Angaben überein, aber nicht in der Jahrzahl —, vor etwa fünf Jahren nun, in einer schneidig kalten Winternacht, befand sich der pensionierte Rechnungsoffizial Herr Hermann Hermann von seinem Stammgasthause auf dem Wege nach seiner Wohnung.

Selbst unter seinen weichen Tritten — er hatte aus Furcht vor dem Ausgleiten Filzschuhe übergezogen — knarrte der gefrorene Schnee, unter zeitweisen Windstößen flackerten die Gasflammen und verbreiteten ein Licht, das gleichfalls vor Kälte zu zittern schien, doch nahmen der gleißende Schnee inmitten der Straße und die eisigen Spiegel, die über den Gehwegen lagen, sich seiner an und halfen ihm durch alle Reflexe, Schimmer und Flimmer wieder auf.

Da tauchte an einer Ecke ein Weib auf, anscheinend klein, zusammengekrümmt; der Rock, den es trug, schien wie ein Hohn auf die rauhe Jahreszeit, der Wind, so oft er sich hob, machte sich das boshafte Vergnügen, denselben knapp an die frierenden Glieder anzupassen; nur ein grobes, wollenes Tuch sollte gegen die Unbill des Wetters schützen.

Diese ärmliche Gestalt ging von der Ecke, aus deren Schatten sie sich plötzlich losgelöst zu haben schien, einige Schritte vor dem alten Beamten her, dann blieb sie stehen, faltete, als er herankam, die Hände und sagte: „Ich bitt, ich bitt!"

Der alte Herr sah auf, es war nicht gewöhnlich, zu einer solchen Stunde einem Bettelnden zu begegnen. Das Weib war hoch gewachsen, nur die Kälte bewog es, als gäbe es ihr dadurch weniger Spielraum, sich klein zu machen. Aber wie sie bittend die Hände hob — — —.

Es war das gar eigentümlich. Er hatte das nur einmal gesehen, bei einem Pfänderspiele, wo ihm die Wange zum Kusse geboten ward, die Hände sich über seiner Rockklappe falteten, als wollten sie ihn festhalten, während gleichzeitig die Ellbogen vordrängten, als sollten sie ihn zurückstoßen, so, ganz genau so war die Gebärde der Bettlerin, und als er jetzt scheu ihr in das brennende Auge sah — wie so oft, ach, wie so oft —, barmherziger Himmel! Es war kein Zweifel! Er faßte sie mit beiden Händen an ihren Armgelenken. „Du mein Herr und Gott, Mini Hausmann, sind Sie es wirklich?“

Das Weib wollte sich hastig losmachen, das bewies der Ruck, den der Mann empfand, der sie festhielt; aber sie war zu schwach, und so besann sie sich denn rasch, wer Ursache haben könnte, sich ihrer zu erinnern; es waren deren nicht gar viele, und als sie ihre Augen forschend auf den Mann richtete, da sagte sie: „Sie sind Hermann.“

Es lag etwas Zutrauliches in dem Tone, womit sie das sagte, so daß der alte Mann ihre Arme freigab. Sie wird ihm nicht entlaufen.

Und nun gingen die beiden durch die Nacht, durch die schneidig kalte Nacht; der Mann führte die Frau an der Hand, er sprach unausgesetzt zu ihr und achtete nicht der eisigen Luft, die er dabei zu atmen hatte, und wenn eine verirrte Flocke an die Wange der Frau stob, so schmolz sie.

Am andern Morgen suchte er sie auf und fand sie zusammenwohnen mit Leuten, die gleich elend gebettet waren wie sie. Er wagte es nicht, den Blick umherschweifen zu lassen, er saß in einer schmutzigen Ecke, auf einem wackeligen Stuhle. Während die Anwesenden ihn verwundert begafften und ohne Scheu vor seiner Gegenwart lärmten, saß er mit niedergeschlagenen Augen und sprach mit halber Stimme. Er bot seiner Jugendgespielin ein Unterkommen bei ihm.

Schlimm genug, daß sie Wohltaten empfangen müsse, aber von ihm nehme sie durchaus keine an.

Er erklärte, in seinem Antrage läge durchaus keine Wohltat für sie, es wäre vielmehr ein sehr selbstsüchtiges Angebot von seiner Seite, denn er werde alt, er brauche Pflege und hätte niemanden, der sich seiner annähme, und da dächte er . . . .

Je, nun ja, wenn er so dächte, du lieber Gott, freilich, dann sollte er nicht umsonst auf sie gerechnet haben; aber von ihrem jetzigen Unterstandsorte nur so auf der Stelle gleichsam entlaufen, das ginge denn doch nicht an, in einer Woche werde sie zu ihm übersiedeln.

Aber er sei alt, wirklich sehr alt und gebrechlicher, als sie ihm anzusehen vermöge, nun müßte er eine Woche über der Pflege entbehren, und innerhalb sieben Tagen könne sich viel zutragen, ob sie die Verantwortung, ihn allein zu lassen, übernehmen wolle?

Ei nein, und er müsse ja am besten wissen, wie er sich fühle, und da täte ihr nur um ihn leid, daß es so Eile hätte, aber wenn er darauf bestünde, so ginge sie gleich mit.

So wurden sie, während die Leute neben ihnen hin- und herhuschten, inmitten des Gewirres und Gelärmes einig; die alte Frau trug Unterschiedliches zusammen und band es in ein Tuch, nur um etwas mit fortnehmen zu können; sie stopfte altes Zeitungspapier zu unbrauchbaren Stofflappen und doch blieb das Bündel lächerlich klein, das sie nun unter dem einen Arme trug, während ihr Freund sich auf den andern stützen mußte, er mochte wollen oder nicht, denn er durfte sich ja bezüglich seiner Gebrechlichkeit nicht Lügen strafen.

Sie ließen die winkeligen Gassen des Stadtviertels, in welchem verschämte und unverschämte Armut mit allen Mitteln gegen den Hunger stritt, hinter sich und beschritten die reinlicheren Wege eines anderen Bezirkes, in dem meist Beamte wohnten und sonstige kleine Lente mit geringen Gehalten, die es für ihre Pflicht hielten, ein zufriedenes Ansehen zur Schau zu tragen, und nur selten, in quälendsten Augenblicken, sich leise eingestanden, daß sie eigentlich auch Not litten und sie nur mit Anstand zu tragen wüßten.

Der Flur des Hauses, in den sie traten, war rein wie die Treppe, die er nun — sorglich wie nie — an dem stützenden Arme seiner Begleiterin hinansteigen mußte. Und das Zimmer, wie hübsch, wie sauber gehalten; mit peinlicher Genauigkeit war jedes Stück an seinen Ort gerückt! Als er jetzt Mini Hausmann auf dem Lehnstuhl Platz zu nehmen nötigte, da freute er sich, wenn sie erst recht umgeblickt und alles gemustert haben würde, auf ihr Erstaunen, auf ihr Lob, aber sie verdarb ihm die Freude, sie schien nichts zu merken, und sie sagte auch nichts, und als die Bedienerin das Essen aus dem Gasthause heraufbrachte, da versprach er sich ein inniges Behagen über den Heißhunger, mit dem die Arme sich über die Speisen hermachen müßte; aber sie aß nur wenige Bissen, und als er ihr schließlich sein Bett für die Nacht offerierte, da erklärte sie sehr energisch, daß sie durchaus nicht wegen ihrer Bequemlichkeit da sei, sondern lediglich, um für die seine zu sorgen, und so werde sie denn für heute und überhaupt, solange sie zusammen seien, auf dem Diwan schlafen.

Aber sie ist da so uneingewöhnt, sie muß erst über alles zur Ruhe kommen, dachte Hermann. Er nahm das Licht und ging nach seinem Kabinette. „Gute Nacht!"

„Gute Nacht!"

Aber er fand die Ruhe nicht. Er schritt in dem kleinen Gelaß auf und nieder, und außen saß die alte Frau im Lehnstuhl und stützte den Kopf auf die Rechte und sah vor sich hin über die Flamme des Lichtes hinweg. Was die beiden dachten?

Nur der weiß es, der im Leben einmal, spät wieder, einer Persönlichkeit begegnete, an die sich früheste Erinnerungen knüpfen, die nun fast mit eben jener Person in Widerspruch zu geraten scheinen. Wer es da empfunden hat, wie ein lachendster Einfall von einer Träne der Wehmut ertränkt werden kann, wer mit stillem Schauer über die verschlungenen Wege des Lebens nachgedacht und dann wieder den Gedanken an eine Fügung weggelacht hat, der weiß es!

Hermann blieb etliche Male an der Türe stehen, hielt den Atem an und lauschte, ob sie schon schliefe. Ihm hatte sie eine Flasche mit Wasser auf das Nachtkästchen gestellt; hatte sie vielleicht auf sich vergessen, fehlte ihr das? So will er denn doch selbst . . . .

Er gebärdete sich heute etwas lebhafter als sonst, der alte Herr, und, was ihm nie geschehen war, er schlug sein Trinkglas von der Steinplatte des Nachttischchens zur Erde.

Er stand lautlos und starr eine kleine Weile.

„Aber Hermann", rief es außen, „was treiben Sie denn?"

Er öffnete die Türe zur Hälfte und sprach hinaus: „Es ist nichts. Mein Wasserglas. Ich war nur in einiger Unruhe, ob Ihnen wohl etwas abginge."

„Sorgen Sie nicht um mich, wenn Ihnen etwas fehlt, werde ich zur Hand sein, und jetzt seien Sie vernünftig, Hermann, legen Sie sich nieder."

Er gehorchte.

Und so blieb es zwischen den beiden die Jahre her, sie war immer gleich zurückhaltend und er immer gleich fügsam. Sie erwähnte nie ihres verstorbenen Mannes; eine Erinnerung, an der ihr Freund nicht teilhaben konnte, sollte nicht zwischen ihnen stehen;

dafür war auch ihm jede Anspielung auf jene kritischen Zeiten untersagt, wo er einiges Recht zur Eifersucht gehabt zu haben glaubte. Einem Jugendgenossen, der die beiden alten Bekannten einmal aufsuchte, wurde ein derartiges Späßchen nachgesehen, aber als Hermann sich beikommen ließ, es ihm gleich zu tun, da kam er übel weg. Ihm hatte sie nie Anlaß zu einem freieren Betragen gegeben und als das, was somit er von ihr zu halten hatte, wollte sie auch in seinen Augen gelten bleiben.

An das einstige übermütige Lachen des Mädchens erinnerte ihn die alte Frau nur ein einziges Mal, das war, als er eben von einem Krankheitsanfalle sich erholt hatte, neben ihr saß und ihr ganz ernsthaft sagte, es wäre nun wahrhaftig Zeit, daß sie heirateten.

Da lachte sie.

Er sah ganz vergnügt auf bei diesem Lachen, dann drückte er ihr die Hand und sagte: „Mine, wenn meine Stunde kommt, möchte ich nicht gerne von der Sorge um Sie bedrückt sein. Sie hätten dann Anspruch auf eine Pension."

Da ward sie sehr ernst, sie senkte den Kopf über ihre Strickerei, emsiger klapperten die Nadeln und sie sagte ganz leise: „Ich werde keine brauchen."

Wenn seine Stunde kommt — dann wird sie es halten, wie sie es bisher gehalten hat, wenn er seinen Arm aus dem ihren zog und ein paar Schritte voranging, sie wird die Vorwürfe nicht sparen und ihm — nachfolgen. Sie fanden sich nicht nur an der Neige des Jahres, sondern auch an der Neige des Lebens wieder, und da verliert man sich nimmer auf lange.

Die Kameradin

Diese [illegible]

[illegible]

unbekannt [illegible]

schlagen [illegible]

durch [illegible]

Schriften [illegible]

gegenüber [illegible]

letztere [illegible]

oder [illegible]

Schriften zu [illegible]

glücklich [illegible]

Es [illegible]

Lücken [illegible]

örtlichen [illegible]

es ist immer [illegible]

haben [illegible]

genau zu [illegible]

mehr in [illegible]

meinen [illegible]

vergessen [illegible]

ist der [illegible]

zu vergessen [illegible]

im [illegible]

der [illegible]

Vorbemerkung

Diese ebenso notwendige als ehrliche Vorbemerkung kann jedoch von jedem Leser, dem der Autor unbekannt ist, ohne Schaden für beide Teile überschlagen werden; Lesern, welchen ich fremd bin, wird durch vorliegende Arbeit kein Anlaß geboten, meine Ehrlichkeit anzuzweifeln, und ich finde keinen, ihnen gegenüber mit einer Aufklärung hervorzutreten, letztere bin ich nur jenen schuldig, deren Achtung oder Mißachtung ich mir durch meine früheren Schriften zu erwerben so glücklich oder so unglücklich war.

Es kommt vor, daß in dem Gedächtnisse plötzlich Lücken entstehen und den von der Empfindung dieser örtlichen Leere Betroffenen bedenklich machen, denn es ist immer bedenklich, einmal etwas gewußt zu haben und es gar nicht mehr oder nicht mehr so genau zu wissen. Man mißtraut sich. Wenn ich nicht mehr im Denken sicher bin, bin ich es dann noch in meinem Gebaren? Wenn das so weit geht, daß wir vergessen, was wir uns selbst schuldig sind, dann ist der Wahnsinn fertig; minder bedenklich ist daher, zu vergessen, was man andern schuldig ist, das führt im allerungünstigsten Falle ins Gefängnis, die andere Vergeßlichkeit aber im günstigsten auf das Beobachtungszimmer.

Es wurde von einem Manne erzählt, dem ein altes Lied durch später aufgenommene Melodien vollkommen aus dem Gedächtnisse verdrängt wurde; er quälte sich ohne Unterlaß und ohne Erfolg, dasselbe aus den einzelnen ihm im Ohre verbliebenen Tönen wieder zu rekonstruieren, so daß er aus Bestürzung über diese Gedächtnisschwäche in den Glauben an Irresein verfiel und sich schließlich zum ganzen Narren aufschwang, ich schreibe aufschwang, denn ein ganzer Narr hat doch immer noch etwas voraus, wo wir, nach freundlicher Versicherung der bedeutendsten Irrenärzte, alle mit einander doch meist nur halbe sind. Nach dieser Behauptung ist es auch sehr fraglich geworden, ob der Verbrecher ein ganzer Narr oder der ganze Narr ein halber Verbrecher sei. Die Schuld kann ja in der Ursache des Wahnsinns liegen.

Es liegt auf der Hand, daß es eine sehr gefährliche Sache ist, in irgend jemandem den Zweifel an der folgerichtigen Arbeit seiner Denkkraft wachzurufen und ihn den höchst peinlichen Gefühlen, die diese Zweifel begleiten, zu überlassen; selbstredend, in Fällen, wo die Kontrolle nahe zuliegt; denn über Dinge, wo selbe ganz unmöglich ist, läßt man jedem selbst die ausschweifendsten Gedanken hingehen, über Religionslehren, Rechtsanschauungen, philosophische, naturwissenschaftliche Systeme und Probleme räumt man jedem das Recht der Überzeugung — das der Fabrikation selbsteigener Gedanken — ein. Nur der Raserei auf Grund derselben wird heutzutage tunlichst vorgebaut, früher stand auch diese in dem Belieben des einzelnen — besonders wenn deren mehr waren — und es kann wieder werden, wenn ein gewaltiger ganzer Narr den Punkt im Gehirn der halben entdeckt, an dem bloß gerührt zu werden braucht, um sie alle zu ganzen zu machen.

Diese tiefsinnigen Betrachtungen befielen mich, als ich eines Tages einen Freund, dem ich die nachfolgende Erzählung in der Handschrift zu lesen gab, in ganz bedenklicher Verstörung auf dem Ruhebette liegen fand. „Freund! Mensch!" rief er mir entgegen. „Rette mich! Ich weiß nicht, was in mir vorgeht. Die Hälfte dieses deines Werkes spricht mich so bekannt an, als hätte ich sie schon irgendwo gelesen; ich kann aber doch unmöglich eine neue Erzählung schon größtenteils gelesen haben?!"

Zum Glück war es in meine Macht gegeben, ihn sofort aus seinem peinlichen Zustande zu erlösen. „Lieber Freund", sagte ich, „einen großen Teil dieser Geschichte kannst du allerdings schon gelesen haben, denn ich bin daran gegangen, meinen Roman „Der Schandfleck" nach seinem ursprünglichen Plane umzuarbeiten, wonach diese Dorfgeschichte unter Bauern zu Ende spielt und somit Dorfgeschichte bleibt; interessierst du dich für das Geschick der Heldin derselben, für Magdalena, so muß ich dich auf diese Umarbeitung verweisen.

Bei dieser Gelegenheit habe ich aber aus dem genannten Romane alle Schilderungen, welche sich auf die Stadt beziehen, und die Erzählung der Erlebnisse eines Landmädchens daselbst, herausgehoben, habe die Heldin dieser Bruchstücke umgetauft, eine neue Verwicklung und Lösung hinzugefügt und so diese „Kameradin" zu stande gebracht.

Mein Freund — würde er es auch sonst gewesen sein? — gab sich mit dieser bündigen Erklärung zufrieden und billigte mein Verfahren. Von jenen Lesern, die meine Freunde sind, darf ich wohl, nachdem diese ehrliche Vorbemerkung jedes Mißverständnis entfernt, das Gleiche hoffen, und auch den unfreundlichen denke ich einen Anlaß zu gegründeter Beschwerde aus dem Wege geräumt zu haben.

Wien, im Mai 1881.

Der Verfasser.

Erstes Kapitel

In welchem ein redseliger Fuhrmann eine schweigsame Dirne fährt, wobei der Leser eine ganze Handvoll Geschichten in Kauf kriegt und dadurch, wie zu hoffen steht, gleich von vorneherein von dem Erzählertalente des Autors eine günstige Meinung faßt.

Es war in den ersten Stunden eines sonnenhellen Sommervormittages, als ein Landmädchen, das sich mit einem ziemlich großen Bündel schleppte, auf einem Fußpfade, längs der Fahrstraße, an Feldern und Wiesen vorbeischritt, hinter ihr her knarrte ein schweres Fuhrwerk, der Lenker desselben war durch eine Art Zelt, gröbstes Linnen über Faßreifen gespannt, gegen Sonne und Regen geschützt; als die munter trabenden Pferde sie nahezu eingeholt hatten, ward sie angerufen.

„He, Dirndl!"

Sie sah auf, unter dem Schatten der Plache lachte ein breites, gutmütiges Gesicht sie an, über welchem bei jeder Bewegung eine Zipfelmütze feierlich nickte.

„Wohin denn?"

„Nach der Kreisstadt."

„Ist ein weiter Weg und es wird bald heiß werden. Magst nicht auffitzen?"

„Nun, vergelt's Gott, das möcht ich schon annehmen."

„Oeh!“ Der Wagen stand, die Dirne schwang sich flink hinauf und setzte sich neben den Fuhrmann, der schwang die Peitsche. „Hiö!“ Und sie fuhren des Weges.

Der Mann auf dem Wagen blinzelte seine Reisegefährtin an und nickte ein paarmal wohlgefällig mit dem Kopfe. „Ich kann keines von euch Weibsleuten so an der Straße daherlaufen sehen“, sagte er, „es ist so viel strapazierlich und gegen uns Männer habt ihr ja doch den größeren Teil Mühsal in der Welt auf euch. Jetzt, wo ich alt bin und es unberufen sein kann, fahr ich freilich lieber die Jungen, hinfällig und unsauber bin ich mir selber genug und mag nicht gern so was in gleichem neben mir hocken haben; weil die Welt so viel schön ist, so hab ich auch gern was Schönes an meiner Seit, das mir das Aus- und Umschauen nicht verleidet. Wie ich jung war, hab ich dafür nur die Alten gefahren, so sollen es die heutigen jungen Fuhrleute auch halten; sieht man die mit einer frischen Dirn daherkutschieren, meint man doch, sie täten sich selber den größten Gefallen, dagegen schaut es einer wahren Barmherzigkeit gleich und läßt kein Deuteln zu, wenn sie ein altes Mütterl auf den Wagen heben. Ja, meine liebe Dirn!

Ich bin schon ein alter Fuhrknecht, schon als Bub bin ich dieselbe Straße auf- und niedergefahren, erst weiter, wie aber die Eisenbahn ins Land gekommen ist, nur bis zur Kreisstadt und wieder zurück. Mein Jesus, wenn ich daran denk, über fünfzig Jahr ist das her. Die Straße ist die nämliche geblieben, bis auf den einen oder den andern Baum, der in der Zeile abgestorben ist, dafür hab ich an deren Stell die neuen aufwachsen gesehen, paar kleine Häuser haben sie noch daran erbaut, sonst ist sie die nämliche, jeden Stein kenn ich auf ihr; dagegen sind immer andere Leute über dieselbe weggegangen, hab viel davon da auf meinem Wagen sitzen gehabt, hab ihnen vorgeplaudert, mir von ihnen erzählen lassen und mir die Welt dabei im Vorbeifahren angeschaut, so hab ich mich ganz an das Anschauen gewöhnt, ich verlang mir gar nichts von dem, was am Wege liegt, bei vielem müßt man ja allweil neben am Fleck verbleiben, und was man mit auf den Wagen nehmen kann, könnt man auch wieder verlieren, so begnüge ich mich, daß ich noch frisch aus meinen Augen gucken kann, wenn man so schnell daran vorbeikommt, sieht man auch kein Fleckchen Kümmernis und Sorg, die oft darauf kleben, und es schaut sich alles so nett und lieblich an. Ja, meine liebe Dirn!

Siehst dort die Kirchturmspitze über den Hügel vorschauen? Das ist Krondorf, dort bin ich geboren. Da, gegen die Landstraße, haben sie ihren kleinen Friedhof" — er wies mit der Peitsche in der Richtung —, „dort liegt mein Vater begraben, ist auch schon fünfunddreißig Jahre her, meine Mutter liegt zu Wien, meine Schwester zu Prag, mein Bruder in Italien bei den gefallenen Soldaten, und wo ich hinkomm, das weiß ich noch nicht, aber ich denk, wenn unser Herrgott etwas mit uns anzufangen weiß, so wird er uns schon am Jüngsten

Tag wieder zusammenklauben; ich muß sagen, wie nie gerade was Besonderes an mir war und wie ich jetzt schon gar nichtsnutzig bin, ich ließe mich schön sauber in der Grube liegen und möcht mich selber wohl nimmer aufheben, aber ich trau, der liebe Gott wird schon besser wissen, wozu wir etwa noch taugen mögen. — Ja, meine liebe Dirn!

Gelt, schön ist es da rundum? Du guckst so verwunderig, als ob dir alles neu wär. Fahrst wohl auch das erste Mal auf derselben Straße?"

„Es ist das erste Mal in meinem Leben, daß ich überhaupt wegkomm vom Haus."

„Hab dir 's gleich angemerkt. Bleibst in der Kreisstadt?"

„Nein, ich geh weiter, bis nach Wien hinein geh ich gar, einen Dienst suchen."

„Hast recht, besser in der Stadt klein dienen als am Land klein wirtschaften. Kenn ich deine Leut?"

„Glaub nit. Ich hab nur mehr meine Mutter, und wer sollt dir von der Sebensdorfer Schulmeisterswitwe geredt haben?"

Er schüttelte zustimmend den Kopf.

Sie fuhren an einem winzigen Häuschen vorbei, an dem Wein- und Bierzeichen ausgesteckt waren; ein hagerer Mann, der ein grünes Käppchen als Standesabzeichen trug, stand unter der Türe.

„Ho, Kollinger Michel", rief er, als er den Wagen ansichtig wurde. „Guten Morgen!"

„Guten Morgen!"

Ein dickes Weib stürzte jetzt aus der Türe. „Wer fährt denn vorbei?"

„Je, da kommt mein Schatz“, schrie der alte Fuhrknecht. „Guten Morgen, Wirtin, auf dich hab ich schon lang ein Aug, und dasselbe beißt mich alle frühmorgens, wird wohl das linke sein. Nur dir zulieb sprech ich im Heimfahren immer bei euch ein, möchtest es doch einmal erkennen und den Wirt in den tiefsten Keller schicken, daß wir allein sind.“ Die beiden Wirtsleute lachten.

„Hent noch, wenn du kommst, geschieht's“, schrie die Dicke aus Leibeskräften, denn der Wagen war schon wieder eine Strecke weit voraus.

„Ist recht, an mir soll es nicht fehlen“, brüllte Michel zurück, dann sagte er zu dem Mädchen an seiner Seite: „Ein bißchen Spaß in Ehren darf sich wohl so ein alter Esel, wie ich bin, erlauben. Gelt ja? — Schau nur, wie dort hoch am Berg oben das Stift Grottenstein so lieb in der Sonn liegt! Auch im Gebäude drinnen haben sie es recht schön, ich habe es mir schon einmal angeschaut. Es geht eine Sage, es wär dort vor undenklichen Zeiten einmal ein Mönch gewesen von himmelschreiender Gelehrsamkeit und dabei recht gottesfürchtig, der hat immer in der Zeit, die ihm von einem Gottesdienst auf den andern verblieben ist, in seiner Zelle heilsame Kräuter gekocht und nachdenkliches Wesen getrieben, und endlich ist er auch daraufgekommen, wie man Gold macht; ich weiß nicht, was daran ist, aber es geht halt die Rede, daß, wenn einer den Weisenstein hätte, so könne er auch alle Krankheiten heilen, das eben war der Mönch im stande, und du kannst dir denken, was für einen Zuspruch aus aller Welt

Landen das Kloster gehabt hat. Aber wie nie einer genug hat, selbst der Gottesfürchtigste nicht, und vor den andern immer etwas voraus haben will, so hat auch mein lieber Mönch gedacht: alles Krankheitsleid und Gebrestelend hab ich nimmer zu fürchten, und davon helf ich auch allen, die zu mir kommen, nun möcht ich nur, ich könnt auch noch den Trank erfinden, auf den man in dieser Welt gar niemal versterben kann! So ist er gegangen und hat zu Gott gebetet, daß er ihm dazu verhelfe, und hat geheuchelt, ihn verlange nur darnach, damit er für ewige Zeit hinaus allen Kranken und Bresthaften beistehen könne. Das betet er, und unser Herrgott erhört ihn. In einer Nacht weiß er sich auf einmal ganz aus und braut sich den Unsterblichkeitstrank, es wird Mitternacht, da hat er den Becher voll bis zum Rande vor sich stehen, und wenn er den austrinkt, so kann ihm der Tod nimmer an. Mit Schlag zwölfter Stund hebt er den Becher und will trinken, da geschieht es, als schauten weit, weit aus den tiefen Weltgründen, wo schon die Sterne ein End nehmen, Millionen gebrochene Augen begierig nach ihm her, als lechzten alle toten, hohlen Rachen nach dem Trank; da ist ihm gewesen, als hätt er an den Lebenden und Toten freveln wollen, es ist ihm weh in der Seele geworden, und er hat den Becher von sich geworfen und hat gesagt: Ich will auch zu euch! Die haben ihn aber gleich beim Wort genommen, und am andern Morgen darauf hat man ihn tot gefunden. Anders geht eine Rede, dieselbe Geschichte wär seinerzeit nur erfunden worden, damit der Mönch im Angedenken der Leute ein rechter Klosterheiliger verbleibe, und eigentlich wär der Unsterblichkeitstrank ein Gift gewesen, das ihn die Brüder haben trinken lassen, weil er das Geheimnis vom Weisenstein nicht für das Kloster hat aufbehalten, sondern der ganzen Menschheit verkünden wollen. So geht die Sag von dem Mönch auf Grottenstein. Ja, meine liebe Dirn!

Die Brücke, über die wir jetzt fahren, steht nicht viel über dreißig Jahr, damals in der großen Überschwemmungszeit hat sich der Bach das neue Bett da gerissen, merk jetzt, die Rinne, über die wir jetzt wegfahren — hopp, hinunter und wieder herauf —, das war sein altes."

In einiger Entfernung wurde ein Kreuz am Wege sichtbar, der alte Fuhrknecht verstummte, schweigend fuhr er auf dasselbe zu, er bekreuzte sich, als sie vorbeikamen, und trieb die Pferde an.

„Gelt, Dirndl", begann er nach einer Weile, „du schaust, weil ich mein flinkes Maulwerk auf einmal sperr? Das Marterl dorten, woran wir vorbei sind, das ist mir die einzige unliebe Stell auf der ganzen Straße, wenn nur das könnt davon weg sein, weiß nicht, was ich darum geben möcht! Es verdirbt mir den hellichten Sonnenschein. Wenn ich allein fahr, verschlaf ich immer das Stück Weg, von wo es auftaucht, bis wo ich es im Rücken hab. Hundertmal schon hab ich es verschworen, daß ich die Geschichte wieder aufrühre, und nicht weniger oftmal mir vorgenommen, daß ich sie vergesse, es hilft aber nichts, so oft ich das trübselige Wahrzeichen seh, wird alles wieder lebendig, als wär es noch von gestern her, und wenn man etwas erlebt hat, das einem im Gedächtnis schwer aufliegt, meint man selber leichter daran zu tragen, wenn man es auch andern mitteilt. Wo so viel Elend auf einen Fleck hinfällt, daß es für mehrere ausreicht, als die es trifft, da kommt Mitteilsamkeit unter die Menschen, als ginge es alle zusammen an, da ist ein gemeinsam Fürchten vor dem Leben, darein so was geschehen kann."

Er neigte sich etwas gegen das Mädchen und sagte leise: „Dort bei dem Kreuz ist vor vielen Jahren einer erschlagen worden, und der ihm das getan hat, war mein bester Freund. Mein bester Freund" — er seufzte tief auf —, „ja, meine liebe Dirn!"

Nach kurzem Stillschweigen hob er wieder an: „Er hat Sennfelder Jakob geheißen und war sonst ein rarer Bursch, von dem sich niemand was Arges versehen hätte, nur trinken hat er nicht dürfen, das hat ihn allfort um seine Sinne gebracht, und davor hat er sich auch rechtschaffen gehütet. Seine Eltern waren brave Leute, und er hat als deren einziges Kind in Fried und Freud mit ihnen zusammengelebt. Da ist eine Dirn im Ort gleichzeitig mit ihm herangewachsen und hat ihm von Jahr zu Jahr mehr gefallen, war auch ein bildsauberes Ding, die Langhammer Agnes; wie es schon geht, war er nicht der einzige, dem sie gefallen hat, und der ihr hat gefallen wollen, da war noch einer, der Friedberger Anton, der überhaupt besser mit den Weibsleuten hat umgehen können, und die haben ihn gern gesehen, obwohl sie gewußt haben, er muß froh sein, daß er selber zu leben hat, und kann keine erhalten. Auch bei der schönen Agnes war er Hahn im Korbe, nur ist das eine Heimliche gewesen und hat sich nichts merken lassen, als Freier war der Jakob doch nicht zu verachten, und so hat sie ihn hingezogen ein ganzes Jahr lang, aber der andere Bursch, der Anton, hat seinen Stolz gehabt, hat gesagt: So oder so, soll es der Jakob sein, so siehst mich nicht wieder, soll ich es sein, so laß das Spiel mit dem andern! Und da hat sich's gezeigt, daß sie nicht von ihm hat lassen können, und sie hat dem Jakob seinen Abschied gegeben. Dem armen Burschen war jahrüber kein Gedanke gekommen, daß ihn die Dirne nur zum Narren hält, und der Abweis ist ihm wie vom Himmel gefallen, er war ganz verzweifelt darüber, und da gibt ihm der helleidige Teuxel ein, nachdem er sich so lang hat fern gehalten, daß er ins Wirtshaus gehen und sein Leid vertrinken will. Das war schon vom Übel, wär aber nur der andere weggeblieben, doch der ist auch hingekommen, und das war das übelste! Der Anton hat den Jakob drinnen sitzen sehen und hat es nicht lassen mögen, daß er hineingeht und sich anschaut, was der für ein Gesicht macht. Nun kommt das Dümmste, wie er den so ganz niedergedrückt dort sitzen sieht, so kriegt er Mitleid für ihn, rückt zu und will ihm reinen Wein einschenken, daß der einsieht, die Dirn war ohnedies nie für ihn, hätte ihm wohl keine Ehre ins Haus gebracht und auch keine darinnen gelassen. Ein Wort gibt das andere, er redet in Jakob hinein, der war schon mit dem ersten Glase fertig und nimmer nüchtern, verkennt die gute Absicht, glaubt, der will ihn höhnen oder wohl gar nur die Agnes in seinen Augen verunehren. Er denkt sich sein Teil und redet nichts und deutet nichts. Er steht auf, wie der andere geht, schließt sich ihm an und den andern Tag darauf findet man den Friedberger Anton erschlagen auf der Straße liegen. Der Sennfelder Jakob war dagegen nirgends aufzufinden und alle Welt hat gesagt: Der hat es getan!

All mein Lebtag vergeß ich nicht, wie ich am selben Abend darauf in die Hütte zu Jakobs Eltern gekommen bin, wie verzweifelt sind die alten Leute jedes in einem anderen Winkel gesessen und haben sich nicht in die Augen schauen mögen. Es kann nicht sein, hat der alte Sennfelder gejammert, es kann nicht sein, daß er sich so vergessen hat, oder er ist mein Fleisch und Blut nicht. Gesteh es ein — hat er sein Weib angeschrien —, gesteh es ein, ich verzeih dir jetzt alles, zum Trost sag mir jetzt, er ist nicht mein Kind! Das alte Mütterl hat geweint, wie nicht gescheit. Alle Sennfelder, hat der Alte weiter geredet, waren ehrlich und rechtschaffen, von keinem all meiner Vorfahren kann er das wilde, gottverlassene Wesen überkommen haben. Ich muß ihn selber fragen, ob er das in Wahrheit getan hat! Damit springt er mit einem Male in die Höhe und geht auf sein Weib zu und schreit: Du weißt es, wo er ist, sag es! Die arme Alte hat sich gar nimmer zu helfen gewußt, und so ist es herausgekommen, daß ihr der Jakob im Wegeilen gesagt hat, er geht auf die graue Wand; siehst Dirndl, dort den mächtig hohen Berg! Die kahle Seite gegen uns her, das ist die graue Wand.

Da hat der alte Mann kein Wort weiter geredet, sondern sich zum Fortgehen bereit gemacht. Ich hab nicht wenig Angst empfunden, um ihn und auch um den Jakob, und sag: Vater Sennfelder, ich werd mitgehen! Sagt er darauf: So geh mit! So sind wir am selben Abend noch vom Ort weggegangen, die ganze Nacht durch, es war ein trauriges Wandern, kein Wort ist unterwegs gefallen, nur hab ich den alten Vater von Zeit zu Zeit ganz still aufseufzen gehört, er hat es nicht laut werden lassen wollen, wie ihm war. Wie wir so im Frührot der grauen Wand zugehen, schau ich zufällig auf den Weg hinter uns. Heiliger Josef, da seh ich ein Paar Bajonette in der Sonne blitzen, waren die Gendarmen hinter uns her, vielleicht schon die ganze Nacht über, ohne daß wir es bemerkt haben. Der Alte hat immer vor sich auf den Weg geschaut und mir nichts angemerkt, ich faß ihn am Arm und sag: Heilige Mutter Anna, was tun wir jetzt? Es gehen uns Gendarmen nach! Er sagt darauf: Sollen sie! Und geht weiter und immer weiter fort, seinen Weg auf die Wand zu. Mir war so elendig um das Herz und so schwach im Kopf, als hätt mich einer davor geschlagen, daß ich nicht aus noch ein gewußt hab und wie ein kleiner Bub neben dem Alten hergelaufen bin. Wir sind die graue Wand hinangestiegen, mir haben die Knie gezittert, der Alte ist mir aber immer voraus gewesen; so kommen wir ganz hoch, und da ist eine kleine Höhle; wie wir davor hintreten, stürzt der Jakob heraus, bleich, verwildert, ganz unmenschlich zum Anschauen, mir ist das Wasser in die Augen geschossen. Er hat wollen seinem Vater um den Hals fallen, doch der wehrt ihn mit der Hand ab und sagt: Jakob, sag mir die Wahrheit, hast du den Friedberger Toni umgebracht? Da hat der Bursche geschwiegen. Darauf fragt der Alte wieder: Ja oder nein? Beim wahrhaftigen Herrgott und bei meiner Angst und Pein! Da hat der Jakob ganz still ja gesagt und sich laut weinend der Länge nach auf die Steine geworfen. Sein Vater aber hat am ganzen Leibe gezittert und einen erbarmungswürdigen Blick nach dem Himmel getan, dann ist er wieder ruhig gestanden und hat hinabwärts geschaut, wo die Gendarmen eben angehoben haben, die Wand zu erklettern, da hat er sich an seinen Sohn gewendet und hat gesagt: Sie kommen schon, dich zu holen, wenn du es mir ersparen könntest, daß die Sache nicht vor die Gerichte kommt und mein ehrlicher Name nicht in ein Urteil, das man unter dem Galgen um ein paar Kreuzer verkauft, so wär mir das ein großer Trost; was dazu geschehen muß, das nehme ich auf mich, das magst du auch in deiner Verantwortung vor Gott dem Allmächtigen vorbringen, möge er uns all zweien gnädig und barmherzig sein, Amen. Jetzt steh auf, Jakob, die Gendarmen sind schon nah. Ich geb dir jetzt die Hand, rühr mich weiter nicht an, wenn ich einst selber vor Gott steh und dir unter seiner Zulassung verzeihen darf, so soll's geschehen! Und darauf hat ihm der Alte wirklich nur die Hand geboten; ich hab noch gesehen, wie er etwas darin gehalten hat, und der Jakob hat es an sich genommen und ist schnell hinein in die Höhle. Nicht zwei Minuten war er verborgen, so sind auch schon die Gendarmen herangetreten. Leute, hat der eine gesagt, wo ist der Sennfelder Jakob? Der Vater hat ihnen aber keine Antwort gegeben, jetzt hat mir die Angst die Glieder gelöst, ich stürz hinein in die Höhle, ein Gendarm mir auf dem Fuße nach, und drinnen finden wir den Jakob um und um im Blute liegen, maustot, mit einem mächtigen Schnitt durch die Gurgel, das Rasiermesser in der Hand, das ihm sein Vater zugesteckt hat. Ich schrei auf, der Gendarm will hinaus zu seinem Kameraden, ich halt ihn zurück und sag ihm: Der Alte draußen ist sein Vater! Ich weiß es! sagt der Soldat. War auch ein braver Mensch, hat die Augen feucht gehabt. Und wie wir hinaustreten ohne Jakob, da schaut der alte Sennfelder mit verglasten Augen nach uns und fängt zu taumeln an, von der Wand wäre er gestürzt, wenn wir nicht zuspringen. Ich halte ihn noch aufrecht, und ein Gendarm sagt zu dem anderen: Er hat sich umgebracht! Da seufzt der Alte schwer, dann richtet er sich gerade auf und sagt: Daran hat er recht getan! Kehrt sich um und geht seines Weges ruhig mit sicherem Tritt bis heim, ich immer nebenher, zu Haus hat er sich gelegt und ist nimmer aufgestanden, es hat nicht lange mit ihm gedauert. Ja, der hat eine Gerechtsamkeit in sich gehabt, die das eigene Kind nicht schont. Gott tröst ihn! Was für Jammer die alte Sennfelderin vollführte, und daß die Langhammer Agnes zeitab keine ruhige Stund mehr gehabt hat, das kannst du dir denken.

Schade, schade, — denkt man, daß einer ledigen Dirn ein bißchen Leichtsinn auch nicht gar hoch aufgerechnet werden kann, lauter brave Leut, könnten noch heuttags vergnügt leben! — aber es hat halt so sein sollen; oft kommt so ein Deuter vom Himmel herunter oder von der Höll herauf, daß man sich nicht gar zu sicher fühlt auf der lieben Welt. Hiö! Jetzt liegt auch die verflixte graue Wand hinter uns und dort vorne das Wirtshaus, wo wir Mittag über einkehren. Nun mag darauf wohl Essen und Trinken schmecken. Ja, meine liebe Dirn!"

Das Mädchen war zwar nicht der Meinung des redseligen Fuhrmannes, daß auf seine traurige Geschichte hinauf Essen und Trinken wohl schmecken werde, vielmehr war ihr Hunger und Durst darüber vergangen, aber sie war es zufrieden, Rast zu halten.

An der Straße standen schon mehrere Fuhrwerke, der Kollinger Michel lenkte das seine hinzu, daß es das letzte in der Reihe stand, dann trat er unter die Türe und rief ein „Grüß Gott" hinein, das vielstimmig zurückgegeben wurde.

„Bleibst auch heraußen?" fragte er seine Gefährtin. „Ich mag mich nie in das Gesäus und den Qualm hineinsetzen, außer im Winter, wo der Muß dazu ist!"

Zum Zeichen der Besitznahme warf er auf einen der Tische, die im Freien standen, seinen breiten, schweren Hut, den er lediglich zu diesem Behufe mitzuführen schien, denn aufgehabt hatte er ihn heute noch nicht.

Nachdem der Wirt abgefertigt war, der nach dem Begehren der beiden Ankömmlinge fragte, ging der Kollinger Michel nach seinem Wagen und holte die Futtersäcke hervor. „Erst die Pferde“, sagte er, „dann ich!“

Nachdem er den Tieren den freundschaftlichen Rat erteilt, daß sie sichs mit Bedacht schmecken lassen und nicht in Hast hineinfressen sollen, setzte er sich neben das Mädchen an den Tisch. Mittlerweile hatten die anderen Fuhrleute ihre Zeche beglichen und verließen das Wirtshaus.

Der erste, der über die Schwelle trat und das ungleiche Paar ansichtig wurde, rief in die Stube zurück: „Aber heut hat der Kollinger Michel wieder einmal einen sauberen Schatz!“

Die anderen drängten lachend nach.

„Ja“, sagte der alte Fuhrknecht, „den räume ich euch aus den Zähnen und führ ihn nach der Stadt.“

„Sitz lieber bei mir auf, saubere Diru“, sagte der erste, „kommst schneller vorwärts und ich erzähl dir unterwegs nicht so viel.“

„Freilich, Geschichten erzählen ist nicht deine Sach, aber Geschichten machen; sie sitzt dir nicht auf“, sagte der Michel.

„Hältst du dich richtig zu dem Alten, Dirndl? Ist recht schade!“

Die Fuhrleute stiegen auf, und langsam setzte sich ein Wagen nach dem andern in Bewegung, und die ganze Reihe fuhr die Straße entlang. Als später der Kollinger Michel mit dem Mädchen auffsaß, da sahen sie nur mehr einen dunklen Streif auf dem gekrümmten Fahrwege sich fortbewegen, klein wie ein Wurm, der, sich windend und drehend, an einem Blattstiele hinankriecht.

Der Wagen rollte wieder in den ausgefahrenen Geleisen dahin, manchmal aber holperte er über frisch angeschotterte Stellen, und das ließ den alten Fuhrknecht nicht einnicken, wozu er nicht übel Lust bezeigte, er ermunterte sich also vollends und ward wieder mitteilsam.

„Der Bursch“, sagte er, „der zuletzt geredet hat, das ist ein gar verwogener Spitzbub, dem ist kein Spaß zu schlecht, und besonders auf euch Weiberleut hat er es meistens abgesehen. Voriges Jahr hat er ein Stückl angegeben, daß das nicht gar verwunderig ausgegangen ist, war nicht seine Schuld, aber so ein Schelm fragt auch viel, wie's ausgeht, was er Mutwills halber ins Werk richtet.

Die Stadt ist ein ungesunder Ort für einen Menschen, der darinnen aufwachsen soll, der mehrere Teil der Stadtleute ist schwach und die Weiberleut — Damen heißen sie dort — schon gar, die schon gar; wenn sie verheiratet sind und es kommen Kinder, da wissen sie nicht, was sie damit anfangen sollen, da werden die kleinen Hascherln beim Wasser aufgezogen, oder eine Amme muß ins Haus; das ist nicht schlecht, da bleibt doch das Kind ihnen unter den Augen; aber noch einige Eltern, die mögen das eine nicht tun und können für das andere nicht aufkommen, sie geben das Kind auf das Land, das wär gut, aber sie müssen es ganz fremden Leuten überlassen, und das ist nicht recht. Nun und da schickt es sich halt, daß oftmal Bäuerinnen von da herum in der Gegend sich solche Pflegekinder aus der Stadt holen; das arme Würmerl wird sauber in ein Tuch eingebunden, und die Bäuerin nimmt das Bündel und trägt es davon, weiß kein Mensch, wie sie es eines Tages wiederbringt. Die Bäuerinnen verdienen damit ein Stück Geld, und wenn sie so ihrer zwei, drei oder eine ganze Schar nach den Ortschaften heimkehren, da sind sie so viel lustig und sprechen über Weg in jedem Wirtshaus ein und machen sich einen guten Tag, kommt ja so nicht oft vor. Nun voriges Jahr geschieht es, da fährt der nämliche Bursch die Straße von der Kreisstadt, auf dem Wege trifft er zwei so Pflegemütter mit ihrer kleinen War, jede Pflegemutter hat schon ihren Teil gehabt, sie sind immer an einander getaumelt, haben gelacht und geschrien, die Kinder haben auch geschrien, was sie aus den kleinen Hälsen haben bringen können, es war ein Spektakel, daß es mein lieber Spaßvogel schon von aller Weit gehört hat; wie er sie einholt, spielt er den Barmherzigen, nimmt die zwei Weibsbilder auf seinen Wagen, und nach einer kurzen Weile schnarchen beide um die Wette. Jetzt nimmt der Bursch die Kinder, windelt sie aus, wechselt Wäsch und Tücher, kurz alles, und legt dann einer jeden in der richtigen Einmummung das falsche Kind hin; wie sie wach werden, hat keine den Tausch gemerkt, die eine steigt früher ab, die andere fährt mit, bis wo beinahe die Straße ein Eude hat. Was darans hätt entstehen können, das wäre wohl außer allem Spaß gewesen, wie man sich leicht vorstellen kann, aber zum Glück waren die vertauschten Kinder ein Bub und ein Mädel, und wie die zwei Pflegemütter wieder nüchtern geworden sind, da war die eine verwundert, wie aus dem Buben ein Mädel, und die andere, wie aus dem Mädel ein Bub hat werden können, aber an solch ein Wunder haben sie doch nicht glauben mögen, und wie sie der Sache auf den Grund gekommen sind, da kannst du dir wohl das Schelten und Schimpfen denken, denn sie sind nun dagestanden, jede mit dem unrechten Kind am Arm, nahezu vierzehn Wegstunden weit von einander, und die haben sie auch rennen können und sind dabei in keinem Wirtshaus eingekehrt. Solche Stückeln gibt der an. Ja, meine liebe Dirn!"

Sie fuhren einen Hügel hinan, und als sie auf der Höhe angelangt waren, lagen in der Ferne Häuser an Häuser, überragt von hohen Kirchtürmen und spitzen Fabriksschloten. Michel wies mit der Peitsche darnach. „Die Kreisstadt", sagte er.

Eine solche Menge von Häusern, der Kreuz und der Quere nach von Straßen durchzogen, hatte das Landkind bisher sich noch gar nicht vorstellen können; zweimal so viel Häuser, als ihr Heimatsort zählte, dachte sie, das müsse schon eine kleine Stadt geben, zehnmal so viel, das war wohl schon eine recht große, sie bemühte sich jetzt gar nicht, die Anzahl der Häuser, welche vor ihren Blicken lagen, abzuschätzen, sie schämte sich ihrer gar kindlichen Anschauung und lachte, daß sie so alt hatte werden können, ohne diese zu berichtigen. Und dem Anblicke da und dort nachgehend, wiegte sie sich auf dem Sitze unruhig hin und her.

„Meine liebe Dirn", sagte der Kollinger Michel, „was tust du doch verwundert, weil du das Städtel da siehst, wie wirst du erst schauen, wenn du in die Großstadt kommst."

„Wie groß ist die wohl dagegen?" fragte sie, und um zu zeigen, es wäre bei ihr mit dem ersten Verwundern abgetan, setzte sie gleich hinzu: „Wohl hundertmal so groß?"

„Tausendmal", sagte der Fuhrmann.

„Tausendmal?" Da schwieg das Mädchen doch stille, das mußte sie sich doch erst ansehen, um es sich recht vorstellen zu können.

An der Straße zeigten sich nun auch einzelne Villen als Wahrzeichen für die Nähe der Stadt, in dem Vorgärtchen einer derselben tummelten sich Kinder, ein alte Magd saß dabei und sah dem Spiele zu, sie blickte auf, als der Wagen vorüberfuhr, der Kollinger Michel grüßte sie, und sie nickte dankend.

„War einmal ein mordsauberes Kindsmädel, die dort", sagte er, „steht heut noch in demselben Dienst, in den sie damal als junges Ding eingestanden ist, und hütet nun schon der nämlichen Leute Enkel, deren Kinder sie gehütet hat. Sie haben viel Spaß mit ihr gehabt, wie sie jung war, und der hält jetzt, nach Jahren, noch vor, aber gefallen will er mir nicht, derselbe Spaß, nur die alte Jungfer mag ich dafür lieber leiden. Es ist wahr, sie war all ihre Tage ein wenig verwirrt und sonderlich, aber ich meine, für geraden Verstand soll man Gott danken wie für gerade Glieder, und gescheiten Leuten steht es nicht wohl an, einen schwachen Kopf noch mehr zu verdrehen, wie da geschehen ist. Das will ich noch erzählen, es reicht gerade für das Stück Weg bis nach der Stadt.

Nur ein langes Leben bringt ein hohes Alter zustande, und so glaubt man jedem, der alt ist, daß er einmal jung war, ob er aber auch schön gewesen, davon merkt man ihm selten mehr etwas an, derselben alten Kindsmagd, von der ich rede, wohl auch nimmer. Aber sauber war sie, wie sie da zu den Leuten in das Haus gekommen ist, blutjung, vom Land herein. Die Stadtluft hat ihr kein gut getan, es hat sich ihr auf den Kopf geschlagen, sie ist einbilderisch geworden, sie hat gemeint, extra für sie wär ein ganz Besonderer geboren worden, an einen Bauer hat sie gar nicht mehr denken mögen, aber auch der Handwerker und der Gewerbsmann waren ihr zu schlecht. Freier sind die Menge gekommen, da aber jeder seinen Korb bekommen hat und sauber darein eingepackt ihre Meinung dazu, daß sie sich zu gut halte für so niederen Stand, so sind mit der Zeit die niederen Stände ausgeblieben, und da die höheren gar nicht gekommen sind, so hat sie eine Weile Ruhe gehabt.

Ihre Herrenleute haben über ihren Hochmut gelacht, denn wenn sich eines gar ohne allen Grund überhebt, so ist das immer spaßhaft, dabei hätt es nur verbleiben sollen, mit der Zeit hätt sich wohl die Jungfer Obenhinaus besonnen und wär vielleicht jetzt eine ehrsame Handwerkersfrau und nicht ein altes, verlassenes und verlorenes Wesen, das bei aller Plackerei doch nur mehr Gnadenbrot ißt.

Daß ich also sag, wie das gekommen ist, denn alles in der Welt hat seine Ursache, man besinnt sich nur nicht immer darauf oder nimmt sie nicht wahr, aber die dümmste Redensart ist, wenn einer sagt: ‚Das kommt von selbst!' Von selbst tut gar nichts kommen. Da war in der Verwandtschaft der Herrenleute ein Studentlein, ein sauberer, junger Mensch, der ist einmal ein paar Wochen auf Besuch da gewesen. Er war nicht viel älter als zurzeit die Kindsdirn, und es war gar nicht zum verwundern, daß so einem jungen Burschen ein hübsches Geschöpf gefällt, daß er es ihr merken läßt und das Seine dazu tut, um auch ihr zu gefallen; wie er aber gesehen hat, daß die in solchen Dingen keinen Spaß mitmacht, sondern an wahrhaftigen Ernst denkt und sich darnach verhält, da hat er im stillen gelacht, aber sich doch auch geärgert, wie der Fuchs unterm Traubenspalier, doch in dem Alter, mit ein wenig leichtem Blut, schlägt man sich derlei bald aus dem Sinn, macht sich weiter keine Mühe darum, klopft wo anders an und ist ohne Vorsatz so gerechtsam, daß man es keinem übel nimmt, wenn er nach seiner Art denkt und nicht, wie man es selber gern hätte.

Nun neidet aber allzeit ein Frauenzimmer jeder andern eine Liebschaft, und wenn ihr auch gar nicht um den Liebhaber, so doch dabei sein muß, zu tun ist; sie denkt, die vorgebrachten Schmeichelreden könnte sie selber einstreichen und den Korb dafür auch selber flechten. Es ist einer jeden, als wäre sie dagegen zurückgesetzt. Die Fräuleins von der Familie haben sich auch nicht schlecht geärgert über ihren verliebten Vetter und ihn gehörig geneckt, doch wie die Sache dahin einen Ausgang nehmen will, daß der Student sich nunab rechtschaffen fernhält, da war ihnen leid; was sie als Ernst geärgert hat, das hätte sie jetzt als Spaß gar gewaltig ergötzt, so haben sie ihm zugeredet, Spaßes halber den Ernsten zu spielen; ein bißchen rachsüchtig ist jeder Mensch, und da hat sich auch der Herr Vetter gedacht, schmerzt mich der Korb, so soll dich der Deckel drücken, und unbedacht und übermütig, wie junge Leute schon sind, geht er auf solches Zureden ein und treibt so falsches, verlogenes Spiel. Das war ein Gekicher und ein blinzelndes, lachendes Getue über die verliebte Dirn, die schon gemeint hat, sie wär auf dem Wege, eine gnädige Stadtfrau zu werden. Und wie für den jungen Herrn wieder Zeit war, daß er zu seiner Studie nach der Stadt zurückkehrt, da hat er eine mondhelle Nacht abgewartet und das arme verliebte Mädel in den Garten bestellt, um von ihr Abschied zu nehmen, das ist unter dem Fenster der Fräuleins geschehen, die sind hinter dem Vorhang gestanden und haben, um ihr Lachen nicht laut werden zu lassen, zwei Sacktücher sauber zerbissen, während der Student unten dem weinenden Mädel zuredet und ihr den Schwur abnimmt, ihm treu zu verbleiben, bis er wieder kommen wird, was er niemals im Sinn gehabt hat. Und die Kindsdirn hat geschworen, und sie hat ihren Schwur gehalten bis auf den heutigen Tag. Man mag ihr sagen: Dein Liebster ist wohl tot, weil er nicht kommt! Das nimmt sie an, aber keiner darf sagen: Der Student hat dich wohl nur zum Narren gehabt! Da wird sie bös, und nicht ihretwegen, sondern weil man ihm so was zutrauen und nachreden mag. Er ist vielleicht jetzt so ein alter Kanzleiherr mit einem Gesicht so voll Züge und Falten wie sein Ledersitz, sie aber hat ihn noch heut in ihrem Angedenken als jung und frisch und sagt heut noch, wenn über die Männer eine Klage oder ein Lob laut wird: Mein Schatz ist ein gar anderer! So mag wohl sein, denn derjenige, den sie sich unter dem Studenten vorgestellt hat, war der selber nicht, noch wird er überhaupt auf der Welt sein, vielleicht findet sie ihn noch anderswo. Ich kann mich nicht lustig machen über sie; wenn es auch gar nicht am Ort war, aber Treue hat sie bewiesen, und dasselbe ist doch das beste an einem Frauenzimmer, und darum mag ich sie wohl leiden und grüß sie, so oft ich vorbeifahr!"

„Aber schau", sagte die Dirne, „hat ihr's denn niemand ausreden können, sie wär doch viel glücklicher."

„Glaub du das nicht, meine liebe Dirn. Dir ist vielleicht ganz wach am besten, Leut aber, die träumerisch durch die Welt gehen, die leben besser in dem, was sie sich einbilden, als in dem, was in Wirklichkeit ihnen zukommt. Nun siehst, jetzt sind wir auch bei der Stadt. Weißt du dich aus, wo sollst denn hin?"

„Ich hab einen Brief da, wo es darauf steht." Sie zog das Schreiben unter dem Brusttuche hervor.

„Ein rares Briefkastel", sagte der Michel.

„Wienerstraße, Nummer dreiundsiebzig, steht da."

„So? Ist mir leid, da muß ich dich ja gleich verlieren, und ich hätt dich noch gerne eine gute Weil mitgeführt. Die Wienerstraße schaut dort, gerade über der Brücke, her. So steig halt ab, meine liebe Dirn. Oeh!"

Die Pferde hielten an, das Mädchen schwang sich von dem Wagen. „Ich dauk schön!"

„Ist gern geschehen."

„Und glückliche Heimkehr!"

„Eine glückliche Reis' dafür. Behüt Gott! Hiö!"

„Behüt Gott!" Des Kollinger Michels Reisegesellschafterin ging über die Brücke nach der bezeichneten Straße. Es war schon gegen Abend, obwohl Werktag war, gab es da mehr Menschen, als sich daheim im Dorfe an Sonn- und Feiertagen zusammenfanden, sie mußte stets bedacht sein, ihnen auszuweichen oder gleich zu verstehen, wenn jemand ihr ausweichen wollte; die meisten liefen an ihr vorüber, ohne viel um sich zu sehen, einige aber hatten im Vorbeihuschen einen freundlichen Blick für sie, und es war ihr, als grüßten sie diese Leute, sie wußte eben noch nichts von den Allerweltsfreundlichen. Wäre sie ganz fremd und ohne Anhalt dagestanden, das bunte Treiben hätte sie gewiß ganz verwirrt gemacht, aber sie hatte ja Anverwandte hier, und das machte sie sicher; das geschäftige Wesen der Leute teilte unbewußt auch ihr einige Lebhaftigkeit mit, inmitten der drängenden, plaudernden Menge stumm einherzugehen war ihr unerträglich, sie wollte sich einmal in der Stadt reden hören, und wenn sie jemanden von den Stadtleuten anspricht, so muß er ihr doch Antwort geben, und da hört sie deren Sprechweise. Nach dem Wege fragen kann niemals schaden, wo man fremd ist, sie ging auf einen älteren Herrn zu und sagte: „Nichts für ungut, ist das die Wienerstraße?"

Der Ältliche aber deutete nach einer Straßenaufschrift und brummte: „Können Sie nicht lesen?"

Wer? Sie sah ihm erst verblüfft nach, dann fiel ihr ein, daß sie ja in der Stadt war; da sind die Leute mit einander nicht so gut bekannt wie auf dem Lande, die meisten bleiben sich all ihr Lebtag fremd, und sie reden sich hier alle mit Sie an, als ob jeder ihrer mehrere wäre, es scheint jedoch, daß sie das nicht hindert, unhöflich zu sein, jeden anzusprechen wie mehr als einen und stehen zu lassen wie keinen.

Das Reden war ihr nun schon verleidet, und so ging sie an den Häusern hin und suchte über den Toren nach der Nummer. Was das für mächtig hohe Bauten waren! Das sieht ja aus, als hätte man mehr wie zehn oder zwanzig Dorfhütten neben einander gerückt und über einander gestellt und e i n

Ding darans gemacht; da wohnen nun die Leute und zahlen dafür, sind lauter Kleinhäusler, aber ohne Haus, haben oft auch nicht mehr Raum wie ein solcher auf dem Lande, nur liegt dort zwischen den Hütten Feld und Wiese, hier hanst eines neben dem andern, Wand an Wand, was das für ein Leben sein muß in so einem Haus? Bei allem, was man tut, immer so viel fremde Augen rundum, entweder fragt man darnach, oder man fragt nichts darnach, das gibt ein lästig oder ein unverschämtes Wesen. Nun, was es Gutes oder Übles hat, das wird sie selbst bald erproben müssen.

Da stand über einem Haustore die Nummer dreiundsiebzig angeschrieben. Das Mädchen trat in den Flur, den eben ein altes Weib mit dem Besen rein fegte, und fragte nach Reinhold Brucker.

„Im dritten Stock, links."

Sie stieg die Treppe hinan. Ja, Berge haben sie auch in der Stadt, nur gemauerte, und da wohnen die Leute darin.

Zweites Kapitel

Eine Nacht bei lieben Verwandten. Fortsetzung der Reise nach Wien. Bekanntschaft mit einem argen Gast, von dem in der Welt viel die Rede ist, obwohl nur wenige mit ihm genaueren Umgang haben, demzufolge sie aber nicht als Bevorzugte gelten.

Die Rechtgewiesene befand sich auf dem Gange des dritten Stockwerkes, der ebenso unsauber gehalten war wie die Treppen des Hauses, die Türe links zeigte sich gleichfalls in so ungescheuertem Zustande, daß es ihr nicht reinlich schien, an derselben zu pochen, doch mußte sie sich dazu entschließen und, da eine Klingel fehlte, es mehrere Male und eindringlicher wiederholen, dann hörte sie innen eine Türe öffnen und vernahm ein heiseres Hundegebell.

Man schloß auf, und eine kleine, beleibte Frau mit derben Zügen, die durch das Alter noch schärfer hervortraten, stand ihr gegenüber, zu deren Füßen keifte ein braunes, langhaariges Hündchen, dem die Klauen ausgewachsen waren und die Haare in Büscheln darüber weghingen, so daß es auf seiner eigenen Wolle ging und aussah, als wäre es einst höher gewesen, und man hätte ihm die Beine abgerissen und es ginge jetzt auf vier ausgefaserten Stümpfen.

„Kusch dich, Joly! Was wollen Sie?“ fragte die Frau.

„Zum Reinhold Brucker soll ich“, sagte das Mädchen.

„Der Herr gewesene Stadtaktuarius Brucker wohnt hier. Was wünschen Sie denn von ihm? Ich bin die Frau!“

„Dann küsse ich die Hand, Frau Tant, ich bin die Leipold Brigitt von Sebensdorf, die Mutter läßt schön grüßen, und da ist ein Brief von ihr.“

Die Frau Tante nahm den Brief. „So, von der Schwester Kathl bist?“ sagte sie. „Und sie schickt dich zu uns? Merkwürdig, ich hab schon gemeint, ihr gebt gar nichts auf unsere Verwandtschaft; seit Jahren schaut keins von euch nach, und nie habt ihr, wie ihr's noch hättet tun können, auch nur die geringste Kleinigkeit vom Land hereingeschickt und doch gewußt, wie wir's brauchen. Bringst du vielleicht da etwas mit?" Sie griff nach dem Bündel.

„Nein, Frau Tant, bringen tu ich nichts."

„Ja, ja, das hätte ich mir auch denken können, so seid ihr vom Lande da draußen, dafür kennt man euch; ihr schickt nichts und bringt nichts, aber wenn ihr selber etwas braucht, da könnt ihr die Adresse schreiben und den Weg herein finden. Bin nur neugierig, was ihr werdet haben wollen! Komm herein!"

Sie ließ das Mädchen an sich vorbei in die Küche schlüpfen und schloß hinter ihr ab. Beide traten nun in das anstoßende Zimmer, da brannte auf dem Tische eine Lampe, die trug ihren Schirm ganz unternehmend nach einer Seite gedrückt, und im tiefen Schatten, in einem Lehnstuhle, dessen Lederüberzug sehr durch die Zeit gelitten hatte, so daß hie und da das Roßhaar durchstach, saß ein gar alter Mann.

Die Dirne trat schüchtern auf ihn zu und bot ihm die Hand. Er zog sie befremdet zurück. „Wer ist denn das — wer ist denn das?" stammelte er.

„Gib ihr nur die Hand", sagte die Frau.

Er gehorchte dieser Aufforderung, ohne erst abzuwarten, daß ihm gesagt werde, warum er das solle.

„Es ist die Leipold Brigitt", fuhr die Frau Tante fort, „meiner Schwester Kind."

„Je, je", sagte der Alte. Nun drückte er erst die dargereichte Rechte. „Von der Schwägerin — und wie mannbar und sauber — hihi — ja, ja —, aber von welcher Schwägerin denn?"

Seine Frau hatte mittlerweile den Brief erbrochen und fuhr mitten unter dem Lesen den Fragenden an: „Von welcher? Wir sind doch nur drei Schwestern, von der jüngsten kann doch kein so erwachsenes Mädel sein. Ich sagt dir doch von der Leipold; kannst du auch nit mehr auf ein Augenblick Aug und Ohr ordentlich offen halten?!" Als sie sah, daß Brigitte große Augen machte, sagte sie, mit einem bösen Zug um den Mund: „Nun, was guckst du so großmächtig? Der alte Mensch da ist einmal zu gar nichts mehr nütze, er hört schlecht, sieht nicht besser, ist schon halb verloren in seinen Gedanken, es ist gar nichts mehr mit ihm anzufangen, und gerade in eine Zeit fällt das, wo man sich selber Ruhe gönnen möcht."

„Nun, nun, du stellst mich hübsch her vor fremden Lenten", sagte der Mann und richtete seine matten Augen starr auf das Weib. „Es war nicht immer so und wird nicht immer so bleiben. Nein, so bleibt es nicht."

„Freilich nicht", sagte sie.

„Und wenn ich euch zur Last bin, so geh ich — ich geh fort — gleich geh ich fort." Er stand mühselig auf. „Sagt es nur, ob ich euch zur Last bin."

„Sei froh, wenn du sitzen bleiben kannst" — die Fran drückte ihn in den Stuhl zurück —, „und rede nicht so unsinniges Zeug."

„Hehe, wär dir halt doch unlieb, wenn ich ginge."

„Ja, ja."

„Du hast da einen Brief?"

„Von der Schwester."

„Von der Schwägerin? Gib her, den muß ich ja auch lesen."

Sie legte denselben achselzuckend vor ihn auf den Tisch. Der alte Mann las langsam Zeile für Zeile und hielt oft inne und deckte die Augen mit der Hand.

Brigitte stand abseits, ihr tat das Herz weh über die Hilflosigkeit des Alten.

„Also in einen Dienst willst du gehen?" sagte die Frau Tante zu ihr. „Das ist recht, da kann ich wohl etwas für dich tun. Heute behalte ich dich über die Nacht bei uns, morgen mußt du früh auf, damit du den Zug, der nach Wien fährt, nicht versäumst, und für dort werd ich dir eine Adresse mitgeben; ich werde dir aufschreiben, wo die gnädige Frau von Zeidlhuber wohnt, meine und deiner Mutter jüngste Schwester, auch eine Tante zu dir, die hat dort einen Schuhwarenfabrikanten geheiratet, die suchst du auf, sie hat viel Bekanntschaften, kann dich leicht wohin empfehlen, etwa behält sie dich gar selbst, und du würdest es unter Verwandten dann besser haben als bei Fremden."

„Ich danke recht schön."

Der alte Mann legte eben das Schreiben wieder zurück auf den Tisch.

„Nun, was schreibt sie denn, die Schwägerin?" fragte die Frau und stieß Brigitte dabei mit dem Ellbogen an.

Er sah nachdenkend vor sich hin, kounte sich aber wohl nicht besinnen, denn er griff wieder nach dem Blatt.

„Nun, da hast du es, ist es nicht, wie ich sage? Buchstabiert daran eine ganze Stunde und weiß jetzt kein Wort mehr. Ganz verloren! Er will es aber nicht Rede haben, da tut er gleich böse." Sie lachte mitleidig.

Da erscholl aus einem zweiten Zimmer, in dem auch eine Lampe brannte, eine knabenhaft schneidige Stimme: „Mulier taceat in ecclesia!"

Der gewesene Stadtaktuarius sah auf und sagte: „Zu deutsch: Die Weiber sollen in der Kirche schweigen."

„Das ist unser Jüngster", sagte die Frau Tante, „den haben wir noch im Hanse; er studiert so viel brav. Viktor, komm doch heraus, sieh, wer da ist!"

Drinnen wurde ein Stuhl gerückt, es ging jemand über das Zimmer, dann zeigte sich ein junger Mensch, etwa im Alter von sechzehn Jahren, unter der halb offenen Türe, er war ungemein mager und dabei sehr ungelenk, er grüßte steif.

„Das ist eine Kusine von dir, eine Tochter meiner Schwester, der Schullehrerswitwe, da am Lande draußen."

Der Junge hatte es vielleicht aus den Überlieferungen eines mit hübschen Kusinen begnadeten Schulkameraden, daß man in der Eigenschaft eines Vetters wohl einen Kuß beanspruchen dürfe, denn es lag Unternehmendes in der Art, mit welcher er auf Brigitte zutrat, jede Bewegung ein Winkel, ein Anblick, der gewiß jeden Professor der Geometrie erfreut hätte. Als er aber vor dem Mädchen stand, das völlig gleichgültig dareinblickte, da fürchtete er, mit den vorgeschützten verwandtschaftlichen Gefühlen übel anzukommen, er pflanzte sich daher gerade vor sie hin, und ihr die Hand bietend, sagte er feierlich: „Mademoiselle, je suis charmé de faire votre connaissance!“ Der junge Mann hatte nämlich den unseligen Hang, fremde Sprachen zu reden, wo er sicher war, nicht verstanden zu werden.

Die Frau Tante lächelte über das verlegene Mädchen und warf einen mütterlich stolzen Blick auf ihren gelehrten Herrn Sohn, der alte Exaktuarius aber sah wieder auf und sagte: „Zu deutsch: Mein Fräulein, ich bin sehr erfreut, Ihre Bekanntschaft zu machen!“

„Aber Frau Tant“, sagte Brigitte, „warum redet denn der Vetter wällisch, kann er denn nicht deutsch?“

Mutter und Sohn lachten herzlich über diese Frage. Auch der alte Mann im Lehnstuhle lächelte, aber er mochte es wohl anders meinen, denn er sah dabei seine Nichte blinzelnd an.

Seine Frau bemerkte das, sie schüttelte mißbilligend den Kopf und machte unfreundliche Augen. „Ich gehe jetzt das Nachtmahl wärmen“, sagte sie.

„Kann ich Ihr vielleicht dabei an die Hand gehen, Frau Tant?“ fragte das Mädchen.

„Möchte wissen wobei!“ war die kurze Antwort. Die alte Frau ging nach der Küche, und der junge Mensch folgte ihr dahin.

„Du könntest auch drinnen bleiben,“ sagte die Mutter zu ihm, „wer weiß, was der Alte jetzt dem Mädchen vorschwätzen wird.“

„Ach, laß ihn doch, similis simili gaudet, was

tue ich dabei? Ich kann mit der Landpomeranze gar nicht reden, ich müßte mich fortwährend auf Umschreibungen einlassen, unter uns mache ich wenig Worte und sapienti sat!"

„Zu deutsch: Dem Weisen genügt's", würde aufblickend der Vater des gelehrten Sohnes gesagt haben, er war aber nicht zugegen, und so hatte leider die Frau Aktuarius keine Ahnung von dem Komplimente, das ihr eben gemacht wurde.

In der Stube hatte das Mädchen neben dem greisen Oheim Platz genommen, dieser hielt sie traulich an der Hand und fragte: „Wie geht es denn der Schwägerin?"

„Ich dank der Nachfrag, es muß halt gut sein; sie läßt Euch vielmals grüßen, Oheim!"

„Schön Dank, schön Dank! Hab sie immer gut leiden mögen. Wird jetzt halt auch schon alt sein — hihi —, so alt aber doch nit wie ich. — Die meisten Leute wünschen sich ein hohes Alter, es ist aber keine Freude dabei. Selber ist man mühselig, und anderen steht man im Weg; wenn sie sich's nur nicht merken lassen möchten, das tut weh, es kann ja niemand dafür, daß er alt wird. — Joly, gib Fried! Der dumme Hund meint, du wärst die Minna, meine Älteste, die da in der Stadt verheiratet ist und uns manchmal besucht. Er hat auch schon das Gesicht und den Geruch verloren. Gelt, Joly, du bist auch so ein alter Kerl? Zu uns beiden sagen sie: kusch, richten uns in einem Winkel ein Lager zurecht, und da jagen sie uns auch tagüber hin, wenn wir ihnen widerwärtig sind. Ich sage dir, wenn ich es manchmal überdenke, ich möchte schon lange nicht mehr sein, aber wenn man so sieht, wie einem lieblos begegnet wird, als vermöchten sie gar nicht zu erwarten, was doch nimmer lang ausbleiben kann, dann vergönnt man ihnen die Plage und lebt aus reiner Bosheit fort. Ich habe es nicht verdient um sie, aber ich bin selbst schuld. Ja, ja, ich hätte sollen allein bleiben nach dem Tode meiner Ersten — die Minna war schon groß genug, um ein Hauswesen zu führen, und ich könnte jetzt auch bei ihr sein —, ich hätte die da draußen nicht nehmen sollen! Die Erste, die hat mich genommen, trotz noch für eine Reihe von Jahren nur Aussicht war auf Darben und Sparen, die Zweite hat schon eine Versorgung vorgefunden, die Erste hat sich zu Anfang Mühsal gefallen lassen, sie nähme es wohl auch jetzt zu Ende ohne Murren auf sich — ja, meine selige Minna, die möchte ich wohl wiederfinden, so weit, da wo auf einem kleinen Stern, wie dort einer scheint am Nachthimmel, und da dürfte niemand hin, als wer uns einmal im Leben gefallen hat — die da draußen mit ihrem Jungen auch nicht —, da könnten wir die ganze Welt anslachen, mit der es ein- für allemal vorüber wäre. Hihi! Die Schwägerin und du, ihr dürftet schon hinkommen, da möchten wir uns ausplaudern, was denn eigentlich an unserem Leben war."

Da öffnete sich die Türe und die Frau Aktuarius trat aus der Küche herein mit einer dampfenden Schüssel und trug das Abendessen auf, es waren aufgewärmte Reste der Mittagsmahlzeit.

„Ja", sagte sie, „so leben wir in der Stadt, wo sie am Lande vermeinen, daß man hier alles in Hülle und Fülle hätte."

Jetzt schlenkerte auch der sprachkundige Sohn mit einem Kruge Bier herbei.

„Lange zu", sagte die Frau Tante zu Brigitte.

Das Gespräch bei Tische stockte allerdings keinen Augenblick, dabei entspann sich aber keine Unterhaltung zwischen den dreien und ergab sich auch keine für den zuhörenden Teil. Der alte Mann aß wenig, unterzog aber jeden Bissen einer abfälligen Kritik, seine Fran dagegen zieh ihn einer physischen Geschmacklosigkeit, und der Herr Sohn entfaltete all seine reichen Kenntnisse, um wenigstens durch diese seiner Base vom Lande zu imponieren, er mischte die Zungen aller Länder in ein gewaltiges Sprachenragout und gab in einer ganz wunderlich klingenden Lingua franca einen ungefähren Begriff der von Philanthropen erträumten Universalsprache, aber keinen vorteilhaften; es brachte ihm aber niemand ein Verständnis entgegen als sein Vater, der gewissenhaft hinter jedem Satze mit seiner Verdeutschung her war.

Alle hatten abgespeist, die Tante räumte das Tischzeug weg, nur der alte Mann zerkrümelte, noch immer greinend, einige Bissen auf seinem Teller, er zog denselben an sich, als die Frau darnach langte und verwehrte zänkisch die Herausgabe.

„Gib den Teller", sagte sie, „du bröselst ohnedies nur herum und ißt doch nichts mehr, ich will schnell noch das Geschirr abspülen, dann heißt es schlafen gehen, denn wir müssen morgen früh auf."

„Ich geh noch nicht schlafen."

Diese Versicherung schien ihr keiner Gegenrede wert, sie entzog den Teller unsanft seiner Hand und eilte damit in die Küche, der Greis zitterte vor Erregung, er murmelte vor sich hin, ballte die Fanst und schlug auf die Tischplatte, ein Anblick, der seinem Sohne sehr unterhaltend schien, denn er bleckte lächelnd die Zähne. Der alte Manu vermochte gar nicht zu reden, er sah nur auf Brigitte und deutete wiederholt nach dem Jungen, den dies nur noch mehr erheiterte.

Judes schoß die Fran Tante wieder von der Küche herein und deckte die Betten ab, für das Mädchen legte sie etwas Bettzeug auf die Erde, wünschte ihr eine gute Nacht, nahm die Lampe, und das genügte, daß der Aktuarius sich mühsam von seinem Lehnstuhle erhob und seinen vorangehenden Lieben nachwankte.

„Gute Nacht, gute Nacht", nickte er dabei dem Mädchen zu.

„Gute Nacht, Oheim."

Die Türe des anderen Gemaches blieb halb offen stehen, eine kleine Weile noch brannte in demselben die Lampe, und ein Lichtstreif fiel nach außen und über das Lager Brigittens, dann erlosch plötzlich innen das Licht, und der Streif über der Bettdecke zuckte mit einem Male hinweg, dunkel war es ringsum.

Bei dem Unbehagen, das jeder empfindet, der

das erstemal in seinem Leben in einem fremden Bette schlafen soll, und unter dem aufregenden Eindrucke ihres ersten Wandertages fand die Dirne lange keinen Schlaf. Was war das für ein Tag, wie ganz anders als einer, den sie daheim verbrachte, was sie da alles hörte, sah und miterlebte? Was ließ sich nur auf einer einzigen Straße alles auflesen, wie es da lag in allernächster Gegenwart und aus vorlängster Vergangenheit! Der Mönch von Grottenstein, der ewig hätte leben mögen und es sein läßt, eintrachtshalber mit allen Lebendigen und Toten. Der arme Sennfelder Jakob und die schöne, leichtsinnige Agnes — die vertauschten Kinder — die alte Kindsfrau, der arme Hascher ..... Und das ist recht, daß der Grottensteiner Mönch doch die Agnes mit dem Jakob trauen mag, schau, die sagen gar, eines von den vertauschten Kindern gehöre ihnen — und das muß sie doch ja erzählen, wenn sie zu dem Oheim kommt auf den kleinen Stern, wo er hausen will — und sie sagt es ihm, denn da sitzt er schon in seinem Lehnstuhle, und er ruft seine Minna herbei, das ist niemand anderer als die alte Kindsfrau — und Brigitte wundert sich gar nicht darüber, „das muß alles so sein", sagt der Kollinger Michel, denn der hat sie nach dem Stern geführt, und „es ist eine dumme Rede", sagte er, „denn es tut von selber gar nichts kommen ....."

Der Schlaf, der nun mit diesen Traumbildern die Seele des Mädchens beschäftigte, hatte sich auch eine geraume Weile dem Aktuarssohne ferne gehalten; dieser wußte sich zum ersten Male in seinem

Leben mit einem jungen, weiblichen Wesen unter einem Dache, er war gar nicht gewiß, wie ihm geschah, er fiel aus einer Beklemmung in die andere, und er beruhigte sich erst ein wenig, als ihm eine Benennung für seinen Zustand beifiel, den er euphemistisch als Liebe bezeichnete.

„Amor — amour — amore — Love" . . . . . u. s. w. u. s. w.

Dabei ließ sich doch einschlafen.

In der Nacht ward es lebendig, Brigitte wachte auf, die Alte schalt, der Junge fluchte, und inmitten des Zimmers ging täppisch der Greis ab und zu.

„Ich kann nicht schlafen", klagte er, „ich muß auf — auf muß ich, sonst ersticke ich im Bette."

„Und das ist nun alle Nacht, und es will kein Ende nehmen", sagte die Frau. „Alle Nacht mußt du uns wecken, wir können dir doch nicht helfen, du könntest auch still für dich aufstehen und uns fortschlafen lassen."

„Ja", keifte der Junge, „morgen soll man dann wieder übernächtig über den Büchern sitzen!"

„Wenn ihr mir nur ein Glas frisches Wasser brächtet", bat der Greis, „nur ein Glas frisches Wasser."

„Wasser steht im Kruge in der Küche, da nimm dir; aus dem warmen Bette heraus wird keines hinunter in den Hof zum Brunnen laufen."

Der Greis tastete sich durch die vordere Stube in die Küche, dort schrak er zusammen, denn es stand jemand an der Türe, die nach dem Gange führte.

„Ich bin es, Oheim", sagte Brigitte und hob die

Rechte, in der sie den Krug hielt, ein wenig empor. „Ich hole Euch nur geschwind Wasser vom Brunnen." — Fort war sie.

Der Alte rieb sich vergnügt die Hände und trat von einem Fuß auf den andern. Er horchte, wie unten im Hofe die Brunnenstange gezogen wurde, dann wie es stille ward, wie es über die Treppe heraufkam, dann über den Gang, jetzt an die Türe.

Brigitte wollte den Krug wegsetzen und nach einem Trinkglase suchen, aber der Alte griff mit beiden Händen zu. „Nein, nein, ist nicht nötig, gib nur!" Er setzte das Gefäß an die Lippen und trank.

„Schau, wie du gut bist, wie du gut bist", sagte er und streichelte mit zitternden Händen den vollen Arm des Mädchens.

Beide traten wieder in die Stube.

„Ich glaube gar, du hast ihm Wasser geholt?" rief die Tante aus dem rückwärtigen Zimmer. „Verwöhne ihn, daß er es dann von uns auch fordern möchte! — Laß das sein, bekümmere dich um das, was dich angeht, und tue, was man dich heißt!"

Wieder ging der Greis unruhig auf und ab, er schien etwas zu suchen, dann schlich er hin, wo das Mädchen sein Lager auf dem Zimmerboden hatte und brummte leise: „Jetzt getraust du dir wohl nimmer, mir etwas zu tun? Nun ja, — gelt? Hm, meine Dose hätt ich gerne, meine Dose, wo die sein muß?" Er tastete durch das Gemach und strich mit der Hand über alle Tische und Schränke.

Brigitte wußte, er hatte die Dose beim Aufstehen hinter sich auf den Lehnstuhl gelegt, rasch erhob sie sich, faud sie mit einem Griffe und händigte sie ihm ein.

„So, so“, sagte er weinerlich vor Freude, „jetzt hätte ich alles und ohne Schelten und Brummen; aus gutem Herzen hast du die Angelegenheit auf dich genommen, aber wirst schon sehen, der liebe Gott tut es mir altem Manne zuliebe und vergilt es dir vieltausendmal, ja, wirst schon sehen.“ Er ging ein paar Schritte, danu kehrte er wieder zu dem Mädchen zurück, er tätschelte ihm die Wange und sagte geheimnisvoll: „Wenn ich auf den Stern komme, dann mußt du auch hin.“ Darauf ging er leise hinweg, suchte sein Lager, und nun ward es stille wie zuvor.

Brigitte zog die Decke über sich, sie lächelte, weil sie an die Verheißung der vieltausendmaligen Wiedervergeltung dachte und sich gestand, daß sie mit vieltausend Krügen Wasser und eben so vielen Dosen wenig anzufangen wüßte.

Es war noch kaum der Morgen grau, als sie aufgerüttelt wurde, die Frau Tante stand vor ihr, hieß sie aufstehen, ihre Sachen in Ordnung bringen und sich zur Reise rüsten, während das Frühstück bereitet werde.

Bald saß die Familie um den Tisch, die Tante erhob sich zuerst, erklärte, es wäre nunmehr Zeit, und händigte ihr ein Schreiben ein „an die hochwohlgeborene Fran, Frau von Zeidlhuber, Schuhwarenfabrikantensgattin zu Wien“, und sagte: „So behüte dich denn der liebe Gott, ich wünsche, daß es dir in der Stadt recht gut gehen möge, und grüße mir schönstens meine Schwester.“

Der junge Gelehrte wünschte ihr „bon voyage!“

Der Oheim aber hielt sie ängstlich an der Hand. — „Du gehst schon fort“, fragte er, „du gehst schon fort?“

„Sie muß ja“, sagte seine Frau, „damit sie den Zug nicht versäumt.“

Der alte Mann schüttelte den Kopf. „Die Nächte, die argen Nächte“, klagte er, „vergangene warst du doch da.“

„Wir sind auch noch um dich, sollte ich meinen“, bemerkte schneidig die Fran Aktuarius.

Der Greis drückte die Hand des Mädchens, die er noch immer festhielt. „Vergelt's Gott“, sagte er, „vergelt's Gott.“ Er wandte sich ab.

Die Frau Tante küßte sie zum Abschiede auf die Wange, der junge Herr bot ihr die Hand, und Brigitte ging aus der Stube, die Treppe hinunter und aus dem Hanse.

Draußen wehte rauh die Morgenluft, Dämmer lag noch über dem Tale, leichter Reif auf den Steinen der Straße, die Berge waren rein. Die Sonne kam herauf, und das Mädchen zog fröstelnd ihr Tuch an sich.

Sie erreichte den Bahnhof, ein verschlafener Beamter am Schalter händigte ihr die verlangte Fahrkarte ein, die Glocke wurde geläutet, der Zug brauste heran, und mit anderen Reisenden drängte Brigitte nach den Wägen, sie stieg ein, noch einmal ertönte die Glocke, ein schriller Pfiff antwortete, und sie fuhren dahin.

— — — — — — — — — — — — — — — — — —

Als Brigitte in den Waggon einstieg, befand sie sich unter müden Leuten, die um der Fahrgelegenheit willen sich am Schlafe Abbruch getan hatten und jetzt im Halbschlummer dahinduselten. Einige blinzten einen Augenblick auf, wie sie als Fremdes hinzukam, die meisten nahmen davon keine Notiz, sie wagte nicht durch einen Morgengruß zu stören, und still und scheu drückte sie sich in eine Ecke. Ehe sich noch der Zug in Bewegung setzte, schloß der Kondukteur die Türe ab, jetzt war sie gar eingesperrt.

Sie sah durch die Scheiben hinaus in die Gegenden, die im Morgenschimmer lagen und rasch vorüberzogen. Berge, Dörfer, Kapellen, kleine Friedhöfe — aber sie wußte keine Namen und kein Ereignis, das etwa eines oder das andere ihr merkwürdig machen konnte; das war doch gestern ein lustigeres Fahren mit dem Kollinger Michel.

Weitab von allem menschlichen Verkehre, inmitten von starren Felsen und spärlichem, aber mächtigem Tannenwuchs, jeder Baum selbst ein düsterer Einsiedel, sah sie tief unten in der Schlucht eine winzig kleine Hütte liegen.

Wer wohl da unten hausen mochte? In dieses verlassene Häuschen guckt wohl die Welt nur alle heilige Zeit einmal hinein, wenn überhaupt.

Es war ihr lange aus dem Gesichte, als sie noch darüber nachdachte, was da alles so abseit aller Welt vorgehen kounte, ob Gutes oder Übles.

Das Pfeifen der Lokomotive schreckte sie auf, sie fuhren in eine Station ein. Sie hörte das

Glockensignal, sah Leute aus- und einsteigen, betrachtete eine Maschine, die auf einem anderen Geleise stand, und dann ging es wieder mit gemessener Eile dahin.

Einige Stationen über hielt sie das Ungewohnte der Fahrt wach, danu aber wurde sie durch die Stille im Waggon, das ihr aufgezwungene Untätigsein und den Mangel an aller Ansprache allmählich eingeschläfert und kam erst zu sich, als alle Türen aufgerissen und den Reisenden bedeutet wurde, daß auf einige Minuten länger Halt gemacht werde.

Die meisten stiegen aus, nur sie blieb in ihrer Ecke sitzen und sah zur offenen Waggontüre hinaus. Sie war sehr erfreut darüber, daß ihr ein altes Weib Wasser anbot, und sehr überrascht, als sie dasselbe bezahlen mußte. —

Bald kehrten auch alle Mitfahrenden noch kauend oder mundabwischend zurück. Brigitte war recht froh, nicht abgestiegen zu sein, solch hastiges Hinabschlingen kounte doch wahrhaftig keinem gut bekommen. Und wieder ging es vorwärts, die Maschine brauste, die Ketten klirrten, der Boden schwingte, es war ihr nun schon widerwärtig.

Die Leute hatten sich ermuntert, und sie horchte ihnen zu, aber auf der Eisenbahn finden sich immer mehr Menschen zusammen, und wo sich die von einander beobachtet wissen, da gebärden sie sich ganz anders, als sie in Wahrheit sind, es sprechen meist Bekannte zu Bekannten, und da hat jeder mit dem andern eine Heimlichkeit, die er nicht vor allen offen beredet.

Sie hörte wenig, wobei sich das Aufhorchen lohnte, und wieder bei manchem saud sie es nicht schicklich, da die Rede nicht an sie gerichtet war. Obgleich kein Zweifel sein kounte, wie weit sie zu fahren hatte, da Wien die Endstation war und daselbst der Zug ein- für allemal hübsch sein stille halten mußte, so hob sie doch bei jeder Station neugierig das Köpfchen, um es wieder enttäuscht und ergeben sinken zu lassen, weil der Marktflecken oder das Städtchen doch kaum an die Kreisstadt hinanreichte, geschweige tausendmal so groß gewesen wäre, wie ihr ja der Kollinger Michel in Hinsicht auf die Großstadt versichert hatte.

Je mehr man sich Wien näherte, um so mehr Leute stiegen ein, es war eine Art Trost für sie, daß sie nun schon im Waggon mit den andern derart eingepfercht saß, daß keine Person mehr Platz finden kounte, auf die Dauer war das ja gar nicht auszuhalten, folglich mußte es bald ein Eude haben.

Und es hatte ein Ende. Langsamer und immer langsamer schleifte der Zug dahin und fuhr sachte in die große Bahnhofhalle ein, ein Stoß, ein Ruck noch, und er stand stille, alle Türen wurden geöffnet, alle Leute stiegen ab, Brigitte erhob sich wie träumend und ließ sich von dem Gedränge dem Ausgange zuschieben; sie gelangte hinaus, es war Abend geworden, ein unermeßliches Häusermeer umgab sie, unzählige Gasflammen brannten, unendlich viele Leute liefen ihr voraus und entgegen, es ward ihr ganz wirre, da stand sie nun ganz allein in der großen, weiten Stadt! Die Tränen schossen ihr in die Augen. Doch sie schämte sich und wußte gar nicht, wie sie so verzagt sein kounte, wo sie doch den Brief in der Tasche hatte und wußte wohin. Warum ihr doch gar so erbärmlich zumute war? Sie besann sich. Auf einmal lachte sie fröhlich auf: „Nichts gegessen hab ich den ganzen Tag, hungern tut mich!“

Ganz in der Nähe war ein Wirtshaus, da standen wie am Lande Tische und Stühle heraußen im Freien, nur nicht gar so ungehobelte, und da saßen Leute und ließen sich gut geschehen. Brigitte setzte sich auch hinzu, sie machte eine Zeche, ob deren Höhe sie fast erschrak, aber sie fragte doch nicht darnach, denn sie fühlte sich wieder frisch und munter. „Du lieber Himmel“, sagte sie, „ist aber der Hunger ein schlimmer Gast, der mag schon ein Hauptanstifter von vieler Schlechtigkeit sein. Gott bewahre jeden Menschen davor und von denen einer den andern, wo es nur angeht.“ Der Kellner mußte ihr noch sagen, wie sie sich nach der Gasse hinfinden kounte, die auf dem Briefe ihrer Landtante an die Stadttante zu lesen war, danu erhob sie sich, und jetzt gefiel ihr die Stadt, die lichte, helle Stadt schon besser und all ihre Herrlichkeiten, die sie ihr auf dem Wege zur Schau bot.

Wo sie nicht aus wußte, wandte sie sich an eine Sicherheitswache oder an einen Dienstmann, denn diese, meinte sie, wären dazu da und dafür bezahlt, könnten also kein Erkunden übel nehmen.

Drittes Kapitel

Unterkunft bei noch lieberen Verwandten. Brigitte bricht die Beziehungen zu selben ab, wegen der großen Geldnote der Frau Stadttante, und stellt sich auf eigene Füße. Wie sie sich dieselben fast abläuft. Dienstvermittlungsanstalten und Dienstvermittlung ohne jede Anstalt. Der Herr von Fischer.

Nach einiger Umfrage gelangte Brigitte in eine schmale Gasse, diese sah gegen die anderen unsauber genug aus, nur die Gehwege hatten ein holperiges Pflaster, die Wägen rollten über die nackte Erde; in einem verwahrlosten Hause, das teilweise seinen Anwurf verloren hatte, befand sich ein Gassenladen, davor stand in einem Auslagekasten einiges Schuhzeng, und darüber prangte eine Tafel mit der Aufschrift: „Wenzel Zejdlhubr, Schuhwarenfabrikant.“ Die Dirne überlas das Schild einige Male, ehe sie mit sich einig wurde, daß „Zejdlhubr“ doch wohl „Zeidlhuber“ heißen könne. Der Schuhwarenfabrikant hieß eigentlich gar nicht Wenzel, sondern Christian, aber ein Vetter, der in Deutschböhmen in gleicher Eigenschaft etabliert war, hatte, dem Zeitgeiste auch in kleiner Räumlichkeit Rechnung tragend, auf einer neuen Firmatafel auch den Schuhwarenfabrikanten ins Tschechische übersetzen lassen und dem durchreisenden Christian die alte geschenkt, dieser war aus guten Gründen ein Feind aller unnötigen Auslagen und ließ sich die Übertragung in die fremde Sprache und den neuen Namenspatron gefallen.

Brigitte war eingeschüchtert vor dem Laden stehen geblieben. Meister Christian Zeidlhuber war günstig situiert, nämlich zurzeit konnte er es wohl zufrieden sein, daß er in einer so abgelegenen Gasse sich befand, denn in seinem Gewölbe war gerade ein Kunde anwesend, der durch überlautes Schreien und die erbarmungslose Kritik, die er an den Erzeugnissen des Fabrikanten übte, gewiß anderen Ortes einen Straßenauflauf verursacht hätte. Plötzlich wurde die Ladentüre aufgerissen, über die drei oder vier Stufen, welche sie über der Straße lag, setzte ein Mann hinweg, ebenso eilfertig folgte ihm ein kleines Männchen im Schurzfell, hielt den Ausreißer am Arme fest und stellte zu dessen Füßen ein Paar blanke Röhrenstiefel nieder. „Sie müssen sie nehmen, Herr Oberleutnant, sie sind auf Bestellung gefertigt, und da fehlt nichts."

Der Zivilkleidung nach war der also Angeredete Pensionist. Er war ein überlanger Manu und überragte den Meister um gerade so viel, als dieser selbst die Schäfte der Stiefel, die säuberlich vor ihm auf dem Gehwege standen. Der Lange strich seinen martialischen Schnurrbart und warf aus seiner Höhe herab einen verachtungsvollen Blick auf das Schuhwarenfabrikat.

„Da fehlt nichts?" schrie er, „was fehlt da nicht, wo auch nicht eine Bedingung zu einem lebensfähigen Stiefel vorhanden?! Sieben lange Wochen hat es gebraucht, bis diese Monstra fertig geworden, aber in tausend Jahren erlebt Ihr nicht, daß ich sie anziehe! Wenu Ihr bei jeder Bestellung so viel Zeit vertrödelt, wenn Ihr im Jahre nur drei Paar Stiefel fertigen und davon nicht leben könnt, dürft Ihr da über schlechten Geschäftsgang klagen? Der Staat soll helfen, nicht wahr? Ihr wollt noch über Eure Steuer etwas herausbezahlt bekommen? Ich frage für was? Für solches Fabrikat vielleicht? Soll der Staat die Hühneraugen prämiieren? Sind das Stiefel? Spanische vielleicht ....“

Der Meister vermeinte die Annahme seiner Ware durchgesetzt zu haben und hielt daher seine weitere Anwesenheit für überflüssig, er entfernte sich schweigend, nur ließ er aus Höflichkeit die Ladentüre hinter sich offen stehen — zu seinem eigenen Schaden.

Der eifernde Pensionist nahm den Rückzug des Schuhwarenfabrikanten als eine Unart auf, die durch keine offen stehende Türe zu mildern war, er faßte nach den Stiefeln, die mehr Ehre im Leder hatten als ihr Erzeuger, denn sie standen nunmehr demütig mit gesenkten Schäften vor ihm, und mit einem Griffe seines langen Armes stellte er das Paar in den Laden zurück, sie wurden eben so rasch wieder auf die Straße herausgeworfen; mit einem ellenlangen Fluche griff sie der alte Militär von der Erde auf, er faßte einen Stiefel um den andern, schwang ihn wie eine Schleuder und ließ ihn danu mit rasanter Flugbahn in das Gewölbe sausen. Jeder Wurf war totbringend. Der Meister hatte sich wohl beizeiten geflüchtet, und der gefährliche Kunde wandte sich zum Gehen, Kraftworte und Anzüglichkeiten begleiteten in rhythmischer Aufeinanderfolge seine Schritte und bildeten gleichsam das klingende Spiel, unter dem er abzog.

Brigitte wagte es nun, den Gassenladen zu betreten, derselbe war ein großes Zimmer, durch eine Holzwand in zwei Teile geschieden, hinter dem Verschlage herrschte bange Stille, nur ein paar weinende Kinder wurden leise beschwichtigt, das Terrain vor demselben war so wirksam von den beiden Geschossen bestrichen worden, daß man es anstandslos besetzen kounte; an der Mauer, unmittelbar bei der Türe, hatte sich ein Lehrjunge zusammengekauert; wie eine vorgeschobene Abteilung, welcher der Rückzug verlegt war, schien er unter dieser Deckung heroisch seinen Untergang abzuwarten und dachte gar nicht daran, daß der Feind schon alle seine Stiefel verschossen habe.

„Guten Abend“, sagte Brigitte.

„Christl, es ist jemand da“, sagte eine Frauenstimme hinter der Wand.

Hierauf gab eine Männerstimme die unmännliche Erklärung ab: „Ich geh jetzt nicht hinaus, sieh du nach, wer es ist.“

Jetzt öffnete sich die Türe des Verschlages, und eine Frau mit einem Kinde auf dem Arme trat heraus, es war unverkennbar die Schwester der Landtante, somit die Stadttante in eigener Person.

„Sie wünschen?“

„Seid Ihr die Fran von Zeidlhuber?“

„Ja.“

„Dann küß ich die Hand, Frau Tant. Ich bin die Leipold Brigitt von Sebensdorf, Ihr werdet ja von der Verwandtschaft wissen! Eineu schönen Gruß soll ich ausrichten von der Frau Aktuariussin Brucker, und da ist ein Brief von ihr."

Frau Zeidlhuber machte bei der Andeutung eines verwandtschaftlichen Verhältnisses ein ziemlich verduhtes Gesicht, wie jemand, der sich nicht besinnen kann oder will, sie zählte wohl zu jenen genügsamen Naturen, die es in Verlegenheit setzt, wenn man ihnen einen Zeugen ihres Glückes und Wohlstandes in das Haus schickt. Sie gab das Kind dem Lehrjungen zu halten, nahm das Schreiben ihrer Schwester entgegen, trat nahe unter die Gasflamme, die im Gewölbe unruhig flackerte, und las dasselbe aufmerksam durch.

Das arme Licht saud bei Brigitte volles Mitgefühl, denn es mußte wohl große Mühe kosten, in dieser dumpfigen Stube, wo es ihr den Atem verlegte, brennen zu bleiben. Sie gestand sich im stillen, daß es bei einem Flickschuster auf dem Lande auch nicht auders aussehe, das Gaslicht abgerechnet, aber das allein macht doch keine Schuhwarenfabrik.

Die Wohlgeborene hatte den Brief zu Eude geleseu, sie bot der zugereisten Nichte die Hand, nahm ihr freundlich das Bündel ab und sagte: „Komm herein!" Eine Aufforderung, die für Brigitte erst einen Sinn gewann, als die Tante die Türe des Verschlages öffnete. Also da hinein.

Der Raum hinter der Holzwand war mit einer einzigen Liegerstatt und etlichem dürftigem Hausgeräte ansgefüllt, Brigitte saud daselbst das kleine

Männchen im Schurzfell wieder und einen Knaben von etwa sechs Jahren, der bei ihrem Erscheinen scheu in das Gewölbe hinaus flüchtete.

„Christian“, sagte die Frau Zeidlhuber, „schau einmal, da ist eine Nichte von uns. Sie ist von der Schwester Schulmeisterin zu Sebensdorf, und die andere, die Frau Aktuarius, schickt sie.“

„So, so, das freut mich. Wenn Sie etwas brauchen, schönes Kind, Schnürstiefelchen oder welche mit elastischen Einsätzen . . . .“

Die Meisterin warf ihm einen mißbilligenden Blick zu. „Sei doch nicht gar so einfältig, sie wird doch nicht den weiten Weg bis Wien machen, um sich ein Paar Schuhe bei uns zu bestellen! Eineu Dienst sucht sie hier, und bis sie einen findet, braucht sie einen ordentlichen Unterstand, und das ist recht schön, daß sie an ihre Verwandten zuerst gedacht hat, sie soll bei uns gut aufgehoben sein.“

Meister Christian sah geringschätzig nach dem Mädchen. „So steht die Sache?“ sagte er zu seinem Weibe. „Nun, wenn du Raum und Kost für sie hast, so magst du sie da behalten.“

„Geduldige Schafe gehen viel in einen Stall“, bemerkte die Frau und versetzte ihm heimlich einen verweisenden Stoß. „Es trifft sich recht gut, daß sie gerade jetzt kommt, wo wir vor ein paar Tagen unser Dienstmädel weggeschickt haben, wir halten immer einen Dienstboten, aber hier in Wieu ist das so ein unwilliges, keckes Volk, daß man schon in der ersten Woche unter zehn wieder neune fortjagen muß. Da mir die Schwester geschrieben hat, wie brav und anstellig sie ist, und daß es ihr halt nur für den Aufang an der nötigen Anleitung fehlt, so denk ich, es ist für sie am besten, sie bleibt die erste Zeit bei uns, gelt ja?" Sie streichelte die Wange des Mädchens. „Da lernt sie hier im Hanse die ersten Handgriffe und das Notwendige, was sonst eines in der Stadt braucht, sobald ich einmal weiß, wie sie sich macht, suche ich ihr schon selbst einen guten Dienstplatz. Ja. Uud so gescheit ist sie schon, daß sie einsieht, daß sie Kost und Wohnung und das An-die-Hand-gehen nicht umsonst verlangen kann, billiger kommt sie ohnehin bei uns dazu als irgendwo."

Meister Christian nickte freundlich, Brigitte aber machte ein recht einfältiges Gesicht. Der Aufenthalt bei der Stadttante schien ihr gar nicht lockend und bei der Andeutung, daß sie noch dafür werde bezahlen müssen, verspürte sie einige Neigung, auf und davon zu laufen, und sie wäre derselben gewiß gefolgt, hätte sie sich nur in der großen Stadt zu helfen gewußt.

„Abgemacht", sagten Meister und Meisterin wie aus einem Munde.

„Unter euch", dachte Brigitte. Es stiegen ihr einige Bedenken auf, ob in diesem Hanse überhaupt für sie etwas zu lernen wäre. Das wollte sie gerade vorerst fragen und sich auch erkundigen, was sie doch wissen mußte, wie lange sie hier aushalten sollte, und wieviel eigentlich zu bezahlen wäre, als sich außen im Gewölbe ein mörderliches Geschrei erhob.

Meister und Meisterin stürzten hinaus, auch Brigitte trat unter die offen stehende Türe.

Der kleine Knabe bedrohte den Lehrjungen mit einer spitzen Schusterahle, und dieser hielt zu seinem Schuhe das Kind, das er früher auf dem Arme getragen, vor sich hin, dabei schrien der angreifende und der abwehrende Teil und der unfreiwillige Schild aus Leibeskräften.

„Er stichelt auf mich", schrie der Lehrjunge, „er stichelt auf mich, und wenn ich ihn nicht laß, so sticht er in Leder."

„Du Lump," sagte der Meister, „das weiß ich, daß es immer auf den Kleinen geschoben wird, wenn du selbst Leder ruinierst."

Die Meisterin nahm dem Jungen das Kind ab, und der Meister schlug auf ihn los, so lange, bis beide ermüdet gleichzeitig Schläge und Geheul einstellten.

Der Junge verkroch sich zitternd in einen Winkel, und während die Eltern wieder hinter den Verschlag traten, schlich sich das kleine Söhnchen hinzu, noch immer den spitzen Pfriem in Händen.

„Laß dich stechen", sagte das Kind, „oder ich schrei wieder, der Vater kommt und schlägt dich noch mehr."

Das boshafte Geschöpf wußte, daß sein Opfer nicht mucken durfte und sich alles gefallen lassen mußte.

Die Range schmiegte sich behaglich an den bedauernswerten Jungen, es sah fast wie eine Liebkosung aus, plötzlich aber stieß er ihm das spitze

Werkzeug in das Bein und lachte fröhlich auf, als der Lehrling schmerzhaft zusammenzuckte, aber nicht laut aufzuschreien wagte; er wollte dem Zurückweichenden noch einmal an den Leib rücken, aber Brigitte, welche noch nicht den Rücken gekehrt hatte, schrie zornrot vor Unwillen: „Wirst du ihn in Ruh lassen, du Unhold!"

„Was gibt es denn?" fragte die Meisterin.

„Was es gibt?" sagte aufgeregt das Mädchen: „Euer Bub sticht den Lehrjung mit der Ahle."

„Mein Gott, er ist ja noch ein Kind", sagte die Frau Tante.

„Dann zieht ihr ihn schlecht und werdet einmal was Hübsches an ihm erleben, wenn ihr erlaubt, daß er mit was ihm in die Hand kommt, über die Leute herfällt."

„Nun, nun", brummte der Meister, „es ist auch nur der Lehrjung, so einer muß sich schon etwas gefallen lassen."

„So? Könnt Ihr es vor Eurem Gewissen verantworten und vor den Leuten, denen der Junge angehört, daß Ihr denselben, statt ihn ehrenhaft in Eurem Handwerk zu unterweisen, nicht besser in Eurem Hause haltet wie einen Hund, den die Kinder plagen dürfen? Pfui, nicht einmal ein Tier ließe ich von meinem Kinde zum Zeitvertreibe so schinden!"

„So denkt halt ihr Bauern", sagte grob der Meister.

Aber die Meisterin ging hinaus, gab ihrem Sprößling ein paar Püffe und zerrte ihn etwas unsanft an der Hand nach sich hinter den Verschlag.

Der Knabe sah trotzig darein, er nahm diese Behandlung nicht als eine Strafe auf, sondern schien vielmehr erstaunt über diese neue Auffassung seines unschuldigen Vergnügens, er merkte wohl, wem er diese und die erhaltene handgreifliche Zurechtweisung verdankte, und bleckte die Zunge gegen Brigitte.

Diese wandte sich ärgerlich ab und sagte in einem Tone, der ihre Voreingenommenheit gegen die Pläne der Meisterin genügend erkennen ließ: „Daß ich Euch frage, von was wir vorhin gesprochen haben. Was lerne ich denn eigentlich bei Euch?"

„Alles, was du brauchst, um in einen guten Dienst einstehen zu können", sagte freundlich die Meisterin. „Ich selbst war jahrelang als Köchin in einem großen Hause und habe auch von dort weggeheiratet."

Der Meister nickte bestätigend und lachte die Nichte bedeutungsvoll an, als wollte er ihr zu verstehen geben, da sei mehr zu lernen, als sie dächte.

„Wie lange dauert's?" fragte diese.

„Je nun, wie halt eben eines sich dazu anstellt, je nachdem eines begreift, kürzer oder länger."

„Und was hätte ich denn da bei euch zu bezahlen?"

„Du lieber Himmel", sagte lächelnd die Meisterin, „unter Verwandten nimmt man es doch nicht so genau, wir werden keinen Richter brauchen. Aber, was ich sagen wollte, du wirst wohl auch schon hungrig sein, ich werde uns von dem Lehrjungen ein Nachtmahl holen lassen, nur gebe ich ihm ungerne eine größere Banknote mit, er weiß nie, was er zurückbekommt, und Kleingeld ist keines im Hause;

du würdest mir einen rechten Gefallen tun, wenn du uns einen Gulden leihen möchtest."

Brigitte entsprach zwar dem Verlangen der Stadttante, die kein Kleingeld im Hause hatte, aber sie vermied dabei die landläufige Versicherung, daß es ihr ein Vergnügen mache, auszuhelfen.

Der Lehrjunge hinkte mit Krug und Geschirr von dannen und kam mit Bier und Braten wieder. Das auffallende Behagen, mit dem sich die beiden Eheleute zu Tische setzten, und die eilfertige Rückhaltlosigkeit, mit der sie dem Gebotenen zusprachen, ließ erkennen, daß es heute nicht wie alle Tage war. Der Meister wurde sehr zärtlich gegen seine Gattin und sehr menschenfreundlich gegen seine Umgebung, denn er schob sogar dem Lehrjungen ein Glas Bier zu, und als er schließlich mit Brigitte anstieß, da zweifelte diese nicht mehr, daß man eigentlich ihre Ankunft festlich beging und ihr die stille Genugtuung ließ, die Kosten zu tragen.

Der Tisch wurde abgeräumt, der Laden geschlossen, Meister Christian legte sich vor der Holzwand mit dem Lehrlinge auf einen Strohsack und in dem Bette hinter dem Verschlage sollte Brigitte mit der Frau Tante und den beiden Kindern schlafen, da erbat sie sich doch lieber auch einen Strohsack und schlief wie die Nacht zuvor.

Die Gasflamme wurde abgedreht, diese hatte schon durch einige Stunden von der Luft gezehrt, und was noch Gutes in derselben vorhanden war, das trank bald der Atem der fünf Personen auf; in dem dumpfigen Raume zwischen den feuchten

Wänden verbrachte Brigitte eine unruhige Nacht, bleischwer drückte es auf die Brust des Landkindes, das an einen Überfluß von frischer, reiner Luft gewöhnt war, sie hätte gerne das Fenster aufgerissen, hätte sie nur die Kraft gehabt aufzustehen. Gegen Morgen erwachte sie, empfand heftiges Kopfweh und stand ermatteter auf, als sie sich niedergelegt hatte.

Da allen Bedarf zum Frühstücke wieder der Lehrling zusammenholen mußte, dem bekanntlich keine größere Banknote anzuvertrauen war, so wurde Brigitte abermals um freundliche Aushilfe angesprochen.

Frühmorgens lernte sie über einer Spiritusflamme Wasser hitzen, tagüber durfte sie manchmal das kleine Kind auf dem Arme tragen oder das größere von dem Lehrjungen abwehren, abends mit der Frau Meisterin durch ein paar benachbarte Gassen spazieren gehen und nachts schlafen, so gut sie das vermochte. Da fast niemand in dem Laden Meister Christians einsprach, so bekam sie eine gar geringe Meinung von der Schuhwarenfabrik ihres Herru Oheims, aber dafür den größten Respekt vor der größeren Banknote der Frau Tante.

Vier Tage hielt sie aus, am fünften aber erhob sie sich ohne Gruß von ihrer Liegerstatt, wusch sich Gesicht und Hände und brachte ihre Haare in Ordnung.

„Gitterl", sagte die Frau Tante, „das Zeuguis muß ich dir geben, du bist recht anstellig; zum Frühstückkochen kann man dich nun schon allein zulassen."

Das Mädchen wurde rot vor Ärger.

„Nein“, fuhr die Meisterin fort, „nein, jetzt werde ich mich aber bald schämen müssen, aber sicher heute noch lasse ich die Banknote wechseln, sei nur noch einmal so gut . . .“

„Geht, zeigt mir doch das mächtige Stück Geld, so was sieht man bei uns am Lande selten.“

„Freilich. Wie ich wechseln gehe, sollst du es sehen, ich mag nur jetzt nicht in den Schubladen herumstöbern.“

„Ihr müßt nicht meinen, ich sei gar so dumm. Eine feine Lüge hält wohl für eine Woche vor, aber eine grobe langt nicht auf vier Tage, und bei euch ist alles grobverlogenes Wesen, der ‚Wenzel‘ und die ‚Schuhwarenfabrik‘ auf dem Schilde, die Dienstboten, die ihr gehalten haben wollt, und der Lehrjunge, den ihr noch haltet, denn der lernt doch nichts. Dabei aber solltet ihr euch doch schämen, groß zu tun, und vielleicht verhelfe ich euch dazu, wenn ich sage, was ihr mir abgeborgt habt, das schenke ich euch. Behüt Gott mit einander!“

Sie nahm ihr Bündel und ging an den vor Erstaunen sprachlosen Eheleuten vorüber zum Laden hinaus, sie war schon eine ziemliche Strecke Weges davon, als sie die Meisterin, die auf die Straße getreten war, hinter sich her schimpfen hörte.

Brigitte durchschritt die wenigen Gassen, die sie auf den abendlichen Spaziergängen mit der Frau Tante kennen gelernt, und wo sie auch einige Leute kanute, denen sie als die „Nichte vom Lande“ vorgestellt wurde; mehrere grüßten und sprachen sie an, und sie hatte gleich Gelegenheit, gar verschiedene Urteile über den Schritt, den sie getan, zu hören. Die dicke Selcherin an der Ecke schüttelte mißbilligend den Kopf: „Wer Ihnen das geraten hat, mein liebes Kind, der hat es nicht gut gemeint; was wollen Sie denn so allein und wildfremd in Wien anfangen? Ich fürchte, Sie werden es bald bereuen!" Das klang nicht tröstlich. Die Frau Wirtin jedoch, an der entgegengesetzten Ecke, sagte: „Hätte ich Sie nur allein sprechen können, ich würde es Ihnen gleich gesagt haben, daß es dort nicht auszuhalten ist. Kein Ordentliches paßt in so ein Haus, wo man im Schmutz vergeht und Schulden macht wie bei den Zeidlhuberschen. Gehen Sie nur in eine Dienstvermittlungsanstalt, in Wien ist noch niemand verhungert, der arbeiten will. Behüt Gott!"

Das klang schon anders. Brigitte dachte: „Wie die Selcherin und die Wirtin meinen, das ist gerade, wie wenn der eine sagt: man soll schmutzig Wasser nicht weggießen, bevor man reines hat, und der andere: man könne es doch ohne Ekel nicht trinken und, ohne sich mehr zu besudeln, nicht darin baden. Ich halte es mit der Wirtin und will lieber nicht trinken und nicht baden."

Sie hielt an, denn sie stand vor einem Laden, über welchem die Aufschrift „Dienstvermittlungsanstalt" angebracht war, rechts und links an den Flügeln der Ladentüre waren viele Zettel aufgeklebt, die anzeigten, welche Stellen zu vergeben wären; Brigitte fühlte sich ermutigt, als sie dieselben überlas und zählte, wo eine solche Menge von Dienstleuten gesucht wurde, wird sich doch auch ein bescheidenes Plätzchen für sie finden.

Voll freudiger Hoffnung faßte sie nach der Türklinke und trat ein. Sie befand sich in einem sehr kleinen Gemache, zu beiden Seiten an der Mauer standen braun angestrichene Bänke mit Rückenlehnen, wie solche im Gemeindewirtshause daheim an den Wänden hinliefen, ein niederes hölzernes Gatter von eben derselben Farbe schied den übrigen Raum von den Bänken, und daselbst lehnte an einem Stehpulte ein älterer, sehr magerer und unsauber gekleideter Herr, der gerade in stiller Beschaulichkeit an der Spitze seines Federhalters nagte.

„Guten Morgen“, sagte Brigitte, und als der Schreiber, ohne sich irre machen zu lassen, ruhig fortkaute, „einen Dienst möcht ich gern.“

Der magere Herr entfernte für einen Augenblick das zerfaserte Holzstäbchen vom Munde und sprach: „Sehen Sie sich.“

Brigitte strich ihre Röcke glatt, legte das Bündel neben sich auf die Bank und wartete, was nun weiter kommen werde, es kam aber lange nichts, erst nach einer Weile schien sich der Schreiber zu besinnen und rief: „Frau Frank!“

Auf diesen Ruf trat durch eine Seitentüre eine kleine, korpulente Frau mit Brillen auf der Nase in das Gewölbe, sie ging bis an das Gatter und besah sich das Mädchen, das aufgestanden war, vom Kopf bis zum Fuß. „Sie wünschen?“ fragte sie nach beendeter Musterung.

„Eineu Dienst.“

„Sie waren noch nie bei mir. Zeigen Sie Ihr Dienstbotenbüchel und Ihre Zeugnisse. Wo waren Sie zuletzt?"

„Zuletzt war ich daheim auf dem Laud, und da ich erst nach Wien gekommen bin, um einen Dienst zu suchen, so kann ich auch kein Büchel und kein Zeugnis vorweisen, liebe Frau."

„So, so, also noch nirgends gewesen!" Die korpulente Dame schüttelte bedenklich den Kopf, und der Schreiber kratzte sich mit dem Federstiele hinter den Ohren.

„Noch nirgends gewesen", wiederholte die Dienstvermittlerin, „da bedaure ich, das wird schwer halten."

„Ja, fängt denn in Wien keines an, habt ihr da lauter fertige Leute?"

Die Geschäftsfrau lächelte mitleidig. „Fertig fällt auch kein Dienstbote vom Himmel, aber man gibt sich nicht gerne damit ab, Anfänger zu empfehlen."

„Ihr habt ja da draußen so eine Menge von Dienstplätzen angeschrieben, daß ich meine, ihr müßt selbst froh sein, wenn sich eines mit Anstelligkeit und gutem Willen dazu melden tut."

Der Schreiber bekam einen kleinen Hustenanfall, der sich vermehrte, als Frau Frank mit einiger Offenheit bemerkte, man hänge wohl solche Zettel aus, um die Dienstsuchenden bei gutem Mute zu erhalten und ihr Vertrauen und ihre Kundschaft zu gewinnen, aber zu den gesuchten Dienstboten müßten sich gewöhnlich erst die Herrschaften finden.

Das kam Brigitten nicht ganz ehrlich vor.

Die Vermittlerin musterte noch einmal das Mädchen, jedoch mit freundlicherer Miene und in umgekehrter Richtung, von unten nach oben, und ging mit dem Versprechen, ihr Möglichstes zu tun, sobald das vorläufig Notwendige geordnet sein werde, wobei der Herr Auton, der Schreiber, jedem an die Hand zu gehen habe.

Der Herr Anton ersuchte Brigitte noch einmal, Platz zu nehmen, befragte sie um Tauf- und Familiennamen, Geburtsort, Alter, Staud und Religion, stellte ein kurzes Verhör in Hinsicht auf ihre Fähigkeiten, Absichten und Forderungen an und trug das Ergebnis jeder Frage gewissenhaft in die Rubriken seines großen Buches ein.

Brigitte war von dieser Genauigkeit sehr erbaut und hoffte das Beste. Der Schreiber streute Saud über die nassen Zeilen und klappte das Buch zu, das war verständlich, es sah nicht auders aus und hörte sich nicht auders an, als hätte er sagen wollen: „Da steht es, nun keine Sorge mehr, es wird sich bald machen." Jetzt streckte er die Hand gegen das Mädchen aus und sagte: „Ich bitte um einen Gulden Einschreibgebühr!"

Das war nicht minder verständlich, aber es schien Brigitten die Fassungsgabe dafür abzugehen; daheim gab wohl bei einem Kauf auch ein Bauer dem andern ein Angeld, aber er wußte, was er sich damit sicherte, doch hier geschah davon gar keine Erwähnung, und sie sollte ihr Geld auf das Ungewisse auslegen! Sie schüttelte bedenklich den Kopf.

„Das Einschreibegeld", erklärte der Schreiber, der ihr Zögern bemerkte, „sichert Ihuen eben unsere Verwendung, dafür sind Sie nun in unseren Büchern für einen Dienst vorgemerkt und haben das Recht, von heute an Tag für Tag hier nachzufragen, bis sich etwas findet."

„Nichts für ungut, aber wenn Ihr Euch Eure Kundschaften nicht im Kopfe merken könnt und erst da in Eurem Buche aufschreiben müßt, und wenn sie noch obendrein alle Tage herlaufen sollen, Euch selber daran erinnern, so macht Ihr Euch nur ungeschaffte Arbeit und anderen Leuten Mühe, und so was bezahlt man doch in aller Welt nicht, und ich denke, dabei könnte eines lange aufgeschrieben bleiben und länger, als ihm lieb ist, nachfragen. Ich will Euch etwas sagen, habt Ihr mir einen Dienst verschafft, danu sollt Ihr mein Geld sehen, aber früher steht Euch die Neugier schlecht an."

„Mein Fräulein", sagte der Herr Auton, „das geht nicht. Die Einschreibegebühr ist nur ein kleiner Betrag, aber für uns von großer Bedeutung, sie ist gleichsam das Vertrauensvotum unserer Kunden, wir können sie niemandem erlassen. Können wir hier eine Ausnahme gestatten? Nein, wir können keine Ausnahme gestatten, denn was hieße diesfalls eine Ausnahme gestatten? Es hieße, um der Skepsis, der Zweifelsucht eines einzelnen willen in den eigenen Grundsätzen wankend werden und das Vertrauen so vieler zurücksetzen, es wäre eine Demütigung für uns und eine Geringschätzung anderer. Alle, wie sie hier aufgezeichnet stehen", — er erhob seine Rechte, von der die Lappen eines defekten Schreibeärmels müde herabhingen, und legte seine tintenbeklecksten Finger feierlich auf das Buch — „alle, wie sie hier aufgezeichnet stehen, haben unweigerlich diesen Zoll des Vertrauens an uns entrichtet, und alle werden sie der Reihenfolge nach, über kurz oder lang, durch uns eine angenehme Bedienstung erhalten. Ja, das werden sie!" — Er schlug ermunternd mit der Hand auf den Einband des Folianten, als wollte er diesen selbst über die Zukunft der Eingetragenen beruhigen. — „Fräulein, noch stehen Sie hier mit den andern in Vormerkung, überlegen Sie sich's, ob Sie den Betrag, der ja gar nicht der Rede wert ist, entrichten, oder aus der Reihe treten wollen, es täte mir leid, Sie gleich wieder ausstreichen zu müssen." Er hatte das Buch aufgeblättert und schwang drohend die Feder.

Brigitte hatte sich erhoben. „Mein lieber Herr Anton, Ihr müßt gegen unsereins nicht so närrisch daherreden, daß man Euch völlig nicht versteht; nur was das Überlegen angeht, fällt mir ein gutes Sprüchel bei, es heißt: Der Letzte kann nicht aus der Reih laufen! Und ich merk wohl, daß Euch mein Gulden doch eine Rede wert war, und eine lange dazu. Schad für die Müh! Schöne Verheißungen kann man allerorten umsonst haben, dafür wende ich kein Geld auf; gebt Ihr was, so kriegt Ihr was, das ist ehrlicher Handel!"

„Vorurteil", brummte der Schreiber. „Es tut mir recht leid, aber" .... er sprach die bange Folge nicht aus, sah nur mit hoch erhobenen Augenbrauen nach dem Mädchen und setzte quer die Feder an.

„Nur zu", rief lachend Brigitte.

Da fuhr die Feder kreischend über die eingesandeten Zeilen. Brigitte dankte dem Herru Anton für die gehabte Mühe und verließ das Gewölbe.

„Die ist nicht dumm", sagte der Schreiber; er blickte gedankenlos vor sich hin in das aufgeschlagene Buch, da stand das Nationale des Mädchens noch unversehrt, war es aus Zerstreutheit, Mitgefühl oder Gleichgültigkeit geschehen, er hatte trocken gestrichen. Plötzlich überkam den alten Kuaben ein unklares Verlangen, er suchte mit dem Munde herum wie ein Säugling und verfiel in stilles Behagen, als er die Spitze seines Federhalters wieder zwischen den Zähnen fühlte.

Brigitte versuchte es in einem zweiten und dritten Geschäfte dieser Art, endlich entschloß sie sich, auf gut Glück Straßen und Gassen zu durchwandern, und wo sie eine derartige Anstalt ersah, anzufragen, überall mit demselben Erfolge, und sie saud nur einigen Trost darin, daß sie allenthalben die Einschreibegebühr verweigert hatte, für welche ihr kleiner Zehrpfennig völlig daraufgegangen wäre. Sie vermochte sich nicht klar zu machen, wo sie hingeraten war, da ihr die Stadt völlig fremd geblieben; der Nachmittag ging zur Neige, sie wußte noch nicht, wo sie für heute bleiben werde, und hatte auch kein besonderes Vertrauen auf den kommenden Tag, der obendrein ein hoher kirchlicher Festtag war, an welchem wohl alle Läden geschlossen hielten. Ihr war recht bange. Sollte sie noch einmal zur Stadttante zurück? Oh, nicht um alle Welt! Da war noch ein kleiner Laden mit den üblichen Zetteln beklebt, es galt einen letzten Versuch.

Es geriet ihr nicht besser. Mit niederhängendem Köpfchen und zögernden Schritten verließ sie das Gewölbe, eine kreischende Stimme rief sie an: „Sie, Schatzerl!"

Das Mädchen blickte ungewiß auf.

Der Ruf kam aus der Einfahrt des Hauses, in welcher sich ein Grünzeugstand befand, die Eigentümerin desselben, eine sehr beleibte Frau, die gegen die Sonnenstrahlen, die längst nicht mehr auf diesen Punkt fielen, ein Tuch über den Kopf gebunden trug, nickte Brigitten zu und sagte mit der üblichen Mißachtung grammatikalischen Zwanges: „Ihuen geht's an, Ihuen meine ich. Sie waren da drinnen in der Dienstvermittlung?"

„Ja, ich such einen Dienst."

„Da müssen S' zu mir kommen und nicht zu Leuten gehen, die weder Herrschaften noch Dienstboten kennen und nie wissen, was zusammentaugt; unsereines kennt und weiß das, ich hab schon mehr Dienstboten untergebracht, als die je in ihrem Laden gesehen haben. Sie sind vom Land herein, Schatzerl?"

„Ja."

„Ein bescheidenes Mädel?"

„Ich verlang mir nicht mehr, als recht und billig ist."

„Das ist auch in der Ordnung, seine Arbeit tun und seine Sache fordern, das ist ehrlich und geradeheraus. Sie gefallen mir, wir werden uns leicht reden."

Die Frau schien für ihren Teil die Wahrheit gesprochen zu haben, denn sie fuhr allsogleich zungenfertig fort:

„Sehen S', die Mädeln mag ich schon nicht leiden, die entweder nicht wissen, wie viel sie begehren sollen, oder die gar so demütig tun, als wären sie mit allem zufrieden, und nachher ist ihnen doch nichts recht. Sie glauben gar nicht, was man oft für ein Kreuz hat, aber was wahr ist, muß man sagen, nicht nur mit den Mädeln, sondern auch mit den Herrschaften. Glauben S', daß es Frauen gibt, denen jedes Dienstmädel zu sauber ist? Ich darf nur solche hinschicken — hihi —, wo der gnädige Herr gleich die Danmen einhält, daß sie ihn nicht verhexen, danu gibt es wieder Häuser, wo dem alten gnädigen Herru kein Mädel sauber genug ist, oder wo ein junger allweil Häferlgucken in die Küche kommt, Sie, ich sag Ihuen, Schatzerl, da muß sich eins anskennen, daß man kein Unrechtes an den Platz schickt, denn behüt mich, daß ich einen Anlaß geben möcht, daß ein braves Mädel ins Unglück käme oder schlecht würd; nun, auf der Welt hat es an nichts keine Not, ich weiß mir schon auch solche, an denen nichts mehr zu verderben ist. Für Ihnen such ich schon was Ordentliches, können sich verlassen auf mich. Wenn Sie keinen Unterstand haben, können S' auch bei mir schlafen, kriegen ein anständiges Bett und zahlen einen Gulden für die Woche, Sie werden 's nicht lange brauchen, denn wissen S', bei mir muß immer eins dem andern Platz machen, auf lang könnt ich mich gar nicht einlassen. Legen S' Ihr Bündel nur ab, wir gehen dann zusammen. Ich räume gleich meine War ein. Guten Abend, Herr von Fischer!"

Der Gegrüßte war ein stattlicher alter Herr, welcher das starke Rohr, das er in der Hand trug, gerade noch nicht zu seiner Stütze zu bedürfen schien. „Guten Abend, Frau Brunner", sagte er im Vorübergehen, plötzlich aber schien er sich auf etwas zu besinnen, er stieß den Stock gegen die Steine und wandte sich mit der Frage zurück: „Hat meine Frau schon mit Ihuen gesprochen?"

„Nein, gnä' Herr!"

„Nicht?" Er trat an den Gemüsestand heran. „Nun, weil es sich gerade schickt, so sage ich es Ihuen, wir branchen, so schnell als Sie es uns verschaffen können, ein verläßliches Mädchen zu einem Kinde. Nun, was ist das für ein Gesicht, Frau Brunner? Ich möchte nicht, daß Sie eins von uns alten Lenten im Verdacht hätten."

„Aber, Herr von Fischer, — hihi, wie werd ich mir so was beifallen lassen! Auf Ehr und Seligkeit, ich hab ja gar kein Gesicht gemacht."

„War das keines? Auch gut. Unser Ältester, der arme Bursch, der vor einem Jahr seine Frau verloren, hat in Geschäften verreisen müssen und uns sein Kleines in Pflege gegeben, das macht ein klein wenig Wirrwarr im Hanse, meine halb erwachsenen

Mädeln haben noch keinen Anlaß, sich mit derlei zu beschäftigen, und wir Alten taugen nimmer so recht dazu, man kommt in den Jahren aus aller Übung, da branchen wir jemand, der sich damit abgeben kann. Es ist zwar nicht auf lange, vielleicht nur auf vier bis sechs Wochen, bis der Vater wieder zurückkommt; aber Sie wissen ja, wie der Lohn und die Behandlung in unserem Hanse ist, und wenn ein ordentliches Mädchen gerade nichts Besseres weiß, so wäre das immer etwas."

Frau Brunner hatte während der Rede des alten Herrn Brigitten bedeutsam zugeblinzelt. „Freilich", sagte sie jetzt, „weiß ich, daß eines bei Ihuen recht gut aufgehoben ist, und da steht gleich ein recht ordentliches Mädel, zwar erst herein vom Laud, aber ich kenn sie schon als brav; sie hat noch nichts gefunden und möcht sie glücklich schätzen. Geltens?"

„Ich daukte Gott, wenn Ihr mich nehmen wolltet, lieber Herr", sagte Brigitte. „Ich such nur bei guten Lenten ein Winkelchen, wo ich mich hinducken kann, ob für kurz oder lang, darnach frag ich heute nicht, kann ich nur einen rechten Anfang machen, so ist mir für weiter nicht bange."

„Ja, Frau Brunner", sagte der alte Herr mit lächelndem Blick auf Brigitte, die verstummt, mit niedergeschlagenen Augen daneben stand, „ich würde das Mädchen recht gerne aufnehmen, denn es hat ‚lieber Herr' zu mir gesagt, das tut wohl und ist mir von seinesgleichen schon lange Zeit nicht passiert . . ."

„Hihi", kicherte die Gemüsehändlerin. „Sie werden schon entschuldigen, Herr von Fischer, sie ist halt gerade vom Lande herein. Mein liebes Schatzerl, Sie müssen sich angewöhnen, ‚gnädiger Herr' zu sagen."

„Schon gut, verderben Sie mir das bißchen Freude auch noch! Aber ohne Spaß, liebe Brunner, Sie wissen, daß ich da nicht so geradezu ja oder nein sagen kann, das gehört meiner Frau zu."

„O, der Gnädigen ihren Gusto kenne ich schon", sagte die Frau Brunner. „Ich meine nur, weil Sie doch, je eher, je lieber, jemand zu dem Kinde haben wollen, so nehmen Sie gleich das Mädel da nach Hanse mit und führen 's der Frau Gemahlin vor; ich bin sicher, sie schickt mir 's nicht zurück."

„Richtig, das ist einer Probe wert. Kommen Sie mit mir, liebes Kind, es ist nicht weit von hier."

Die Gemüsehändlerin nahm das Bündel auf und hing es Brigitten über den Arm. „Sehen S'", sagte sie voll Selbstgefühl, „was die alte Brunnerin kann, unter der Einfahrt gleich weg vom Staud, ohne Einschreiben und Herumfoppen; gelten S', das hätten Sie sich nicht gedacht? Nun, lassen S' Ihuen nur wieder einmal anschauen, daß wir auf gleich werden, ich weiß, Sie laufen mir nicht davon. Meinen schönsten Handkuß an die gnädige Frau! Gute Nacht, Herr von Fischer!"

Brigitte war dem ziemlich rasch voranschreitenden alten Herrn einige Schritte gefolgt, jetzt zupfte sie ihn am Ärmel und trat an seine Seite. „Müßt nicht bös sein, gnädiger Herr", sagte sie, „und wenn es gleich zu meinem Schaden ausginge, mir leidet es keine Unwahrheit, ich seh die Frau heute zum erstenmal, und sie mag es recht gut meinen, wenn sie sagt, daß sie mich kennt, aber wahr ist es halt doch nicht."

Der alte Mann sah dem Mädchen erstaunt in das Gesicht. „Nun, wer weiß", sagte er, „es scheint doch, sie kennt ihre Leute auf einen Blick. Kommen Sie nur!"

Damit setzte er seinen Weg fort und Brigitte folgte.

Viertes Kapitel

Schrecken der ersten Nacht unter fremdem Dache. Lesern, welche sich für die äußere Erscheinung der Heldin interessieren, wird hier die seltene Gelegenheit, über deren Schultern hinweg in einen Ankleidespiegel zu blicken; jedes weiter gehende Verlangen würde sich des Mangels an Schicklichkeitsgefühl verdächtig machen. „Gitta" und „Guste" gewinnen sich lieb. Fischer juniors Ankunft.

Das war ein prangendes Haus, in das sie nun eingingen, schier ein freundliches, lebendiges Ding, durchzogen von metallenen Adern, die ihm Licht und Wasser zuführten, mit glatten Steinen auf den Treppen und Gängen, großen Flügeltüren und spiegelblanken Fenstern. Brigitte ward fast verlegen, als sie hinter dem alten Herrn die Stockwerke hinaufstieg und jeder Tritt, den sie mit ihren nägelbeschlagenen Schuhen tat, laut in dem Stiegenhause widerhallte.

Herr Fischer blieb vor einer Tür stehen, zog die Klingel, es ward geöffnet, und sie traten ein. Er winkte ihr zu folgen, sie gingen durch ein paar Zimmer, die im Dämmer lagen, nur erhellt durch das Licht, das von den Gasflammen auf der Straße einfiel, danu kamen sie in ein drittes, wo eine Lampe einen hellen Lichtschein auf einen Tisch warf, um den mehrere Personen saßen.

Brigitte blieb an der Türe stehen.

„Guten Abend, Kinder", sagte der alte Herr. „Ich bringe da jemand mit. Ich habe im Vorbeigehen unsere Grünzeuglieferantin gesprochen, und die hat mir gleich ein Mädchen mitgegeben, das du dir ansehen sollst, Mutter, sie meint, es werde dir gefallen."

Jetzt ward der Schirm von der Lampe entfernt, rechts und links in den großen Stühlen saßen zwei junge Mädchen, die ihre Arbeit in den Schoß legten und neugierig nach Brigitte sahen, etwas seitwärts las ein junger Herr in einem Buche, er hielt es aber nicht der Mühe wert, aufzublicken, und in Mitte des Ruhebettes saß eine alte Dame.

„Nun, nur näher", sagte diese. „Ei, fürcht dich nicht, mein Kind."

Brigitte machte einige unbeholfene Schritte nach vorwärts. „Ich fürcht mich nicht, gnädige Frau, aber ich tu jeden Schritt ungern, ich habe schwere Schuhe, wie man damit recht gut auf dem Lande herumläuft, aber ich habe Angst, ich zerkratz da den sauberen Zimmerboden."

„Du meinst wohl, man könnte dir darüber böse werden und dich gar nicht aufnehmen?"

„Nein", sagte das Mädchen und auf ihren Wangen erschienen die Lachgrübchen, „das meine ich gerade nicht, wenn ich Euch nur sonst gefallen möchte, liebe — gnädige Frau, so denke ich, das brächte uns nicht aus einander, aber es wäre eine Sünde, den Boden zu verschänden, wie schön er ist."

Fran Fischer nickte lächelnd, sie stellte noch einige Fragen an Brigitte, danu erklärte sie, dieselbe aufnehmen zu wollen.

Das Mädchen küßte ihr die Hand und wollte das gleiche auch bei dem alten Herrn, der jedoch hob seine Hände hoch über den Kopf, daß sie dieselben nicht langen kounte und sagte: „Nein, ich bin kein hochwürdiger Herr, der auf solche Ehrenbezeugungen angewiesen ist, wäre ich noch etwas weltlich gesinnt, so wüßte ich mir wohl auch etwas Besseres. Das Handküssen ist bei uns nicht eingeführt, nur bei der alten Frau da hat es seine Berechtigung, sonst unterlassen Sie es; meine Töchter legen auch keinen Wert darauf, die leiden das lieber von jungen Herren."

Die beiden Mädchen lachten fröhlich auf, ein Beweis, daß sie sich nicht getroffen fühlten und der alte Herr seine Kinder nur scherzhaft verleumdete, er machte ein sehr groteskes Gesicht, als er wieder die Rede, scheinbar ernst, aufnahm: „Geradezu verbiete ich Jhuen das dem jungen Herru dort gegenüber, vor welchem Sie sich überhaupt in acht zu nehmen haben."

Der junge Mensch war vor Unwillen ganz rot geworden, jetzt klappte er sein Buch zu, und mit den Worten: „Papa, mit dir ist es heute wieder nicht auszuhalten", lief er auf und davon.

Als sich die allgemeine Heiterkeit über seine Flucht gelegt hatte, sagte die alte Frau, noch mit den Lachfältchen im Gesichte, schmollend: „Du bist auch heute ausgelassen, Vater.“ Dann wandte sie sich an Brigitte: „Geh nur einstweilen in die Küche, mein Kind, lege ab, und das Weitere wird dir schon gesagt werden.“

Brigitte gehorchte; als sie hinter sich die Türe geschlossen hatte, ging der alte Herr, wie er sagte, den jungen Weiberfeind aufsuchen und versöhnen.

„Das möchte ich mit anhören“, sagte die alte Dame. „Armer Junge! Damit treibt er ihn wohl ganz aus dem Hause.“

Später, nachdem sie ihr Nachtmahl in der Küche zu sich genommen, wurde Brigitte von der alten Dame in ein kleines Gemach geführt, wo neben einem Lager für Erwachsene auch ein kleines Gitterbettlein stand, von einem Stuhle an dessen Seite erhob sich rasch ein junges Mädchen, als es die beiden eintreten hörte.

„Ah, Mama“, sagte die junge Dame, „bringst du hier ein Kammermädchen für unsere kleine Auguste?“

„Ja, mein Kind, ihr seid nun wieder euren häuslichen Beschäftigungen zurückgegeben, seht mir nur die erste Zeit ein wenig nach, unser Kammermädchen da ist noch etwas unerfahren, es ist ihr erster Dienst, aber sie zeigt viel guten Willen und bringt vor allem einen Sinn für Nettigkeit mit.“

Mau sieht, daß Brigittens Erbarmen mit dem sauberen Zimmerboden schon jetzt seine Vergeltung fand.

„Wie heißen Sie?“ fragte das Fräulein.

„Brigitta Leipold.“

„Also Gitta? Nun, seien Sie nur recht gut und geduldig gegen unsere Kleine; ich habe sie schon vorhin genannt, Auguste heißt das arme Ding, wie seine früh verstorbene Mutter.“

„O, sorgen Sie nicht, gnädiges Fräulein. Es ist ja für kein Frauenzimmer schwer, Herz zu einem Kinde zu fassen.“

Das klang so ganz auders, wie die sonst gebräuchlichen, zungenfertigen Versicherungen der Dienstboten; Mutter und Tochter sahen einander lächelnd an, danu gaben sie ihr die nötigen Verhaltungsregeln und wandten sich zum Gehen.

„Ich küsse die Hand“, sprach das Mädchen.

„Gute Nacht, Gitta!“

Vor der Türe sagte das Fräulein: „Mama, das ist ja ein ganz interessantes Landkind.“

Dann entfernten sich die Tritte, und es ward stille.

Brigitte nahm das Nachtlicht, das seitwärts auf einem Tischchen brannte, und nahte sich damit dem Gitterbette, sie mußte doch ihren Pflegling sehen. Leise trat sie hinzu und hielt die hohle Hand vor die Flamme, jetzt bog sie ein paar Finger zur Seite, und der helle Schein fiel auf ein blühendes Kindergesichtchen, das einem etwa vier Jahre alten Mädchen angehörte; tief eingewühlt in dem Polster lag ein kleiner Blondkopf, rings um denselben bauschten sich wie Wellen die goldenen Haarflechten auf, die kleinen Nüstern weiteten und engten sich regelmäßig, während der brennend rote Mund fest geschlossen war.

Es war gar lieb, und sie stand lange davor.

Plötzlich regte sich das Kind und ward unruhig, rasch entfernte sie sich und stellte das Licht zurück an seinen Ort, sie trat an das Fenster und sah hinaus in die klare, stille Nacht, oben am Himmel funkelten die Lichter, und unten auf der Erde brannten sie in langen Zeilen.

Sie hatte aber dessen nicht acht, ihre Gedanken weilten bei dem Kinde, das dort so fromm und ruhig schlief. Es kam ihr auf einmal recht leichtsinnig vor, daß sie den Dienst so ohne weiteres angetreten, denn wie gar ernst war dabei die Verantwortung; freilich mag eines sagen, es soll ja nicht länger sein als auf vier bis sechs Wochen, und das ist keine Zeit. Was aber kounte nicht alles in vier bis sechs Wochen über einen so kleinen Menschen kommen, was an ihm durch Vernachlässigung oder mißverstandene Liebe verderbt werden für alle Lebenszeit? O wohl. Wenn nur der liebe Herrgott kein Unglück schickt, für alles andere will sie schon einstehen. Was sie sich da vornimmt, ist schwer, gar recht schwer, sie weiß es; was hilft auch ihr und dem Kinde all das Nachschauen und alle Aufsicht! Es ist doch nicht das Auge der Mutter, das nachschaut und acht hat, und diese soll sie der Kleinen ersetzen, so weit sie es vermag.

Das Kind schrie im Schlafe auf, sie eilte hinzu, da lag es wieder ruhig, sie strich ihm die Locken aus dem Gesichtchen und sagte: „Mein armes, liebes, goldhaariges Waiserl du, glaub nur, es soll niemand sagen, sie hätten dich in bessere Hände geben können."

Nun entledigte sie sich ihrer Oberkleider, dabei glitt sie auf dem glatten Boden aus, und als sie in dieser Not mit beiden Armen nach dem Nachtkästchen griff, da stürzte sich dieses feindselig auf sie und zeigte nicht übel Lust, sich mit ihr auf ebenem Boden zu messen, nur weil der Teppich neben dem Bette in dem Augenblicke höchster Gefahr sich mit ihr verbündete und sie festen Fuß fassen ließ, gelang es ihr, den Angriff siegreich abzuschlagen.

„Herrgott!" sagte sie leise, als der erste Schreck vorüber war und sie wieder zu Atem kam. „Das hätt können übel ablaufen. Das hätt keinen kleinen Lärm gegeben. Was das doch für ein närrisch Wesen ist, da machen die Leut die Böden so glatt, daß sie selber wieder Tücher darauf legen müssen."

Sie vermißte das goldene Kreuzchen, das sie um den Hals getragen, es lag vor ihr auf dem Teppiche, sie bückte sich darnach, und als sie sich wieder erhob, erschrak sie nicht wenig, als sie in der Ecke gegenüber einer Person ansichtig wurde, die sich gleichfalls aufrichtete und nach ihr herstarrte, bald aber mußte sie ein lautes Auflachen unterdrücken, denn das Fremde war sie selbst, ihr eigenes Bild, das ein großer Ankleidespiegel zurückwarf. Sie trat hinzu. Das dunkelblonde, aufgelöste Haar fiel ihr in reichen Flechten tief über den Nacken, in dieser Umrahmung trat das gesund blühende Gesicht hervor, mit den froh leuchtenden braunen Angen, der kleinen

Nase, deren Rücken sich in der Mitte kaum merklich erhöhte, deren Nüstern rosig angehaucht waren, und mit den frischen Lippen, zwischen denen sich jetzt die glänzenden Zähne zeigten, da sie lächelnd an dem stark gebauten und doch geschmeidigen Körper hinabsah. So stand sie eine Weile und erfreute sich der eigenen Wohlgestalt, was keinem, dem sie gegeben ist, übel genommen werden kann; aber plötzlich durchschauerte es sie, sie schloß die Arme über der Brust, löschte mit einem Hanche die Lampe und ging zu Bette.

Und als sie so in der dämmernden Stille lag, da wollte ein wehmütiges Gedenken an ihren Heimatsort und ihre bisherigen Erlebnisse sie beschleichen. — War es recht, von daheim zu fliehen, andern zulieb und sich zuleid? — Aber der unmittelbare Eindruck der Gegenwart arbeitete der Deutlichkeit der Gedanken und Bilder entgegen, und bald scheuchte der Schlaf die Vergangenheit vollends in das Reich der Träume.

Als sie wieder das Ange aufschlug, war heller Morgen. „Tante Therese", rief ein helles Stimmchen. Brigitte erhob sich und trat an das Gitterbettchen, da lag das Kind und blickte mit großen, blauen Augen um sich, aber es schloß dieselben sofort, als es jemand Fremden ansichtig wurde, und verlangte weinerlich nach Tante Therese. Es war ganz umsonst, daß Brigitte schmeichelnd ihm zuredete, es ward nur immer krittlicher und greiniger, und als eine Viertelstunde darauf die Großmutter und die Tante eintraten, da sagte das Mädchen ganz eingeschüchtert: „Es will mir nicht freund werden, und ich will es doch wie eine Mutter betreuen."

Die alte Frau lachte. „Nun, nun", sagte sie, „liebe Gitta, bleib nur bei deiner guten Absicht gegen das Kind, von so kleinen Leuten kann man nicht verlangen, daß sie das gleich merken, aber es branchs nicht lange, so lernen sie schon auch ihre Freunde kennen."

Nun wurde das Kind für den Tag angekleidet, und da die Großmama und die Tante Therese oft gestatteten, daß Brigitte mit Hand anlegte und ihm versicherten, daß das die „Gitta" sei, die sehr gut mit ihm sein wolle, so war bald das gewünschte Einvernehmen hergestellt. Schon denselben Tag ging die Kleine in bester Eintracht mit ihr spazieren, und nach einigen Tagen hatte Brigitte Gelegenheit, sich selbst in aller Stille auszulachen, weil sie wieder nahe daran war, den kleinen Gewohnheitsmenschen schwarzen Undanks zu beschuldigen, da er die Tante Therese so ganz vergessen kounte und mit hellem Stimmchen alle Morgen „Gitta" rief.

Als sie über eine Woche in dem großen Stadthanse zugebracht, da gestand sie sich, so ein Hausleben sei nicht schlecht, man weiß sich von so vielen beachtet, denen man gefallen möchte, und verlernt manche Unart, auf die man von sich selbst gar nicht gekommen wäre.

Die vierte Woche war vorüber, ohne, wie Brigitte gefürchtet hatte, ihrer Dienstzeit ein Eude zu machen, es ging in die fünfte. Es geschah dem Mädchen recht hart, wenn sie das wiederholt nach dem Vater fragende Kind immer mit dessen baldiger Ankunft vertrösten mußte; wenn er wirklich kommt, danu ist sie überflüssig und soll fort von den guten Menschen, die sie lieb gewonnen hatte, und von dem Kinde, das ihr ans Herz gewachsen war.

Brigitte hielt sich in dem kleinen Garten auf, der an den Hofraum stieß; das Kind spielte zu ihren Füßen oder lief ab und zu, sie saß in einer Laube, die sah fast aus wie jene daheim, in welcher ihre alte Mutter so oft gesessen hatte; wenn sie ihr nur jetzt einen Augenblick da gegenüber sitzen könnte, sie möchte ihr so gerne das Kleine zeigen, wie klug und artig das ist, damit sie auch Freude daran hätte — die alte Frau. Sie hätte bald gesagt die Großmutter. Darüber lachte sie jetzt, und das Kind sprang auf vom Kies und lachte mit, weil es sie fröhlich sah.

Aber die Kleine gab sich nicht so bald zufrieden, ihre Lustigkeit artete aus, sie riß sich das Strohhütchen vom Kopfe, schürfte damit Saud vom Wege, den sie, flink wie ein Kreisel sich drehend, über die Blumenbeete hinstreute.

„Aber, Guste", rief Brigitte, „du bist gar nicht brav."

Das Kind schüttelte die noch übrigen Sandkörner aus dem Hütchen, danu lief es auf sie zu, lehnte sich an ihren Schoß und sah mit dem erhitzten Gesichtcheu trotzig zu ihr auf.

„Ich mag nicht immer brav sein", sagte es. „Der Vater bringt nichts. Der Vater kommt gar nicht."

„Pfui, du kleiner Wildling, wie du daherredest. Der Vater wird schon kommen, und wenn er dir etwas mitbringt, so werde ich ihm sagen, daß er es dir gar nicht geben soll, denn du hast nur brav sein wollen, damit du etwas bekommst, und gute Kinder sind immer brav, auch wenn sie nichts bekommen."

„Gute Kinder bekommen nichts, wenn sie brav sind?" fragte sehr niedergeschlagen die Kleine.

„Nein, die kriegen nichts, die sind nur brav, damit man sie recht lieb hat."

Das Kind sah eine Weile nachdenkend mit den großen Augen vor sich hin. „Wird mich der Vater auch recht lieb haben?" fragte es danu plötzlich.

„Freilich wird er dich recht lieb haben."

Lebhaftes, munteres Geplauder und rasche Schritte näherten sich dem Gärtchen. Brigitte sah die Familie Fischer vollzählig herankommen, in deren Mitte befand sich ein freudig dareinblickender Herr, etwa einige dreißig alt, sie dachte sich gleich, wer das war, ehe noch das Kind vor Freude aufschrie, als es die Eintretenden bemerkte.

Es lief auf den Vater zu, und der warf sich auf die Bank in der Lanbe und überließ sich den stürmischen Liebkosungen seines Lieblings.

Brigitte war aufgestanden, aber da rings um die Lanbe die Eltern und Geschwister des Angekommenen sich gruppiert hatten, so war ihr der Rückzug abgeschnitten, und sie mußte bleiben.

Nachdem sich die Kleine etwas beruhigt hatte, lehnte sie das Köpfchen an die Schulter des Vaters und fragte leise: „Hast du mir etwas mitgebracht, Papa?"

„Freilich, Gustchen."

„Wirst du es auch Gustchen geben?"

„Gewiß, wenn Gustchen ein gutes Kind war."

„Gute Kinder bekommen nichts, wenn sie brav sind", sagte sehr ernsthaft Gustchen.

„Warum denn nicht?"

„Nein, die kriegen nichts, die sind nur brav, damit man sie recht lieb hat."

„O du kleiner Uneigennutz. Sieh da, wer bemüht sich denn schon so frühzeitig um dein Pflichtgefühl? Wer hat dir denn gesagt, daß die guten Kinder nichts kriegen?"

Die Kleine wies mit dem winzigen Zeigefinger auf Brigitte, der Mann folgte der Richtung, da stand vor ihm eine frische, junge Gestalt, den rechten Arm noch vorgestreckt gegen das Kind, dessen allzu lebhafte Bewegungen sie vorhin sorglich überwachte, er sah in ein blühendes, ehrliches Antlitz, keine Wimper der tiefbraunen Augen zuckte, das war der ruhige, selbstbegnügte Blick treulich erfüllter Pflicht. Das hübsche Gesicht gewann durch diesen Ausdruck. Ihm schoß das Blut nach dem Kopfe. Er erhob sich rasch.

„Ach ja", sagte er, „nicht wahr, das ist die Gitta? Sie haben sich meiner Kleinen recht aufrichtig angenommen. Ich danke Ihuen."

Die Angeredete schöpfte tief Atem, danu sprach

sie, indem ein kaum merkliches Zittern der Stimme ihre vollen Brusttöne etwas rauh klingen ließ: „Ganz ohne landläufiges Gered, Herr, mag ich wohl sagen, nichts zu danken, es ist gerne geschehen. Wenn ich jetzt von dem Kind weg muß, so tut es mir ja auch nur leid, nicht weil ich fürcht, es möchte schlechter betreut werden, bewahre, sondern weil ich es nimmer soll."

„Bis dahin hat es noch Weile, ich reise dieser Tage, vielleicht auf eben so lange, wieder ab und bin es recht zufrieden, die Kleine unter Ihrer Aufsicht zu wissen."

„Schön Dank für die gute Meinung, gnädiger Herr. Es war mir lieb und angelegen, obgleich es schon heut sein End hätt haben können, es wird mir lieb und angelegen bleiben, wenn ich gleich weiß, es bleibt ihm nicht aus; wenn man immer daran denken möcht, da verderbte man sich alle Freude, und man hat ohnedies nicht viel Gutes auf der Welt."

Der junge Manu nahm seinen Hut von der Bank auf und glättete eine Falte des Trauerflores an demselben. „Nein, man hat nicht viel Gutes auf der Welt", wiederholte er. Er zog das Kind an sich und trug es, von allen gefolgt, bis zur Gartentüre, dort blickte er sich nach Brigitte um, die zurückgeblieben war. „Kommen Sie doch nur mit", sagte er und drückte der Herantretenden das Kind in die Arme. „Noch gehört sie Ihuen zu."

Das Mädchen lächelte dankbar. Wieder blickte er in jenes Gesicht mit dem selbsteigenen Ausdrucke, eines von jenen unter tausenden kenntlich, dem man zurufen möchte: „Du bist es! Nicht ein Bekanntes, sondern ein Sein, ein Wesen, ein Etwas, du bist das, was du sein willst!" Wo man auch solchen Eigengearteten begegnet, im Staube oder auf den Höhen des Lebens, sie reizen, näher an sie heranzutreten. Sie selbst fragen nicht darnach, ob man dieser Lockung nachgibt oder ihnen ferne bleibt.

Brigitte war zufriedengestellt durch die Anerkennung, die ihr der Vater ihres Pfleglings zuteil werden ließ, und sie fand es ganz natürlich, daß sich so ein Herr nun für weiter nichts vergeben mochte und mit ihr, der Kindsmagd, nur verkehrte, wo es nicht zu umgehen war. Seine Abreise fiel auf einen der nächsten Tage, am frühen Morgen, er bat, das Kind nicht zu wecken, aber Brigitte trat unter die Türe und führte ihn vor das Gitterbettchen, in welchem dasselbe wachend aufsaß. Er herzte es, und über Vater und Kind leuchtete heiter das tiefbraune Augenpaar, er sah es, als er aufblickte; da senkte er das seine und eilte rasch fort.

Fünftes Kapitel

Macht den Leser mit Sebensdorf bekannt. Zwei Gehöfte, die zusammengeheiratet haben, und deren Familie. Der Bürgermeister hat mit seinem ehemaligen Knechte eine Unterredung, in welcher ihm für manches das Verständnis abzugehen scheint, und macht schließlich eine jener unanfechtbaren Bemerkungen, die unter Umständen leicht in eine Prophezeiung ausarten.

Sebensdorf zählte nicht mehr Nummern als eine andere mittelgroße Ortschaft, aber von einem Ende desselben bis zu dem andern liegt eine bedeutende

Strecke Weges, denn kein Haus lehnt sich an das nachbarliche an, jedes schiebt seine Garten- oder Hofräume dazwischen, ja manches große Anwesen schaltet sich mit allen Baulichkeiten, inmitten weiter Grundstücke, längs der Dorfstraße ein; das größte darunter ist der Mooshof, auf welchem der Anton Hüblinger sitzt. Über vierzig war der alt geworden, ohne daß er sich bislang nur im mindesten um die Frauenzimmer bekümmert hatte; als ihm aber vor einem Jahre beide Eltern, kurz nach einander, verstarben, hielt er sich seinem Hofe gegenüber verpflichtet, demselben eine Bäuerin zu geben.

Die Wahl konnte ihm nicht schwer fallen. Die Größten gehören immer zusammen, und er stand so recht in gleicher Höhe mit dem Bürgermeister, was letzterem etwa am Reichtume abging, ersetzte das Ansehen. Das stand fest, daß er nur des Bürgermeisters Schwiegersohn werden kounte, und das wäre eine ganz absonderliche Bosheit des Schicksals gewesen, wenn der Bürgermeister statt der einzigen Dirn einen einzigen Sohn gehabt hätte, woher hätte danu der Mooshof seine Bäuerin genommen? Aber so war es eine freundliche Schickung, daß der Mooshof des Bürgermeisters Anwesen heiraten kounte.

Juliana, des Bürgermeisters Einzige, schien mit der zärtlichen Neigung der beiden Gehöfte einverstanden und legte deren Vereinigung nichts in den Weg, wenigstens machte sie keine Einwendung, als ihr der Vater erklärte, sie müsse den Hüblinger Anton heiraten; es hätte ihr bei dem herrischen Wesen des Alten auch wenig genützt. Die Hochzeit saud statt, der Mooshof konnte zufrieden sein, da nun neben dem Bauer wieder eine Bäuerin auf ihm saß.

War der wirklich einmal um das Sitzen zu tun, so hatte sie dazu ein Lieblingsplätzchen im Garten unter einer Weide mit zackigen Blättern, die Äste des Baumes waren über ein Gerüst gereckt, so daß in einem abgemessenen Rund die tief hangenden Zweige rings herniederfielen und man wie in einem grünen Zelte saß.

Eben dort befand sie sich an einem sonnigen Vormittage, vor ihr standen zwei Männer, der linker Hand war der ihre, der andere, zur rechten, ihr Vater, der Bürgermeister von Sebensdorf.

Julianens kleine, fast etwas zu dralle Gestalt lehnte sich auf der Bank zurück, der Kopf mit den pechschwarzen Haaren war gesenkt, und die gleichfalls dunklen, brennend leuchtenden Augen lagen hinter den dichten Fransen der Lider versteckt, ihre Wangen glühten vor Röte, die Arme waren über den Schoß herabgesunken, aber um die vollen, aufgeworfeneu Lippen spielte, kaum merklich, ein Lächeln.

Der Mooshofbauer war nur klein wenig höher geraten als seine Bäuerin, aber dafür gar schmächtig, ganz unansehnlich, er war eben für den Hof geboren und beteuerte, die Sorge um das große Anwesen hätte ihn nie recht gedeihen lassen; ja manches Gehöft ist eifersüchtig auf seinen Bauer und läßt ihm kein anderes Ansehen, als was es selbst verleiht, der Mooshof gab ihm aber auch ein rechtes. Von der großen Sorge stand jedoch in dem

Gesichte Hüblingers nichts zu lesen, da war alles rundlich und glatt, auch jetzt zeigte sich die untere Hälfte desselben ganz unbewegt und gleichmütig, während über den kleinen, grauen, weit aufgerissenen Angen, mit denen er nach seinem Weibe starrte, die Brauen paarmal hastig emporzuckten, was anzudeuten schien, daß er an etwas freudigen Anteil nehme, nicht sowohl seiner selbst willen, sondern als Repräsentant des Mooshofes. „Wenn's nur ein Bub werden möcht", murmelte er, denn der Gedanke, daß auch er einmal Haus und Hof um einer Dirne willen an einen Fremden geben müßte, berührte ihn unangenehm. „Wenn's nur ein Bub werden möcht", wiederholte er lauter; der Blick, den er dabei seitwärts nach seinem Schwiegervater schoß, hatte etwas Verwandtes mit der Schadenfreude.

Der Bürgermeister aber, baumlang und baumstark, stand den beiden gegenüber wie ein Riese. Aus seinem breiten Gesichte mit den borstigen Haarbüscheln über den Augen, der vordrängenden Unterlippe und den Hängebacken sprach deutlich bäuerischer Hochmut und bäuerisches Protzentum, was aber sonst noch in den eckigen, groben Zügen an starrer Strenge und unerbittlicher Härte lag, das wich auch jetzt nicht vor dem kurzen, derben Gelächter, das er aufschlug, und der scherzhaften Drohung, mit der er den Finger gegen die jungen Eheleute hob; es sah sich ungelenk an, der Mann verstand sich nicht darauf, nur Spaßes halber zu drohen.

„Ihr Hallodri", schrie er, „das macht ihr nit schlecht, ihr hebt bald an, keine sechs Wochen nach der Hochzeit!"

„Hm", der Mooshofbauer pfiff das durch die Nase. „War aber auch eine Hochzeit!" Er wollte die Sprache auf anderes bringen und damit hatte er 's getroffen.

Der Bürgermeister streckte sich. „War auch eine, haben's uns was kosten lassen. Solang die Leute denken, ist weit und breit so keine gesehen worden!"

„Tut mir immer leid, so oft davon die Red ist . . . ." sagte die Bäuerin.

„Was?"

„Daß meine liebste Kameradin nit hat dabei sein können."

„Wen meinst?" der Bürgermeister runzelte die Stirn.

„Die Leipold Brigitt."

„Als Kranzjungfer vielleicht?" murrte der Alte. „War eh 's gscheideste, daß sie mir aus den Angen ist, so weit weg, als sie können hat."

„Ist sie fort?"

„Etwa acht Tag nach eurer Hochzeit, — in aller Still — nach der Stadt, hör ich, ein Dienst suchen."

„Und der Christl?"

„Weiß nit, was der Lump macht. Solltest überhaupt solchen nicht nachfragen, wo du mein Denken kennst. Die alte Schulmeister-Kathl begreif ich nit, wie die hat dabei still halten mögen. Mein dürft die Dirn nit gewesen sein, — untern Händen wär sie mir geblieben!" Er griff mit dem Arm in die

Luft und krallte die Finger der Hand in einauder.

Die Bäuerin blickte erschreckt auf.

„Aber freilich", fuhr er fort, „wo wenig Gut, da wenig Ehr; hab nix, so bist auch aus der Leut Angen. Nix mehr davon! Ich muß jetzt gehn. Bhüt Gott mit einander!" — er trat unter den hängenden Zweigen weg. — „Hallodri, ös!" damit schritt er durch den Garten und hinaus auf die Straße.

„Ist ein so viel gemütlicher Mon, dein Vater", sagte der Hüblinger. Ob er das für Spaß oder Ernst genommen wissen wollte, war schwer zu entscheiden, denn er verzog keine Miene dabei.

Als der Bürgermeister den Mooshof verließ, erhob sich ein junger Mensch vom Grabenrande auf der andern Seite des Fahrweges, wo er im Schatten eines Hollunderstrauches gesessen. Der Bursche sah bleich und angegriffen aus, von dem dunkelblonden, gekrausten Haar fielen ihm einzelne Ringeln wirr in die etwas niedere Stirne, und die braunen Angen, die sonst wohl, wie einige Fältchen in dereu Winkeln verrieten, verschmitzt in die Welt blickten, waren trübe; er führte einen derben Stock mit sich, auf den er sich stützte, als er nun mit unsicheren Schritten dem rasch Einhergehenden zu folgen versuchte; wie er sich aber auch mühte, die Entfernung zwischen ihnen wurde immer größer.

„Ho, Christl", rief ein Mäher, der mit der Sense über der Achsel flink dahergeschritten kam. „Sieht man dich auch einmal wieder?"

„Ist nit mein Schuld", sagte der Angeredete, „daß ich a Zeit her selten war. Sechs Wochen bin ich schön sauber glegen, und zwei hat 's braucht, daß ich mich wieder zsammklaub; so hat er mich zudeckt, der Sakra." Er hob den Stock und wies dem Bürgermeister nach.

„War auch ein dumms Stückl, das mit der Schulmeistersdirn. Sein Mündel und als Gast im Haus! Wolltst schon mit ihr einig werden, hätt sich für später wohl besser Zeit und Gelegenheit dazu gschickt."

Christl verzog ein klein wenig den Mund. „Nach der Begebnis hat ein jeder leicht reden."

„Aber das muß man auch sagen", fuhr der Mäher fort, „nachderher hat sich der Alte wohl brav gegen dich aufgführt, hat dir Geld zugschickt, als stündst noch bei ihm in Lohn, hat 'n Bader zahlt. . . ."

„Er wird wohl auch wissen, warum er 's getan hat."

„No ja, 's Gricht mag er wohl gscheut habn, selbs macht halt doch a Menge Scherereien, Unköstten und Unglegenheiten."

Wieder verzog Christl den Mund. „Ja, vor Gricht und ausgricht ist nit gern einer."

„Du Halunk du." — Der Mäher schlug ihm lachend auf die Schulter. — „Ich mein schier, gschenkt hast ihm d' Klag just nit, hätt er sich frei gleich einsperrn lassen, wär 's ihm billiger kämma!"

„Sorg dich nit, er hat 's ja, er kann 's tun. No, bhüt dich Gott! Ich muß mit ihm reden."

„Na, da rekommandier mich, wann er wieder ein haun will. Bhüt Gott, Christl!"

Der Bürgermeister hatte sein Gehöft erreicht und saß schon eine kleine Weile in seiner Schreibstube, als ihn ein kurzes Klopfen aufblicken machte. Ohne den Zuruf abzuwarten, öffnete Christl die Türe und zog sie hinter sich ins Schloß.

„Küß d' Hand, Bürmeister", sagte er.

Der Alte warf ihm einen bösen Blick zu. „Du? Was willst denn du da?" Er strich sich mit der Rechten über die Stirne und sagte dann ruhiger, aber es klang gleich unfreundlich: „Na, bist wieder in der Höh? Das hätt ich wohl auch auders zeitlich gung erfahren, um nach dir schicken z' können, wenn ich dir was will; bis dahin hättst schon warten mögen."

„Na, nix für ungut, es ist ja eins, nun bin ich einmal da. Gratulier gleich nachträglich ..."

„Wozu?"

„Zwegn der Hochzeit. Hast gwaltig geeilt, daß d' dein Diru unter d' Haubn bringst."

„Ist sie vielleicht nit in den Jahru darnach! Dich hat die Eil Wunder z' nehmen, Lump du, der mirs üble Beispiel ins Haus bringt."

„Mußt dich nit nochmal erboßen, so wie's ist, ist 's ja jetzt recht. Mit Verlaub!" Der Bursche zog einen Stuhl herbei und setzte sich an die Seite des Schreibtisches. „Bissel schwach bin ich halt noch", sagte er, matt lächelnd. „Ich denk aber, wenn ich auch wieder zu mein alten Kräften käm, als Knecht stünd ich dir doch nimmer an?"

„Da denkst schon recht."

Christl legte die Rechte über den Tisch und griff

nach der Papierschere, die er spielend auf- und zuklappen ließ. „Auf 'm Mooshof säh man mich wohl auch nit gern?"

„Wird schon so sein."

„No, und nach dir und 'n Mooshofbauer richt sich ein jeder im Ort, denn da gebts ös 'n Tanz an, und euch zlieb ließen s' allzsamm mich verhungern. Willst mich halt auch forthaben, wie die Dirn, die Brigitt?"

„Die is von selber gangen."

„Glaub's schon, ganz von selber; so ganz von selber, wie ich auch gehn muß, weil ich nit bleiben kann. Eben drum wollt ich mit dir reden, was jetzt werden soll?"

Der Bürgermeister blickte erstaunt auf.

Die Papierschere in der Hand des Burschen arbeitete mit zunehmender Behendigkeit. „Du bist doch Vormund."

„Der deine nit, und was jetzt weiter wird, bekümmert mich um und um nix", schrie der Alte, „und in meiner Stubn und mir ins Gsicht treib mir kein Ungebühr, das leid ich nit." Er entriß ihm die Schere und warf sie auf den Tisch.

„Hast eigentlich recht", sagte, sich scheu zusammenduckend, der Bursche. „So ein Herausnehmen taugt auch unter vier Angen nix; wenn man sich vergißt, tragt man's leicht aus der Stuben unter die Leut. Hast recht, hast's allweil dein Gedanken und Worten nach, nur mit den Fänsten darfst nit kommen, da kimmst z' grob."

„Nent mich eh mehr, als ich sagen kann, daß ich

mich von der Hitz hab übermeistern lassen und dir dabei ein Vorteil über mich in d' Hand gespielt."

„Laß gut sein. Mein Anbsinnen ist dem dein voraufgangen, und dieselbn mögn sich ausgleichen. Ich weiß ja auch, daß ich mir kein Freundlichkeit von dir verlangen darf, gleichwohl erwart ich aber doch kein Feindseligkeit. Was tut's dir denn, wann du mich da in Ort verbleiben laßt und mir ein Fleckl verschaffst, worauf ich sitzen kann, und es kost dich kein Kreuzer?"

Der Bürgermeister schüttelte den Kopf. „Ich versteh dich nit, es is mir ja eh ganz, ganz gleich, ob d' da bleibst oder weg bist, und wann ich so Fleckeln zu beschaffen wußt, worauf eins sitzen könnt, und die kein Kreuzer kosten, so nähm ich s' ja selber, so viel z'kriegen wären."

„Na, das ist leicht ausdeutscht. Gib mir die Brigitt zum Weib, und ich geb mich mit dem Anwesen von derer ihrer Mutter zfrieden."

„Vor nit gar lang noch hätt ich guug gegen dich einzwenden gwußt. Wie aber die Sach jetzt steht, magst die Dirn auffuchen und ihr sagu, daß ich damit einverstanden bin."

„Ah, in der Weis geh ich der Diru nit unter d' Angen, da brauch nur du als Vormund dein Gwalt und dein Recht über sie; is ja kein Gfahr dabei — wann sich's Roß in die Gabel stellt, kann's nimmer umkehrn —, hart soll ihr auch nit gschehn, ich will s' schon gut halten, und 's Ganze hat obendrein a rechtschaffen Ansehn. Aber damit ist mir nit gholfen, und damit laß ich mich nit abspeisen, daß du großartig sagst, du bist einverstanden; der Diru ihr Einverständnis sollst mer erzwingen, das ist 's, wozu du dich verstehen mußt!"

„Muß ich?!" brüllte der Bürgermeister, vom Stuhle emporfahrend. Da stand er, so lang er war, und blickte nach dem Burschen herunter, danu ließ er den zurückgehaltenen Atem der Brust entströmen und sagte sehr gelassen: „Mir scheint, an dir hat der Bader auch nur halbe Arbeit verricht, 's fehlt dir noch im Kopf."

„Himmelkreuzelement", kreischte der Bursche, gleichfalls von seinem Sitze aufspringend, „sei du noch grob, wo ich eh die ganze Zeit her herumschwätz und dir zu Gfallen jed Wort auf die Goldwag leg; mach du aus dir ein Narren, aber nit aus mir! Stell dich an, als ob du dir noch hart einreden ließest, was, wie du selber einsehn mußt, doch 's beste ist, über alles Vergangene die Leut im Ort wie die Fiuken z' blenden, daß nie keiner 's Augenlicht dafür kriegt! Schaff mir die Diru, dann soll Ruh sein und Verlaß auf mich und auf sie, wann s' mein Weib is, aber dazu zwing s', ob s' will oder nit! Darauf rechu ich, daß du 's weißt!"

Der Bürgermeister hatte kopfschüttelnd den Burschen betrachtet, der jetzt erschöpft auf den Stuhl zurücksank und keuchend nach Luft schnappte.

„Du hast 's not, daß d' dich übernimmst", sagte der Alte, an ihn herantretend. „Da siehst, wie dir das tut. Völlig erbarmen könntst ein'm. Na, jetzt halts Manl, willst etwa wieder vom frischen zum waschen anhebn? Sei so gut. Wird ein eh ganz wirr und dumm im Kopf, wann mer dich so a Weil anhört. No, no, jetzt mach wieder Angen, als ob d' ein fressen wolltst, und krieg 's Zapplete! Halt dich still, sag ich! Was sich dermachen laßt, das tut mer dir ja. Ist's dir mit der Dirn ernst, so komm einmal, bevor du s' aufsuchen willst, nimm ich mir halt zum Schreiben Zeit und gib dir ein Brief mit für sie."

„Wo drin steht, du schaffst ihr, daß sie mein Weib wird?" fragte Christl.

„Wo drin stehn wird, was ich für recht und billig halt", sagte der Bürgermeister.

„Recht und billig", lächelte der Bursche, „versteh schon —"

„No, jetzt weiter nix für heut, schau, daß du heim findst, und leg dich ins Bett, wird dir gsünder sein."

„Bhüt Gott, Bürmeister, küß d' Hand. Ich hab 's ja gwußt, wir würden uns verstehn." Christl verließ die Stube. Als er mühselig Tritt für Tritt, Stufe um Stufe mit dem Stocke aufstapfend, die steile Holztreppe hinabstieg, murmelte er: „Aber so tun kann er schon, als ob er ein nit verstünd."

Oben stand der Bürgermeister am Fenster. „Matz will ich heißen, wenn ich dich versteh, Lump, aufbegehrerischer! 's schaut wirklich darnach aus, als wär 's nit recht richtig mit ihm. Muß doch mit 'm Bader reden. Kann mich noch a Heidengeld kosten. Aber 'm Gricht weicht mer halt gern aus; ich kann mich doch nit vors Gricht stellen lassen — ich! Das höllmentische jähe Wesen wenn nit wär — das bringt ein noch selber und andere ins Unglück!"

Sechstes Kapitel

Gustchens Vater kommt und — geht. Herr Mittrowitzer, der sich als ein Mann einführt, welcher sich die Worte vom Munde abspart, bringt eine Nachricht ins Haus, die Fischer senior veranlaßt, den Fluchtversuch Fischer juniors zu vereiteln. Lehrreiches Gespräch zwischen Vater und Sohn, in welchem sich das Ungestüm der Jugend und die Nachsicht des Alters verbünden, um die Schwachheit der Liebe zu beschönigen. Brigitte wird durch eine gewichtige Mitteilung überrascht.

Der Vater der kleinen Auguste hatte seine Rückkehr brieflich angesagt. Der Morgen des unwillkommenen Tages brach an. Brigitte verrichtete, was ihr zukam, mit der gleichen Aufmerksamkeit und Sorgfalt wie immer. Ein wenig unsicher klang ihre Stimme, als sie zu der Älteren im Dienste sagte: „Wenn nur das Gustchen da im Hanse verbleiben möchte!"

„Ich meine nicht, daß das wird sein können", — war die Gegenrede. „Der junge gnädige Herr hat noch immer seit dem Tode seiner Frau die große Stadtwohnung inne, und ärmere Leute im Hanse haben sie ihm in stand gehalten und die Bedienung besorgt, bei denen war meistens das Kind und ab und zu auch bei uns oder bei der Tante, der gnädigen Frau ihrer Schwester; bei der Abreise des Vaters konnte man es nicht in der leeren Wohnung und in ganz fremden Händen lassen, jetzt kommt das Kleine wohl wieder nach der Stadt zurück."

Brigitte seufzte: „Es wäre ihm doch besser, es bliebe da!"

Die alte Magd lächelte. „Mir wäre es auch recht, euch beiden zulieb."

Gegen Mittag traf der Erwartete ein, und Brigitte ward mit dem Kinde herbeigerufen. Nachdem man sich gegenseitig alles von Belang abgefragt und die lauten Freudeäußerungen des Kindes verstummt waren, verlor sich ein Mitglied der Familie um das andere und ging wieder seiner Beschäftigung nach.

Das Kind rutschte vom Schoße des Vaters herab und verlangte nach Gitta, da nahm er es an der Hand und sie gingen sie suchen; sie fanden sie im anstoßenden Zimmer, wo sie durch die Scheiben nach der Straße blickte, die Kleine lief auf sie zu und umfing ihre Knie, ließ dann von ihr ab, um nach dem Vater zu laufen, und so rannte sie eine Weile zwischen beiden hin und wieder, bis sie es müde ward, Brigitte auf einen Stuhl niederzog, an ihr hinankletterte und, das Köpfchen an deren Schulter gelehnt, gar bald in Schlummer sank.

Der junge Mann setzte sich in ein Fauteuil, griff nach einem Buche, das neben auf dem Nähtischchen lag, und blätterte darin. Er hatte nach dem Mädchen noch nicht aufgeblickt, er tat es auch jetzt nicht, als er sagte: „Das Kind zeigt von einer recht sorgsamen Pflege, ich habe viele Freude an ihm, ich denke, Sie wohl auch, und es wird Ihnen leid tun, dasselbe verlassen zu müssen. Gustchen wird auch nicht ganz einverstanden damit sein."

„Man darf ihm eben vorher nichts davon sagen, nachträglich schickt es sich wohl darein, Kinder können ja das Vergessen noch auswendig, die Großen müssen es erst wieder lernen. Für den Anfang wird es uns beiden freilich nicht taugen, aber der Muß ist Herr in der Welt, und es schadet nicht, wenn die kleinen Leut frühzeitig seine Bekanntschaft machen!"

Wie ruhig sie das sagte, und dabei war aller Bedacht auf das Kind genommen, von sich sprach sie nicht, nur gerade so viel, daß man merkte, was sie schweigen mache, sei nicht Stolz, der sich etwa zu keiner Bitte verstünde, oder Trotz, der nichts mehr zu ändern weiß. —

Der junge Mann warf einen flüchtigen Blick auf sein Gegenüber. Es war ein anmutiges Bild, wie das hübsche, kräftige Mädchen das zarte, schlafende Kind sorglich in den Armen gebettet hielt.

Wenn er diese freundliche Erscheinung nicht festzuhalten vermag, wie bald, nächster Tage schon, verschwindet sie ihm unter den tausend anderen, unauffindbar — für immer!

Er sprach über das Buch hinweg: „Zwischen heut und morgen werden Sie übrigens nicht aus unserem Hause scheiden. Ich reise heute abend wieder fort."

„Mein Gott, da bin ich froh", sagte Brigitte, aber nach einer Weile begann sie leise, damit sie das Kind nicht wecke, jedoch eindringlich hinüber zu sprechen: „Ja, aber was ist das nur, gnädiger Herr? Wenn Sie immer allsofort wieder verreisen, das mag wohl auch nicht taugen. Es gehören doch zwei dazu, ein Kind recht zu ziehen, ich tu als das eine, was ich nur vermag, nun fehlt eben immer der Vater."

Da ließ er beide Hände mit dem Buche sinken und blickte auf nach dem Mädchen mit dem Kinde in den Armen, — wie frauenhaft! Er begegnete ihren ernst freundlichen Augen. In tiefster Seele angeheimelt, senkte er den Kopf und träumte, träumte Wunder, wie er sie einst geträumt.

— — — — — — — — — — — — — — — — —

Wunder, nicht außer und nicht über der Natur, sondern inmitten derselben. Daß du bist, ist ein größeres Wunder als alle, die uns überliefert wurden, und es wiederholt sich und geschieht und wird gewirkt in jedem, so viel ihrer unter dem Tage wandeln; daß andere sind, das ist ein gleiches, und daß rückwirkend wir ihnen sind und sie uns, das ist das größte!

Das größte, in dem sie alle einbeschlossen liegen, die mächtig, süß gewaltigen, wie er sie einst geträumt. —

Das war, als er ein besseres Buch wie eben jetzt in Händen hatte, eines von den hohen Büchern der Menschheit, darüber weg nach Mutter und Kind aufsah, still das Werk zuklappte und weiter keine Wunder lesen kounte; der gewaltigste Menschengeist vermag nur nachzustammeln, was ihm die urewige Natur vorspricht, so lieblich, so geheimnisreich! Jahrtausende stammeln wir: Mutter und Kind, bei ihr scheint es nur ein Wort, Spruch und Zauber zugleich, wer spricht es ihr nach?

— — — — — — — — — — — — — — — — —

Das war, als sein Weibchen aus einem Schranke ein paar winzige Gamaschen hervorstöberte, die sie einst als Kind getragen. Sie lachte über das kleine Ding, dessen Beinchen darin Platz fanden und trippelnd einherstolzierten, und sie selbst war das kleine Ding und schüttelte mutwillig mit dem Funde über der Wiege des eigenen Kindes. —

Ein allerliebstes Wunder!

Und ist es keines zur Stunde, daß diese Träume leise anzuklingen begannen, wie ein Glas bei verwandtem Klange, wenn er an die frauenhafte Gestalt dachte, die ihm gegenüber saß? — Er schlug langsam das Auge auf. — Ein zierlicher Fuß stemmte sich gegen den Teppich, weiche Arme umfingen einen kleinen Blondkopf, und ein gar lieb sorgliches Gesicht wachte über den Atemzügen seines Kindes.

— — — — — — — — — — — — — — — — — —

„Ich reise", entschloß er sich im stillen. „Bringe ich die Empfindung ungeschwächt zurück, wie ich sie mit mir genommen . . . . . darüber will ich mir doch erst klar werden!"

Ganz im Anschauen versunken, schien ihm wohl, als lächle das Mädchen jemandem zu, aber er merkte nicht, daß es seiner Mutter galt, die in das Zimmer getreten war. Als die alte Dame das Kind schlafen sah, nickte sie freundlich gegen das Mädchen, dann warf sie einen gar sonderbaren Blick auf ihren „Herrn" Sohn, dem sie eine geraume Weile ungesehen ganz nahe stand; sie legte die Hand auf seine Schulter. „Komm zu Tische!" sagte sie zu dem Aufschreckenden.

Zum Nachtische kam eine Überraschung; der kaum Rückgekehrte erklärte, mit Abend wieder verreisen zu müssen, — in Geschäften — natürlich. Geschah es absichtlich oder nicht, er hatte unter den Papieren in seiner Brieftasche herumgekramt und agierte bei der Bekanntgabe seiner neuerlichen Reisebereitschaft mit einem ehrwürdigen, vergilbten Schreiben, das wohl nur Vertrauensseligen als jüngste Marschordre gelten konnte. Aber „in Geschäften", dagegen ließ sich nichts einwenden, es wurde auch nicht versucht.

Der Tag verlief, gegen Abend verabschiedete man sich herzlich wie immer. Diesmal schlief Gustchen, Brigitte ließ das Gitter an dem Bettchen herab, damit er sich über das Kind beugen und es küssen könne, und er half ihr die Gitterstange wieder vorziehen.

Sein Wagen war kaum von dem Hause weggefahren, als ein anderer vorfuhr. Einige Minuten darauf stand Herr Mittrowitzer, der Chef des Handelshauses, dessen stiller Kompagnon der junge Fischer war, vor dem Vater desselben.

Der Handelsmann war von kleiner, stark beleibter Gestalt, seine Züge, sein verschnittenes Haar und sein der gleichen Behandlung unterzogener Vollbart, alles war rundlich an ihm. Seine Stirne troff, er wischte sich den Schweiß von derselben. „Gehorsamer" — keuchte er — „hoch!" Was beiläufig heißen sollte: Gehorsamer Diener! Ich finde Ihre Treppen sehr hoch, entschuldigen Sie daher mein Echauffement! — Er hatte nämlich einen nach jeder Richtung hin stark entwickelten Spar- und Geschäftssinn und betätigte denselben auch im Sprechen, er beschränkte sich im Verbrauche der

Worte auf das Notwendigste und suchte bei jedem Satze immer einige davon für sich in Abzug zu bringen, wahrscheinlich als Provision für die Vermittlung seiner Gedanken und Ideen.

„Gehorsamer — hoch!"

(Gewiß, das heißt gespart und erworben.)

Der alte Herr wies ihm einen Stuhl an. Er setzte sich und fragte: „Mein stiller —?"

(Reiner Gewinn: ein Adverbialpronomen, Verb und Substantiv.)

„Mein Sohn? Nun, der ist eben wieder nach dem Bahnhofe gefahren."

Herr Mittrowitzer machte ein sehr verdutztes Gesicht.

„Nachdem kaum zurück?"

(Reinertrag: ein Pronomen im Satzwerte eines Subjektes und ein Verb. Der Mann mußte sich einen riesigen Wortvorrat zurückgelegt haben.)

Bei dem ungeheuchelten Erstaunen des Chefs erhob sich der Vater des Verreisten überrascht von seinem Sitze. „Sie wissen gar nichts davon?"

„Nein."

Der alte Herr verfügte für den Augenblick über kein klügeres Gesicht als das seines kaufmännischen Gegenüber, er schien selbst eine Ahnung davon zu haben, denn er kehrte sich etwas zögernd seiner Frau zu, diese winkte ihn unter eine Fensternische und sprach leise und eifrig mit ihm.

Fischer trat auf den Sitzenden zu und sagte: „Es scheint das ganze nur ein Irrtum unserseits zu sein, und wir haben wohl falsch verstanden. Morgen schon bekommen Sie meinen Sohn wieder in das Geschäft. Für jetzt wollen Sie freundlichst meine Entfernung entschuldigen, ein wichtiger Gang — ich empfehle mich!“

Er stürzte fort. Mit dem Empfehlen war Mittrowitzer ebenso rasch hinterher, aber nicht mit den Beinen, er stieg bedächtig und kopfschüttelnd die Treppe hinab. Fischer senior war gewiß nicht ausgerissen, damit er nicht Rede zu stehen brauche, Mittrowitzer war bekannt dafür, daß er sich selten eine Frage gestatte, er war der Ansicht, daß man dabei leicht für gute Worte arge Lügen kaufe; aber Fischer senior schien selbst von Fischer junior nichts Rechtes zu wissen, das war bedenklich.

Auf dem Wege über die Treppe und durch die Einfahrt des Hauses bis zum Wagen besprach der Kaufherr sich laut und eifrig mit sich selbst über den vorliegenden Fall, seine Möglichkeiten und deren Konsequenzen. Er entschleierte damit das Geheimnis seiner sprachlichen Ökonomie, offenbar setzte der Mann seine Ersparnisse bei Dialogen in Monologe um.

Fischer junior trat an den Schalter der Bahnkasse, er verlangte eine Fahrkarte.

„Wohin?“

Nahezu hätte er sich mit der Wahrheit lächerlich gemacht und geantwortet: „Das ist gleichgültig!“ Er besann sich und nannte eine kleine Stadt an der Strecke, er hatte dort nie etwas zu suchen gehabt — das sollte er auch diesmal nicht!

Er fühlte sich am Arme gefaßt, es war sein Vater, der ihn an sich zog und zum Schalter hineinsprach: „Entschuldigen, der Herr dürfte wahrscheinlich seine Reise verschieben."

„Das wird der Herr doch selber wissen!"

„Immer die traditionelle Höflichkeit, von der man bis zum Verwöhntwerden angenehm berührt wird! Gustav, sei so gut, auf ein Wort!"

„Mein Gott, es wird doch nichts im Hause vorgefallen sein?"

„Seit du weg bist? Nein."

„So sag mir nur . . ."

„Später Unterschiedliches, vorerst ist aber das Fragen an mir. Ich sehe dort eine kleine, etwas entlegene Gartenanlage. Komm dahin, daß wir uns ungestört aussprechen."

Schweigend folgte der Aufgeforderte.

„Sage mir einmal", begann der alte Herr, „was treibt dich jetzt wieder fort? Das eine und das andere Mal waren es Geschäfte" — er hob warnend den Finger, als er merkte, daß ihm der Sohn in die Rede fallen wollte —, „sag nicht, das wäre auch diesmal der Fall, eben war Mittrowitzer bei uns, er weiß nichts davon."

„So, Mittrowitzer?"

„Ja, eben derselbe. Es dürfte somit eine der privatesten Privatangelegenheiten sein, die dich zur Abreise veranlaßt. Wir haben für die Dauer deiner Abwesenheit, aber auch nicht für länger, zur Betreuung deines Kindes eine gewisse Gitta aufgenommen, und nun meint deine Mutter, du gehst, damit die bleiben kann! Darf ich diese Anschauung teilen?"

„Lieber Vater, ich will dir recht gerne mitteilen, was ich in dieser Angelegenheit denke und fühle, nur bitte ich um einen etwas weniger moquanten Ton."

„In dieser Tonart werde ich dem entlarvten geschäftslosen Geschäftsreisenden aufspielen, solange er leugnet; sei offen, und wir wollen die Sache mit allem ihr gebührenden Ernste besprechen."

„Ich will offen sein. Es war meine Absicht, das Mädchen in unserem Hause zu verhalten."

„Ein schlechtes Auskunftsmittel, es führt zu nichts, willst du es repetieren, wenn du in kurzem wieder stehst, wo du heute gestanden? Was ist damit gewonnen?

„Zeit! Zeit, um mit mir selbst ins reine zu kommen."

„Ja, aber der dazu eingeschlagene Weg ist der, auf dem allenfalls junge Bürschchen vor Unüberlegtheiten bewahrt werden, gleich gut wäre es gewesen, das Mädchen ziehen und unter den Tausenden in der Residenz verschwinden zu lassen. Für einen Manu taugt das nicht, dem ist die Entfernung gefährlich, je nach seinem Temperament macht sie ihn niedergeschlagen oder geradezu toll; ein Mann wie du überlegt besser, ruhiger und besonnener in der Nähe des Gegenstandes. Ob er auf kurzem Wege mit sich einig wird oder länger dazu braucht, kommt lediglich auf das Quantum Geschämigkeit an, das bei jedem von uns gegen die vermeintliche Schwäche reagiert, erlaube mir, daß ich dasselbe, auch nach einem Fachausdrucke der Chemie, ‚binde' und dir zur Klarheit verhelfe. Geradezu, du willst deinem Kinde in dem Mädchen eine zweite Mutter geben."

„Ich denke daran."

„Nun, für einen Mann in deiner Stellung ist nach unseren gesellschaftlichen Anschauungen ein Landmädchen, das obendrein, wie es scheint, arm ist, also ein unbemitteltes, ungebildetes Geschöpf, keine passende Partie; das wirst du wohl selbst fühlen?"

„Nein, das fühle ich durchaus nicht, und du selbst, Vater, dürftest kaum diese gesellschaftlichen Anschauungen teilen. Es muß wohl dem Geschmacke eines jeden freigestellt bleiben, ob er nach einer Feld- oder Gartenblume langen will, und kommt nur eine gute Frau ins Haus, so hat man wohl keine Augen für das, was sie mitbringt, während einer schlechten die beste Mitgift nicht aufhilft. Was aber die landläufige Bildung anlangt, so möchte ich doch fragen, worin besteht denn die eigentlich? Daß alle zum Klavierspielen, Singen und Zeichnen gepreßt werden, die Ärmsten, weil es die eine oder die andere wirklich genußbringend treibt, daß alle die fatalen Klassiker lesen müssen, weil einige Empfängliche sie verstehen, kurz, daß alle nachmachen sollen, was einzelnen wohl ansteht? Ach, geht mir! Das Notwendige eignet sich ein rechtes Weib, von der Liebe darauf geführt, bald an, und was sich auf diese Weise nicht aneignen lassen will, das bleibt besser weg!"

„Gut. Über das Naserümpfen derjenigen, die noch jeden ‚für klüger gehalten hätten', und der Halbgebildeten mag man sich hinwegsetzen. Echte Bildung — die Gymnastik für Kopf und Herz — hat immer eine gewisse Achtung vor natürlicher, ungeschulter Kraft und dürfte dir darin beistimmen, daß der wahre Wert einer Frau in dem liegt, was sie ist, und nicht in dem, was sie hat, kann oder weiß. Hier aber gilt es noch eines zu bedenken, ob es auch dem Mädchen seinem Wesen nach entspricht, ob du dir nicht bald wirst Vorwürfe machen müssen, wenn sie selbst dir keine macht, daß du sie aus den gewohnten Lebensverhältnissen herausgerissen und in andere, ihr ganz ungewöhnbare gebracht hast?"

„Bester Vater, wo gerätst du hin? Bei Überschwenglichen, die immer für gegenseitige Enttäuschung inklinieren, mögen sich derlei tragische Ehekonflikte mit einiger Wahrscheinlichkeit vorhersagen lassen, aber mir einen solchen in Aussicht zu stellen, mir, der ich mich ganz mit dem Gegebenen abfinde, das ist unberechtigte Schwarzseherei! Ich beabsichtige kein Haus zu machen, und wenn sie auch das Talent hätte, Teeschalen graziös herumzureichen und dabei geistreiche Bemerkungen zu lispeln, es würde brach liegen bleiben, ich fühle kein Bedürfnis nach einer repräsentativen Hausfrau; mag sie der Welt fremd bleiben, ich möchte sie vielmehr, so weit es angeht, bei ihrer Art und Weise erhalten. Nun frage ich, aus welchen gewohnten Verhältnissen nehme ich sie denn, und in welche ganz ungewöhnbare verpflanze ich sie? Ich denke, in ihrem Alter hat ein Mensch noch gar keine Zeit gehabt, sich in irgendwelche einzugewöhnen, kaum zwölf Wochen dient sie, und gleich lange ist sie vom Elternhause weg, es ist also nicht anders, als ob ich sie mir geradezu aus dem letzteren holte und ihrer wichtigsten und wahren Bestimmung zuführte, und diese dürfte, gleichviel ob für Weltdame oder Landmädchen, nichts Ungewöhnbares an sich haben!"

„Nein, die meisten zeigen sogar den besten Willen, sich darein zu schicken. Dies nebenbei. Daß du dich von landläufigen Bedenken, wie sie in der Gesellschaft gang und gäbe sind, nicht willst bestimmen lassen, finde ich natürlich; jeder denkt doch seine Wahl auf das beste getroffen zu haben, und eine Einmischung Fernstehender mag er wohl eher für Überhebung als für wahren Anteil nehmen, aber wie hältst du es mit deiner eigenen Familie?"

„Bester Vater ...."

„Ich bitte dich, mich nicht zu unterbrechen. Weder von mir noch von deiner Mutter hast du eine Einsprache zu gewärtigen, und der fortdauernden Anhänglichkeit deiner Geschwister kannst du sicher sein; wir, deine Eltern, sind zu alt, um noch ein Vorurteil zu haben, und die anderen zu jung, um sich schon einem solchen hinzugeben. Und gar die Mädchen, die finden sich wohl sofort instinktiv in der Situation zurecht. Den Bruder neidet kein Frauenzimmer dem andern, es wäre zwecklos, und seine Erwählte schätzen sie, denn es ist eine Konkurrentin, die sich vom Markte zurückzieht. Wenn wir Alte auch zuwarten, unsere volle Liebe ist deinem neuen Hausstande gewiß, sobald er deine Hoffnungen und Erwartungen realisiert, und das möchte ich diesfalls, so weit sich in derlei Angelegenheiten überhaupt etwas im vorhinein sagen läßt, eher für wahrscheinlich halten als das Gegenteil. Welchen Entschluß du also auch fassen wirst, in unserem, dem allerengsten Familienkreise verrückt derselbe nichts, aber ich möchte dich doch noch an eine angehörige, demselben auch nahestehende Person erinnern."

„Ach ja, Tante Helene! An die Gute habe ich gar nicht gedacht!"

„Du dankst ihr viel, du hast einst alles von ihr zu erwarten, denn sie betrachtet dich als ihren Erben. Sie verdient darum auch Rücksicht."

„Jede mögliche!"

„Sie hat ihre Pflegetochter nach harter Überwindung von sich gelassen, und sie wird nicht sehr erbaut davon sein, daß du diese schon jetzt vergessen hast und dich wieder zu vermählen gedenkst."

„Das sieht ihr wohl gleich. Es liegt in der weiblichen Denkweise, obwohl sie das Vergessen leichter zu stande bringt, es doch an anderen unbegreiflich und unverzeihlich zu finden. Ich verwahre mich übrigens gegen den Vorwurf, Auguste vergessen zu haben, ihr Angedenken ist mir heilig. Es gibt in unserer Seele ein reinstes, von keiner Leidenschaft beschmutztes Fleckchen, wo die Wehmut, die Sehnsucht und die Ahnung wohnen, dort lebt, was uns starb! Von da heraus unsere Verblichenen an das Tageslicht zerren wollen und uns für sie, die ihrer nimmer bedürfen, unsere lebenswarmen Gefühle abfordern, das ist mißratene Pietät und hysterische Empfindelei. Mit ernster Besonnenheit gehe ich an eine zweite Ehe, mir und Augustens Kind zu Nutz und Frommen, ich möchte daran nicht gedeutelt wissen, denn meine Empfindung ist eine wahre. Sollte die Tante meinen Entschluß übel nehmen, so wird das eher meinem Kinde nützen als schaden, denn was sie mir zu entziehen gedenkt, kommt wohl ihm zu gute; es bliebe somit nur die kleinliche Rücksicht auf die kürzere oder längere Entfremdung einer sonst ganz gutherzigen Verwandten, und einer solchen opfere ich mein Glück nicht!"

„Dein Glück? Du sagst, dein Glück?"

„Ja, ich sage mein Glück! Ich habe auch vorhin gesagt, meine Empfindung sei wahr, laß sie mich denn auch voll und ganz aussprechen. Es sind jetzt harte Zeiten, und es ist keine Aussicht vorhanden, daß sich das in Bälde ändern werde; nur um sich auf dem Punkte zu erhalten, auf dem man bisher gestanden hat, bedarf es der angespanntesten Kraft, der unermüdlichsten Ausdauer und überall, wo es gilt, wird man selbst zur Hand sein müssen. Vieler Müh und Sorge und Hast und Jast gewärtig, suche ich nun nach einem festen, unverrückbaren Halt, stät ob allem, in dessen friedlichem und erfreulichem Anblicke ich selbst zur Ruhe komme! Schon bei der ersten Begegnung hat Brigitte einen nachhaltigen Eindruck auf mich gemacht durch das tiefinnerliche Pflichtgefühl, das sich in ihrem Wesen ausspricht, und darum will ich sie gewinnen, ich weiß mein

Haus, mein Kind, mich selbst in keine besseren Hände zu geben. Ich weiß mir nichts Besseres, Vater, als ein pflichtgetreues Weib! In der Ferne alles Rechte, Liebe und Beste deuken können und heimgekehrt es nicht anders finden, jeden Gedanken als wahr, jedes Träumen als wirklich — das ist Glück!"

Der alte Herr blieb stehen und legte die Hand auf den Arm seines Sohnes. „Ich denke, wir wären nun im reinen!"

„Wieso?"

„Du weißt auf einmal recht gut, was du eigentlich willst, und gestehe es nur, du warst wohl schon früher davon unterrichtet und hättest das Reisegeld ganz ohne Zweck ausgelegt."

„Soll ich das zugeben?"

„Gib es nur zu und komm jetzt aus diesen schönen Anlagen!"

Sie gingen.

Plötzlich hielt Fischer senior den arglos an seiner Seite Einherschreitenden an beiden Armen fest. „Noch eines, Gustav! Dein Antrag ist für das alleinstehende und ganz unbemittelte Mädchen so glänzend und verlockend, daß man es ihr nicht einmal übel nehmen könnte, wenn sie auch ohne Neigung ja sagte."

„Das tut sie nicht, in diesem Falle sagt sie offen nein!"

„Sie sagt auch nein."

„Mein Gott, hast du sie etwa schon auszuforschen versucht — weißt du . . .?"

„Nichts, gar nichts, mein Kind. Ich habe mich nur deiner Meinung anschließen wollen, daß sie gegebenen Falles ohne Falsch nein sagen wird."

Da lächelte der junge Mann, er blickte seinem Vater ganz nahe in das Gesicht, da suchte und fand er den Schalk, der sich hinter den leise zuckenden Augenfältchen verbarg.

Als sie beide nach Hause kamen, nahm Gustav sogleich wahr, daß sein Geheimnis aufgehört habe, ein solches zu sein. Der junge Herr Bruder blickte verwundert auf, sechs schelmische Mädchenaugen lachten ihn an, nur die Mutter sah ernst, aber nicht finster.

Bald darauf trat Brigitte mit dem Kinde ein, um gute Nacht zu sagen, sie war ganz unbefangen, vor ihr hatte man, wie es Gustav erwartete, nichts merken lassen. Der alte Herr stellte sich vor sie hin und sagte mit freundlichem Ernste: „Vorläufig bleiben Sie im Hanse. Es muß eine Änderung getroffen werden, daß Sie bei dem Kinde bleiben können!"

Brigitte lächelte dankbar und ging.

Um die Zeit, wo alle im Hanse sich zur Ruhe begaben, klopfte es an ihrer Tür; sie öffnete und Ida, das jüngste der Fräulein, schlüpfte in die Kammer.

Die junge Dame stellte sich vor Brigitte hin, und die Sprechweise des Vaters mit einiger Übertreibung nachahmend, so daß ein ganz artiges Pathos darans wurde, sagte sie: „Es muß eine Veränderung getroffen werden, daß Sie bei dem

Kinde bleiben können! — Jawohl, und eine gewaltige dazu!"

Sie klatschte in die Hände, umarmte und küßte das Mädchen stürmisch.

„Warum doch nur?"

„Hat mein Bruder schon mit Ihnen gesprochen?"

„Nein."

„Armes Kind! Der Barbar hat schon ein Weibchen unter die Erde gebracht, nun will er Sie zu seiner zweiten machen!"

„Mich? Das glaub, wer will! Sie scherzen, gnädiges Fräulein!"

„In solch ernsten Dingen nie", lachte Ida. Sie legte den Finger an den Mund. „Pst! Nur nicht verraten, daß ich es Ihnen sagte! Gute Nacht! — Schwägerin!" Sie küßte das Mädchen noch einmal und huschte davon. Brigitte war wieder mit dem Kinde allein.

Sie war bestürzt. Sollte sich das Fräulein wirklich einen Scherz mit ihr gemacht haben? Nein, es wäre ein unfeiner gewesen, und die kamen hier im Hanse nicht vor.

Er will sie zu seiner Zweiten machen!

Wie sollte sie das aufnehmen von ihm, den sie nur auf kurze Zeit gesehen, noch seltener gesprochen, der sie wohl ebensowenig kannte wie sie ihn?

Wie er nur auf den Gedanken kommen mag?

Da regte sich das Kind in seinem Gitterbettlein; es rückte sich nur im Schlafe von der warm gelegenen Stelle; es war nicht unruhig, aber seine Hüterin wurde es, sie ließ von allem Fragen ab.

„Dummheit, das Ganze", sagte sie und versuchte zu lachen, „weil's ja doch nicht wahr ist!"

Und freilich ist's wahr — zürnte der aufrichtige Sinn in ihr. Seltsam, er half ihr doch sonst aus mancher Verlegenheit, und jetzt wollte er sie schier selber verlegen machen.

„Und doch glaub ich's nicht", sagte sie trotzig, dagegen kam die Aufrichtigkeit nicht auf, Brigitte konnte sich ohne Einwand zur Ruhe legen.

Aber als sie im Bette lag, da hörte sie in einem Gemache nebenan Tritte und Stimmen. Letztere unterschied sie gar bald und vernahm auch deutlich, was gesprochen wurde, denn in den Stadthäusern haben sie so dünne Mauern, daß eines leicht, ohne Arg und wider Willen, zum Horcher an der Wand wird.

„— falls sie deine Neigung erwidert", klang es herüber.

„Ein verwandter Zug in ihr dürfte das Mädchen ansprechen, es ist Liebe, welche mit der Pflicht Hand in Hand geht."

„Nun denn, versuche dein Glück. Du hast es vorher nicht an Überlegung fehlen lassen."

„Nein, es ist ein reiflich erwogenes Muß."

„Ein Muß — und reiflich erwogen?"

„Gewiß. Gedanke um Gedanke auf ein Vorhaben gerichtet, führt dahin, daß man es nicht ungeschehen lassen kann. Der Mensch tut nicht alles aus sich selbst, er arbeitet auch dem Schicksal in die Hände."

Sie hörte, wie man sich drüben verabschiedete, dann ward und blieb es stille.

Drüben war er, nur durch eine schmale Wand waren sie geschieden.

— — — — — — — — — — — — — — — — — —

Das Mädchen hatte sich im Bette erhoben, und der eine Fuß stand außerhalb desselben auf dem Teppiche, als wollte es das Lager verlassen, vielleicht das Haus.

Jetzt durchschauerte Kälte das bloße Bein, sie zog es hastig unter die Decke und saß aufrecht, beide Hände an die Scheitel gedrückt und starrte vor sich hin.

Es war ja noch nichts entschieden! Das beruhigte sie, und sie schlief ein.

Siebentes Kapitel

Kurz, — endet aber nicht zufriedenstellend für Gustav, denn Brigitten bietet sich eine Ausflucht, um das letzte, bindende Wort — das auszusprechen jede mehr oder minder Scheu trägt — für diesmal ungesagt zu lassen.

Sonnenschein lag über dem kleinen Garten. Brigitte saß im Schatten der Laube, die Blätter des wilden Weines waren in der fächelnden Luft bewegt und unruhig wie das Herz des Mädchens. Sie führte emsig die Nadel und warf von Zeit zu Zeit einen Blick nach dem Kinde, das auf dem Rasen im Schatten eines Strauches schlief.

Es war ihr ganz eigen. Sie wünschte die Entscheidung herbei, und sie fürchtete sie. Sie hatte nicht den Mut, bei sich anzufragen, wie sie sich nehmen würde, das ließ sie auf sich beruhen; sie wollte das ausgefragt haben, und wenn sie wieder daran dachte, errötete sie und wußte nicht warum.

Es war ganz eigen, als hätte sie einen Schleier über sich gezogen, aber die Sonne machte so aufdringlich hellen Tag, daß ihr darunter doppelt heiß wurde. Wie am vergangenen Abend sagte sie: „Ich glaub es nicht!" Aber es klang anders.

Da hörte sie nahende Schritte, sie schreckte zusammen, denn sie ahnte wohl, wer sie aufsuchen komme, sie nähte hastig darauf los, auf die Gefahr hin, später alles wieder auftrennen zu müssen, und erhob den Kopf nicht.

„Da finde ich Sie ja. Guten Morgen!" sagte hinzutretend Gustav.

„Guten Morgen, gnädiger Herr!" Das sonst so unbefangen aufblickende Auge blieb gesenkt.

„Ich habe mit Ihnen zu sprechen, Brigitte", sagte er und setzte sich ihr gegenüber.

Sie hielt erwartend die Hand mit dem ausgezogenen Faden stille.

„Ich habe eine Frage an Sie zu richten, die Sie vielleicht überraschen wird, vielleicht auch nicht, da es aber redlich gemeint und in einer ehrenhaften Sache ist, so geschehe es geradezu und offen heraus, Brigitt", — er versuchte ihre Hand zu fassen, diese aber fuhr rasch mit der Nadel nach dem Leinenzeuge, an dem sie nähte. — „Brigitt, wollen Sie mein Weib werden?"

Das Mädchen entfärbte sich. Da war es also ausgesprochen, es galt keinen Zweifel mehr. Sie fühlte, ohne aufzusehen, daß er seine Blicke erwartungsvoll auf sie gerichtet hielt, da brannten wieder ihre

Wangen vor Röte, und sie wandte sich zur Seite nach dem Kinde.

Der junge Mann folgte der Wendung ihres Kopfes und setzte hinzu: „Und meinem Kinde eine Mutter?"

Wie es nur überraschen kann, wenn plötzlich kommt, was andere schon vorhergesagt, daß kommen werde? Das Köpfchen mit den reichen Haarflechten senkte sich tiefer. „Ich weiß nicht!"

„Es überrascht Sie."

„Mich nimmt das selber wunder. Ich sollte es nicht sagen, gnädiger Herr, aber ich verrate ja damit nicht, wer es mich hat wissen lassen, denn wissen tu ich davon seit gestern Abend. Ich red mich halt leichter, wenn ich hinterrücks dem andern keinen Gedanken in mir hab."

„Offen, Brigitt! Was dachten Sie, gleich als Sie davon hörten?"

„Es sei nicht wahr."

„Was hatten Sie für Grund, so zu denken?"

„Grund genug, ich bin eine arme Dirn vom Lande herein und hier im Hause Kindsmädel."

„Nun Sie aber wissen, daß es wahr sei, wie denken Sie jetzt?"

„Ich weiß nicht! O, nehmt es nicht übel, aber ich weiß es nicht. Ich mag Sie wohl schätzen und wert halten als meinen Herrn, als den Vater von dem kleinen Schatz, der dort so gut schläft, aber sonst kenne ich Sie zu wenig, und ich überheb mich nicht! Sie haben schon eine Frau gehabt, Sie meinen sie jeht vergessen zu können, vielleicht weil Ihuen meine

Larve gefällt, aber wie bald, und ich halte gar keinen Vergleich zu der ersten aus. Ich könnte es ja rechtschaffen gut meinen, wenn ich mit beiden Händen zugriffe, aber es könnt doch unüberlegt sein und nur unser beider Unglück dabei herauskommen."

„Es verwirrt Sie, Brigitte", fuhr Gustav fort, „Sie denken, ich kenne Sie zu wenig, und mein Entschluß kommt Ihnen zu plötzlich und unerwartet; aber bedenken Sie einmal, ob ich ohne Überlegung zu Ihnen sprechen kann, wie ich gesprochen habe. Weil eben gegenseitiges Vertrauen die erste Bedingung alles Glückes ist, und weil dieses auf keinem festeren Grunde wurzeln kann, als wenn eines die Sorge des andern gleichsam als Pfand in Händen hat, habe ich Ihnen an der meinen das höchste, das heiligste Recht, das einer Mutter, angeboten! Sie können wohl nicht glauben, Brigitte, daß ich mit eigenem, fremdem und dem Glücke meines einzigen Kindes ein leichtsinniges Spiel treiben werde! Nicht, weil ich die erste vergessen habe, sondern, weil ich sie nicht vergessen kann, suche ich eine zweite Frau, ich will es wieder heimisch haben in meinem Hanse für mich und für das Kind. Warum ich gerade auf Sie verfallen bin? Ich wäre ein Heuchler, wenn ich sagte, daß es auf meinen Entschluß gar keinen Einfluß gehabt hätte, wie hübsch Sie sind, aber ich kann auch in Wahrheit behaupten, daß sich meine Neigung für Sie mit herzinniger Pflicht gegen mein Kind verbindet. Sie selbst sagten, es recht zu erziehen, gehörten zwei dazu, wollen Sie jetzt, nachdem Sie bisher das Ihrige nach Kräften getan, das heranwachsende kleine, später das zarte Mädchen unbehütet, unbeaufsichtigt mir, dem Manne, allein überlassen? — Sie denken ja selbst, daß ihm das nicht tauge. Nur dann hätten Sie volles Recht, im vorhinein einen Zweifel gegen das Glück unserer Verbindung auszusprechen, und ich müßte Ihre Offenheit dankbar hinnehmen, wenn mein Antrag Ihre Gesinnung ändern könnte, wenn Sie empfänden, daß Sie mein Weib nicht sein können, weil Sie es nicht vermöchten, neben eigenen Kindern noch meinem ersten eine gute Mutter zu bleiben!"

Das Mädchen blickte wie rat- und hilflos nach dem Kinde, als wollte es dasselbe bitten, ja nicht so etwas von seiner Gitta zu glauben.

„Brigitte, Sie lieben das Kind und darum suche ich Sie zu gewinnen. Lieben Sie den Vater um des Kindes willen, es ist uns allen besser, als andere lieben das Kind des Vaters wegen."

Brigitte stand mit gesenktem Kopfe, die in einander geschlungenen Hände ließ sie zum Schoße sinken und sagte leise: „Das wär so brav gemeint und so schön —"

Gustav trat rasch auf sie zu, er wollte sie vielleicht an den Händen fassen und an sich ziehen, sie aber wich zurück und streckte abwehrend den Arm aus: „Was würden Ihre Eltern sagen, gnädiger Herr?"

„Hätte ich wohl unter den Augen derselben ohne Einwilligung so offen gehandelt? Meiner Familie sind Sie lieb, davon überzeuge ich Sie augenblicklich, kommen Sie, ich führe Sie Hand in Hand vor meine Eltern und Geschwister."

Brigitte errötete, sie zog rasch die Hände hinter sich und trat wieder einen Schritt zurück. Mit großen, dankbaren Augen zu ihm aufblickend, sagte sie: „Vergelt 's Gott für die zugedachte Ehr, für die herzgute Meinung und für alles! Es macht mich fast fürchten. Etwa ist doch eines in der Verwandtschaft, dem es nicht recht sein möcht!"

„Vielleicht", sagte Gustav lächelnd. „Ich habe eine alte Tante, die Schwester meiner Mutter und die Pflegemutter meiner ersten Frau —"

Da sagte das Mädchen hastig: „Die sähe es gewiß nicht gern!"

„Das ist wohl möglich. Sie ist eine gute, nur etwas launenhafte Dame, übrigens kenne ich sie ja, sie hält es nicht lange aus, böse zu bleiben, und Sie werden ihr bald eben so lieb sein, wie all den anderen."

„Sie müßt mir von vorneherein gut sein können; wenn sie erst später davon erfährt, soll sie denken, ich hätt irgend eine Ursach gehabt, mich hinter ihrem Rücken in die Familie einzudrängen? Ich darf keines gegen mich haben! Ich will keinen Unfrieden stiften in dem Haus, wo ich nur Gutes genossen hab, nicht den kleinsten, nicht den geringsten!"

Darüber machen Sie sich keine Sorge, wie ja auch ich mir keine mache. Brigitte, antworten Sie offen auf die erste Frage, die ich an Sie gerichtet!"

„Ich vermag 's nicht." — Sie preßte beide Hände über der Brust zusammen. — „Ich möcht jetzt noch nicht. Ich will's doch ehbevor darauf ankommen lassen, ob die Frau Tant einverstanden ist — dann — wenn die Frau Tant einverstanden wär — jetzt nicht, jetzt nicht!" — Sie schluchzte auf.

„Brigitt!"

Sie wehrte ihn ab. „Nicht bös sein, gnädiger Herr, mir wär allein so viel leichter!"

„Ich verlasse Sie, denken Sie Gutes von Ihrem Freunde!"

Er ging mit raschen Schritten.

Sie weinte noch eine Weile stille vor sich hin, dann lief sie nach dem Kinde und kniete an seiner Seite nieder. „Nun wird sich ja zeigen, mein lieb Goldhaar, wie Gott will, ob wir von einander müssen, oder ob uns bestimmt ist, beisammen zu bleiben. Gelt, du nimmst es nicht für übel, wie ich getan hab? Schau, ich wußt mir nicht ja und nicht nein, nicht um die Welt; es ist auch gar so eine übermächtige Sach, wobei einem das Weinen leichter ankommt als das Reden. Und wenn ich jetzt eine Zeit zu deinem Vater nicht aufschauen kann wie früher, das hat eine Ursach . . . ."

Die sie sich doch bedachte, dem kleinen Goldhaar begreiflich zu machen. Sie lachte mit Tränen in den Augen.

Das Kind war aufgewacht und zeigte große Neigung, mit ihr zu weinen, als es aber zuletzt das heitere Gesicht seiner Freundin sah, da griff es lachend nach der kleinen Schürze und rieb ihr die feuchten Wangen trocken.

Achtes Kapitel

Die Erbtante kommt. Sie erklärt ihre Abneigung gegen die Ilias und ihre Vorliebe für Darwin. Da sie dem Entschlusse ihres Neffen nicht entgegen ist, so würde das Ganze rasch einen glatten Verlauf nehmen und dem Autor gerade noch Zeit bleiben, sich auf die Schlußphrasen zu besinnen — wenn nicht sich alles plötzlich wieder in Frage stellte!

So war die „Erbtante" zu einer sehr wichtigen Person geworden, Gustav gestand sich, daß er in dieser Angelegenheit mit einiger Furcht ihrer Entscheidung entgegensehe, aber diese mußte eingeholt werden, um das Mädchen aller Bedenken zu überheben, und so setzte er sich denn hin und schrieb ihr von seiner Absicht und bat um ihre Meinung.

Die Tante hatte ein großes Haus in Wien und ein kleines Besitztum in einem nahen Landstädtchen, sie zog es vor, in letzterem ihren bleibenden Aufenthalt zu nehmen. Der erste Tag, an dem eine Antwort von ihr hätte eintreffen können, verging, ohne eine solche zu bringen, ebenso der zweite; am dritten gegen Abend hielt ein Wagen vor dem Fischerschen Hause, eine kleine Dame stieg behende aus und reichte den Fuhrlohn zum Kutschbocke hinauf. Gustav war herbeigeeilt, er küßte der Angekommenen die Hand, diese nahm aber keine Notiz von ihm, sie wies nach einem kleinen Handkofferchen und einer großen Schachtel und stieg rasch die Treppe hinan, der junge Mann bepackte sich mit den genannten Gegenständen und folgte ihr nach.

Es war Tante Helene. Bei ihrem kleinen, beweglichen Figürchen merkte man ihr ihre Sechzig nicht an; ihre rechte Schulter war etwas ausgewachsen, und sie trug den Kopf gegen diese Seite geneigt, das blasse, schmale Gesichtchen zeigte für eine Dame die mißlichsten Proportionen, der Mund war zu groß, die Nase zu klein und ein paar kluge, feurige Augen erweckten bei dem Beschauer nur das Bedauern, sie in solch unvorteilhafter Umgebung zu finden.

Der Gast wurde von der Familie auf das herzlichste bewillkommt.

Nach der Begrüßung nahm Tante Helene in einem Lehnstuhle Platz. „Da wäre ich nun, Kinder!" sagte sie. „Ihr wißt, warum ich gekommen bin. Ich habe mich darauf eingerichtet, über Nacht bei euch bleiben zu können, denn am Ende ist die neue Coeur-Dame nicht so zur Hand, daß ihr sie mir heute noch vorstellen könnt."

Der alte Herr trat hinzu. „Werte Schwägerin, wenn eine allsogleiche Vorstellung Sie veranlassen könnte, auf das Nachtquartier unter unserem Dache zu verzichten, so würde ich Ihnen einfach das Mädchen bis morgen unterschlagen, da ich aber glaube, daß Sie trotzdem bleiben werden, so habe ich nach demselben geschickt. Wir haben sie ganz nahe zur Hand, sie dient bei uns."

„Sie dient?"

„Ja. Sie ist noch Anfängerin, es ist ihr erster Dienst. Wir haben sie zu der Kleinen aufgenommen."

„Ah, also das Kindsmädel!" Tante Helene sah ihren Neffen von der Seite an. „Sieh da, ein

Roman innerhalb der Wände des Hauses, im engen Rahmen der Familie; das sind die gefährlichsten, man spinnt derlei selten ungestraft, man stellt die Netze zwar sicherer, hat aber meist das Vergnügen, sich selbst mitzufangen."

Brigitte trat mit dem Kinde ein, und als dieses sich von ihr losriß und auf die Großtante zueilte, da blieb sie, die Augen zu Boden gesenkt, in höchster Verwirrung an der Türe stehen.

„Ah, ist sie das?" Die Dame suchte ein Lorgnon hervor und musterte das Mädchen. Unterdem überhäufte das Kind sie mit Fragen, und als es auf keine genügende Antwort erhielt, so nahm es die Aufmerksamkeit, welche die Tante seiner Hüterin zuwandte, zum Anlaß, unzählige Male zu versichern, das sei die Gitta, niemand anderer als die Gitta! — „Willst du endlich große Leute zu Worte kommen lassen, kleiner Wildfang? Nun, sei nur hübsch stille, ich weiß ja schon, daß das die ‚Gitta' ist, da" — sie löste die Kleine, die sich ganz in den Falten ihres Kleides verwickelt hatte, von sich los —, „lauf hin zu ihr, sag ihr, sie soll nicht dort stehen, als ob ihr die Hühner das Brot gefressen."

Die Kleine kam pünktlichst ihrem Auftrage nach.

„Ich war schon auf ein schmächtiges, sentimentales Fräulein gefaßt."

„Du merkst ihr wohl an, daß sie kein Stadtkind ist", sagte Frau Fischer. „Sie ist eben vom Land herein."

„Da weiß sie auch gar nicht, was sentimental sein heißt, oder weiß Sie das, mein Kind?"

„Nein, gnädige Frau", sagte Brigitte, sie streichelte das weiche Haar des neben ihr stehenden Kindes und blickte flüchtig auf. „Es müßt nur das ungenügsame Wesen sein unter Leuten, die sich einbilden, man könnt sich lieber als lieb haben und schöner als schön tun."

Tante Helene lächelte. „Dazu sind die Lente am Lande zu praktisch, und das ist gut. Da draußen hält gerne alles zusammen. Sie hat sich wohl auch gedacht, eine reiche Verwandte darf man nicht vor den Kopf stoßen, wer weiß, wozu man sie einmal brauchen kann?"

„Aber beste Tante", sagte Gustav.

„Du sei still, an dich kommt schon noch die Reihe! Meinst du, ich nehme es ihr für übel? Wenn jedes von vornherein weiß, was es von dem andern zu erwarten und zu gewärtigen hat, so gibt das doch einen ehrlichen Zusammenhalt; auf der Welt sind wir einmal eines auf das andere angewiesen und brauchen uns gegenseitig, und wenn wir uns vernünftig darein schicken und alle Empfindsamkeit dabei aus dem Spiele lassen, so ersparen wir uns manche Täuschung und selbstgeschaffene Kränkung, leben in Ruh und Fried, wenn auch nicht mit, so doch neben einander. Das ist meine Meinung. Laß einmal sehen!" — Sie nahm Gustav den Hut, den er noch immer in der Hand hielt, weg und hielt ihn zwei Spannen weit vom Auge in gleicher Höhe. „Sieh nur, seit wie lange ist denn Auguste tot? Entweder ist das Trauerjahr noch nicht um, oder der Flor da hat die Trauer überdauert, ich finde ihn für beide

Fälle ganz ungehörig am Platze. Liebes Kind", — sie reichte den Hut gegen Brigitte hin — „trenne doch das schwarze Zeug herunter, es ist eine lehrreiche Arbeit für dich, merke, wie bald ein Mann vergessen kann, und mache dir keine übertriebene Vorstellung von seiner Anhänglichkeit."

Gustav nahm den Hut etwas unsanft an sich und warf ihn in einen Winkel.

„Oho", rief der alte Herr. „Werte Schwägerin, Sie erlauben, daß ich, als unbescholtenes Mitglied der von Ihuen geschmähten Männerschaft, Sie daran erinnere, daß Sie eigentlich gar nicht zur Sache reden können; Sie haben es eben nie mit einem Manne versucht."

„Nein, ich habe mich gehütet! Schon die Aussicht auf eine höckerige Nachkommenschaft, an der wohl nur die großen und kleinen Gassenjungen heiteren Anteil genommen hätten, hat mir das gründlich verleidet. Aber je ferner man euch steht, um so näher lernt man euch kennen; durch meine negative Schönheit war ich besonders dazu befähigt, diese Erfahrung zu machen, und wenn man von euch Männern nichts erwartet, so hat man damit auch unbewußt die richtige Anschauung gewonnen. Ich kann mich nur für ein einziges Mal schuldig bekennen, von einem schönen Herrn geträumt zu haben, das ist aber schon lange her, da war ich noch ein Backfischchen. Ach, wie ganz unvergleichlich schön er mir vorkam, der schöne Herr, ich zweifelte auch gar nicht daran, daß er nebenbei ein geistesgewaltiger Manu sein müsse. Später findet man freilich keinen besonderen Unterschied zwischen der beiderseitigen Albernheit, und wir tun sehr unrecht, die Männer um ihre universelle Bildung zu beneiden, uns gibt man einen grünen Schirm und ihnen blaue Augengläser, wir sind schwachsichtig fürs Haus und sie für die Welt. Mein entlegenes Ideal, der Jammermensch, lebt noch, er bestätigt wohl meine Regel, aber er ist keine Ausnahme; wenn er gegenwärtig noch einiges Aufsehen erregt, so verdankt er das nur seiner Familie, ich sehe ihn zuweilen eine dicke Frau am Arme führen, und sieben magere Töchter trippeln vor den beiden einher, sonst ist er Auskultant oder Solizitator, was weiß ich, kurz in jeder Beziehung weit unter meinen Erwartungen geblieben. Mir aber wurde das Träumen gleich anfangs verleidet, und zwar durch meinen Spiegel und meinen Namen. Ich sehnte mich damals nach einer Begegnung mit dem Bewunderten, ich malte sie mir schon vorher im Geiste lebhaft bis auf das kleinste aus, wie er grüßen und wie ich danken würde, wie wir das Gespräch anknüpfen, führen und mit der Vereinbarung eines Wiedersehens enden würden, ich hoffte ihm ebenso überraschend zu kommen wie er mir, und daher bereitete ich mich recht sorgfältig dazu vor. Ich zog meinen Spiegel zu Rate, ich versuchte mich vor demselben in schwärmerischem Augenaufschlag, süß gewährendem Lächeln, schmollendem Versagen, seelischer Erregung — oh, es war ganz abscheulich, was ich da für Gesichter zu sehen bekam, ich heulte jedes Mal selbst darüber."

Die Anwesenden konnten sich des Lachens um so weniger enthalten, als die Tante zuvor in ihrer lebhaften Erzählweise alle angedeuteten Gesichtsverzerrungen flüchtig wiedergegeben hatte; während aber die anderen in ihrer Heiterkeit bescheiden Maß hielten, ward die der drei Nichten geradezu bedenklich, und die jungen Damen machten es dadurch nicht besser, daß sie nach jedem neuerlichen Lachausbruche ein über das andere Mal „Arme Tante" riefen.

Da schlug die alte Frau mit der flachen Hand auf den Tisch. „Daß ihr die Maulsperre kriegtet, ihr Gelbschnäbel! Sieh nur, die einzige vernünftige Person eures Alters muß noch immer dort an der Türe stehen. Komm, mein Kind, setze dich hieher!"

Sie wies nach einem Stuhle, der ihr rechts zur Seite stand, und Brigitte nahm den Platz ein, sie war sicherer geworden, seit sie das Kind wieder an der Hand hatte, welches nun das Köpfchen in ihren Schoß lehnte.

„So", sagte die Tante, sie legte die Hand flüchtig auf das Knie des Mädchens, dann fuhr sie fort: „Nachdem mir also der Spiegel die Überzeugung beibrachte, daß ich bei dem Versuche einer Eroberung nur verlieren könne, tat mein Name ein übriges, mich merken zu lassen, daß auch andere nicht daran dachten, an mir Gefallen zu finden. Bei meiner Taufe wurde wohl nur an die sehr christliche Kalenderheilige gedacht, aber einige junge Herren erinnerte er an die sehr heidnische Helena" — sie wandte sich an Brigitte —, „das war nämlich vor altersgrauen Zeiten ein bildhübsches und erznichtsnutziges Weibsbild, wobei freilich bemerkt sein will, daß die Schönen es leichter haben, nichtsnutzig zu werden, als unser eines, das man gerne unangefochten bei seiner Tugend beläßt. Jene jungen Herren nun hatten einiges komisches Talent, dieses besteht bekanntlich in der Auffindung von Gegensätzen, und sie taten sich etwas darauf zu gute, mir den Spitznamen ‚die schöne Helena' zu geben; um einen guten Spaß wäre es schade, wenn er nicht unter die Leute käme, und die jungen — Herren waren so zartfühlend und ritterlich, wie das von ihrem Geschlechte zu erwarten stand, daß sie den geistreichen Einfall so in Umlauf setzten, daß ich bald in dem ganzen Viertel, wo wir wohnten, nicht anders hieß als ‚die schöne Helena!' Oh, wie ich ihr Angedenken verwünschte, ich hätte mögen die Ilias bis auf das letzte Exemplar verbrennen lassen, was auch die Professoren dazu gesagt hätten! Die Studenten glaubte ich dabei auf meiner Seite zu haben. Der Trojanische Krieg verdiente gar nicht besungen zu werden, da sie die Ursache war! Seit mich nun mein Spiegel vor dem Gefährlichsten, der eigenen Gefallsucht, bewahrt hat und das zarte Spiel mit meinem Namen mir die Männer in einige Entfernung rückte, nehme ich sie nimmer für das, was sonst die Weiber aus ihnen oder sie selbst aus sich machen, und ich bin gar nicht ungehalten darüber, daß mir die gütige Natur in meiner etwas mißratenen Persönlichkeit einen Freibrief gegen euch ausgestellt hat."

„Schwägerin, Schwägerin", mahnte der alte Herr, „bedenken Sie, wenn es uns wirklich an allem Zartsinne mangelte, so könnten wir jetzt mit mancher Ungezogenheit antworten, da wir es aber nicht tun, so ist das wohl der Beweis . . ."

„O bitte, Herr Schwager, warum wollen Sie sich irgend welchen Zwang auferlegen? Sie können es ja doch nicht unterlassen, wenigstens andeutungsweise anzüglich zu werden; sprechen Sie sich aus, ich werde Ihnen die Antwort nicht schuldig bleiben."

Da der alte Herr schwieg und lächelte, so wandte sie sich plötzlich an Brigitte und faßte sie mit beiden Armen an den Hüften. „Ja, mein liebes Kind", sagte sie, „wenn ich dich auch neben mich sitzen heiße, hüte dich, ich bin boshaft, alle Buckligen sind es."

„Ich meine nicht", sagte das Mädchen und lachte über den unversehenen Überfall, „auf das Aussehen kommt's wohl nicht an, woher fänd man sonst die schönst gewachsenen Lumpen?"

„Sie hat hübsche Zähne und ist stark gebaut", sagte die Tante, zu der Schwester und dem Schwager aufblickend. „Sie ist gesund und kräftig, so werden die Kinder auch darnach sein."

„Aber beste Tante", sagte Gustav.

„Nun, nun, Herr Gustav! Kommt es schließlich auf das hinaus oder nicht? Wenn ja, so laß ein altes Weib das auch aussprechen. Ich dachte, ihr in der Stadt läset den Darwin eifriger. Das ist ein grundgescheiter Mensch! Ich auf dem Lande habe ihn schon einige Male durchgelesen, nicht, weil er mir Neues bringt, sondern aus Vergnügen darüber, daß einmal ein Manu unverhohlen eine Wahrheit ausspricht, die uns alten Weibern schon lange bekannt war. Ja, wenn man alt wird, da hält man sich an das Gegebene und respektiert die Tatsachen. Alte Weiber erzählen gut Märchen, weil sie selbst nicht daran glauben; daß sie darum gefährlich sind, das hat den Fabelhänsen von Profession schon vor langem eingeleuchtet, und die haben sie vormals von Schusten und Dummköpfen verbrennen lassen, nachdem man sie zuvor um den Verstand folterte, ein Beweis, daß sie welchen zu verlieren hatten. Lange bevor es eine Heilkunde gab, wurde sie von alten Weibern praktisch geübt, und weil sie mit ihren Triefaugen besser sahen, wohin vieles in der Welt hinaus wolle, so wurden sie auch Seherinnen. Zuerst hat alles Wissen bei alten Weibern gewohnt, erst nach und nach sind die Männer darauf gekommen, weil diese noch immer etwas darüber wollten und von ihrem eigenen dazu tun mußten, schöne Worte und gründliche Hypothesen, sie suchen immer gleich nach den Gesetzen der Natur, und was wir finden können, sind etwa nur ihre Polizeiverordnungen. Die alten Weiber haben immer mit den einzelnen Tatsachen vorlieb genommen, wo ein Zusammenhang steckt, muß er sich dann von selbst ergeben, so hält es auch die heutige Wissenschaft und steht daher — Respekt davor! — auf dem Altweiberstandpunkte, und darum freue ich mich, eines zu sein!"

„Diese heitere Resignation läßt Ihnen recht hübsch, Schwägerin", sagte Fischer senior, „aber

Sie schlagen doch nur eine Oblate um die bittere Pille, ich wenigstens vermag mich darüber nicht sonderlich zu freuen, daß ich alt bin."

„Das glaube ich! Alte Männer taugen auch zu gar nichts. Wenn ihr einmal über die Zeit, euch angenehm zu machen, hinaus seid . . . doch lassen wir das!" Sie kehrte sich gegen Brigitte. „Liebes Kind, du hast nun genug anhören müssen, wovon dir vielleicht kaum die Hälfte verständlich war, und es nimmt mich wunder, daß es dir nicht wie der kleinen Auguste ergeht, die sich, wie ich sehe, ganz ohne Erfolg gegen das Sandmännlein sperrt; bring sie zu Bette. Geht Kinder. Gute Nacht!"

Brigitte entfernte sich mit der Kleinen.

Später bei Tische wagte Gustav die Frage: „Liebe Tante, sagen Sie nun, was denken Sie?"

„Jetzt esse ich", war die Antwort, „und da denke ich gar nichts, das verträgt sich nicht zusammen."

Bald darauf erhob und verabschiedete man sich, da winkte Gustav seine jüngste Schwester zur Seite und bat sie, mit ihm zu gehen und Brigitte heraus zu rufen.

Ida kam seiner Bitte nach, und als die Gerufene unter der Türe erschien, da faßte sie dieselbe um die Hüfte und zog sie an sich. „Da kann mir niemand mehr zuvorkommen, ich bin doch die erste gewesen, die gezeigt hat, wie lieb sie mir sein wird."

Gustav faßte und drückte die Hand seiner Schwester, so bildeten die drei eine Kette.

„Ich habe die beste Hoffnung", sagte er, „die Tante war heiter angeregt und recht schwatzhaft;

Sie scheinen ihr zu gefallen. Wie gefällt Ihnen die alte Frau?"

„O gut, recht gut. Bös ist sie schon gar nicht, weil sie selber sagt: ich bin's, hüt dich! Nur wunderlich ist sie, und dabei ist doch nichts zum Verwundern, sie hat es ja gesagt, daß bei ihr die Lieb nicht einmal im Vorbeigehen angeklopft hat, und ich mein, am End ist's halt doch so, wie die Red geht, daß die kein'm Weib fehlen dürft, das eines bleiben will, und sie hat eines bleiben wollen, sonst hätt sie nicht die Müh mit einem fremden Kinde auf sich genommen; ihr ist's halt im Leben nicht geworden, wie es hätt sein sollen, und sie hat allzeit allein schwerer daran getragen, wär sie noch hundertmal wunderlicher, ich vermöcht es ihr nicht für übel zu nehmen!"

„Schön Dank! Gute Nacht!" sagte eine schneidige Stimme, und die Tante ging langsam an den Überraschten vorüber, der Weg nach ihrem Schlafgemache führte eben durch dieses Zimmer, daran hatten sie nicht gedacht.

„O weh", sagte Ida.

Die Kette hatte sich gelöst. Sie drückten sich stumm die Hände und schieden.

Eines der Fräulein hatte man als Schlafgenossin der Tante zugesellt, damit jemand zur Hand sei, wenn sie etwas bedürfe; die alte Dame aber hatte eine sehr unruhige Nacht, sie wurde ab und zu munter, verlangte bald nach diesem, bald nach jenem, jetzt nach einem Glase Wasser, dann, daß die Fenster geöffnet, wieder, daß sie geschlossen würden; die Nichte klagte den Morgen darauf über heftiges Kopfweh.

Auch bei Gustav fand sich der Schlaf erst später als sonst ein. Brigitte aber suchte in ruhiger Stimmung ihr Lager auf, was sie gesagt hatte, es war nicht bös gemeint, sie konnte es der alten Frau in das Gesicht wiederholen und der Entscheidung derselben, sie mochte welcher Art immer sein, sah sie ja als einem Fingerzeige des Schicksals entgegen.

Den darauf folgenden Morgen schien die Tante sehr zurückhaltend gegen das Mädchen, Gustav wartete die Gelegenheit ab, bis er mit ihr allein sein kounte, dann faßte er ihre welke Hand und küßte sie. „Wir waren bisher immer, so lange ich mich entsinnen mag, in bestem Einvernehmen, soll sich das nun gerade da, wo mir am wehesten geschähe, ändern, Tante?“

„Ja, mein guter Junge, wir waren immer im besten Einvernehmen und ich denke, wir wollen es auch bleiben. Weißt du, es setzt oft so kleine Verdrießlichkeiten unter uns Weibern, und daß ich mich als solches gebe, darf dich nicht wundern, du hast ja gehört, daß ich es mir sogar habe Mühe kosten lassen, eines zu bleiben! Keine von uns läßt sich gerne von einer andern bemitleiden. Doch brauchst du dich nicht daran zu kehren, heirate das Mädchen, sie hat ein gutes Herz und Verstand gerade so viel, als man haben darf, um euch zu gefallen oder Gefallen an euch zu finden.“

„Und wollen Sie ihr nicht selbst ein paar gütige Worte sagen?“

„Jetzt nicht, ich bin nicht in der Laune dazu, aber dann, wenn ich wegfahre, magst du sie an den Wagen bringen. Noch eins, sobald das Mädchen für deine Braut gilt, dürfte es doch zweckmäßig und passend sein, sie aus dem Hause zu geben, das bisher ihr Dienstort gewesen. Schicke sie samt dem Kinde für einige Zeit zu mir aufs Land."

Die Dazwischenkunft seiner Schwestern ließ Gustav nicht zum Danke kommen und machte jede weitere Besprechung unmöglich.

Da keine Frage nach ihr war, so hatte Brigitte mit dem Kinde das Gärtchen aufgesucht. Nun mußte sie fast glauben, daß die alte Dame ihre gestrige Äußerung doch übel nähme, dann aber war derselben dabei hart geschehen, und das tat ihr recht leid.

Gegen Mittag kam Gustav an das Staket. „Brigitt, die Tante fährt fort."

„Schon?"

„Kommen Sie!"

Sie folgte mit dem Kinde, und sie gingen bis zum Wagen; als sich alle von der Tante verabschiedet hatten, winkte diese auch sie heran und sagte zu ihr: „Du bist ein gutes Kind, und Gustav ist ein braver Junge. Von dem wenigen, das man auf dieser Welt Gutes hat, mag doch das Beste sein, wenn sich zwei zusammenfinden, die zusammenpassen, ich möchte es darum für eine Sünde halten, zwei solche Leute zu trennen. Das Weitere macht nun unter euch ab, meinen Segen dazu habt ihr!" Sie nickte noch einmal allen freundlich zu, und der Wagen rasselte davon; Gustav aber faßte

Brigitte an der Hand und führte sie nach dem Garten zurück.

Das Kind tummelte sich auf dem Rasen, sie sahen stumm ihm eine Weile zu, dann wandten sie sich und gingen ein paar Schritte neben einander; die Ranken des wilden Weines erzitterten leicht, als beide in seiner Nähe stehen blieben.

Er faßte sie an beiden Händen und hielt sie von sich, um ihr in das Gesicht zu sehen. „Die Frau Tante wär also nicht dagegen, nun antworten Sie mir auf die Frage: Wollen Sie mein Weib werden?"

Das Mädchen senkte den Kopf, die glutroten Wangen zu verbergen, und sagte leise, aber fest und ernst, als spräche es ein Gelöbnis: „Ich will!" In seinen Händen empfand er den Druck der ihren, als reichte sie ihm erst jetzt dieselben.

Da zog er sie an sich, küßte ihre Stirne, ihr Scheitel neigte sich gegen seine Schulter und sie lehnte daran.

Was doch Gustchen für ein rücksichtsvolles Kind war! Es merkte von nichts, wovon es nicht sollte, es hatte sich längelang in das Gras gestreckt und spielte im Halbschlummer an den Halmen und Rispen.

Brigitte aber warf den Kopf ein wenig zurück und blickte zu Gustav auf, und er sah wieder in jenes tiefbraune, unbefangene Ange, das es ihm angetan. Sie lächelte: „Eines hätt ich zu erbitten."

„Was, mein Herz? Sag es!"

„Wie mir das lieb ist, daß mir auf die Art gleich die Gewähr wird! Gelt, jetzt darf ich auch du sagen? Das wollt ich nur dürfen. Ich tät mich so viel hart reden und brächt es nicht so heraus, wie es mir auf dem Herzen liegt, wenn ich ‚Sie' sagen sollt, es ist das so eigen, als ob man es mit mehreren zu tun hätt, wo man doch nur einen meint und meinen kann."

„Gewiß, darum nenne ihn du und sag ihm alles, was du ihm zu sagen hast."

„Es gibt welche, die meinen, ein Mädchen könnt nicht die rechte Lieb haben, wenn es nicht gleich mit dem Ja bei der Hand ist und sich 's zuvor auch recht überlegen will; von dir verseh ich mir so ein Denken nicht, dir ist die Sache gleich ernst wie mir, und da es nun sein soll und sein darf vor Gott und allen lieben Menschen, die etwas darein zu reden haben, so wollen wir uns so herzaufrichtig gut sein, wie nur je zwei Leute auf der Welt!" —

Gustav faßte ihr Köpfchen mit beiden Händen, sie aber beugte sehr geschickt aus.

„Ich bin noch nicht fertig, ich muß erst vorbringen, warum ich nicht gleich ja gesagt hab, damit du nicht falsch darüber denkst, daß ich mich neulich so sonderlich benommen hab, und danu ist es ja auch in der Ordnung, daß du um alle meine Gedanken weißt. Es ist so allgemein Weiberart, ob wir einem gut sind oder nicht, die Lieb selber nimmt ihm keine für übel, und wie du zu reden angehoben hast, da bin ich völlig stolz gewest, aber bald hab ich gedacht, was du gegen mich für ein Herr wärst, und wie ich mit ganz leeren Händen käm und nur nehmen sollt und gar nichts bringen könnt, und da bin ich stutzig geworden. Wenn dem Menschen auf einmal ein Glück über alle Erwartung und ohne alles Zutun zufliegen will, da hat er wohl recht, nachdenklich zu werden und sich zu besinnen, ob es ihm wohl auch zugedacht sei und zu seinem Wohl ausgehen möcht! Gerad so ist es mir ergangen, und ich hab in mir gesagt: Dasselbe ist dir unmöglich vermeint! — Du hast so rechtschaffen geredet, das Herz hat in mir vor Freud gezittert, aber je aufrichtiger du es gemeint hast, je mehr ist mir himmelangst geworden; da hat sich ja alles gleich für den ersten Anfang zusammengefunden, was kann da noch für später bleiben? Völlig leicht ist mir geschehen, wie die Red auf die Tant gekommen ist. Siehst, hab ich gedacht, von der Seite hat der Zaun ein Loch. Ich war froh, einen Grund zu haben, jeder Antwort auszuweichen und mich auf sie berufen zu können, sie wird 's nicht zugeben, und es sollte ja ohnehin nicht sein! Sollt's aber doch sein, bis dahin wollt ich's verschieben, daß ich mich selber prüf, ob ich auch wahr bleib, ob ich ja sag um deinetwillen, wie sich's gehört, oder etwa wegen mir, was eine verlogene Eh gäbe."

„Es soll die aufrichtigste geben — und nicht wahr, auf lange wollen wir unser Glück nicht aufschieben? Ich darf nächster Tage nach Sebensdorf fahren, um dich anhalten bei Mutter und Vormund?"

Da wich mit einem Male alles Blut aus dem Gesichte des Mädchens und den Augenblick darauf wurde es wieder bis unter die Haarwurzeln brennend rot. „Jesus Maria", schrie sie auf, „wie hab ich mich so im Taumel vergessen können?! Das dürft Ihr nicht tun, um Gottes willen, laßt das sein, gnädiger Herr! Gebt mich auf!"

„Brigitte!"

„Gebt mich auf! — O du mein Herr und Gott, wie schlecht wär Euch gelohnt für all Eure Lieb, Gutheit und ehrlich Absehen, wenn man hinter Euch Gesichter ziehen möcht. Das darf nit sein! Mich dürft Ihr nicht nehmen, ich bin's nit wert. Laßt mich!"

Er hielt sie mit starkem Arm zurück. „Nicht ehe, bis ich weiß, was ich davon denken soll."

Sie wich scheu seinen Blicken aus. „Ihr werdet daheim nichts Gutes von mir hören."

„Ich werde nichts Schlechtes von dir glauben."

Sie machte sich frei und drängte ihn sanft von sich. „Das hilft nichts, Ihr könnt Euch nit so verschimpfieren, daß Ihr auf Euch nehmt, was auf mir liegt und ich allein zu tragen hab."

„Mädchen, was soll das heißen?"

Sie sah zu Boden und stammelte: „Ein schlecht Sittenzeugnis krieg ich, das ich nirgend vorweisen kann."

„Weiter, sprich weiter, — wenn du kein erbärmlich Spiel mit mir gespielt hast, so sprich weiter; ich habe ein Recht, alles zu wissen!"

Sie faltete die Hände. „Es ist nicht mein allein."

„Also ein anderer?"

Sie schwieg, ein Schauer schüttelte sie, dann sagte sie tonlos, die Rechte vor die Stirn drückend: „Ich hab mir eine Unbesonnenheit zu schulden kommen lassen, wußt nicht und konnt es nicht denken, wie teuer die mich zu stehn kommen kann."

„Ich will sie kennen. Die Wahrheit" — drängte er.

„Die Wahrheit kann daran nichts ändern, es ist besser, ich geh Euch aus den Augen, und Ihr denkt nicht mehr an mich."

„Nun, dann werd ich mir an Ort und Stelle Auskunft verschaffen", sagte er rauh.

Sie sah bittend zu ihm auf. „Tut's nicht!"

„Bis dahin aber werden Sie hier bleiben."

„Nicht um die Welt!"

„Sie werden!"

Die kleine Auguste, die ganz unbeachtet geblieben war und schon lange aufsaß, fing jetzt, als sie die beiden streiten sah, bitterlich zu weinen an.

„Mein Gott, wir verschüchtern das Kind", rief Brigitte und lief hinzu, dasselbe zu beschwichtigen.

Gustav schüttelte den Kopf. Konnte sich hinter diesem stets bedachten und bedachtsamen Gehaben — wo kein Funke auf verborgenes Fener, keine üppige Schlaffheit auf blindes Gewähren schließen ließ — jener gleichmütige, furchtbare Leichtsinn bergen, der so weh tun kann, weil er es nicht denkt, wie weh?! Es ist nicht möglich — und doch, sie sagte es ja selbst.

Zu dem Mädchen, das neben dem Kinde kniete, herantretend, sagte er: „Brigitte, Sie werden morgen mit Guste zur Tante auf das Land gehen und dort bleiben, bis Sie von mir hören."

Sie schüttelte heftig den Kopf.

„Wenn ich Ihuen je etwas wert war", er sprach es, wehmütig lächelnd, mit weicher Stimme.

Sie faltete die Hände vor der Brust und sah zu ihm auf. —

„Ihre Hand darauf."

Sie seufzte tief auf, danu reichte sie ihm die Rechte, die kalt und feucht in der seinen zitterte; er schrak zusammen, als er heiß ihre Lippen an sie rühren fühlte, und stürzte zum Garten hinaus.

Neuntes Kapitel

Christl in der Stadt und Gustav auf dem Lande. Der erste kehrt nach einem Gespräche zwischen Tür und Angel unverrichteter Sache heim. Der andere erwacht in der Amtsstube des Bürgermeisters zu Sebensdorf aus dem Traume der Liebe.

Als mit dem nächsten Frührot der erste Train in einen der Bahnhöfe der Großstadt einfuhr, die Reisenden aus der Halle drängten, die breite Treppe hinabstiegen und sich nach allen Richtungen verliefen, blieb ein Bauernbursche, verblüfft durch den Anblick des Häusergewirres, erst eine Weile an der Stelle stehen, dann entschloß er sich, langsam durch die Straßen zu schlendern; es schien ihm doch noch zu zeitlich, um jemand aufsuchen zu können, und er zeigte just keine Eile.

Es war Christl. Woche um Woche hatte er verfließen lassen, um sich so weit zu erholen, daß er ohne Hilfe des Stockes gehen kounte, wieder etwas Farbe gewann und so einigermaßen dem schmucken Burschen gleich sah, als welchen er sich vordem von den meisten Dirnen des Ortes gerne gesehen wußte;

denn früher mochte er Brigitten nicht unter die Augen gehen. Sobald er aber dazu entschlossen war, ging er zum Bürgermeister und forderte den Brief, „in welchem stehen müsse, daß die Brigitt sein Weib werden muß, denn die Dirne bilde er sich einmal ein, vielleicht just eben darum, weil er sie zu sich zwingen müsse". Der Bürgermeister schüttelte auch diesmal den Kopf, nicht anders, als wie bei der früheren Begegnung, aber er händigte ihm schließlich ein Schreiben an Brigitte ein.

Christl holte jetzt den Brief aus der Brusttasche seiner Joppe hervor und las die Adresse. „Bedienstet bei Herrn Fischer." Er lächelte überlegen. „Stünd nit genau dazu geschrieben, wo der hanst, das wär einer, den man — in dem Gewirr und unter dem Geschwurbel da — schwer erfragen möchte. Fragte ich nach einem Herrn Fischer, die Lente glaubten, ich wollte sie zum Narren haben oder wär selbst der Gefoppte. Es ist doch sonderlich mit den Leuten, hat einer ein auffälligen Namen, so sagen sie: Ho, wie der heißt! Hat er einen wie tausend andere, so meinen sie: der könnt auch anders heißen!"

Die Vorstadt, welche ihm die Adresse bezeichnete, war ziemlich entlegen, und da er sich auf dem Wege dahin nicht beeilt hatte, so kam er zu einer Zeit an seinem Ziele an, um welche er auch die verschlafensten Stadtleute schon aus den Federn glauben konnte. Er hatte bald die betreffende Wohnung aufgefunden; einen Augenblick stand er unentschlossen, sah nach den glatten Steinfliesen hinunter und an der hohen Flügeltüre hinauf, plötzlich öffnete sich diese, und ein Mädchen trat heraus, das ein Glas in der Hand hielt und offenbar die Absicht hatte, an ihm vorüber nach der Wasserleitung zu gehen.

Er erkannte Brigitte, aber er mußte sie erst ein zweites Mal daraufhin ansehen, ob sie es auch wirklich sei. Sie hatte die bäuerische Tracht ganz abgelegt und trug ein einfaches Waschkleid, an dem kein Fleckchen und kein Fältchen zu entdecken war; die Dirne sah so sorgsam rein und nett, volkstümlich gesprochen, „wie aus dem Schachterl genommen" aus, daß der Bursche ganz vergnügte Augen machte, zugleich fühlte er sich aber auch fremd ihr gegenüber, die in so kurzer Zeit ein förmliches Stadtkind geworden war, fast blöde sagte er: „Grüß dich Gott, Brigitt", und bot ihr ungeschickt die Hand.

Sie trat einen halben Schritt zurück und sagte, unwillig errötend: „Du? Ja, was willst denn du da?"

„Nit anders wie der Bürgermeister", lachte Christl im stillen. „Aufgsucht hab ich dich halt. Ich hätt mit dir z' reden."

„Ich hab keine Zeit zum plaudern."

„Geplaudert soll's auch nit sein. Mir liegt daran."

„Mir nicht, mag es sein, was es will."

„Brigitt", — der Bursche stimmte sein Sprechen zu einem vertraulichen Flüstern herab — „denk dran, daß du, noch halbwüchsig, mir schon gfallen hast —"

„Du warst mir damal schon zwider."

„Wie oft hab ich dir seither die Lieb antragn, hättst du drauf ghört, hätt's nit ein oder die andere entgelten müssen."

„Sondern ich, solang dir taugt hätt."

„Nun schickt sich's aber, du bist im Gred, dummerweis —"

Sie senkte betrübt den Kopf.

„Und es braucht dich nach allem nit wunder z'nehmen, wenn ich alles gut machen will."

Sie lachte kurz auf. „Gut machen — du? Na, da möcht ich doch wissen, was wohl und wie denn?"

„Heiraten will ich dich!"

Jetzt schritt Brigitte an ihm vorüber, drehte den Hahn an der Wasserleitung auf und füllte das Glas. Dann ging sie nach der Türe zurück, faßte die Klinke und sagte: „Dank schön! Da lassen wir es doch lieber schlecht, wie es ist!"

Christl hielt sie rasch zurück, und als er durch den leichten Stoff hindurch ihren drallen Arm unter seinen Fingern fühlte, verzog er breit den Mund und fand plötzlich jene Keckheit wieder, die ihm sonst im Verkehr mit Frauenzimmern nicht versagte. „Halt ein wenig, jagt dich eine Red, macht dich ein andere vielleicht wieder stehn. Sei gscheit, Haserl, gib nach. Ob so oder so, mein mußt ghörn, darauf hab ich mein Kopf gsetzt, und wo 's jetzt gar auf ehrliche Weis sein soll, da hilft kein Sperren, ich und dein Vormund sind eins, er schafft dir's an." Er fuhr ihr mit dem Briefe des Bürgermeisters buchstäblich unter die Augen.

Sie ergriff denselben hastig, das Glas stellte sie auf das Brett eines Gangfensters und lehnte, während sie las, halb sitzend in dem Fensterstocke.

So aufmerksam Christl auch das Mädchen beobachtete, um den Eindruck wahrzunehmen, den das Schreiben auf dasselbe machte, einige Male irrten seine Blicke doch ab und musterten angelegentlich die feinen Knöchel der Füßchen, deren eines sich gegen den Boden stemmte, während das andere in der Luft baumelte; aber bald wandte er kein Auge von dem Gesichte Brigittens ab, es wurde ihm mehr und mehr bedenklich, wie ruhig und unbewegt das blieb.

Jetzt hatte das Mädchen den Brief gelesen, erhob sich, zerknitterte das Blatt, warf es in die Fensterecke und sagte: „Es bleibt, wie ich gesagt hab. Dem Herrn Vormund laß ich für seinen wohlgmeinten Rat danken, aber ich mein, wenn ich denselben befolgen tät, dann erst wär mir nimmer zu helfen.“

Sie trat in die Türe.

Christl starrte die Dirne an, er wollte sie um die Hüfte fassen und aus der Türe zerren, als sie ihn aber zurückstieß, keuchte er: „Alls sag ich!“

„Dann zeigst du dich als der Halunk, für den ich dich immer gehalten hab.“

Die Türe schloß sich, und innen sprang Schloß und Riegel vor.

Der Bursche stürzte nach dem Fenster, griff dort das Schreiben auf, dann stieg er langsam die Treppen hinab, in immer kleineren Absätzen Halt machend und nach Luft ringend, die Brust wollte es ihm zusammenschnüren, während das Herz in wilden Schlägen zuckte und die Schläfen klopften.

Er hatte es nicht acht, welche Gassen und Straßen er durchirrte, ob er durch ein Gewirr von Leuten drängte oder einzelne anstieß; als sich der Krampf löste und er wieder vollkommen zu sich kam, befand er sich auf einem stillen, einsamen Platze, jetzt suchte er den Brief des Sebensdorfer Bürgermeisters hervor und begann ihn zu lesen.

— — — — — — — — — — — — — — —

„Der Christian Sommervogel hat bei mir um dich angehalten und verlangt, daß ich dich bemüssen soll, sein Weib zu werden. Er hat dabei ganz verwirrte Reden geführt, die ich nicht versteh, denn nach geschehenen Dingen kann ich mir nicht denken, daß du ihn zurückweist, sondern wohl mit beiden Händen zugreifen werdest. Auch wenn du dir von einem Hausstand mit dem Weiberlumpen kein rechtes Glück erwartest, dürft dir denklich doch nicht anders zu helfen sein, und gebe ich dir den wohlmeinenden Rat, dich trotzdem darein zu schicken und Gott und der Welt zulieb dieses Kreuz auf dich zu nehmen. Im übrigen geschieht es mir weder zu Gefallen noch zu Trutz, ob du nun ja oder nein sagst.“

— — — — — — — — — — — — — — —

Mit einem schweren Fluch schob der Bursche das Papier in die Tasche. Er streckte die Rechte drohend nach der Richtung aus, in der er Sebensdorf liegen glaubte, damit mochte er es vielleicht beträchtlich verfehlt haben, aber die Drohung war ernst gemeint und galt für dort.

Er wollte sofort heimkehren und eilte nach dem Bahnhofe. Der Zug aber, der nach der bewußten Kreisstadt verkehrte, in dereu Nähe Sebensdorf lag, ging erst in den Abendstunden ab. Christl entschloß sich, an Ort und Stelle zu warten, er setzte sich auf eine Bank in der Halle; von Zeit zu Zeit, vor Abfahrt eines Lokalzuges, zerstreute ihn das Getreibe der zudrängenden Leute, wenn sich das wieder verlor und Stille um ihn eintrat, brütete er vor sich hin, begann halblaut zu sprechen, bis er, durch seine lebhafter werdenden Gebärden erschreckt, verstummte.

— — — — — — — — — — — — — — — —

Am nämlichen Abende kam Gustav, der von Wien abgereist war, in der Kreisstadt an und fuhr mit nächstem Frührot auf der Straße nach Sebensdorf dahin; vorbei an etlichen Villen, die am Fahrwege lagen, dann an dem neuen Friedhof, draußen auf weiter Halde, wo die Vergoldungen der Krenze im warmen Sonnenschein brannten und Werkleute eben beschäftigt waren, einen Grabstein aufzustellen, dem Angedenken Reinhold Bruckers gewidmet und offenbar in der Absicht gesetzt, zu erproben, ob der alte Stadtaktuarius wirklich tot sei; denn eine pomphafte lateinische Inschrift, beginnend mit: „Hic jacet in tumulo“, hätte ihn gewiß veranlaßt, bei dem geringsten Fonds noch vorhandener Lebenskraft aus seinem Schachte hervorzubrechen und zu sagen: „Zu deutsch: Hier liegt im Grabe ....“

Von da ab mündete der Fahrweg in jene Straße ein, auf welcher damals Brigitte mit dem Kollinger Michel gefahren.

In Sebensdorf ließ sich Gustav das Haus des Bürgermeisters und dort die Amtsstube weisen, er trat in selbe ein und stellte sich vor. Der Alte verkehrte nicht gerne mit Stadtleuten, weil die meisten, unwissend all der Beschwer sowohl als auch der Befugnisse des Amtes, einen Dorfbürgermeister gering achten und ihm nicht den gehörigen Respekt bezeigen. Er fragte also gerade nicht zuvorkommend nach dem Begehr des Besuches.

„Sie sind der Vormund der Brigitte Leipold, Herr Bürgermeister?" begann Gustav.

„Bin ich — ist richtig."

„Ich habe dieses Mädchens wegen mit Ihnen zu sprechen."

„So, so, kommt schon aus der Stadt was Neus?"

„Ich komme, Ihre Meinung einzuholen über die Verheiratung dieses Ihres Mündels."

Der Bürgermeister starrte den jungen Mann an. „Ich versteh wohl deutsch, doch mit Vergunst, daß ich frag, wer will s' denn heiraten?"

„Ich selbst."

„Oh, ah! Nix für ungut, daß ich ein wenig schmunzeln muß, aber es kommt mir so unversehen. Teuxelsdirn, kaum ein halb Jahr in der Stadt und fängt schon so ein Goldfisch, wie Ihr mir einer zu sein scheint. No ja, ja, sie kann's halt, sie versteht's eben. Wollt Ihr Euch nit setzen, Herr? So, so. Werden uns halt darüber aussprechen müssen. Hm, ja. Daß wir aber nit irr gehen, Ihr meint doch die Brigitte Leipold, eheleibliche Tochter der hier seßhaften Schulmeisterswitwe und Kleinhäuslerin Katharina Leipold?"

„Dieselbe."

„Dieselbe. Na ja, ist recht. Hab mir's eh denkt, daß Ihr die meinen müßt, denn hierorts gibt's keine andere, und herum in der Gegend wüßt ich mir auch keine, die mit ihr zu verwechseln wär, aber doch lieber zweimal fragen als einmal irr gehen. Halt ja, halt ja!" Der Alte verstummte und sah verlegen zu Boden, als er die Augen wieder hob, streifte sein Gegenüber ein boshafter Blick. „No, schaut einmal, Ihr werdet wohl schon Euer Sacherl beisamm haben und ein reichlich Auskommen dazu, die Dirn hat aber nix, müßt mer nur die ärmliche Keusche und die paar anghörigen Ackerln, die ihr nach dem Tod der Mutter znfallen, für was rechnen, aber wo der ander Teil vollauf hat, zählt das gar nit."

„Ich weiß, daß sie arm ist."

„No ja, ja, arm sein ist just kein Schand und das Geringste, was man ein'm nachsagen kann; ich bring's auch nur vor, weil es zu bereden meine Pflicht ist. Arm ist sie einmal, wenn sie aber sonst zu Euch passet, hätt's weiter kein Haken; doch sie ist ein einfache Landdirn, und Ihr seid ein nobler Stadtherr —"

„Auch ein einfacher."

„Gut, weil Ihr's selber sagt, so muß ich's wohl glauben, aber was für einfach in der Stadt gilt, das zählt schon doppelt gegen da heraußen auf'm

Land. Solltet Euch's doch noch ein bissel überlegen. Es gibt ein alt Sprichwort, das hat schon manchem späte Reu bracht, der's nit in acht gnommen hat, denn wo erst d' Vorsicht fehlt, da bleibt nachher auch d' Einsicht weg; gleich und gleich, mein lieber Herr, das taugt!"

„Wenn es weiter kein Bedenken dabei für mich gibt", erwiderte Gustav, „dann brauchen Sie sich auch keines zu machen, Herr Bürgermeister. Das gute, alte Sprichwort ist ja doch nur auf die äußeren Verhältnisse gemünzt, nach denen ich, aufrichtig gesagt, wenig frage, und sonst gerät Ungleichartiges, klug und dumm, gut und schlecht, wohl selten an einander, und wenn, danu geht das über das Sprichwort hinaus, und sie mögen zusehen, wie sie sich ertragen. Aber wenn man von den äußerlichen Verhältnissen absieht, so gibt es wohl nicht zwei ganz gleiche Menschen auf der Welt, und da ist denn die Hauptsache, daß es da und da" — er deutete Kopf und Herz an — „zusammenstimmt, und dieses Übereinkommen im Denken und Fühlen ist, auch abgesehen von der Ehe, wohl die einzig mögliche, annähernde Gleichheit, die auf der Welt zu erzielen sein dürfte."

„Hoho", lachte der Bürgermeister, „schöne Reden verfangen bei armen Leuten nit, wie der Kesselschmied im Nachbarort sagt. Der meint nit so und will anders in der Welt auf gleich kommen, der neidet es den Reicheren, und die Ärmeren tun ihn erbarmen, er mag nit einsehen, warum es die einen besser haben sollen wie er und die andern schlechter;

wär die Welt nach ihm geschaffen, so müßten alle darauf Kessel schmieden, daß dann keiner vom andern kaufen möcht und in einer Welt voll Kupferschmied nur unnötiger Lärm wär, daran hat er nit denkt."

„Erlauben Sie, Herr Bürgermeister, ich denke, wir bleiben lieber bei der Sache, die m i r wenigstens wichtiger ist. Was Sie etwa gegen meine — wie Sie es zu nennen belieben — schönen Reden oder sonst zu sagen haben, das bitte ich Sie, ohne Umschweife vorzubringen."

Der Bürgermeister kraute sich im Haar. „Habts recht, habts schon recht, es war unghörig. Aber so oft mir der Weltsverbesserer einfällt, macht er mir so viel Spaß, daß ich denk, andern möcht er vielleicht auch ein machen. No, nehmt's nit in übel auf — sein Wort: daß schöne Reden bei arme Leut nit verfangen, ist mir wahrhaftig in kein'm schlechten Absehn beigfalln; ich seh Euch da so steif und fest auf Eurem Vornehmen beharren und rechu, es dürft Euch nit leicht auszreden sein, so gibt ein Gedanken 'n anderu, und hab gdacht, möglich, daß schöne Reden bei noble Leut verfangen, darum will ich's jetzt damit versuchen, obwohl ich mich just nit sonderlich darauf versteh."

„Ja, haben Sie denn irgend welchen Grund, mir abzuraten?"

„Ei, mein, was 's Heiraten angeht, gibt's allmal zehn für ein; aber wenn wir uns nur recht verstehen, so fragts gar nimmer weiter nach, und das wär unbeschaut 's gscheideste. Schauts, mein lieber Herr, nit umsonst heißen die Burschen bei uns ein mannbare Dirn ein Schatz, wohl ist so eine wie ein Geschenk von einer Fee, wovon mer den Kindern weis macht; nit nur soll einer wissen, was er daran hat, sondern auch, was damit anzfangen, damit's gedeihlich ausgeht, oft aber lauft ein Fopperei mit unter, es glaubt einer, er tragt sich ein mächtig Klumpen Gold ins Haus, und wenn er'n im sichern hat, ist's ein Haufen Kohlen oder gar . . . was Schlimmers halt."

„Wollen Sie das mit Bezug auf das Mädchen, auf Brigitte, gesagt haben?"

„Wenn Ihr sie kriegtet oder Euch von ihr drankriegen ließet, möcht's schier zutreffen."

„Meinen Sie? Nun, diese Meinung ist wohl nicht erst von heute, und derlei sagt man vor niemand ohne Grund."

„Ganz recht. Wir verstehen uns schon."

„Entschuldigen Sie, Herr Bürgermeister, Sie mögen ja glauben, einen Grund dafür zu haben, ob er aber auch stichhältig ist, daraufhin möchte ich ihn kennen lernen und prüfen."

Der Bürgermeister reckte sich hoch auf. „Möchts? Ah, gehts zu! Ich hab Euch ja gsagt, laßts Euch begnügen, und fragts nit weiter. Was ich vorgebracht hab, dünkt mich grad vollauf gnug und war auch nur vorgebracht, um Euch, dem gscheiten Stadtherrn, ein Lehr und Mahnung z' sein, künftighin nit so nach'm ersten Augenschein zu urteiln; alles andere halt ich für eitel Neugier, und dazu versteh ich mich weder als Bürgermeister, daß ich Euch, ein wildfremden Menschen, über ein Ortskind, wo ihm schädlich sein könnt, weiter Auskunft geb, noch als Vormund, daß ich alte Gschichten aufrühr und wiederkäu, jetzt schon gar, wo die Dirn in der Lag ist, sich rechtschaffener Weis mit einmal aus der Leut Mäuler zu rucken."

„Was heißt das wieder?"

„Das mag ich Euch wohl sagen. Jetzt, zur Zeit, wo Ihr da in Sebensdorf vor mir steht, ist in Wien bei der Dirn ein Bursch in dem nämlichen Absehn wie Ihr, daß er sie zum Weib will."

Gustav fühlte sich unangenehm berührt. „In meiner Abwesenheit? Hinter meinem Rücken?" fragte er heftig.

„Daß Ihr gleichzeit hier seid und er dort, das schickt sich zufällig."

„Ich gebe Ihnen mein Wort, er kehrt unverrichteter Sache zurück."

„Ich glaub nit. Die Dirn wird dem Burschen ja sagen, weil sie ihm schicklicher Weis nimmer nein sagen kann."

Gustav fuhr vom Stuhle empor. „Das ist nicht möglich!" Er strich sich mit der Rechten über die Stirne.

„Meint Ihr damit, daß mer sich was derartigs nit leicht von derer Dirn versehn möcht, so habts wohl recht; ich selber hätt's nit denkt, aber dem muß mer wohl vertraun, was mer mit eigenen Augen sieht."

„Wenn ich Sie nicht für einen elenden Lügner und Verleumder halten soll .... ! Oh, verzeihen

Sie, hören Sie nicht auf mich! Haben Sie Mitleid und sagen Sie mir aus Erbarmen die ganze, die volle Wahrheit; gibt es etwas, das mir helfen kann, so ist es das!"

„Oh, oh, Herr, Herr, wie muß Euch's die schlechte Dirn angetan haben?! Es ist mir leid, daß Euch derwegen so hart gschieht, — versteh's wohl, versteh's! Als Burgermeister ist freilich mein Pflicht, daß ich mich auch ums letzte im Ort annehm, aber so weit darf's nit gehn, daß dabei ich, der erste, wenn auch ungerechter Weis, in Eurer Meinung als Lügner und Verleumder bestehn bleib; das darf nit sein! Und da Ihr selbst vermeint, es gschäh Euch leichter, wenn Ihr um die ganze Gschicht wüßt, na so will ich s' Euch halt erzählen."

„Ich bitte darum."

„Gut ein halb Jahr ist's vorbei, da hab ich für mein Dirn, die Julie, aus der Stadt so ein Maschin verschrieben, wo mer, dem Hörensagen nach, nur unten z' treten braucht und oben heft sich von selber aufs säuberste 's Wäschzeug zsamm. No, wie das Ding im Haus war, haben wir freilich gleich gmerkt, 's Treten alleinig richt nix; damal war die Brigitt noch die beste Kameradin zu meiner Julie und ist oft ins Haus kommen, und wie die sich die Gschicht in Augnschein nimmt, gleich hat sie's wegghabt, wie mer da angehn muß, — ah, klug, klug ist s' schon, auch wegn 'm andern wär mir nie ein Gedanken kommen, bei der Furcht, die s' vor mir ghabt hat, — fürchten tun s' mich alle da im Ort — schad — schad! Kurz, daß ich sag — ich sag zur Schulmeistersdirn: Schau, da bleib du ein Wochen über im Haus, schaff dein Leinzeug und Gradelwerk her und hantier, so profitierts alle zwei, d' Julie lernt 'n Gebrauch, und du wirst dabei deiner Arbeit ledig! No, das warn s' allzwei zfrieden, tagsüber ist fleißig gnäht wordn, und weil wir da in unserm Nest gar so weitschichtig aus einander wohnen, daß, wann eins ans andere End muß, es ehrlich gleich ein halbe Tagreis hin hat, so habn wir die Brigitt auch nachtüber bei uns bhalten; paar Stuben mit Gastbetten stehn allweil in mein Haus bereit, alle gehöriger Weis mit d' Fenster nach 'm Hof zu, während wir gegen d' Straßen h'naus schlafen, denklich, wann ein Lärm ausbricht, daß er doch 'n Gast nit beschwert; in ebn so einer Stubn, die neben meiner Julie ihrer Kammer für Weibsleut grechtelt ist, habn wir die Schulmeistersdirn unterbracht und ihr damit eigentlich ein ganz unverdiente Ehr erwiesen, wie unverdient die aber war, das habu wir uns damals keins träumen lassen. —

Drei oder vier Nächt mocht s' bei uns gschlafen haben, da ereignet sich's, daß ich mich einmal länger im Wirtshaus verhalt; 's war auch ein Anlaß dazu, der Hüblinger, der letfeigige Kerl, der sich die Jahr her vor dem Gedanken ans Heiraten gschreckt hat, hat sich mit einmal dreingschickt. No, er konnt kein anderm kommen wie mir, und mir hätt auch kein anderer um mein Dirn kommen dürfen — wir sind die Größten, nit nur da im Ort, auch rundum —, so sind wir leicht eins worden; gfreut hat mich nur, daß das so rechtzeit kommt, denn ein'm Wittiber, wie ich dasteh als alter, alleiniger Mann, kannn 's Dirnhüten schon Kopfweh machen, und es war ein kleiner Treffer, daß ich sie so bei Zeit los werd. In mein guten Aufglegtsein denk ich mir, wann d' jetzt heimkommst, schreist es der Julie noch zu, daß sie Mooshofbäuerin wird; er is Mooshofbauer, der Hüblinger. Wie ich hertroffen hab, stell ich mich also unt an d' Stiegn und schrei hinauf; man hört mich wohl, wann ich schrei, ob'en aber ist alles mäuserlstill blieben; ich wart ein Weil, dann plärr ich wieder, diesmal lauter, und polter ein paar Stufen hinauf; da geht mit einmal oben ein Wirrwarr an, ich hör paar Schrei, Türen aufmachen und wieder ins Schloß drücken, und übern Gang huscht's so eilig und trittlos, als wär ein Rudel Mäus aufgscheucht. Noch bin ich dagstanden und hab abgwart, ob ich entnehmen kann, was da los ist, oder ob sich keins meldt; wie's aber wieder hat so still werdn wolln wie ehnder, da hab ich mir denkt: Oho, so kommt ihr mir nit, da ist was nit recht richtig, und da muß ich wohl selber dazuschaun! So bin ich denn völlig die Stiegen h'nauf und ohne Umständ gleich in d' nächste Kammer h'nein — es war der Brigitt ihre — und find dort mein Knecht, 'n Christl! Die Dirn ist trutz und keck inmitten gstanden, der Lump aber, käsweis und zittrig, hat sich in ein Eck duckt. Daß sich der Bursch untersteht, mein Mündel in mein eignen Haus zu verunehren, hat mich ganz wütig gmacht; hergfalln bin ich über ihn, ihm hab ich's mit der Faust gebu, und sie hab ich mit 'm Maul nit gschont. Mein Julie ist freilich gleich zugstürzt, mich abzhalten, aber bis ich nachlassen hab, war der kleberne Ding schon so zugricht, daß 's mir zeither viel Unglegenheit und Reu verursacht hat. — No, das ist's, was ich weiß, und Ihr, mein lieber Herr, werdet jetzt auch wissen, wie's mit derer Dirn bestellt ist, und eins wie's andere begreiflich finden; werdet verstehn, daß ich, an meiner Stell, in selber Sach nit gern mit der Farb h'rausruck, daß ich aber anderseits derwegen kein Lügner und Verleumder auf mir sitzen lassen kann. Sag ich Euch noch, daß der nämliche Bursch derselbe ist, der in Wien jetzt um sie anhalt, so dürft mer sich wohl ausgredt habn."

Gustav trocknete sich den Schweiß von der Stirne, erhob sich und sagte mit müder Stimme: „Ich danke Ihnen, Herr Bürgermeister."

„Kein Ursach, wahrhaftig, da wohl keine. Gschieht mer leid, aber die Wahrheit muß mer sagen, so meint Ihr ja selbst."

„Gewiß. Ich danke Ihuen nochmals. Guten Tag!"

„Bhüt Gott!" Der Bürgermeister war oben unter die Türe getreten und sah dem jungen Manne nach, der die Stiege hinabschwankte. „Nur vorgesehen", rief er ihm zu, „und nit nur jetzt, der Trepp wegen, auch für ein andermal." Dann murmelte er vor sich hin: „'s hat ihn, ganz ordentlich hat's ihn. Ist ihm ganz vergangen, das übernehmende Wesen, dem Stadtherrn." Er trat mit dem Gefühle einiger Genugtuung in seine Stube zurück.

In freier Luft ermannte sich Gustav ein wenig. Sollt er noch die Mutter Brigittens aufsuchen? Diese Frage, die er sich selbst vorlegte, beantwortete er durch ein verächtliches Lächeln. Er ging seinen Wagen aufsuchen und fuhr so langsam, als es den eben abgefütterten Pferden und dem schläfrigen Kutscher genehm war, die Straße nach der Kreisstadt zurück.

Zehntes Kapitel

Heiter zu lesen; zeigt einen Menschen, der sich über sein sehr persönliches Mißgeschick in der Liebe bis zur Weltverlästerung erhitzt, ein Zustand, der auf teilnehmende Mitgeschöpfe stets mehr oder minder belustigend wirkt. Gustav sucht Trost in dem Glauben an den Bestand fremden Glückes und entschließt sich, ein solches zu beaugenscheinigen. Heimkehr.

Gustav langte fast zu gleicher Zeit mit dem Zuge, den er benützen wollte, auf dem Bahnhofe an, er stieg in das letzte Coupé eines Waggons. Eine kleine, schmächtige, nicht mehr ganz junge Dame saß darin, möglich, daß nur ihr bleiches, angegriffenes Aussehen sie älter erscheinen ließ.

Sie sah mit großen, müden Augen dem Ankömmling forschend entgegen, machte danu eine energische Geste nach dessen Gesichte, als wünschte sie dort etwas wegzuwischen. „Für Nichtraucher", sagte sie.

Gustav warf den Zigarrenstummel hinter sich. „Ich werde nicht rauchen." Sank auf den gepolsterten Sitz hin und schlug die Türe zu.

„Wer das von dem Mädchen gedacht hätte? Wer das gedacht hätte?" Diesen Gedanken ward er nicht los, er drückte ihn im Gehirne, er fühlte ihn. Er seufzte oftmal laut auf und schickte jedem Seufzer ein kurzes, keuchendes Lachen nach.

Die Dame schrak jedesmal zusammen.

„Aber, mein Gott —" sagte sie halblaut.

„Ich bitte", sagte der junge Mann, als seine Reisegefährtin die Augen hilfesuchend umherirren ließ. „Ich bitte, hier klebt der Auszug aus der Eisenbahnverordnung, aber irgend welchen Gemütsbewegungen Ausdruck zu geben, ist darin durchaus nicht verboten." Er stieß sofort wieder einen Seufzer aus und schickte das Lachen hinterher.

„Das ist ja ganz entsetzlich", sagte die Dame.

Drei Stationen weit hielt sie es aus, dann rief sie nach dem Kondukteur, bat ihn, ihr Gepäck zu übertragen, sie müsse umsteigen, hier könne sie unmöglich länger bleiben. Auf dem Trittbrette stehend, warf sie noch einen unfreundlichen Blick nach dem Zurückbleibenden.

Gustav war es ganz recht, allein zu sein. Der Zug rädelte weiter, in den prangendsten Tag hinein und durch die herrlichste Gegend; der junge Mann achtete nicht darauf. Aus dem Fenster des ersten Coupés im nächsten Waggon lehnte sich ein junger Tourist, er betrachtete entzückt die wechselnden Bilder, die sich seinen Augen boten.

Gustav seufzte fortan so laut auf, als ihm dienlich schien, da er sich nunmehr nicht den geringsten Zwang aufzuerlegen brauchte.

„Wer das gedacht hätte! Solch ein Mädchen! das sich so herzaufrichtig, so ehrenhaft, so pflichtgetreu anzustellen wußte — und doch — doch — pfui!

Könnte man dabei noch vor den Augen der Welt und dem eigenen Selbst in der tragischen Verklärung einer unglücklichen Leidenschaft bestehen — wie der edle Hirsch, den Pfeil in der Brust, weidwund in das Waldesdickicht brechen; aber wie ein dummer Fisch auf den Köder beißen, sich abzappeln und mit zerfetzten Kiefern und Kiemen sich losringen! Das ist einfach lächerlich — unwürdig — pfui!"

(Der Gute dachte nicht daran, wie unschuldig doch der Köder bei dem ganzen Vorgange war, und daß eben — der Fisch anbiß.)

„Zurückstehen müssen gegen einen breitbeinigen, schwielhändigen, glotzäugigen Bauernlümmel! — Ihm nachfolgen — anbeten — wo er .... O pfui — pfu — ih!"

Der Tourist nebenan stieß einen leisen Fluch aus.

„Keinem Weibe zu trauen ist das klügste. Zu den Müttern blicken wir auf und finden sie groß — überragend — ja, weil wir die längste Zeit klein neben ihnen herlaufen, und um der Mütter willen ehrfürchteln wir dann um das ganze Geschlecht herum. Sie finden sich gleich darein und werfen sich in die unnahbare Pose — pah — Komödiantinnen — alle! Was keiner von uns blöden Jungen traf — weil es uns nicht im Herzen lag, weil unser Empfinden nicht dabei war —, Liebhaberrollen auf Haustheatern zu spielen, die Mädchen hatten das gleich weg, sie steckten sich in Beinkleider und

Jacketts, und dann ging's los, das Schwatzen von Liebe, Sehnsucht und Glut — wie Wasser! Ah, Lügnerinnen von Geburt! Jeder hat recht, der sie mit gleicher Münze bedient. Die schlechtesten unter ihnen sind ja gerade noch die ehrlichsten — die Messalinen — die — die — alle die Dingsda sind ehrlich, die andern stellen sich nur so an, weil es ihnen Vorteil bringt über die Narren, die es ehrlich meinen, so einen wünschen sie sich, der hält sie, und die anderen haben sie! Pfui!

Wozu der ganze zweigeschlechtliche Schwindel auf Erden taugt? Daß es nie an Wesen fehlt, die betrügen und betrogen werden, die quälen und gequält werden, daß Lüge, Trug und Qual nie aussterben! Pfui!

Ob diese unselige Zweiwesenteilung durch das ganze All hindurchgeht? O sicher — gewiß! Dieses trotz all seiner Sternenaugen blinde, zwischen ewigem Werden und Vergehen taumelnde All braucht ja, um die Geschöpfe über die Schrecknisse, die dazwischen liegen, zu verblenden, ein Organ der Täuschung und des Truges, und das ist das Weib! Pah!"

(Damit gab er's dem All und dem Weibe!)

„Lächerliche Atomenwirtschaft! Nun würfelt alles bunt durch einander. Kratzt oder streichelt, findet oder verliert, verschenkt, erlistet, bewältigt euch, nur zeugt! Pfui — pfu — ih!"

„Mein Herr", schrie der Tourist nebenan, „spucken Sie doch nicht in einem fort zu Ihrem Fenster hinaus, das wird ja lästig!"

Gustav lehnte sich in seinen Sitz zurück, legte die gefalteten Hände in den Schoß und starrte vor sich hin; das Gesicht, das er dazu schnitt, war just nicht das geistreichste.

Nach einer Weile begann er wieder: „Übrigens, wenn einer mit halbwegs heiler Haut aus solch einem Handel davonkam, so bin ich es. Erfahre ich doch noch rechtzeitig vorher, was nur nach der Hand zu erfahren ein harter Schlag gewesen wäre. Was beklag ich mich? Das Glück meinte es einmal gut mit mir, mit Auguste hielt die Täuschung an, es war ein süßes Träumen, ein Traum ist ja auch nichts weiter, so lebendig er sein mag. Ein zweites Mal will mir das Glück nicht mehr in gleicher Weise wohl, man ist wohl selbst nimmer so disponiert wie das erste Mal. Aber wenn auch mich jetzt eine trübe Erfahrung grob wachrüttelt, so hat das doch nicht jeder zu befürchten, und wie viele werden zur Stunde gerade so unvernünftig glücklich sein, wie ich es war! Wann hat mir denn Freund Körbler seine Verheiratung angezeigt? Kein Jahr ist es her. Wie wär's . . . ? Was liegt daran, ob ich früher oder später heimtreffe? Ach, gar nichts mehr. Wenn ich bei der nächsten Station aussteige" — er holte eine kleine Karte aus der Brusttasche hervor und suchte auf derselben nach —, „so kann ich noch heut abend bei ihm sein und mich an dem Anblicke seines jungen Eheglückes weiden. Es soll mir wohltun, zu sehen, daß es neben der siechen, rhachitischen Gier noch gesundes, gerades Glück auf der Welt gibt!"

Er führte sein Vorhaben aus und befand sich gegen Abend in einem kleinen, freundlichen Städtchen. Der Kaufladen Körblers war leicht zu erfragen, und bald stand er in demselben und dem Freunde gegenüber, dieser war seit ihrer letzten Begegnung sehr in die Breite gegangen und sah ungemein behäbig aus.

Als Gustav sich nannte, schloß ihn Körbler in die Arme und drückte ihn gegen die umfangreiche Weste.

„Ich komme“, sagte Gustav, „mich von deinem Glücke zu überzeugen.“

„Schön“, sagte Körbler, streckte die kurzen Arme halb erhoben von sich und drehte sich im Halbkreise im Gewölbe herum. „Kannst mir's glauben, eine Goldgrube, das Geschäft.“

„Immer vorab der Kaufmann! Also gut, erst das Geschäft, dann das Vergnügen. Kommen wir darauf.“

„Vergnügen?“ fragte der Dicke. „Was meinst du für ein Vergnügen?“

„Nun, dein vergnügliches Glück, dein Zusammenleben mit deiner Frau. Ihr seid doch glücklich?“

„Ja so, das schon. Zweifle nicht.“

„Habe auch gar keine Ursache. Ich wollte es nur gerne von dir selbst gesagt hören.“

„Ah freilich, darauf kannst du dich verlassen, freilich. Aber komme mit, ich will dich sogleich meiner Frau vorstellen.“

Körbler führte Gustav über den Flur die Treppe zu dem einen Stockwerke des Hauses hinan und dort in ein Zimmer, wo bei dem Scheine einer Lampe an einem Nähtischchen eine Dame saß, klein und schmächtig, nicht mehr ganz jung, möglich, daß nur ihr bleiches, angegriffenes Aussehen sie älter erscheinen ließ.

Gustav erkannte sie sofort und stand, als sie sich erhob, ihr mit nicht geringer Verlegenheit gegenüber.

„Serafine“, sagte Körbler, „ich stelle dir hiermit in diesem Herrn meinen persönlichen und Handelsfreund Gustav Fischer junior vor.“

Sie lächelte boshaft. „Ich kenne den Herru schon.“

„Du kennst ihn schon?“

„Allerdings“, sagte Gustav, „ich traf mit der gnädigen Frau zufällig in demselben Coupé zusammen und bin ganz untröstlich, daß ein Mißverständnis —“

„Oh, bitte“, sagte die kleine Dame, „es war keines, Ihre gütige Belehrung über die Eisenbahnverordnung schloß ein solches unbedingt aus; ich machte nur Platz.“

Gustav wandte sich an den verwundert aufhorchenden Körbler. „Ich war nämlich der Flegel, die Gnädige aus dem Coupé zu vertreiben.“

„Warst du?“ lachte Körbler. „Nun, nun, kann mir's so arg nicht vorstellen. Vergeben und vergessen! Serafine hat ein edles Herz. Nicht wahr, Schatz, wir behalten Fischer ein paar Tage bei uns?“

„Ja, Herzchen, wir behalten Herrn Fischer, so lange es ihm gefällt.“

Gustav küßte ihr die Hand, die ihm übrigens schon auf halbem Wege entgegengekommen war. „Es ist wirklich ganz unverdient, gnädige Frau." Dann faßte er das ungleiche Paar ins Auge und sagte seufzend: „Ach, wer noch so glücklich wäre!"

„Sind Sie nicht glücklich?" fragte eifrig Serafine.

„Ich war es —"

„Reiße nicht alte Wunden auf", wehrte Körbler ab, „Fischer hat seine Frau verloren und er kann sie nicht vergessen; er denkt nicht daran, wie ich ihn kenne."

„Ja, Freund", sagte Fischer weich, „du kennst mich."

Er belog diese aufrichtigen Leute und vielleicht in diesem Augenblicke auch sich selbst.

Der Abend verlief, unter der etwas entfremdenden Nachwirkung der unliebsamen Reisebegegnung, ein klein wenig steif und förmlich, aber am nächsten Tage zeigten sich „Schatz" und „Herzchen" von einer solchen Aufmerksamkeit gegen einander und gegen den Gast, daß der letztere davon ganz gerührt wurde und, als er abends sein einsames Lager aufsuchte, manchen schweren Seufzer ausstieß, doch in edler Aufwallung untersagte er sich das als eine neidische Demonstration gegen das Glück seines Freundes und schlummerte hierauf ruhig ein.

Am zweiten Tage wurde mit gebührendem Hinweis auf hierdurch bezeigtes Vertrauen und übertragene Verantwortlichkeit das Geschäft dem Handlungsdiener und Lehrlinge überlassen und ein Ausflug nach der Umgegend unternommen. Körbler versuchte einige Male, Gustav zu bewegen, der Frau den Arm zu bieten, aber der Gastfreund wollte das schöne Bild nicht zerreißen. „Bleibt, Ihr gehört ja zusammen", sagte er. Es war ein heiterer, heller Herbsttag, zu schön, um nicht auf die Menschen zu wirken; die beiden Gatten und ihr Gast kehrten vergnügt heim, doch schien die kleine Frau etwas ermüdet.

Am dritten Tage verschwand sie gleich nach dem Frühstücke, Körbler entschuldigte sie, sie müsse eben im Geschäfte nachsehen, es dürfe nicht alles dem Personale überlassen bleiben; dann schleppte er Gustav durch das Städtchen, zeigte ihm das wenige, das daselbst als Sehenswürdigkeit galt, und machte ihn in verschiedenen Gaststuben mit Leuten bekannt, die morgen den Fremden eben so sicher vergessen haben werden wie dieser sie.

Am vierten Morgen folgte Körbler der rasch sich empfehlenden Gattin. „Das Geschäft", sagte er, du entschuldigst schon, aber das Geschäft verlangt seinen Mann." Er empfahl Gustav äußerst angelegentlich eine Fußpartie ins Gebirge, die sehr lohnend wäre.

Gustav kletterte den ganzen Tag allein auf Steigen und Felsen herum. Der Anblick der Gegend zerstreute ihn, und wenn er zum Denken Zeit gewann, so beschäftigte er seine Gedanken mit dem Glücke Körblers. Nur einmal, als er auf grüner, von Zeitlosen überwucherter Matte Rast hielt, wollte sich ihm ein Bild aufdrängen, und tiefbraune, unbefangene Augen schienen die seinen aufzufordern, ihnen Stand zu halten. Aber den Spuk zerstörte er gewaltsam, er erhob sich rasch, schritt von der Stelle, und das Bild zerrann.

Spät in der Nacht traf der Wanderer heim, er beschritt sein Zimmer so geräuschlos als möglich und suchte in aller Stille sein Bett auf. Die Morgensonne weckte ihn. Reif hatte sich frühmorgens an die Fensterscheiben geschlagen und schmolz jetzt an einzelnen Stellen, außen lärmten die Vögel, flirrend und zwitschernd von Ast zu Ast jagend, und im Gemache daneben begann es ebenfalls laut zu werden; die Scheidemauer war leider so dünn, daß jedes Wort nur zu deutlich durchschlug.

„Hoffentlich wird er doch heute an seine Abreise denken?“ sagte eine scharfe Stimme, es war aber doch die der sanften Serafine.

„Nun ja“, sagte Körbler, „aber habe doch so viel Einsehen, zu berücksichtigen, daß ich ihn nicht zum Hause hinauswerfen kann.“

„Er ist aber lästig.“

„Weil er dir nicht die Cour schneidet.“

„Das wäre nur schicklich.“

„Nein, das wäre nicht schicklich, das wär unschicklich, und er ist ein anständiger Mensch, er ist mein Freund.“

„Ich weiß es ja und schon darum nicht der meine.“

„Weiß es auch.“

„Aber es ist doch albern, daß wir da vor ihm eine Turteltaubenkomödie aufführen.“

„Das ist's auch. Aber der Mensch ist einmal — ich weiß nicht woher — von unserem Glücke überzeugt. Warum sollen wir ihm mutwillig diese Überzeugung rauben? Was ist da zu tun?"

„Ihm andeuten, daß wir zwar so glücklich sind, wie er es nur wünschen und sich denken kann, daß aber ein solches Glück auf die Dauer keine Zeugen duldet."

„Haha! Du wirst witzig."

„Ja, ja, ich werde witzig, ich werde das immer, wenn mich etwas ärgert, und der Mensch ärgert mich. So ein Witwer mit einer unvergeßlichen Seligen ist eine ganz unangenehm abnorme Erscheinung. Wenn ich heut sterbe . . . . Was hast du da zu seufzen, Körbler?"

„Ich habe nicht geseufzt."

„Leugne nicht, du hast geseufzt, ich hab's gehört. Oh, ich verstehe, ich durchschaue dich, du seufzest, weil du denkst, geschäh es doch, lieber heut wie morgen, weil du denkst, leider geschieht's nicht, denn dir käme es ja gelegen."

„Serafine!"

„Still! Ich weiß, was ich weiß. Wenn ich heute sterbe, so bist du morgen schon getröstet. Wärst du's nicht? Was hast du darauf zu sagen?"

„Nichts. Du weißt ja, was du weißt."

„Du gibst es also zu."

„Ich gebe alles zu."

„Alles, oh, damit gibst du nur zu, daß du herzlos bist. Aber ich — oh — nur um dich zu etablieren, hast du mich genommen, und jetzt, wo du etabliert bist, nun, wo du mir alles dankst — rede nicht! — alles, ja alles verdankst du mir!"

„Schrei doch nicht so, sonst hört's ja der Fischer durch die Wand und macht sich einen hübschen Begriff von unserem ehelichen Glück."

„Was gehen mich seine Begriffe an, die sind mir höchst gleichgültig; soll er's hören, vielleicht kommt er dann doch zu dem Entschlusse, heimzureisen. Langweilig ist er mir und noch langweiliger dieses Komödienspiel zu Ehren seiner Anwesenheit. Nanntest du ihn nicht selbst einen Goldesel, der überall mistet, wo ihn seine Einbildungskraft streichelt?"

Die letzten Worte Serafinens waren schwer verständlich, denn Körbler wurde, während sie sprach, von einem bellenden Husten befallen. „Schweig", schrie er jetzt, „schweig, boshafte Natter! Plappernde Elster!"

„Nur zu, zu gemeinem Geschimpfe reicht dein bißchen Wissen in der Naturgeschichte gerade noch aus. Aber das laß dir sagen, Körbler, das ist m e i n Haus, und in meinem Hause lasse ich mir das Reden nicht verbieten!"

„Da müßte ich es doch erst wieder auf deinen Namen zurückschreiben lassen, laut Heiratskontrakt gehört es mir."

„Ja, ja, gehört es dir? Gehört es dir? Nun sieh, das wollte ich ja nur, daß du zugestehst, daß du mich um alles gebracht hast und mich jetzt martern und peinigen willst, bis ich so bloß, wie ich dastehe, von dir weglaufe."

„Na, da rat ich dir doch, früher Toilette zu

machen; im Negligé könnte eine so hübsche Frau den ganzen Marktflecken in Versuchung führen."

„O du — du abscheuliches Ungetüm! Hätte ich dich doch nie gesehen! Oh, daß ich gegen Adolar treulos sein, daß ich ihn dir opfern konnte!"

„Den schönsten Kadetten in der Armee", sagte Körbler mit grimmigem Nachdruck.

„Ja, ärgert dich das? Dann sollst du es auch von mir hören. Ja, schön war er, sehr schön! Ach, wie glücklich wäre ich an seiner Seite geworden!"

„Ich gönnte dir's von ganzem Herzen und besonders ihm — ihm gönnte ich's!"

Es rückte ein Möbel, und dann schluchzte die Frau: „O Adolar!"

„Oh, Ah — doh — laar!" heulte der Mann in komischer Verzweiflung nach.

Fischer lehnte sich laut auflachend im Bette zurück und zürnte sich zugleich sehr ernstlich, daß er da lachen konnte. Gleich darauf erschreckte ihn ein Schlag, der gegen die Wand geschah, ein Gegenstand barst an derselben und fiel klirrend zu Boden.

„Meine Haarwuchspomade!" schrie Körbler. „Bist du verrückt, den teueren Tiegel da an die Wand zu werfen?"

„Das war auch nicht meine Absicht."

„Du wolltest wohl mich treffen — Schatz?"

„Ja — Engel!"

Der Meinungsaustausch schien vorüber, es wurde drüben stille.

„Schön guten Morgen", sagte Gustav, indem er sich vom Bette erhob und sich anzukleiden begann.

Als er später mit seinen freundlichen Wirten beim Frühstückstische saß, machte er ihnen die Eröffnung, daß er heute heimzureisen gedenke. Beide versicherten ihn, daß ihnen das unendlich leid täte. Körbler begleitete ihn ein Stück Weges, beide Männer waren zwar etwas einsilbig, aber führten doch eine Art Gespräch, über dies oder jenes, das ihnen eben über den Weg lief oder vor die Augen kam.

Auf freiem Felde, das Städtchen im Rücken, machte Körbler Halt. „Bis hieher und nicht weiter", sagte er. „Glückliche Reise!" Er schüttelte dem Freunde die Hand. „Solltest du" — ein verlegenes Lächeln zeigte sich in seinem breiten Gesichte — „etwa heut morgens, — — doch du bist ein Mann von Erziehung —"

„Kein Wort weiter", sagte Gustav, „ich bin ein Mann von Erziehung, du bist ein Mann von Erziehung, und deine Frau ist eine Dame von Erziehung, und unter Lenten von Erziehung hört man nur auf das, was einem zu hören vermeint ist, und oft auch auf das nicht. Es war mir wohltuend, Zenge deines häuslichen Glückes zu sein, und ich wünsche nur, daß dasselbe unverändert fortbestehen möge."

„Er zahlt mir den Goldesel heim", seufzte Körbler. „Lebe wohl!"

„Leb wohl!" Wenn es sich Gustav auch nicht eingestand, so erlag er doch einer allgemein menschlichen Schwachheit und schied getroster von dem geplagten Freunde, als er von dem glücklichen gegangen sein würde.

Er fuhr direkt nach dem Landsitze der Tante. Es galt noch eine, die letzte Begegnung! Die Genugtuung will er sich nicht versagen, jetzt — wo er sie einem andern zugehörig und ihr Wesen enträtselt weiß — der Dirne gegenüber zu treten und zu sehen, was sich nun in ihrem Gesichte zeigt, ob schamloser Trotz oder die erbärmliche Bestürzung eines Falschspielers, der seine Finten durchschaut sieht!

An Ort und Stelle traf er schon im Hausflur auf die alte Tante. „Nun endlich", rief sie. „Das Mädchen sorgte schon um dich. Du hast Glück, mein Junge. Das ist ein ganz eigentümliches, treuherziges Geschöpf. Magst wohl auch viel goldene Wolle für deine Zukunftsträume versponnen haben, aber dein Glück wird keines Aufputzes bedürfen, es wird wahr sein, wie es das Mädchen durch und durch ist, ich habe es die Tage über beobachtet, es will nichts, als was recht ist, und auch von dem Rechten nur, was sein kann; das ist vernünftiges Denken und Fühlen, und Vernunft ist immer wohltuend und verheißend — — Aber, mein Gott, was hast du? Feuchte Augen? Oh, Pfui!"

„Wo ist sie?"

„Im Garten. Unter der Linde."

„Bleiben Sie zurück, ich bitte!"

Die alte Frau blickte dem Davoneilenden kopfschüttelnd nach.

Gustav durchschritt rasch den Garten, schon von weitem sah er unter dem breitästigen Baume ein helles Kleid schimmern. Als er näher hinzukam, stürzte ihm Gustchen freudeschreiend entgegen.

Er umarmte und küßte das Kind, dann sagte er: „Geh zur Tante, Gustchen. Tante hat dir was zu sagen — sie gibt dir etwas — laufe! So, so!"

Nachdem die Kleine hinter den Büschen verschwunden war, trat der junge Mann ganz nahe an das Mädchen heran, das dasaß, die Hände mit der Näharbeit müßig im Schoße und mit keinem Auge aufblickend.

„Da bin ich." Er setzte sich an das andere Ende der Bank. „Guten Tag, Brigitte." Es klang etwas von oben herab.

Sie schwieg.

„Es war während meiner Abwesenheit jemand da."

Diesmal sagte sie leise: „Ja."

„Nun?"

„Ich habe ihn wieder heimgeschickt."

„Sie haben ihn wieder heimgeschickt? Hm, nach dem, was ich in Sebensdorf erfahren —"

Er sprach nicht weiter, er fühlte es, daß sie jetzt aufblickte. Und sie sahen nach ihm hin, diese ehrlichen braunen Augen, und sie fragten so bange und so dringend: Und du konntest es glauben? Konntest du? Als er aber abgewendet blieb, füllten sie sich mit Tränen.

Indessen empfand der Mann, wie schwer es sich gerade dann spricht, wenn man viel auf dem Herzen hat. Er suchte nach Worten, und wenn er sie gefunden haben wird, und wenn sie ausgesprochen sein werden, dann ist zernichtet, zerrissen, entzweit, was jene andere Seele an die seine band, und wenn er es ihr später auf den Knien abbäte, den Schimpf kann er wohl zurücknehmen, das Wort aber bleibt im Herzen zurück, ein dunkles Mal, ein vergiftender Tropfen, je nachdem.

Wohl dir, daß du zögerst, daß du zauderst, daß du davor zurückscheuest, deine Empfindungen, selbst wo du sie für weggeworfen hältst, zu entheiligen! Der Bote, der das erlösende Wort bringt, ist auf dem Wege, er ist so nahe, daß jetzt der Kies auf dem Gartenwege unter seinen trippelnden Schritten knirscht; ein Bote, den keiner, dem er sonst über die Straße läuft, für glückverheißend ansieht, — ein altes Weib, dem Brigitte mit dem Aufschrei „Mutter!" an den Hals fällt.

Elftes Kapitel

Was in Sebensdorf geschah.

An demselben Abend, wo Gustav bei seinem Freunde Körbler eintraf, war Christl heimgekehrt. Gegen Mittag des folgenden Tages saß der Bürgermeister von Sebensdorf in seiner Amtsstube. Außen war die Luft bewegt, der Wind jagte am Himmel die Wolken und auf der Erde dichte Staubmassen vor sich her, raffte auch Kieselkörner auf und warf sie gegen die Fenster. Der Bürgermeister horchte auf das Brausen und auf das Geriesel des Sandes an den Scheiben. Er hatte gerade nichts Besseres zu tun. Der Gemeindediener war bei ihm gewesen und hatte ihm gemeldet, der heimgekehrte Christl treibe sich in allen Schenken herum, renommiere und randaliere und ließe sich verlauten, wenn ihm der Bürgermeister nicht zu Willen wär, so wolle er Dinge aussagen, die ganz Sebensdorf wundernehmen sollten! Darauf hatte der Bürgermeister gesagt: „Hol mir den Lump!“ Und jetzt saß er und wartete.

Da kam es die Treppe herauf, zweifache Tritte, der Gemeindediener schob den Knecht zur Türe herein und blieb an derselben stehen.

„Küß d' Hand, Bürmeister“, sagte Christl.

Der Bauer erhob sich und trat hart an den Burschen heran. „Was muß ich von dir hören? Was gibst du wieder für Stückeln an?“

„Nix nöt“, sagte der Knecht, indem er den zornigen Blicken des Alten ein keckes Blinzeln entgegensetzte. „Es war nur drauf anglegt, daß d' mich holen laßt. Ich hab's nit vergessen, daß d' mir's einmal übel gnommen hast, daß ich ungrufen komm; es sollt nit ausschaun, als ob ich dich überlauf und mich aufdräng.“

„Mach keine Flausen! Wie kannst du dich so im Reden übernehmen und in Tag h'nein schwätzen, daß, wann ich dir nit zu Willen wär, du auszusagen wußt, was ganz Sebensdorf wundernähm? Was?!“

„Da drüber könn mer sich ja ausreden, aber ich denk, unter vier Augen geht's aufrichtiger, 's brancht niemand zuzhörn.“

Der Bürgermeister winkte dem Gemeindediener, der trat ab, und als seine Schritte verhallt waren, sagte der Alte: „Jetzt kannst reden.“

„O ja, da brauchst mich nit erst lang z' bitten, ich wart ja eh nur drauf! Die Diru hat mich abgwiesen. Auf den Brief, den du mir mitgebn hast, war das vorauszsehn, und hätt ich gwußt, was drein gschrieben steht, hätt ich mir auch d' ganze Reis ersparen können."

„Larifari, das war nit vorauszsehn."

„Das war, sag ich!" Dem Burschen stieg die Zornröte ins Gesicht, er riß den Brief aus der Tasche und warf ihn auf den Tisch. „Steht da so gschrieben, wie ich verlangt hab, daß d' schreiben sollst? Wie kannst du schreiben, dir geschäh 's nit zu Truh noch zu Gefallen, ob sie nein oder ja sagt? Ich denk, wie unser Sach steht, geschieht dir's schon zu Truh, wenn sie nein sagt, und wohl zu Gefallen, wenn sie ja sagt!"

„Du Hansnarr du, was bekümmert mich weiter der ganze Handel zwischen dir und der Dirn? Sauf du dich nit am hellichten Tag um dein bissel Verstand, daß d' nit so wirres Zeug vorbringst."

„Ei mein, so nücht bin ich schon, daß ich bis aufs Tipferl weiß, was ich vorbring, und nur von dir is unsinnig, wann du meinst, ich versteh mich wieder wie 's andere Mal dazu, für nichts und wieder nichts die ganze Weil herumzureden; vor 'n Leuten soll dir ja dein Respekt werden, aber das ist rein zum lachen, daß wir, als alleiniger unter uns, was der eine so gut wie der andere weiß, nit bereden sollten, wie uns der Schnabel gwachsen ist! Du weißt ganz gut, daß sich d' Brigitt in ein Sackgassen verrennt hat, aus der s' nimmer auskann. Die soll aussagen, was s' will, ihr glaubt kein Mensch, da müßt ehnder ich 's Maul auftun, mir möcht mer freilich glaubn, aber ich hüt mich, denn dadraufhin kannst du dich ganz ernsthaftig anstelln, als meinest, daß nur d' Heirat mit mir die Dirn wieder zu Ehren brächt, und kannst mir s' zwingen. Könnt ich s' selber, brauchet ich dich nit dazu, und hätt ich s' bezwungen, fraget ich wohl auch nichts mehr nach ihr. Das ist mein Beding, daß ich sie krieg, darum solltest dir's anglegen sein lassen, denn du weißt, daß ich ihr auch ohne Heirat die Ehr wieder geben könnt, dann fallet aber die Schand auf andere, und so weit mußt's nit treibn, daß ich keins von euch schon!"

„Du versoffener Falott, wer brancht denn von dir ein Schonung?!"

„Na, ich denk, ich kenn ihrer mehr, dich, 'n Hüblinger und dem sein neue Bäuerin."

Der Bürgermeister griff sich mit beiden Händen nach dem Kopfe. „O du mein blutiger Heiland! Das ist doch nimmer auszhalten! Dich muß mer beizeiten in 'n Narrenjanker stecken, eh d' ganz ausartest und Unheil stift'st!"

„O du bist ein Feiner", lachte der Bursche, „du bist schon der Feinste. Schau, du kennst dich nit schlecht aus. Möchst mich wohl für verrückt ausgebu, daß niemand drauf acht, was ich auch sag? Aber laß 'n nur kommen, 'n Kreisphysikus, er soll nur sein Schuldigkeit tun, er wird schon 'n Leuten sagen, daß 's in mein Hirnkastel nit lichter und nit finsterer ausschaut wie in dein!"

„Na, dann steh mir unser lieber Herrgott bei, so

muß wohl ich verrückt sein, denn ich versteh von deine Reden nix, nit 's eine und nit 's andere! Ich versteh nit, warum ich mit aller Teuxelsgwalt die Diru zwingen soll, daß s' dich nimmt, wo s' doch froh sein muß, wann s' dich kriegt! Ich versteh nit, wie d' ihr anders die Ehr wiedergebn willst als vorm Altar! Und am allerwenigsten versteh ich, wie da auf mich und die mein ein Schand fallen kann!"

Diesmal schlug der Bursche die Hände über dem Kopfe zusammen und rang sie dann nieder. „Aber Jesses und nein! Das kann doch nit dein Ernst sein?!"

„Mit dir werd ich nit spaßen!"

„Es ist ganz undenklich, daß du von allem nix wissen solltst! Hättst du in derselben Nacht die Augen ordentlich offen gehalten, so hätt dir 's Wahre nit verborgen bleiben können, aber wann ich dich jetzt daran erinner, vielleicht gehn s' dir nachträglich auf. Besinn dich nur, wie du uns betroffen hast! Wer ist denn dagstanden, schon von Kopf bis zu Fuß anglegt, weil s' gleich bei dein ersten Schrei nach Schuh und Strümpf griffen hat? Wer hat sich denn nit gmuckt und nit grührt, wie du über mich hergfallen bist? D' Brigitt! Ich war in halb übergeworfenem Gwandzeug, und wer, gleich bloß, herzugstürzt is, um sich meiner anznehmen, das war d' Julie."

„Lugenmaul! Elendigs Lugenmaul!" brüllte der Bürgermeister und wollte auf den Burschen los.

Der stieß die Türe hinter sich auf. „Rühr mich nit an", schrie er. „Kein zweit Mal halt ich dir still!

Eh schrei ich das ganze Dorf zusamm! Heiß du kein ein Lügner, der die Wahrheit redt!" Er schloß die Türe wieder, behielt aber die Klinke in der Hand. „Meinst du denn, wenn zwischen mir und der Brigitt was gwesen wär, ich hätt dir das eine, das erste Mal still gehalten und mich von dir zu Schanden schlagen und treten lassen, ohne dir ein Messer in den Leib zu rennen oder mich nit mit Nägel und Zähn zur Wehr zu setzen?! Eben weil ich mich schuldig gwußt, daß ich mich an dein Fleisch und Blut versündigt hab, vermocht ich kein Hand gegen dich aufzhebn!"

Der Alte war kreidebleich geworden, er preßte beide Hände an die Schläfen, als wollte er die dort hämmernden Pulse gewaltsam sperren, und sah mit unsteten Augen nach dem Burschen. „Es ist nit, es kann nit sein", murmelte er, „woher hätt sie 's? Nicht von mir, solang ich leb, noch von ihrer Mutter, solang die gelebt hat. Ehr war allimmer in mein Haus!"

„Furcht war allimmer drin! Die Leut sagen 's ja, die hätt dir dein Bäuerin langsam dahinsterben gmacht und fruhzeit bis anf'u Friedhof hinaus gschreckt, und die hat auch die Dirn weggscheucht von dir, und wann sich ein Weibsleut an kein Nächstes in Lieb halten kann, danu nimmt's leicht von fremd her, auch was einer selben nur gleichschaut. Ja, dein Dirn war mein Schatz, und nit erst seit dem Tag und seit derer Nacht, wo dich der leidige Höllteufel hat daherführen müssen! Auf dein ersten Schrei haben wir uns still verhalten und glaubt, du würdst wohl wieder gehn; wie wir aber gmerkt haben, daß das nit dein Meinen ist, und daß du gar heraufkommen wolltst, da sind wir zu Tod erschrocken und hinübergehuscht nach der Brigitt ihrer Kammer. Dort hat's es der Julie nur herausgstoßen: „Der Vater bringt mich um!" Mehr vermocht s' nit ausz'sagen, war auch nit not; wie sie sich zu Füßen der Kameradin gwunden hat und ich zitternd daneben gstanden bin, das war deutlich gnug. Auch die Brigitt hat kein Wort gredt, ist gstanden, und die Zähn haben ihr hörbar an einauder gschlagn; mit einmal faßt s' die Julie und schiebt s' zur Tür hinaus; ob sie da gleich von allem Anfang an hat alles auf sich nehmen wolln, das weiß ich nit, aber das weiß ich, wie sie dich später hat ausarten gsehn und ghört, daß sie dir gleicher Weis aus Trutz auf ihr gut Gwissen und aus Sorg um die Kameradin d' Antwort schuldig bliebn ist! Nachher, wie einmal im Ort der Rummel los war, da hätt ihr alleinige Einsprach wenig gholfen, und sie hat sich gscheiter davongmacht. Wann aber ich jetzt den ganzen Rummel, wie er biszeit am Kopf gstanden is, ghöriger Weis auf d' Füß stelln möcht, das wär wohl darnach, daß 's ganz Sebensdorf wundernähm, meinst nit? Jetzt weißt's und dürft'st einsehn, wann dein aufdonnerte Herr- und Ehrschaft nit ein Purzelbaum schlagen soll, daß wohl graten sein möcht, mir mein Willn zu tun!"

Jetzt war das Gesicht des Alten purpurrot geworden, bis in das Weiße der Augäpfel hinein verlor sich die Röte. Kein Muskel, der nicht zuckte, so daß die Züge fort im jähen Wechsel sich verzerrten. Er stöhnte: „Zehren von fremdem, gschenktem Ruf? — Abhängen soll meins Hauses Ehr von Gnad und Erbarmen einer Betteldirn?! Verschändt werden können jedn Augenblick von ein Lumpen?! Ah —" er schlug sich mit beiden Fäusten vor die Brust. „Nix mehr mit dem Kerl — sie soll dran!"

„Sei gscheit", schrie der Bursche, „um Gottes Jesu willen, sei gscheit! Bedenk, 's ist dein Kind, dein eigen Fleisch und Blut, — 's kann noch alls gut werdn! — Nur d' Julie — —" Er brach wimmernd zusammen und versuchte die Knie des Wütenden zu umfassen, doch der schleuderte ihn mit dem Fuße von sich und stürzte davon. Der Schreck war dem Knecht in die Glieder gefahren, nur mit Mühe konnte er sich aufraffen; er schleppte sich die Treppe hinunter, und als er auf die Straße hinaustaumelte, da rannte schon eine weite Strecke vor ihm der Bürgermeister dahin, ohne Hut, mit fliegenden Haaren, geraden Weges dem Mooshof zu.

Dort klang ein heiteres Liedchen aus der Küche, die Bäuerin sang es, die am Herde hantierte. Jetzt dröhnten Schritte in der Nähe, sie verstummte und blickte auf, ihr Vater stand vor ihr; als sie ihm aber in das wild verzerrte Antlitz und die drohenden Augen sah, da schrie sie auf: „Jesus, er weiß alles!" und schlug die Hände vors Gesicht."

„Ja", brüllte er, „du — —" er stieß ein fürchterliches Schimpfwort aus und legte die Faust an ihre Kehle — — — — — — — — — — — —
— — — — — — — — — — — — — — — —

Zwölftes Kapitel

Was Brigittens Mutter nach der Stadt führte. Das wenige, das Brigitten und Gustav noch zu sagen und dem Autor zu schildern bleibt, womit diese Geschichte schließt.

Als Brigitte in den Armen der Mutter lag, wurde diese plötzlich Gustavs ansichtig, sie sagte: „Das ist gewiß dein Dienstherr?“ Dabei knixte sie etliche Male, und das Mädchen, dessen Köpfchen an der Achsel der alten Frau ruhte, machte bei jedem Knix eine unfreiwillige, ganz zwecklose Verbeugung.

„Was weinst denn aber“, fuhr die Bäuerin fort, „wo du noch gar nicht weißt, was ich bring?“

„Ich wein aus Freuden, Mutter, weil du mir grad so zurecht kommst.“

„Ist gut, ist gut, 's freut mich ja auch bei dir. Aber du kannst dir wohl denken, daß ich um kein kleines so weit herfahr, schier Tag und Nacht in einem. Doch komm, es wird sich nit schicken, daß wir da vor dem Herru schwätzen.“

„Red nur zu, Mutter. Der Herr hat ein Recht mit anzuhören, was mich angeht, es mag sein, was es will.“

Die Alte sah beide mit großen Augen an, dann begann sie ziemlich weitläufig zu erzählen, was sich letzter Tag ganz Erschreckliches in Sebensdorf zugetragen. Wie der Lump, der Christl, dem Bürgermeister, eins fürs andere, nach und nach ins Gesicht geworfen hätt, welcher Weis in jener Nacht die Brigitt mit ihm in Verruf gekommen sei, während doch die Julie sein wahrhafter Schatz gewesen wär und die Brigitt nur in der Schrecknis und dem Angstgetue die Schuld stillschweigend hab auf sich sitzen lassen.

„Für ein ander Mal sei gscheit, und möcht man dich gleich für herzlos halten. Riegel du dein Kammertür zu, und was andere unter sich auszmachen haben, das laß sie unter sich ausmachen. Dir hat es nur geschadt und was hat es der Julie genützt? Nix nit. Hat sie der Alte damals nit umgebracht, so hat er's dafür jetzt getan!"

„Um Gottes willen, Mutter!"

„Ja, ja, nit anders, wie ich sag. Gott tröst die arme Seel! Blindwütig ist er nach'm Mooshof grennt und hat sich an ihr vergriffen, nit dran denkt hat er, der gottvergessene Mann, daß sie mit einem Kind geht; das ist fruhzeit tot auf die Welt gekommen und hat die Mutter mitgnommen ins Grab. Vor ihrem Verscheiden hat sie noch vor allen Leuten ihr Versündigung einbekannt, und dir soll ich ihr letztes Grüßen vermelden, 'n Dank für all dein Lieb und Treu, und wie sie leichter verstürb, da ihr Tod dir die Ehr wiedergibt und — was sie zu Gott hofft — auch ihr eigene Schuld auslöscht."

Brigitte brach in Tränen aus. „O mein arme Julie! Du meine liebste Kameradin von klein auf! Mußt's dir so werden? Wär's vielleicht nit ganz anders gekommen, wenn sie auch ihr Mutter am Leben behalten hätt?!"

Die alte Bäuerin streichelte die Wangen ihres Kindes.

Gustchen hatte sich herbeigeschlichen, stand neben ihrem Vater und sah mit neugierigen Augen nach der Fremden.

„Die Mutter wird ermüdet sein, Brigitte", sagte Gustav; er beugte sich zu der Kleinen herab: „Gustchen, du bist mein kluges Kind, du wirst die alte Frau zur Tante führen und sagen, das wäre Gittas Mutter, die von gar weit herkäme und wohl recht müde und hungrig sei. Wirst du das behalten? Ja! Nun so geh und mach deine Sache gut."

Die alte Frau trippelte an der Hand des Kindes dahin, die beiden gerieten in ein eifriges Geplauder, vielleicht nur um so angelegentlicher, weil eines das andere nur halb verstand. Brigitte blickte ihnen nach, sie lächelte unter Tränen, als sie jetzt das Auge gegen Gustav wandte, der nahe an sie herangetreten war.

„Warum?" fragte er.

„Das arme Goldhaar, nun ist's schon das zweit Mal, daß sie von da weggeschickt wird."

„Brigitte", — der Mann faßte das Mädchen an beiden Händen — „diesmal geschieht es, um sie bald — bald wieder herbeizurufen, damit sie bleibe und wir sie für immer um uns haben; aber das erste Mal . . . dem Himmel sei Dank, daß das vorüber ist wie ein böser Traum!"

„Oh, ich vermag's nit zu sagen, was ich die Tag über gelitten, wo ich gewußt hab, was sie mir in Sebensdorf nachsagen, und daß du — du es hören wirst."

„Verzeihe mir, daß ich daran glaubte!"

Sie lehnte die Stirn gegen seine Brust. „Wer

hätt's nit?" sagte sie leise. „Es war ja so schwer, mit daran zu glauben!"

„Oh, es war auch schwer, daran zu glauben!"

Sie hob den Kopf und sagte eifrig: „Doch ich konnt in derselben Stund nit anders, wo der alte Mann ganz sinnlos gewütet hat; es wär just gewesen, als hetzt ich ein wildes Tier auf die Arme, und dann hat's mir die ganze Seele verbittert, daß er denkt, ich, nur ich müßt schlecht sein, weil ich arm bin, und sein Diru nit anders als brav, weil sie reich ist! Vor Schreck und Groll fand ich kein Widerred. Hab's eben nit gwußt, wie teuer eins die Gutstehung für solche fremde Schuld büßen kann!"

„Eines noch verzeihe!"

„Ei du mein, noch eins? Weil wir just dabei sind. Was denn noch?"

„Damit du ganz mein Denken weißt. Verzeih, daß ich es nicht hätte verzeihen können, wenn es gewesen wäre."

„Oh, das nehm ich dir nit übel! Ich denk ganz wie du, daß das zu nichts Rechtem führt, wo zwei Leut Zeit ihres Lebens sich vertrauen sollen. Wer da leicht Nachsicht schenkt, der braucht wohl selbst davon. Hinter dem Handel steckt immer ein Schelm oder gar zwei. Nit um ein Welt möcht ich mir so was verzeihen lassen, da wär ich ja nachher für den Fall auch dazu bemüßigt, und das will ich nit sein, das mag ich nit, nit freiwillig dächt ich daran!"

„Ei sieh, wie du zu eisern verstehst!"

„Ich verdien 'n Verweis, denn ich hab kein Recht dazu."

„Keinen Anlaß sollst du dazu haben, das Recht räume ich dir ja gerne ein.“

„Ach, du, sag, ob das heißt, was ich mir erhofft und erwart von dir zu hören, ob das heißt: Daß du wieder mein bist?“

„Gewiß, bis in den letzten Herzwinkel dein!“

„Oh, weil's nun gesagt ist, so laß mich dich nehmen und halten, du mein einzig Herzlieber“, — sie legte die runden Arme um seinen Nacken — „wie ich noch nie einen genommen und gehalten hab und sonst keinen nehmen und halten werd!“

So standen sie eine Weile, danu senkte Brigitte das Köpfchen, nahm Gustavs Arm, und beide schritten gegen das Haus; etliche Blätter, früh unter den Herbstfröſten gefallen und durch die Feuchte des Bodens gebräunt, raschelten unter ihren Tritten.

Gustav merkte, daß das Mädchen leise weine. „Was ist dir?“ fragte er. „Was hast du?“

„O nichts! Ich wein, wie mir wohl und leid ist! Es geht mir doch weh zu Herzen, daß um meines Glückes willen erst eins, das mir lieb war, gar von der Welt hat müssen!“

„Ach, Herz, das ist auf Erden nun einmal so bestellt, daß andere unser Glück büßen und wir das ihre. Tausende und Tausende seufzen unter drückenden Lasten, damit nur einer, ein einziger, unter ihnen aufrecht mit unbeschwerter Schulter einhergehe; widerwillig bauen wir fremdes Glück auf Kosten des eigenen auf, selbstsüchtig das eigene auf Kosten des fremden, und in diesem erbitternden Getreibe gewinnt eine ebenso rohe Macht den Anschein, als gliche sie alles einigermaßen wieder aus, das unabwendbare Elend, das gerade so blind über Hohe und Gewaltige hereinbricht wie über Niedere und Arme."

Brigitte blieb nach ein paar Schritten stehen. „Aber gelt, es gibt auch unabwendbares Glück?"

Er sah sie an, und da sie so treuherzig zu ihm aufblickte, glaubte er zu ahnen, was sie meinte, er lachte laut auf und zog sie in seine Arme. „Ja, ganz unabwendbares", sagte er.

*

Von der Wohnung Fischer seniors stieg ein stark beleibter Herr unter lebhaftem Selbstgespräche die Treppe herab, in dem Flur stieß er an eine ebenso behäbige Erscheinung, wie er selbst war.

„'tschuldigen!"

„Ei, Herr Mittrowitzer!" sagte der Angerannte.

„Nicht irre, Herr Körbler? Sehr erfreut!"

„Es ist mir unendlich angenehm", sagte der Landkrämer, „daß ich Sie da so zufällig treffe. Bin eben Geschäfte halber in Wien eingetroffen, wollte vorerst Ihren Herrn Kompagnon, Freund Fischer, aufsuchen und erfahre, er sei da im Hanse bei seinem Alten."

„Ist oben."

„Ei, sagen Sie mir doch gefälligst, er soll ja geheiratet haben?"

„Vorm Jahr!"

„Also wirklich? Und was ist denn da Wahres daran? Ich habe sagen gehört: eine Dorfschöne."

Diesmal ersparte sich Herr Mittrowitzer die Antwort, er nickte, als das Wort „Dorfschöne" fiel, und unterstrich das „Schöne" mit dem Zeigefinger der Rechten auf dem Rockärmel Körblers.

„Kenne sie, diese Schönen", fuhr Körbler fort, „derbe Züge, breite Hüften, Gang darnach, bellen mehr, als sie reden, und sind unter Gebildeten verlorene Wesen. Nun, 's ist eben Geschmackssache."

Mittrowitzer schüttelte den Kopf, blies sich auf und focht mit den Händen in der Luft herum. „Hübsch! — Allerliebstes Wienerisch! — Und nicht dumm!"

„Also akklimatisiert? Nun, schön, schön, das ist schon etwas. Aber, Verehrtester, einen Haken hat derlei immer, so eine abständige Heirat entfremdet stets die Verwandtschaft und, offen, unter uns gesagt, auf diese Schwieger wird ja auch die Familie just nicht stolz sein können!"

Mittrowitzer war rot geworden, denn er ärgerte sich. „Was stolz? Besser — besser —, Freude haben sie an ihr!"

„Haben sie? Nun, dann hat sich ja alles so gut angelassen, daß man 'm Freunde Fischer nur gratulieren kann." —

„Gratulieren! Frau für ihn! Mutter fürs Kind!"

„Oh, schon Mutter?"

„Stief — Stief —" zischte Mittrowitzer.

„Ah, ja so, Pardon, darauf hab ich ganz vergessen. Übrigens nehmen Sie nur ja nicht das, was ich bisher gesagt habe, als ob ich es aus Neid oder Mißgunst vorgebracht hätte! Weit entfernt. In solchen persönlichsten Angelegenheiten Freiheit über alles! Fischer hätte vollkommen Recht, gegen jedermann, wie die Sache auch stünde, sobald nur ihm die Frau gefällt!"

„Gefällt auch andern."

„Gefällt auch andern? Haha, sehr gut gesagt. Ah, darüber erzählen Sie mir doch Näheres. Armer Freund Fischer!"

„Sind verrückt!" brauste Mittrowitzer auf. „Sagte: sie! Nicht: ihr!" Damit wandte er sich ab und schritt auf seinen Wagen zu.

Körbler folgte ihm auf dem Fuße nach. „Oh, oh, fatales Mißverständnis", versuchte er zu lachen. Er dachte: „Mit seinem verdammten Kauderwelsch! Da soll sich einer vorsehen! Nun hinterbringt er wohl alles brühwarm 'm Fischer. Schöne Geschichte! Es steckt kein Verstand in so einem Dickwanst!" — Damit schob er den seinen zwischen den Kutschenschlag und sprach noch viel Verbindliches, Entschuldigendes und Aufklärendes hinein.

*

Oben in der Wohnung von Gustavs Eltern saß Brigitte neben der alten Fran auf dem Ruhebette, die drei Schwägerinnen und der junge „Weiberfeind", der wie immer ein Buch zur Hand hatte, saßen um den Tisch, Gustav neigte sich über die Lehne des Fauteuils seiner ältesten Schwester, das seiner Frau zunächst stand, und Gustchen drückte sich neben der Stiefmutter in die Diwanecke und guckte vergnügt von dort hervor, weil es die andern heitere Gesichter machen sah.

Papierröllchen, beschriebene Zettel, Zeitungsausschnitte bauschten sich, über den ganzen Tisch gebreitet, vor Brigitten auf, ab und zu brachte sie aus einer ihrer Taschen noch einen Streif oder einen Wickel zum Vorschein. Es waren dies Küchenrezepte, Kleiderschnitte, Modelle zu Handarbeiten, Haushaltungsregeln, auf welch alles sie förmlich Jagd machte; derlei ward von erprobten Hausmüttern erbettelt, von Freundinnen eingetauscht, aus Zeitungen herausgeschnitten. Im Eifer des Herumkramens schoben sich ganz zufällig auch über die Blätter des Buches, in welches der junge Herr Schwager vertieft war, einzelne Zettel, als er sie aber immer ärgerlicher zurückstieß, da geschah es wohl nicht ohne arge Absicht, daß sie sich gerade nach dieser Richtung hin bedrohlich aufhäuften; da hielt er das Buch frei vor sich hin und las, mit dem Stuhle schaukelnd, weiter. Über diese kleine Bosheit Brigittens, über den gut geheuchelten Ernst der alten Frau, die feierlich kopfnickte und bewundernde große Augen gegen die aufgehäuften Schätze machte, sowie über dereu Unerschöpflichkeit, da sich immer noch eins hier, eins da aus irgend einer Tasche hinzufand, leuchteten die Augen der drei Mädchen und Gustavs gar lustig.

„Ich kann ihm 's nicht genug danken“, sagte Brigitte mit einer Handbewegung nach Gustav, „daß er mich bei allem selbst dazusehen und das Hauswesen allein führen läßt; damit und im Geplauder mit Goldhaar“ — Goldhaar erhielt einen zärtlichen Blick — „vergeht der Tag so lustig und schnell, und abends sitzen wir danu beisammen und

Gustav liest vor. Als Schulmeistersdirn kann ich freilich selber lesen, versteht sich, so gut wie der Vater es können hat, aber der, um es recht schön zu machen, hat alles so breit, nach der Schrift, vorgebracht, ich werd das nit los, während Gustav nach der lebendigen Red lesen kann, da horch ich schon lieber auf, als daß ich mir alles wie ein Gebet aufsag, das verdirbt 's schönste Buch!"

Da öffnete sich die Seitentüre, der alte Herr kam aus seinem Zimmer. „Ah, seid ihr da, Kinder? Das ist schön. Nun, wie geht der Markt?" Er wies nach den ausgebreiteten Papierschnitzeln, die jetzt unter dem lustigen Auflachen der Mädchen davonstoben. Brigitta erhob sich und schlug die Hände über dem Kopf zusammen.

„Kein Schade", sagte Fischer senior, „ich meine, sie werden sich schon alle wieder zusammenfinden lassen und sollen dir getreulich eingehändigt werden, sie sind doch numeriert? Aber jetzt kommt der Kuß, Repertoirstück des Hofburgtheaters." Er zog die Schwiegertochter in seine Umarmung und erstreckte diese Liebkosung über eine ganz ungewöhnliche Weile.

„Ja, dauert der so lange?" fragte, sich ein wenig zurückbeugend, Brigitte.

„Er füllt den ganzen Abend."

Lachend riß sich die junge Frau los.

„Ei, Vater, du bist heute wieder bei sehr guter Laune", sagte die alte Frau.

„Immer, wenn ich euch heiter sehe und die beiden da frisch und vergnügt bei uns treffe. Aber — aber,

Gustav, ein Schatten fällt doch von deiner Verbindung auf den Frieden meines Hauses."

„Um Gottes willen, Vater", rief Gustav sehr pathetisch aus, denn er sah wohl, wie der alte Herr nach dem ahnungslosen jungen Leser blinzelte.

„Ja, dein Bruder, der Bursche da, macht mir viel Sorge; seit er dich dein Glück machen sah, glaubt er es auf dem nämlichen Wege versuchen zu müssen und sinnt auf nichts, als Verhältnisse mit Dienstmädchen anzuknüpfen."

Da ereignete sich das Unerwartete, der junge „Weiberfeind" ward nicht rot, er sah vom Buche auf und sagte mit einem allerdings etwas verlegenen Lächeln und einer gewissen zögernden Keckheit: „Nun, ich mach's halt ganz meinem Herru Bruder nach."

„Ganz deinem Bruder?" Fischer senior fuhr, die Hände zusammenschlagend, ein paar Schritte zurück und starrte mit erschreckten Blicken seinen Jüngsten an. „Du willst doch nicht etwa damit sagen, daß du auch schon zu einem Kindsmädel ein Kind ...."

Diesmal ward der junge Mensch glutrot, klappte eilends sein Buch zu und flüchtete.

Der alte Herr sah ihm nach und zog die Uhr. „Es ist bald Zeit zum Abendessen", sagte er, „da muß ich ihm gleich nach, von wegen der Versöhnung."

„Daß er vor dir ausreißt", sagte die alte Frau, „du ihm durch alle Zimmer nachlaufen kannst und wir, wie gewöhnlich, warten müssen, bis ihr der Kindereien müde seid? Nein, ich werde bitten! Brigitte soll ihn holen."

Während Brigitte ging, schellte es außen, Gustav sah nach, wer noch so spät vorspreche. Er stieß im ersten Zimmer auf Körbler.

„Ei, Körbler, du hier?"

Der bot ihm die Hand. „Verzeihe", sagte er, „daß ich dich so spät und hier auswärts überfalle, die Frist meines Aufenthalts ist so kurz bemessen, ich habe mehr Eile als Zeit und wollte doch nicht abreisen, ohne dich gesehen und mich an dem Anblicke deines Glückes geweidet zu haben."

Gustav führte ihn der Familie vor, zuletzt auch Brigitten, die mit dem Entflohenen wiedergekehrt war.

„Es freut mich, Sie kennen zu lernen, Herr Körbler", sagte die junge Frau. „Mein Mann hat mir viel von Ihnen erzählt."

Der Dicke sah bedenklich nach Gustav, danu forschend in das Gesicht Brigittens. Kein boshaftes Fältchen, kein verhohlenes Schmunzeln. Wenn ihr alles erzählt worden war, danu betrug sie sich wirklich wie — eine „Dame von Erziehung". Aber er war einigermaßen verwirrt und vergaß ganz, zu versichern, daß es eigentlich ihn unendlich erfreue .... Wie ein Papagei plapperte er nochmals die Phrase: „Wollte nicht abreisen, ohne mich an dem Anblicke des Glückes meines Freundes geweidet zu haben."

„Ja, ist er denn so glücklich?" fragte Brigitte, ihren Mann anblickend.

Der lächelte und schwieg.

„Nun, sehn S'", fuhr sie fort, „er bleibt gar die Antwort schuldig. Wie schlimm stünd's, wenn Sie allein deshalb die weite Reis' unternommen hätten? Wissen S', Herr Körbler, glücklich und gesund ist man, ohne daß man dran denkt und es andere merken läßt; jedem Dritten machte es ja auch nur Neid oder Langweil. Ganz knapp ist da alles just für zwei Leut ausgemessen, haushalten die aber damit, so kommen sie wohl fürs Leben aus. Gelt Gustl?"

Körbler seufzte. Fischer senior reichte der alten Frau über den Tisch hinüber die Hand. „Mutter", sagte er, „die zwei können wir ohne Sorg so alt werden lassen, wie wir's geworden."

Bilder aus dem Leben einer großen Stadt

Aber [illegible]
es [illegible]
womit [illegible]
leiten, [illegible]
dabei [illegible]
an einen [illegible]
einen [illegible]
sich, der [illegible]
wenn aber [illegible]
herrlichen [illegible]
lichen [illegible]
mehr seinen [illegible]
den [illegible]
seit [illegible]
Morgen [illegible]
schiene [illegible]
abscheuliche [illegible]
in uns den [illegible]
weden, so [illegible]
nahmsfall [illegible]
„An einem [illegible]
wir seit [illegible]
sind ...“ [illegible]
ganz [illegible]
brach ...“ [illegible]

Ein Wiedersehen

Aller Anfang ist schwer, und einem Erzähler mag es ebenso gestattet sein, damit zu beginnen, womit Leute anderen Schlages ein Gespräch einleiten, nämlich mit dem Wetter, nur ehrlich soll es dabei zugehen. Wenn einer niederschreibt: „Es war an einem stürmischen Novembertage", so hat das einen starken Anschein der Wahrscheinlichkeit für sich, der November ist eben ein Monat darnach; wenn aber einer schreiben würde „es war an einem herrlichen Maimorgen", oder gar „an einem lieblichen Ostertage", dann ist vorauszusetzen, daß er mehr seinen Phantasiegebilden Rechnung trägt als den wirklichen Verhältnissen, denn wer erinnert sich seit Jahren zu den angegebenen Zeiten herrlicher Morgen und lieblicher Tage? Glaubwürdiger erschiene jedenfalls ein frostiger Maimorgen und ein abscheulicher Ostertag. Will der Erzähler durchaus in uns den Glauben an eine bessere Witterung erwecken, so muß er ehrlicherweise diese als einen Ausnahmsfall kennzeichnen und daher etwa schreiben: „An einem Maimorgen von einer Herrlichkeit, dereu wir seit lange in solcher Jahreszeit entwöhnt sind . . ." „An einem Ostertage, dessen Lieblichkeit ganz überraschend das rauhe Frühjahr unterbrach . . ." oder wie es just einer damit halten will.

Gibt der Erzähler diese meteorologischen Berichte lediglich nur, um über die ersten Zeilen hinwegzukommen, ohne irgend welchen Bezug auf ein nachfolgendes Ereignis, das gutes oder schlechtes Wetter unumgänglich erfordert, danu mache er lieber gar keines, schreibe getrost: „Es war um die oder jene Zeit des Jahres und Tages“ und überlasse es jedem Leser selbst, sich damit nach den bezüglichen neuesten Erfahrungen abzufinden.

Es war zur Osterzeit, als der Most-Bartl seine Arbeit verlor, was ihm übrigens auch zu jeder anderen heiligen Zeit des Jahres gleich unangenehm gewesen wäre. „Most-Bartl“ war kein Spitzname, etwa einem beigelegt, der wohl wußte, „wo der Bartl den Most holt“, darnach sah der alte, kleine, schmächtige Tischlergeselle gar nicht aus, mit seinen fünfzig Jahren auf dem von Arbeit gekrümmten Rücken und dem rundlichen, etwas geröteten, gutmütigen Gesichte unter dem fast weißen Haarschopfe; er hieß Bartholomäus Most, und da es noch einen Most in der gleichen Werkstätte gab, Bastian war der getauft, so wurde er, um jede Irrung in der Person auszuschließen, Most-Bartl und sein Namensvetter Most-Bastl gerufen. Sieben Jahre hatte er bei einem und demselben Möbelfabrikanten in Arbeit gestanden. Seit die Gewerbefreiheit jedem jedes zu treiben erlaubt, ob er es nun versteht oder nicht, nennen sich alle, die Einrichtungsstücke für Wohnungen feilhalten, Möbelfabrikanten; die Händler haben diese Bezeichnung aufgebracht, entweder aus Bescheidenheit, weil sie sich füglich nicht gut Tischler nennen konnten, oder in guter Einsicht, daß man sie auch nicht dafür genommen haben würde, und die Tischler wollten nicht zurückbleiben, entweder aus Eitelkeit, denn „Möbelfabrikant“, das klingt doch nach etwas, oder gleichsam zum Ersatz; für den durch so vielfache Konkurrenz verkürzten Erwerb tröstete doch der verlängerte Titel. Der Möbelfabrikant, dem der Most-Bartl so lange Möbel fabrizieren geholfen, hatte seinerzeit so großartig, als nur in seinen Kräften stand, angefangen und fünfzig Arbeiter beschäftigt, denn, wie billig, wollte er als Fabrikant von Gesellen nichts wissen. Diese begannen sich auch bald als Arbeiter zu fühlen und bei günstiger Gelegenheit zu streiken, während ihr Arbeitgeber jede ungünstige nützte, das Personal zu verringern und die Löhne herabzudrücken. Der Most-Bartl, als ein Ordnung und Friede liebender Mensch, hatte gegen diese Auflehnung wider den Brotherrn stets seine Bedenken, und er fand es nur zu erklärlich, daß der, dadurch gereizt, wenn er seinerseits Trumpf in die Hand bekam, nicht zögerte, denselben ebenso rücksichtslos auszuspielen; dagegen war der Most-Bastl ein anderer Mann, der besuchte sozialdemokratische Versammlungen und fand an Reden rotester Färbung Gefallen, er stand nicht an, den Arbeitsgeber als einen echten „Burschoah“ zu bezeichnen, und nannte ihn einen „Tyrannensauger“; ob er dieses ungeheuerliche Wort aus einer Rede aufgegriffen und fertig mit in die Werkstätte gebracht oder, im erregten Gemüte das Bedürfnis nach gesteigerter

Ausdrucksweise fühlend, aus zwei verderblichen Begriffen diesen verderblichsten zusammengezüchtet hatte, gleichviel, er warf diese entmenschende Schmähung breit aus dem Munde — was er dabei dachte, ist sein Geheimnis —, und die Gesellen hatten heiteres Verständnis genug dafür, daß sie von zeitab den Möbelfabrikanten lachend den „Tyrannensanger" hießen. Zu Ostern nun verging aber allen zusammen das Lachen, den Arbeitern wie dem Arbeitsgeber. Letzterer war mit seinem Kapitale zu Rande gekommen, er mußte das gesamte Personale entlassen und behielt nur einen einzigen, der eine Art Hausknechtstelle zu versehen hatte, damit über dem geringen Vorrate im Magazine doch ein möbelkundiger Mann wache.

Vielleicht nicht so hart wie andere, doch hart genug traf den Most-Bartl dieser Schlag, er hatte sich eine Kleinigkeit erscharrt und erspart, die mochte ihm freilich über die erste böse Zeit hinweghelfen, was aber dann? „Nun, wie Gott will", sagte er. Er sagte sich aber auch, indem er sich entsann, was er seinerzeit bei dem Verluste seiner Eltern empfaud und späterhin oft aus fremder Notlage entnahm, daß die Ergebung in den Willen Gottes, so christlich sie auch sein mag, für den schwachen Menschen wenig Einladendes habe und meist von sehr schmerzlichen Empfindungen begleitet sei; daher wollte er nicht untätig zusehen, sich das Elend langsam näher rücken und zuletzt bedingungslos auf den Kopf fallen lassen; er dachte daran, sich Zwischenverdienste zu schaffen, denn von Nebenverdienst kounte keine Rede sein, wo kein Hauptverdienst vorhanden war. So saß er denn, arbeits-, doch nicht beschäftigungslos, in seiner Wohnung, in einer entlegenen Gasse eines Vorortes, in einem alten zweistöckigen Hanse, das außen graue Mauern und innen graue Wände hatte, dessen kleine Fenster in ganz unregelmäßigen Abständen die Fronte durchbrachen, und dessen Stuben zwar niedrig, dafür aber desto geräumiger waren.

Wohnung hatte er allerdings keine im Hause, bisher bedurfte er ja auch nur über Nacht eines Unterstandes, und gegen eine Beschränkung auf die Räumlichkeit, auf welche er eigentlich ein Anrecht hatte, würde sowohl er als auch die Mietsfrau Einsprache erhoben haben, er hätte nämlich all seine Zeit im Bette verbringen müssen, denn er stand in dem bescheidensten Mietsverhältnisse, in dem eines Bettgehers, und als einem solchen, dem nun plötzlich einfiele, auch tagüber in der Stube herumzusitzen, hätte ihm sicher die Kündigung bevorgestanden, wäre er eben nicht die langen sieben Jahre her und darüber dort eingemietet gewesen, stets pünktlich im Zahlen und solid im Betragen; darum sah auch jetzt die Vermieterin ganz von seiner Eigenschaft als Bettgeher ab, betrachtete ihn als guten alten Freund, dem gegenüber es nicht schön gehandelt wäre, wenn man ihn seine herabgekommene Lage fühlen ließe, und daher kam es, daß nun die alte Frau ohne ein verdrießliches Fältchen im Gesichte mit ihm an demselben Tische saß und bei dem Scheine derselben Lampe, bei dem er arbeitete, emsig strickte.

Er tat sich etwas auf seine Findigkeit zu gute, die ihn darauf führte, sofort die Gelegenheit beim Schopfe zu fassen und auszunützen und zu Ostern für Ostern zu arbeiten. Seit frühem Morgen, die kurze Unterbrechung zur Mittagsstunde abgerechnet, hatte er darüber gesessen, jetzt schob er ein Töpfchen mit Leim, Holzspäne und Wollflocken beiseite. „Fertig", sagte er aufatmend. „Schaun Sie sich's einmal an, Frau Zeisl."

Die Angeredete legte die Strickerei vor sich hin, schob die Brille einstweilen über die Brauen hinauf und rückte an dem Schirm der Lampe, daß er schräge auf der Kugel saß und das volle Licht auf ein Brett fiel, das rings ein aus Holzleistchen zusammengeleimter Zaun umgab, der nach einer Seite hin ein offenes Tor hatte; aus der Mitte ragten zwei Stäbchen auf, deren oberes Ende mit grünem Papier beklebt war, und zu Füßen dieser mutmaßlichen Bäume standen zwei Dutzend Osterlämmer, jedes einzeln käuflich, versteht sich; die kleine Herde war nur in dem feinen Gärtchen untergebracht, weil der Most-Bartl ganz gut wußte, was es ausmacht, wenn man den Leuten die Ware in geschmackvoller Weise vor die Augen bringt.

Frau Zeisl griff eines der Lämmchen auf und hielt es nahe an das Licht. Vier glatt geschnitzelte Holzstäbchen bildeten die Beine, darüber saß ein flaumiger Wollbausch, aus dem zwei schwarze Perlen als Äuglein glitzerten, und an der Seite klebte ein Span, der oben an einem Querhölzchen einen kirschroten Papierstreif baumeln hatte.

Frau Zeisl setzte behutsam das Lämmchen wieder an seine Stelle zurück. „Das ist so natürlich", sagte sie, „als man nur was sehen kann."

Für ihr Urteil war wahrscheinlich die Wolle ausschlaggebend, und mit der hatte es allerdings seine Richtigkeit, die war echt. Da man nur den Beweggründen ungünstiger Urteile nachspürt und nur ungünstige Beurteiler laut verdächtigt oder schweigend verachtet, während man der Gunst und den Gönnern sich stets, je nach deren Rangstufe, zu stillem bis zu ersterbendem Danke verpflichtet fühlt, so ergab sich auch für den Most-Bartl kein Anlaß, bei dem Lobe seiner Quartierfrau etwas zu denken oder zu sagen; aber ermutigt fühlte er sich durch diesen ersten Erfolg, er erhob sich, schlug einen Bogen Packpapier um seine Osterschäferei, doch nur lose, damit er sofort jeden in selbe Einblick nehmen lassen konnte, und ging — wie er sagte — sein Glück versuchen.

Er entschloß sich, seine Ware in den Gasthäusern feil zu bieten, und da er keinen Hausierpaß besaß, so wußte er wohl, daß dieser Gang für ihn nicht ganz gefahrlos sei, und ehe er nach der Türklinke einer Gaststube griff, sah er sich erst vorsichtig um, ob sich etwa ein Wachmann in der Nähe herumtreibe. Er rechnete darauf, Abnehmer unter jenen leichtsinnigen Familienvätern zu finden, die Trunk und Spiel und Kannegießerei bis nach Mitternacht an dem Stammgasttische festhält, und die sich danu durch so ein „Mitgebrachtes" vor der vernachlässigten Familie das Ansehen geben wollen, als hätten sie auch „auf zu Hanse" nicht vergessen. O

Most-Bartl, in solch arger Zeit gedenkst du die Heuchelei zu unterstützen? Du gehst nicht nur einen gefährlichen, du gehst auch einen üblen Weg. Daß es ein übler war, gab er bald selbst zu, aber für die allwaltende Vergeltung, die darin lag, fehlte ihm das Verständnis.

Schon im ersten Gasthause geriet er an einen Tisch, an welchem ein Mann saß, dessen große, krumme Nase ihm gleich nicht gefiel. Dieser Gast stellte eines der Lämmchen vor sich hin auf die Platte. „Was ist das?" fragte er, und um einen guten Spaß zu machen, nannte er das Ungleichartigste. „Wohl ä Elefant?"

Der Most-Bartl stellte das Lamm etwas unsanft an seinen Platz zurück. „Mein bester Herr", sagte er, „daß Sie sich auf so was nicht verstehen, das hab ich Ihnen gleich angesehen; Sie haben eben nicht die Schulen durchgemacht, um zu wissen, was ein Osterlamm ist."

„Ein Osterlamm? Mein, wir Juden haben ja auch ein Osterlamm."

„Mein Herr", sagte der Most-Bartl mit Würde, „Sie glauben vielleicht an das Lämmerne, an das Gotteslamm mit der Osterfahne glauben Sie nicht, daher hat es für Sie keinen Wert, und Sie branchen auch keines zu kaufen, aber darum keine Religionsstörung! Gute Nacht!"

Er verließ beleidigt das Lokal. Er fand noch verschiedene Male Anlaß, das an anderen Orten zu wiederholen, denn auch die Urteile aus christlichem Munde klangen lieblos und spöttisch; nachdem er mehr als ein Dutzend Gasthäuser fruchtlos abgegangen, war sein Stolz gebrochen, und seine Ware fing ihm an leid zu tun.

„Es is schad drum“, murmelte er, indem er das Brett an sich drückte, „es is schad. Das habt ihr nit um mich verdient.“

In einer kleinen Schenkstube saßen Fiaker um einen Tisch und führten ein lebhaftes Gespräch über die „Nivellisten“ in Rußland.

Der Most-Bartl pflanzte sich mit seiner Schäferei vor ihnen auf, und da man ihm anfangs kein Gehör schenkte, wurde er immer lauter mit seinem Anbot.

„Ei, so gib so ein Vieh her, daß ein Ruh wird“, sagte einer. „Da hast dein Geld, und jetzt fahr ab, verschleierter Bettler.“

„Mein Herr, ich bin kein Bettler nicht.“

„Was denn nachher?“

„Lampelfabrikant“, lachten einige.

„Da schauts nur her“, sagte der Käufer, „wie dös Ding gmacht is! Damit schreckt mer eher die Kinder, als daß man ihnen ein Freud macht.“ Er wandte sich zum Most-Bartl. „Nimm's wieder mit, ich schenk dir's.“

„Halt aus, Schackerl“, schrie einer über den Tisch, „das muß erst überstempelt werdn, daß kein Mißbranch gschieht.“ Damit zermalmte er das unschuldige Lamm mit der Fanst.

Tief aufseufzend trat der Most-Bartl auf die Straße hinaus. Jetzt begann er sich seiner Ware zu schämen. Zögernd und mit Überwindung setzte er den Fuß über die Schwelle der wenigen Gasthäuser, die er noch offen fand, denn über seine lange Wanderung war die Zeit bedeutend vorgerückt und jetzt stand er, stundenweit von seinem Unterstandsorte, um zwei Uhr morgens auf einer der Brücken, die über den Donaukanal führen. Er stellte das Brett vor sich auf das Geländer.

Nur das eine einzige Lamm, das er unter roher Faust zusammenbrechen sah, hatte er verkauft, wie beneidete er dasselbe, das nun alles überstanden hatte! Dafür richtete sich sein ganzer Groll gegen die überlebenden.

„Ihr gottverfluchten Vieher", begann er, „nit die Woll zahlt sich aus, die ich auf euch verwendt hab! Müh und Arbeit habt ihr mir gemacht, Schimpf und Spott habt ihr mich dafür leiden lassen, aber Undank ist der Welt Lohn! Kanaillen!"

Er schlug gegen das Brett, und durch das offene Pförtchen, das gegen die Wasserseite lag, stürzten sich sofort etliche der unglücklichen Geschöpfe, im Gefühle verfehlten Daseins, in den Strom.

Bald wird sich in den Wellen der Leim gelöst haben, gesondert werden die Holzgerippchen und die Wollflocken dahintreiben und die Perlen zum Grunde sinken. Nichts geht verloren im weiten All!

Eineu Augenblick dachte der Most-Bartl, ob es nicht auch gleich das beste wäre, den Lämmern nachzuspringen, aber dann besann er sich, daß der Effekt doch nicht der gleiche sein dürfte, jene blieben obenauf, während er mutmaßlicherweise unterginge.

„Ei, so lernts alle mit einander schwimmen", sagte er ingrimmig, und Paar um Paar griff er sie auf und schleuderte sie in die Wogen.

Da wurde es auf der Brücke laut, eine lustige Gesellschaft kam vom anderen Ende her. Voran am Arme zweier geschniegelter junger Herren schritt eine Dirne, auffallend geputzt, schlecht geschminkt, aber mit den gottlosesten Augen von der Welt im Kopfe. Mehrere Pärchen folgten nach; das lag aber auf der Hand, die an der Spitze waren die Tonangebenden. Nebenher torkelte ein junger Mensch, der Kleidung nach dem Arbeiterstande angehörig, er paßte offenbar nicht in diesen Kreis, in den ihn vielleicht der Zufall führte oder — ein Unstern bannte.

Wiederholt taumelte der Trunkene an einen der Begleiter der Glutäugigen, was jedesmal mit Geschimpfe und Gelächter aufgenommen wurde.

„Kathel, Kathel", lallte er, „das sag ich dir schon, von mir aus kannst allein z' Haus gehen."

„Das merk ich wohl", lachte die Dirne, „müßt i ch dich höchstens führen."

„Ich mag dich nit", fuhr weinerlich der Bursche fort, „weißt, denn du haltst es mit alle."

„Geh, Tschapperl, was d' redst", sagte sie. „Was geht's denn dich an, und was tut's dir denn? Gern hat mer doch alleweil nur ein und nit mehr auf einmal, und wann d' Reih an dich kommt, bist du der eine. Heut aber noch nit."

Das eifernde Gestammel des Trunkenen wurde von dem lauten Gelächter des Schwarms übertönt, der jetzt in die Nähe Most-Bartls gekommen war, und als man das Treiben des Alten wahrnahm, da griffen ein Halbdutzend Hände zu und warfen, was noch vorhanden war, dem Vorangegangenen nach.

„Recht so, recht so", lachte heiser Most-Bartl, „soll alles hin sein!" Damit warf er das Brett hinterher, daß es in einem weiten Bogen von der Brücke niederschoß.

Die Nachtschwärmer strichen weiter. Ab und zu hallte noch ein Lachen oder grellte ein Schrei aus der Ferne. Auf der Brücke war es so stille geworden wie zuvor. Der Most-Bartl lehnte über dem Geländer und sah in das Wasser, plötzlich fuhr er empor, er merkte sich nicht allein, ein altes Weib hatte sich aufdringlich nahe an ihn herangeschlichen.

„Nur nit erschrecken", kicherte die Alte, „mußt nit erschrecken, wir sein ja gut Freund, wenn du mich auch nit gleich wieder erkennst."

Most-Bartl betrachtete das Weib, wie es da vor ihm stand in grobem Schuhwerk und schlumpigem Rock, ein zerknülltes Umhängtuch um Kopf und Leib geschlagen und auf dem Rücken verknotet. Das Gesicht war fahl und aufgedunsen, die Augen hatten rote Ränder. Das Wolltuch hauchte auf ein paar Schritte den Geruch von Tabaksqualm und danu von noch etwas Schärferem, Stechendem aus — Fusel —, also eine Branntweinsäuferin! Mit Ekel wandte sich der alte Tischlergeselle von ihr ab.

„Hihi! Aber Schatzerl, Schatzerl", lachte das Weib, „besinn dich nur ein wenig. Beinah wär mir's mit dir nit besser ergangen, aber jetzt leg ich mein

Hand ins Fener, daß du kein anderer bist wie der Bartl, der Bartl Most."

Der Alte trat auf sie zu und sah ihr noch einmal scharf ins Gesicht. „Heilige Mutter Anna," schrie er, „wirst doch du nit die Kathrin sein?!"

„Freilich bin ich's."

„Um Gotteswilln, was treibst du dich denn jetzt, um solche Zeit, noch herum? Was suchst denn?"

„Mein Mädl tu ich beaufsichtigen."

„Dein Mädl?"

„No, du weißt doch, mein Kathi. Mußt s' ja eh vorhin gsehen habu, wie sie mit die andern bei dir vorbeizogen is; die Feschefte von allen."

„Die? Lud du laßt ihr das hingehn?"

„Ei mein, hat mer selber nix ghabt in jungen Jahrn, soll 's Kind sein Willn habn, und lebu will mer ja auch."

„So denkst du? Was sagt denn dein Mann dazu?"

„Der? Den habn wir vor drei Vierteljahren eingrabn."

„So? No frei h'raus, da kann mer wohl auch sagu, es is wieder ein Vater z' fruh für sein Kind gstorben."

„Du Hansnarr! Weißt doch, daß er ein Lump war, und der is er blieben. Meinst denn, der hätt nit mitghalten? O, wohl hat er sich gut gschehen lassen, von dem Geld, was 's Madel ins Haus bracht hat, war nur allweil der Verdruß, daß 's z'wenig bringt."

Wieder trat der Most-Bartl paar Schritte zurück. „Dann ist er kein Vater gwest, und du bist kein Mutter“, sagte er rauh.

„Geh zu, geh zu“, rief das Weib, „werdn wir uns doch nit streitn wolln, wo mer uns ein halbe Ewigkeit nit gsehn habu, und d' andere Hälfte müssen wir just auch nit da auf der Brücken stehen bleibn; geh ein Stückl mit mir und für mich.“. Sie wankte auf ihn zu und hing sich schwer an seinen Arm. „Ich bin schon ein bissel schwach auf 'n Füßen, nit allweil, so zeit- und randweis halt, wenn ich grad mehr gtrunken hab.“ Sie lachte. „Ei mein, bin schon lang nit mit so ein soliden Herru gangen, wie du bist — hihihi —, am End bist du bis auf'n heutigen Tag gar noch ein Junggsell! Ei, so gib doch Obacht, du stoßt ein ja ins Rinnsal.“

Dem Most-Bartl kam es wohl so vor, als hätte ihn die Trunkene selbst nach sich gezogen, aber er getraute sich's nicht zu behaupten, es kounte auch anders gewesen sein.

„Wenn ich manchmal nachdenk über das Geschehne“, fuhr das Weib fort, „danu denk ich auch, es hätt just nit so kommen müssen, wie es gekommen ist, wer hat denn aber Schuld, daß 's kommen is? Doch niemand anderer wie du!“

„Wie ich?“ brummte der Most-Bartl. „Ich doch nit.“

„Halts Maul, laß mich reden. Zwei so alte Tiere, wie wir sein, können alles bereden, einbringen können wir nichts mehr. Weißt noch, wie da ehrndermal noch 's Glacis war und wir uns auf'm Rasen h'rumgebalgt haben? Damal schon war dir jeder Vierte-Klaß-Bub an Keckheit überlegen. Und wie du nachher freigesprochen warst — Herrgott h'nein —, was bist du für ein sauberes Tischlergsellerl gwest! Du hast mir nit wenig in d' Augen gstochen, aber dergleichen wolltst nix tun . . ."

Der Most-Bartl lachte laut auf, es klang ganz abscheulich; so mag ein hungernder Bettler lachen, dem eine Kupfermünze zugeworfen wird, die längst schon außer Verkehr ist. Der Most-Bartl mußte lachen, weil er nun hätte sagen können: „Ich hab dich ja auch gerne gesehen, lieber, als du denkst, aber ich war blöde", und das nicht zu sagen vermochte, nicht um die Welt, zu dem Geschöpfe, das jetzt an seinem Arme hing.

„Gelt, da lachst, alter Schnipfer?" schrie das Weib. „Ja, jetzt is tempo passati, wie unser Nachbar, der Mediziner, sagt! Gscheit sollt mer auf d' Welt kommen, dumm wird mer eh wieder drauf; wär gleich besser, man bleibet's all sein Lebtag, bis mer's zun Gscheitsein bringt, nützt's ein nix mehr. Du, scheint mir, hast doch 's Glück und bist dumm bliebn. No, mußt dich nit beleidigen, damals war ich auch nit anders, wir hätten ganz gut zsammtaugt. Du aber hast nit reden wollen, und ich hab glaubt, ich bring dich dazu, wenn ich dich eifern mach und mich aus Gspaß mit'm Kaspar einlaß, aber der hat kein Spaß verstanden, der war bei 'n Frauenzimmern wie der Teuxl, hat ihm eine 'n klein Finger zeigt, hat er bald d' ganze Hand ghabt und mehr auch; daß aber in denen Dingen für ein

Weibsbild kein Spiel gilt, daß das just so is, als ließ mer ein Kind beim Ofen zündeln, dös hab ich eben erst erproben müssen. So is mit einmal aus'm Gspaß Ernst wordn, und wie ich in den Fall kommen bin, wirst ja wissen, was meine Eltern für einen Lärm gschlagen haben. Daß ich leichtsinnig war — ich leugn's nit —, das habn s' gwußt, und daß der Kaspar ein Lump is, das haben s' auch gwußt, aber 's Kind war einmal da, und mein Vater hat alles aufgwendt, auf Bitten und Drohn hat er sich verlegt, nur daß er uns zsammzwingt und wir uns heiraten, damit die Ehr der Familie wiederhergestellt is! No, und einmal unter e i n'm Dach mit d e m Mann, da konnt an mir nix Guts mehr verbleibn und aus'm Kind nit Guts werdn. Oh, wie oft schon hab ich mir meine alten Leut nur auf ein Viertelstund aus'm Grab gwünscht, daß s' doch wüßten, wie d' Ehr hergstellt is — an s'u Glanz!"

Die Stimme des Weibes klang umflort. Der linke Jackenärmel schlüpfte unter dem Tuche hervor und strich über die Augen. Dann begann sie wieder: „Was hätt es ihnen denn auch gemacht, wenn s' mich samt 'm Kind bei ihnen bhalten hätten? Fürs Kind wär's 's beste gwest, und ist denn dös gar so was nie Erlebts, daß ein Frauenzimmer, was ins Unglück kommen is, wenn sich's darnach ehrlich verhalt, doch noch ein Mann kriegt? Und grad nach so was kommt entweder keiner mehr oder ein recht Braver, so daß sichs Warten doch auszahlt. Wer weiß, wär er mir ausblieben? Was? Und ich und mein Kind könnten jetzt in einer Achtung stehn — und nit so —"

Der linke Jackenärmel war wieder auf dem Wege nach den Augen.

Der alte Tischlergeselle war weichmütig geworden, er suchte mit der Rechten die Hand des Weibes und drückte sie.

„Ei mein, gar d' Hand tust mir drucken?" sagte sie. „No, dös is schön von dir. Schau nur, daß d' auf keine Einfäll kommst — hihi —, da zieht er die Pfoten wieder zruck, der dalkete Ding. Brauch ja dein Händdrucken nit, und dein barmherzigs Gschau kannst auch für dich bhalten! Denk nur nit, daß ich mich kränk, deßtwegen lebn wir noch allweil frisch und munter. Meinst vielleicht, was mir aus die Augen lauft, wär Wasser? Branntwein is 's, Branntwein", kreischte sie lachend.

Da riß sich der Most-Bartl los und lief, gefolgt von ihren Scheltworten, die Straße dahin.

Fünf Uhr morgens war es, als er vor dem noch versperrten Haustore anlangte und sich müde auf einen der Prellsteine setzte. Er rückte den Hut aus der Stirne und preßte beide Hände gegen selbe.

„Wärst lieber heimblieben, Most-Bartl", seufzte er, „wär eh nix dabei verlorn gwest, und grauslicher hättst nit träumen können, wenn dich auch die Trud gedrückt hätt. Ich darf mich nit beklagen", — er schüttelte den Kopf —, „nit beklagen darf ich mich. Gegen den Hunger kann mer aufkommen, wie denn aber gegen das Elend, das den Menschen in die Schul nimmt, wo er sich selber verlernt?!"

Das Schlußkapitel eines Romans

Zwei alte Leute stiegen die Treppen eines Vorstadthauses hinan, in jedem Stockwerke hielten sie Atem schöpfend ein wenig inne; als sie das letzte erreichten, standen sie eine Weile vor einer Türe, an welcher eine Visitkarte klebte: „Emil Krautschneider, Privat-Agent" war darauf zu leseu.

Die alte Frau legte den Arm, wie begütigend, auf die Rechte des alten Mannes. „Vater", sagte sie leise, „bedenk, 's ist unser Kind — 's einzige."

Der Alte schüttelte unwillig den Kopf, als er aber das bekümmerte Antlitz seiner Gefährtin sah, nickte er ein klein wenig, dann zog er die Klingel.

Innen schlurfte es kaum hörbar heran, ein Riegel klappte zurück, ein Schlüssel drehte sich im Schlosse, und unter der sich langsam öffnenden Türe zeigte sich ein junges, bleiches, verblühtes Weib. „Vater! Mutter!" schrie es freudig auf, danu stand es plötzlich mit reglosen Armen, zitternden Knien und trat zur Seite, um die Alten einzulassen.

Geraden, strammen Schrittes ging der alte Herr nach dem Zimmer. Die alte Frau blickte sich in der Küche um, der Herd war öde, kein Fener brannte in selbem, keine Asche lag davor, das Küchengeräte sah verstaubt. Als die Türe ins Schloß fiel, küßte das alte Weib rasch die Wange der jungen Frau. „Arme Emmi!"

„O, woher wißt ihr?“ fragte die Tochter zusammenschauernd.

Die Mutter blickte bedeutsam nach der Zimmertüre, und beide beeilten sich einzutreten.

Der alte Herr saß auf einem Stuhle, die Hände auf den Stock gestützt, den er zwischen den Knien hielt. Er bewegte die Finger der Rechten, er trommelte damit in der Luft, danu warf er einen Blick nach seinem Kinde und sagte mit gleichmütiger Stimme: „Sahen uns lange nicht.“

„Zwei Jahre, seit meinem Hochzeitstage“, sagte die junge Frau mit ausbrechenden Tränen, „du hast mir ja dein Haus verboten und ... O, Vater, was führt dich heute zu mir?“ Sie fragte das mit vor Angst ersterbender Stimme.

„Dein Elend, dein Jammer! Weil ich denn doch einmal dein Vater bin, unvernünftiges Geschöpf —“

„Um Gottes willen!“ rief die alte Frau.

Da senkte der Mann den Kopf und sagte mit dumpfer Stimme: „Wie geht es euch denn?“

„Ach, es ginge ja alles ganz gut. Ich arbeite gerne. Wenn nur Emil ein klein wenig praktischer wäre, er verdient auch gar zu wenig.“

Der Alte sah seiner Tochter ernst unter die Augen. „Wo ist denn dein Mann?“

„Ich weiß es nicht.“

„Du weißt es nicht?“

„Er sprach mir von einer Geschäftsreise —“

„Von einer Geschäftsreise?“ wiederholte mit einem kurzen Auflachen der alte Herr. „Sagte er dir auch, wie lange er wegbleiben würde?“

„Nein, Vater, er meinte, er könne das nicht wissen."

Der Alte nickte ein paarmal mit ganz gehässigem Lächeln.

„Er ging vor drei Tagen", fuhr die junge Frau fort, und ganz ratlos geworden, setzte sie mit erzwungenem Scherze hinzu: „so lange schon bin ich Strohwitwe und weiß nicht, wie lange ich es noch sein werde."

„Spielst du vor uns Komödie?" brauste der alte Herr auf, „oder weißt du wirklich von nichts?"

Die Tochter starrte ihn mit großen, verständnislosen Augen an, erst als ihr die Mutter laut weinend um den Hals fiel, da brach auch sie in Tränen aus.

„Sie weiß von nichts", rief die alte Frau, „ich getraue mir's bei allem, was mir heilig, zu schwören, daß sie von nichts weiß!"

„Von was soll ich wissen?! Um Gottes und aller Heiligen willen! Vater, Mutter, von was soll ich wissen?!"

Der alte Mann erhob sich vom Sitze, warf seinen Stock auf den nebenstehenden Tisch und strich mit beiden Händen durch die Haare. „Nun denn", sagte er, „ich war auch schon darauf gefaßt, dich so zu finden, daß du uns mehr zu verschweigen hättest, als wir dir zu sagen vermöchten. Es ist freilich ein leidiger Trost, jetzt, wo ich die schmerzliche Genugtuung habe, daß alles gekommen ist, wie ich es immer hab kommen sehen, daß er dich wenigstens nicht moralisch verderbte, da er dich elend machte, der Schuft!"

Beide Frauen hoben die gefalteten Hände gegen ihn.

„Nichts, nichts da!“ fuhr er fort, „bleibt mir weg mit allen Jammergebärden, Wasserkünsten und Schwatzfertigkeiten. Wollte Gott, ich hätte mich gleich vom Anfange an nicht darnach gekehrt, wir stünden jetzt nicht, wo wir stehen! Als mir der windige, geschniegelte Geck mit der Werbung ins Haus fiel, da wies ich ihm freilich sofort die Türe, aber es war zu spät; ich armer, alter Aktenwurm, 's lieben Brotes halber zwei Dritteile des Tages an den Kanzleitisch geschmiedet, konnte ja nicht ahnen, daß ein Müßiggänger schon lange hinter meinem Rücken kam und ging und es euch beiden angetan, der süße Emil! Natürlich, so mußte er aussehen, der Anbeter, wie aus dem Schächtelchen gehoben, beileib kein wirres Haar, keinen zerknitterten Bruststreif oder gar einen Fleck auf der Manschette! Dunkle Augen mußte er haben, die, wenn der Kerl auch in aller Welt an nichts dachte, schwärmerisch ins Leere guckten, und einen aufgedrehten Schnurrbart und blanke Zähne, und schwatzen mußte er können von seinen Gefühlen, daß kein Verstand mehr dabei war. Das gefiel den Weibern. Ja, das war der Rechte für ein von seiner törichten Mutter verhätscheltes Backfischchen, das über Strumpf und Stopfholz hinweg bis in die Nacht hinein die albernsten Romane las und die Quintessenz aller Tugenden und Vortrefflichkeiten der ihr bekannten Romanpuppen als Häcksel in die lebendige Zierpuppe hineindachte. Als ich ihr die verweigern wollte, ging das Weibergeheul im Hause los. O, daß ich fest geblieben wäre, daß ich nicht nachgegeben hätte, wo ich alles so sicher voraussah, so sicher, daß ich feige genug war, das, was kommt, nicht vor Augen sehen zu wollen, und darum meinem Kinde das Haus verbot! Und es kam mehr, mehr als ich ahnte, nicht nur Not und Bedrängnis, nein, auch Schande! Schande!"

Er drückte laut aufschluchzend beide Hände vor das Gesicht. Die alte Frau trat zitternd auf ihn zu, und die junge stand vor ihm mit gefalteten Händen und starrte ihn erschreckt mit glanzlosen Augen an.

„Emmi", sagte der Alte mit gepreßter Stimme, „du sagtest vorhin, dein Mann verdiene auch gar zu wenig, ich aber sage dir, er verdiente nichts, gar nichts! Das Geld, das er dir von Zeit zu Zeit in die Hauswirtschaft gab, hat er seinen Auftraggebern veruntreut."

„Das ist eine Lüge", schrie das junge Weib, „das tut Emil nicht! Glaube mir, Vater, das ist eine Lüge!"

„Bedenkst du auch, was du da sagst?" fragte zornbebend der alte Mann. „Einer hübschen Larve willen wirfst du deinem alten Vater einen Lügner in das ehrliche Gesicht?"

Die alte Frau fiel ihm um den Hals, er aber machte sich rasch frei. „Das tut Emil nicht, meinst du? Wer kann denn überhaupt sagen, was so ein haltloser Schwächling nicht tut, der sich auf sonst nichts versteht, als sich durch Künste des Friseurs und Schneiders Weibern angenehm und Männern widerwärtig zu machen?! Was tut so einer nicht?!"

„Das nicht! Das nicht!" stöhnte das junge Weib und streckte die Hände abwehrend von sich.

„Was nicht? Was denn nicht?" rief der alte Herr, indem er durch das Zimmer lief und vor Aufregung mit beiden Armen in der Luft herumfocht. „Wie lang kann denn dir noch verborgen bleiben, wovon heut schon alle Welt weiß, daß er verhaftet wurde, als er von dir wegging, und vor die Geschworenen kommt wegen gemeinem Betrug — pfui — wegen . . ."

Hier unterbrach ihn der grelle Aufschrei, den das junge Weib ausstieß, ehe es, wie leblos, zu Boden fiel. Er wollte ihr beispringen, doch die alte Frau drängte ihn weg und sagte heftig: „Du tötest sie, du tötest mir mein Kind!" Da hastete er nach der Küche und kehrte mit einem Glase Wasser zurück, besprengte das wachsbleiche Antlitz, das nun im Schoße der Mutter gebettet lag, und beide alten Leute mühten sich gemeinsam, die Ohnmächtige zum Bewußtsein zu bringen.

Als der alte Mann sein Kind zu sich kommen sah, da streichelte er dessen Haar und tätschelte die feinen, mageren Hände und flüsterte ihm zu: „Emmi, mein armes, liebes Kind, du kehrst wieder zu uns zurück, du bleibst bei uns. Du wirst dich von dem Unwürdigen scheiden lassen, zu deinen Eltern zurückkehren, bei uns bleiben."

Die junge Frau hatte sich aufgerichtet, sie saß auf der Diele, starrte vor sich hin, strich wiederholt über die Stirne, als beirre sie überhängendes Haar; dann schüttelte sie leise den Kopf. Plötzlich erhob sie sich rasch, warf hastig ein Tuch über und sagte ganz leise: „Ich danke euch für eueren Besuch. Ich danke euch recht sehr. Doch verzeiht, ich muß gehen.“

„Wohin?“ fragten beide Alten.

„Zu ihm.“

„Zu ihm?“ sagte stirnrunzelnd der Vater.

„Er soll es mir selbst sagen.“

„Und wenn er es nicht zu leugnen vermag?“

„Es ist freilich ein Unglück, ein großes Unglück, in das ich mich schicken muß. Aber dann werde ich ihm sagen, daß ich ihm verzeihe, wenn ihn auch die Welt verdammt, daß ich zu ihm halte, wenn ihn alle anderen verlassen, und daß ich fest darauf baue — er mag nun schwach gewesen oder verführt worden sein, Emil ist gut —, daß er mir zuliebe für alle künftige Zeit ein ehrlicher Mann bleibe!“

„Emmi“, sagte der alte Mann, die Hände zusammenschlagend, „er verdient es wahrhaftig nicht um dich. Weißt du denn nicht, daß er auch sonst liederlich? Daß er . . .“

„Vater“, sagte die junge Frau mit heftig abweisender Geste, „damit verschone mich; wie dem auch sein mag, es geziemt mir nicht, davon zu wissen.“ Sie schritt rasch voran, so daß den alten Leuten nichts übrig blieb, als ihr zu folgen; hinter ihnen sperrte sie die Wohnungstüre ab, dem Vater drückte sie stumm die Hand, einen Augenblick hing sie laut aufschluchzend an dem Halse der Mutter, dann eilte sie die Treppe hinab.

„Wie gut und getreu sie ist“, sagte die alte Frau, sich die Tränen trocknend, „wie gut und getreu. Du mußt doch zugeben, Vater, daß sie, streng genommen, nur ihre Pflicht erfüllt.“

„Ja, ja“, nickte der Alte, „ich wollte, wir hätten es mit der unsern auch so streng genommen.“

„O, mach mir nur jetzt keine Vorwürfe!“

„Du hast recht, sie ändern nichts an der Sache.“

„Erinnere dich nur, was ich damals, dich zu begütigen, sagte, sie hätte ohne den Menschen nicht leben können.“

„Jetzt kann sie es auch mit ihm nicht! Aus geschmeichelter Eigenliebe nahm er sie, in gedankenloser Nichtsnutzigkeit richtet er sie zu grunde. O, mein armes, braves Kind! Alle diese hingebende Liebe und aufopfernde Treue, aller Segen echter, reiner Weiblichkeit weggeworfen an einen Hohlkopf! Nicht über die Schwelle hättest du ihn lassen dürfen, aufbehalten hättest du das Mädchen sollen, bis ein Mann, ohne allen verlogenen und erlogenen romantischen Aufputz und Flitter gekommen wäre, der ihr Lieb und Treu mit Gleichem vergolten, der sie in guten Tagen auf den Händen getragen und in schweren bei ihr Trost gesucht und gefunden hätte!“

„Aber bedenk, Alter, bedenk nur, der Mensch sah doch gar nicht darnach aus — und Emmi zählte schon zweiundzwanzig — und war sterbens verliebt ...“

„Ja, das ist's, der Mensch sah nicht darnach aus, das Mädchen zählte schon zweiundzwanzig Jahre und war verliebt! Ach, ihr Weiber, daß ihr's nicht erwarten könnt, bis von selbst kommt und wird, was von selbst kommen und werden muß, daß ihr immer eure Machenschaften dabei haben müßt! Ist euch das Glück eurer Töchter wirklich wie eine Wiedergeburt eures eigenen, so vergeßt doch nicht, wenn ihr glücklich gewesen seid, wie das seinerzeit gekommen ist, und waret ihr es nicht, so hütet eure Kinder doppelt und dreifach! Aber da reißt ihr mit schnellfertigen Händen zwischen den jungen Leuten die Schranke scheuer Zurückhaltung, welche der gütige Himmel vor den ersten Begegnungen beider Geschlechter aufrichtete, nieder, und statt ein wachsam Auge zu haben, seht ihr durch die Finger. Daß ihr Mütter es nicht erwarten könnt, eure Töchter glücklich zu sehen, ist oft deren Unglück!"

„Nun schiebst du mir alle Schuld zu", klagte die alte Frau mit tränenerstickter Stimme. „Nun soll ich mein Kind unglücklich gemacht haben, wo ich doch selbst durch den schlechten Menschen getäuscht worden bin. Aber ich gebe die Hoffnung nicht auf. Es kann trotzdem alles noch gut werden. Du wirst sehen. Wenn er es bisher auch nicht empfunden hat, jetzt muß er es empfinden, was für ein Weib er an unserer Emmi besitzt! Gewiß, sie bessert ihn."

„War jemals etwas an dem Burschen gut, so konnte er an ihrer Seite nicht schlecht werden! Er taugt zu nichts. Was will er, wieder in der Welt, beginnen? Sein Leichtsinn führt ihn auf unbesehne Wege, und diese führen dann ihn. Ich gebe ihn verloren und mein Kind dazu." Der alte Mann schloß mit einem tiefen Seufzer.

In der Amtsstube eines Untersuchungsrichters schluchzte ein junges Weib an dem Halse eines jungen Mannes, der selbst so bitterlich weinte, daß ihn, volkstümlich gesprochen, der Bock stieß. Herr Emil Krautschneider verdankte seiner dreitägigen Haft ein etwas verwahrlostes Aussehen, sein gelocktes Haar und sein zierliches Bärtchen entbehrten der Pflege, das eine hing wirr, das andere starrte kraus, selbst die Kleidung saß ihm unordentlich und machte einen schlechten, fast unreinlichen Eindruck; von dem allem aber nahm die bekümmerte Frau nichts wahr, so wenig sie darauf acht hatte, daß der Gerichtsbeamte sie mitleidigen Auges betrachtete, während dessen Schriftführer, ein junger Mann, sie mit trotzigen, abgünstigen Blicken musterte.

Der junge Rechtspraktikant stand noch auf der untersten Stufe träumerischen Gefühllebens, wo wir alle Frauen, welche andere Männer zu lieben vermögen, sofort jedes günstigen Vorurteiles unwürdig erklären, wenn wir auch anderseits durch eine uns offen entgegengebrachte Neigung in hilflose Verlegenheit gestürzt würden. Frau Emma Krautschneider hatte somit von vorneherein alle Anteilnahme des jungen Mannes verscherzt, und dieser wurde in seiner Hartherzigkeit noch durch den Anblick des Jämmerlings bestärkt, dem sie ihre Liebe geschenkt hatte, und der nun wie ein geprügelter Hund heulte, statt daß er als Mann das Opfer des Weibes zurückwies und es freigab, und dann wäre wieder eine mehr von der höchst ansprechenden Sorte — die keinen anderen Mann liebte!

Der Beamte machte aufmerksam, daß die Frist, welche er der Unterredung der beiden Gatten gewähren konnte, verstrichen sei. Sie schieden. Emil versprach hoch und teuer das Beste für die Zukunft; sein Händedruck war aufrichtig, sein Wort ehrlich gemeint und seine Träne so naß, als eine geweint werden konnte.

Emmi ging getröstet und beruhigt von ihm hinweg.

Als er die Strafe seines ersten Fehltrittes verbüßt hatte und der Gesellschaft und dem öffentlichen Leben wieder zurückgegeben war, gefiel er sich vorab darin, eine geraume Zeit untätig zwischen seinen vier Wänden zu sitzen, um — wie er sich hochtrabend ausdrückte — die Menschheit zu prüfen, ob sie sich ihres gefallenen Bruders entsinnen, ihn aufsuchen und emporrichten würde! Da die Menschheit für derlei keinen Beruf zu fühlen schien, so mußte sich der Privatagent entschließen, dem nachzugehen, was ihm nicht entgegenkam, das heißt, eine Stelle zu suchen; nun merkte er aber bald, daß jene, die ihn kannten, Ausflüchte gebrauchten, und andere, denen er unbekannt war, sich vorbehielten, über ihn Erkundigung einzuziehen, bezüglich deren er wieder auf die ersten angewiesen war, und so fand er, da er den einen bekannt war und den andern nicht unbekannt blieb, nirgends ein Unterkommen. Er betrachtete sich sohin als einen „Ausgestoßenen", schloß sich grollend in seine Stube ein und ergab sich wieder für eine gute Weile der leidenschaftlichsten Untätigkeit. Endlich erachtete er es durch die Pflicht der Selbsterhaltung für genügend entschuldigt, wenn er der kalten, grausamen Welt den Krieg erklärte; allerdings erforderte die Kampfweise, deren er sich bei diesem Feldzuge bediente, keine heldischen Eigenschaften, sondern nur den traurigen Mut, armen, beschränkten, vertrauensseligen Leuten ihre Notpfennige abzulisten.

Er wurde abermals verhaftet, und wieder spielte sich in dem Bureau des Untersuchungsrichters zwischen ihm und Emmi die gleiche Szene ab wie nach seiner ersten Verhaftung; wieder versprach er mit Hand und Mund und unter Tränen für die Zukunft das Beste, und wieder ging das junge Weib getröstet und beruhigt hinweg.

Als sie ihm aber zum dritten Male an derselben Stelle gegenüberstand, da nahm sie für immer von ihm Abschied, gebrochen an Leib und Seele kehrte sie zu ihren Eltern zurück, und bald stand ihr Name auf dem Täfelchen eines eisernen Grabkreuzes und darunter ein paar kindische, aus einem Pfänderspielspruche zurechtgemachte Verse, welche auf die Vereinigung mit den „tieftrauernden Eltern" anspielen.

Der Name des Mannes aber kehrt von Zeit zu Zeit in der Liste der bevorstehenden Schwurgerichtsverhandlungen wieder.

Muttersorge

Es ist nicht von heute.

Ich saß im Freien „bei der Linde“, ich glaube, so hieß die eine der beiden Gastwirtschaften „auf der Brandstatt“, dem großen Hofraume oder — wenn man will — dem kleinen, von Häuserwänden umschlossenen Platze nächst der Stephanskirche. Es war ein sonniger Mittag, die Wasser des kleinen Brunnens, auf welchem das „Gänsemädchen“ stand, funkelten im Lichte. Schon lange spiegelt sich dieses Erzbild in dem Bassin eines entlegenen Brunnens, und an Stelle der „Brandstatt“ steht ein riesiger Häuserwürfel, in welchem Leute so behaglich von einander geschieden und doch wieder so unbehaglich zusammen wohnen, wie dies in unseren Großstädten der Fall ist.

Es war recht angenehm, dort zu sitzen; der Straßenlärm schlug nicht unmittelbar mit all seinem betäubenden Wirrnis, sondern gedämpft an das Ohr, man saß nicht gedrängt und im kühlen Schatten, denn zwischen den beiden Wirtschaften schienen Gäste und Sonne auf das unparteilichste geteilt zu sein, Einkehr und Aufbruch der einzelnen geschah hüben und drüben mit einer ganz merkwürdigen Regelmäßigkeit, und zog der eine Wirt die leinene Schutzplache ein, so war es für den andern Zeit, sie aufzurollen.

Ich dachte damals nicht an die Zukunft, sondern sann der Vergangenheit nach. Wann war wohl der in freundlichem Sonnenlichte vor mir liegende Platz wirklich eine Brandstätte, die Stätte eines Unglücks, das durch die bleibende Bezeichnung der ersteren in der Erinnerung kommender Geschlechter fortleben sollte und heutzutage in seinen Einzelheiten wohl nur mehr einzelnen nach den Aufschreibungen der Chronisten bekannt ist?!

— — — — — — — — — — — — — — — —

„Sehen wir sich ein bissel da her, Frau Professorin", sagte eine Frauenstimme, und eine andere erwiderte: „Sie sind sehr freundlich."

Die beiden Sprecherinnen nahmen mir gegenüber Platz. Die eine, welche sich bei ihrer Einladung mehr an den Sprachgebrauch als an die Regel gehalten hatte, war eine stark beleibte Frau, sie trug ein braunes Sommerkleid mit Überschoß und anschließendem Leib; um die steife, gefältelte Halskrause schlang sich eine goldene Kette, deren Ende sich zwischen zwei Knöpfen verlor; die daran hangende Uhr barg sich in dem stark zusammengeschnürten Mieder, das der Trägerin wohl den Atem zu nehmen, aber keine Taille zu geben vermochte. Rüschen mit künstlichen Blumen — künstlich nur insoferne, als es eben keine natürlichen waren — und eine Masche, aus den breiten Hutbändern geschlungen, umrahmten ein fettwulstiges Gesicht, aus welchem unter niederer Stirne ein paar graue Augen, sinnlich aufgeweckt, in die Welt lugten. Ein grellroter Schal, der jetzt über der Stuhllehne hing, vervollständigte die Toilette der umfangreichen Dame.

Ihre Begleiterin war um eine Kopflänge größer, aber nicht nur ihr gegenüber mager, sondern beschränkte sich überhaupt auf das Notwendigste, was der Mensch zu seiner äußeren Erscheinung bedarf, auf Knochen und Sehnen; da diese aber in ausgesprochener Eckigkeit und Derbheit sich bemerkbar machten, so bekam die ausschließlich durch selbe repräsentierte Person keineswegs ein durchgeistigtes, ätherisches, sondern ein derbes, dürftiges, vertrocknetes Ansehen. Ein dünnes, dunkles Tuch mit zerzausten Fransen und ein ausgewaschenes Kattunkleid schlotterte um sie, ein brauner, schüsselförmiger Strohhut beschattete ein schmales Gesicht mit großen, braunen Glotzaugen und einer langen, scharf gebogenen Nase und einem Mund, dessen eingekniffene Lippen und verzerrte Winkel oft gar seltsam zuckten, als wollten sie selbständig, ohne Auftrag vom Bewußtsein, Stimmungen und Leidenschaften andeuten, von welchen befallen zu werden weder nah noch fern ein Grund vorlag.

„Ich bin so frei und schaff an, Fran Professorin“, sagte die Dicke.

Und wieder sagte die also Angesprochene: „Sie siud sehr freundlich.“

Während die beiden ein frugales Mittagmahl zu sich nahmen, über das die Hagere heißhungerig hersiel, während die Dicke behaglich zugriff, beschäftigte die Frau Professorin meine Gedanken.

Wie kam sie zu diesem Titel? Es schien mir ganz unwahrscheinlich, daß dieses Weib, das sich da von einer allerdings wohlmeinenden, aber ordinären Person traktieren ließ, die Gattin oder Witwe eines Professors sei. Die wenigen Worte, die ich bisher von ihr gehört hatte, sprach sie in einem so befremdenden Tone, ich möchte sagen, in einem vergewaltsamten Hochdeutsch; den einfachen Satz: „Sie sind sehr freundlich", dehnte sie wie eine gewichtige Phrase, und deren letztes Wort klang wie „froindlich".

Ich sollte bald über alles Klarheit haben. Die beiden Frauen legten Messer und Gabel weg.

Die Dicke tat einen langen Zug aus ihrem Bierglase, dann wischte sie sich den Mund und sagte: „Frau Professorin, glaubn alsdann, daß mein Tinerl Talent hat?"

„Gewiß", nickte die Hagere, „es ist ein Fonds da, der aber erst aus dem Groben herausgefeilt werden muß, doch in dieser Hinsicht können Sie sich auf mich verlassen."

„Na, da bin ich schon beruhigt", rief die Dicke aus, „wann nur der ‚Fohng' da ist!" Sie sprach dies Wort der Frau Professorin nach. „Es wär wirklich ein Jammer, wenn bei so viel Lust zu einer Sach kein Talent vorhanden wär!"

„Nur dürfen wir nicht zu sangoinisch sein, vergessen Sie nicht, jedes Ding braucht gute Weile, und wenn König Lear sagt —"

„Der in der Burg, gelten S'?"

Die Frau Professorin bekräftigte die Richtigkeit

dieser genealogischen Bemerkung durch ein leichtes, würdevolles Neigen des Kopfes, während sie fortfuhr: „Wenn schon König Lear sagt, aus nichts wird nichts, so gilt das um so mehr beim Theater.“

Nun wußte ich Bescheid. Die Frau Professorin war eine abgewirtschaftete Provinzkomödiantin, die aufgegeben hatte, was sie nie besäß, die Kunst, und es nun unternahm, andere zu lehren, was sie selbst nie gekonnt. Vermutlich war der Preis der Leistung entsprechend, die Lehrstunde sehr billig, und darum warb die dicke Dame für ihr Töchterchen um diesen Unterricht und nach dem menschenfreundlichen Grundsatze, daß niederer Lohn durch gute Behandlung wett gemacht werde, gab sie der dramatischen Lehrmamsell die einschmeichelnde Titulatur: Frau Professorin. Ich dachte mir gleich, daß es sich da nicht um die Beibringung irgend eines soliden Wissens handeln kounte, für ein solches hat der Ungebildete wenig Achtung, er weiß eben nicht, was er — nicht weiß, und bringt man ihn ja darauf, so brummt er ein protziges: „Das hätt ich auch lernen können, wenn ich Zeit dazu ghabt hätt;“ aber allen Respekt hat er, wo es sich um Dinge handelt, die wohl einer oder der andere, doch nicht jeder lernen kann, wo das Erlernen zum Glücksfall wird, wo man also, ohne sich etwas zu vergeben, eingestehen kann, daß man davon nichts verstehe. Es war daher auch der sorglichen Mutter einleuchtend, daß der sogenannte „natürliche Verstand“, dessen sie sich rühmte, in „so künstlichen Sachen“ nicht ausschlaggebend sein könne, und die wiederholte Versicherung der Frau Professorin, „das Theater im kleinen Finger zu haben", erweckte alles Zutrauen.

„An Geduld soll's nit fehlen", erklärte sie, „weil nur Talent da ist."

Die Frau Professorin tätschelte fast zärtlich mit ihrer knöchernen Rechten die fleischige Hand ihrer Bestgeberin. „Davon hat das Froilein — nicht zu viel gesagt — mehr als manche andere, die heutzutage als Koryphäe gilt."

Das Fleisch tätschelte nun die Knochen. „Sehn S', Frau Professorin, das hab ich mir zugschworn, wie 's Mädel Talent hat, laß ich s' ausbilden, und sollt's 'n letzten Kreuzer kosten!"

Die Frau Professorin blickte sehr gleichmütig zu dieser Äußerung eines Opfermutes, an welchem leider nur Kreuzer zu verdienen waren.

Wahrscheinlich veranlaßte das die Dicke, mit einigem Nachdrucke fortzufahren: „Und das glaubn Sie nur ja nit, mein liebe Frau Professorin, daß unsereins etwa aus Bravour so redt, Gott bewahr, man hat sein mütterliches Gefühl, aber freilich, da versteht ein'n halt auch nur wieder eine, die was selber Mutter is!"

Es war ganz abgeschmackt anzusehen, welch spitzmäuliges, süßes Lächeln mit einmal das Gesicht der Frau Professorin verzerrte, und wie die Lider zur Hälfte sich über die Augäpfel senkten, als sie flüsterte: „O, auch ich, Madame."

„Ah, gehen S' zu, was Sie sagen?"

Die Hagere nickte und seufzte dann: „Doch nur

kurze Zeit behielt ich den kleinen Engel — es sollte nicht sein, es wär zu schön gewesen, wie es im Studentenliede heißt."

Gott verzeih mir's, aber ich vermochte mir nicht um die Welt vorzustellen, was dabei für irgend einen der Beteiligten Schönes gewesen sei!

„Na, Gott tröst S'", sagte die gegenwärtige Mutter, der längst vergangenen einen empfindsamen Blick zuwerfend. „Aber da sind wir ja jetzt ganz Allianz, Frau Professorin?" Sie stieß mit ihrem Bierglase an das der letzteren. „Daß's uns gut geht und auf werte Freundschaft!" Die Gläser, durch Sprünge und Schründe verunziert, gaben einen kurzen, schollernden Ton von sich.

„Dafür is man ja doch Mutter, daß man sein Kind emporbringt und das ein anders Los hat, als was man selber hat erleiden müssen! Hab ich nit recht? Mir gschicht jeds Mal hart, wann ich so ein arms Hascherl seh, das heranwachst zu nichts Besserm, als was 's von Haus gwohnt ist. Es geht zwar gegu mein eigene Schwester, wann ich's bered, wie die ihr Kind erzogn hat, aber mir als Tant könnt 's Herz drüber blüten. Was hätt aus dem Mädel werdn können?! Ein Stimm, sag ich Ihnen, wie ein Lercherl, daß d' Feuster gscheppert habu, und schon als Schulmädel ein Vortrag von Gedichten . . . Ein Wunsch von ihr zu mein Namens- oder Geburtstag war allmal ein Hautgout für mich; kurz, ein Anlag, ich tu mein' Kind gwiß nit nah, aber fast wie mein Tinerl, nur hat die, Gott sei Dank, ein wahrhafte Mutter an mir, was die Gaben zu unterscheiden versteht, die heuttags ein'm Kind zu sein'm Fortkommen behilflich sein, und auch drauf schaut. Ich mach kein Wunder aus mein Mädel, bewahr, ich weiß nit, wo s' das theatralische Wesen her hat, nit von mein Alten noch von mir, wir habn auf so Dummheiten nichts ghalten, aber das gibt mir mein Verstand, daß das was Seltsams ist, was sich nit so häusig findt — gelten S'? —, und so werd ich nit der Narr sein, werd's ungenutzt lassen und mein Mädel, wie andere ihnere Ganserln, zum Haus- und Kuchelwaschel anlernen, daß s' mir Händ kriegt wie ein Reibeisen, oder zur Handarbeit setzen, bis s' mir halb blind und bucklig drüber wird. Ich bitt Ihuen gar schön! Wann S' mich aber fragn, was aus mein Schwesterkind wordn ist, so ist das bald gsagt: gar nix! Seit die Fanni von der Schul weg ist, wo sie immer eine von die ersten war, hat sie ein Tag wie 'n andern, gleich langweilig, ohne d' gringste Abwechslung verlebt. In' Haushalt ist s' gleich eingspannt wordn, hat sich als Älteste mit den jüngern Gschwistern abplagen müssen, und zletzt, wie d' Mutter kränklich wordn ist, ist gar 's Ganze auf ihr glegn. Ein jungen Menschen hat s' kennen glernt, ein klein Beamten, den hat s' leiden mögen, und nach ein'm langen Brautstand — bis er sein Brot kriegt hat und d' zweite Schwester so weit war, daß s' ihr d' Sorg für ihre Lent hat abnehmen können — habn die zwei aus dummer Lieb gheirat, und 's geht ihr als gnädige Frau um kein Haar besser wie früher als Fräuln. Sie muß halt jetzt für ein andere Hauswirtschaft aufkommen und statt für

Eltern und Gschwister für Mann und Kinder sich plagen. Ist das ein Los?"

Die Frau Professorin schüttelte energisch den Kopf.

„Übrigens", fuhr die teilnehmende Frau Tante fort, „ist sie damit so weit zfrieden und schickt sich ganz gut drein; mein Gott, das arme Gschöpf weiß's ja nit besser, hat ja nie was anders kennen glernt."

„Sie nennen sie arm?" fragte ich etwas vorlaut.

„Na, ich bitt nachher, wie denn? Soll ich s' vielleicht beneiden? Da müßt ich mir schon eine Abschrift von dem Glück ausbitten!" entgegnete schneidigen Tones die Dicke, worauf sie sich von mir abwandte, während die Hagere meine ganz unberufene Einmischung in das Gespräch durch einen Blick bestrafte, von der Gattung, mit welcher sie wohl einst als Lumpenkönigin auf den Brettern unbotmäßige Vasallen zittern machte.

Es trat eine Pause ein. Wahrscheinlich sollte die Strafe meiner Unbesonnenheit durch stille Verachtung verschärft werden; beide Damen verlegten sich auf das Schweigen mit gleichem Eifer wie vorhin auf das Reden. Die wahrhafte Mutter ihres Kindes zerkrümelte Brot, und die Frau Professorin saß ganz in sich gekehrt; mechanisch griff sie nach ihrem Glase und leerte es bis zur Neige, kurz darauf ließ sie den nämlichen Mechanismus spielen und leerte auch das ihrer Gönnerin. Ich lehnte mich zurück und pfiff paar Takte eines Walzers.

Plötzlich trällerte die Fran Professorin mit, machte nach der Richtung, in der ich saß, eine kurze, wegwerfende Handbewegung, welche etwa besagen sollte, so einer ist für uns gar nicht anwesend, und schlang ihren Arm um den Nacken der sorgenden Mutter. „Teure Froindin, was sind Sie für eine Frau, welch ganz anderes, glänzendes Los bereiten Sie Ihrem Kinde, welche rosige Zukunft wird seiner lachen, und wie glücklich schätze ich mich, das Meine dazu beitragen zu können! Ach, wie wird Ihr Herz in Bangen und Zagen schlagen, wenn das erste Mal der Name ‚Leopoldine Vetterle' auf dem Theaterzettel steht; aber bald wird es Sie mit Stolz erfüllen, Ihr Kind an allen Straßenecken angeschlagen und in allen Zeitungsblättern abgedruckt zu finden. Das Fräulein lernt Welt kennen, Männer fesseln, und am Ende kommt wohl gar ein Baron oder Graf . . ."

Hier fingen beide Weiber laut und anhaltend zu lachen an, trotzdem die Hagere dabei gegen ein bedenkliches Schlucken und die Dicke gegen kleine Erstickungsanfälle zu kämpfen hatte; dieser aus gewohnter Muttersorge und ungewohntem Biergenusse kombinierten Heiterkeit vermochte ich nicht stand zu halten und entfernte mich rasch.

Auf dem Heimwege begleitete mich ein freundliches, wohltuendes Bild. Ich malte mir das Heim des armen Geschöpfes aus, das von Kiud auf nichts Besseres wußte und nichts anderes kennen lernte als — den Ihren alles zu sein und sonst in der Welt wenig vorzustellen! Ein Los, dessen ausschließliche Reinheit selbst *der* Mann respektiert, der in einem wild bewegten Leben halb das Verständnis dafür verlor; ein Los, dessen stillen Frieden gar oftmal auch *das* Weib beneidet, das es durch eigene Schuld verscherzte oder durch fremde einbüßte, mag sie sich nun durch ein leichtfertiges oder wehmütiges Lächeln darüber hinweg zu helfen versuchen!

*

Zehn Jahre später sprach ein verlumptes, verwahrlostes Frauenzimmer bei mir vor, klagte mir unter betäubendem Wortschwalle die Not, in welche sie durch die beim Theater gang und gäben Kabalen und Intrigen neidischer Kolleginnen und Kollegen geraten sei, und daß man sie zuletzt unter ganz erbärmlichen Schmierkomödianten nicht einmal als Souffleuse gelten lassen wollte. Sie reichte mir einen Sammelbogen hin.

Ich las ihren Namen.

Es war das Kind, dem seine Mutter ein besseres Los bereitet hatte.

„Wie schad!"

Das Glöckchen an der Türe des Milchladens schellte, eine stattliche Frauensperson trat an den Ladentisch und stellte ein gar kleines Töpfchen vor sich hin. „Frau Reßler!" rief sie.

Die Milchmeierin eilte aus der Nebenstube herbei. „Guten Abend, Fräuln Fanni."

Die fette Frau begann in den großen Töpfen, die nah auf einer Bank standen, zu quirlen und zu sprudeln und füllte den kleinen Napf der Käuferin mit jener Flüssigkeit, die uns Städtern langjährige Gewöhnung als Milch hinnehmen lehrte.

Mit der fleischigen Hand strich Frau Reßler das Geld in die Lade, danu bot man sich gegenseits gute Nacht, das Glöckchen schellte wieder, und die Ladentüre schloß sich mit einem strengen Ruck.

„So oft ich mir die Weber-Fanni anschau", sagte die Dicke, in das Nebenzimmer zurückkehrend, „muß ich mich wundern, daß die kein Mann kriegt hat; ja, daß sich nit jetzt noch einer findt! Wie sauber is die noch, troh ihrer vierunddreißig Jahr, und fleißig und brav is s' ja auch, das Madel. Aber das is a Gegenstand, wo d' Männer nie wissen, was s' wollen."

„Die Weiber auch nit", brummte der Milchmeier.

Die Weber-Fanni ging mit ziemlich raschen Schritten, in der Rechten trug sie sorglich das Milchgefäß, mit der Linken raffte sie ihren Rock zusammen, um einem aufdringlichen Winde zu wehren, mit dem Kleide sein Spiel zu treiben. Sie bog in ein Seitengäßchen, das, wie viele der Großstadt, nur zur Mittagsstunde Sonnenlicht hatte und sonst in stetem Dämmer lag. Das Mädchen verschwand unter dem Tore eines hohen, grauen Hauses.

Dort im dritten Stockwerke befand sich die kleine Wohnung, bestehend aus einer Stube, in der es jetzt in der Abendstunde ruhig und stille war, die aber tagüber das Geschnurre und Gepolter der Nähmaschine erfüllte, dafür war es nun in der Küche lebendig, das Herdfeuer prasselte, und zwei Personen besprachen sich eifrig.

Ein behäbiger Mann saß auf dem blank gescheuerten Küchensessel. Sein gutmütiges Gesicht war einer alten Frau zugekehrt, die vor dem Herde kniete und kleine Späne in die Feuerung schob.

Der Mann neigte sich etwas vor, er hielt den Rücken ein klein wenig gesenkt und die Augen weit offen, er horchte mit zusammengepreßten Lippen nach der Rede der Alten hin, er sah aus wie ein Mensch, der irgend welch ein Bedenken wohl empfand, aber ihm nicht nachgeben mochte.

Die alte Frau am Herde schien etwas überrascht zu haben, denn sie wandte, während sie sprach, zwar den Kopf halbseits nach dem Hörer, aber sie sah vor sich hin in das Feuer, das ihr von Runzeln durchfurchtes, bleiches, kummervolles Gesicht und ihren dürftigen weißen Scheitel in grellem, gelbem Lichte scharf hervortreten ließ.

„O Herr Modereiner", sagte sie, „ich möchte ja unserm Herrgott danken, wenn meine Fanni Sie nähm, aber was 's Heiraten anlangt, da is das Mädel all ihr Zeit so viel eigen gwest. Die schönsten Partien hat sie uns ausgeschlagen. Sie können es glauben, Herr Modereiner, daß Männer gekommen sind, an denen wenig oder gar nichts auszusetzen war."

Herr Modereiner nickte zum Zeichen seiner Gläubigkeit.

„Alle hat sie abgewiesen, nit hochmütig, Sie kennen ja ihre Art, sondern höflich und mit aller Achtung; bei jedem hat sie sich bestens bedankt für die zugedachte Ehr, und dabei is es auch verblieben, trotz allem Zureden unserseits, und zwingen wollten wir sie nicht, Gott verhüt's! Nie haben wir aus ihr herausbekommen können, was sie eigentlich gegen den einen oder den andern gehabt, immer ist sie uns ausgwichen mit der Red, daß sie überhaupt nit Lust hätt zum Heiraten, und wenn ja mal der Vater hat strengere Saiten aufziehen und der Sach auf'n Grund kommen wollen, da hat die Schmeichelkatz wohl gewußt, daß sie ihn nur um den Hals nehmen und fragen darf, ob er sie los sein will. Sie müssen bedenken, Herr Modereiner, das war schon in den spätern Jahren. Drei Söhn und ein Mädel sind neben ihr in unserm Haus herangewachsen, ein Bub is uns verstorbn, die zwei andern haben selbst jetzt Weib und Kind, die jüngere Schwester hat weggeheiratet und es damit nit zum besten getroffen, so daß wir zwei alten Leut zuletzt wie verlassen in der weiten Welt dagstanden wären, hätt nit die Fanni, die älteste, bei uns ausghalten. Freilich hat uns auch ein wenig das Gewissen gdruckt: was aus dem Mädel werdn soll, wenn wir einmal die Augen schließen und sie überjährig dann ohne Schutz und Anhalt zurückbleibt, — und da war's auch, wo oft mein Alter ganz bös getan hat, aber Sie können sich wohl denken, Herr Modereiner, wie wenig ihm's Ernst war, und wie gern er sich wieder hat umstimmen lassen. Nach sein'm Tod, mein lieber Herr Modereiner, was hätt ich da tun sollen? Ich bin ja ganz von dem Mädel abhängig gwest; nur ein Andeutung über den Punkt, so war gleich Feuer im Dach, und sie hat mich gefragt: ob ich mich beklagen könnt, daß sie nit sorgt für mich, wie mir gebührt, und ob sie dazu leicht ein fremde Hilf brauchen tät? Sie glauben nit, wie die zornig sein kann, niemand möcht ihr's ansehn. Aber ein guts Geschöpf is sie, weiß Gott! Was konnt ich ihr drauf sagen? Was ich brauch als alts Weib, das is doch das mindeste, aber sie, sie hat jahraus, jahrein fleißig gearbeitet, sich mit dem Allernotwendigsten begnügt und auf kein Vergnügen denkt, an Sonntagen ein Spaziergang ins Grüne, das war ihr ganze Ausheiterung. Zu denken, wenn ich von der Welt fort muß, wie ich sie gar so mutterseelenallein auf derselben zurücklaß, niemand anvertraut, der sie gern hat und für sie sorgt, o Herr Modereiner, das is mein größter, mein einziger Kummer, der mich nit ruhig hinübergehen lassen wird." Sie wischte sich mit der Schürze über die Angen.

Herr Modereiner räusperte sich ein paarmal, dann sagte er leise: „Entschuldigen S', Frau Weber, aber das sollten Sie halt doch wohl ihr zu verstehen geben."

„Ja, da käm ich schön an", sagte die Alte, sich von den Knien erhebend. „Erstens darf ich von mein Tod gar nit reden, sonst lacht s' mich aus oder wird bös, und zweitens — —"

„Zweitens?"

Frau Weber legte den Finger an den Mund. „Ich hör s' kommen. Herr Modereiner, versuchen S' Ihr Glück, ich kann nix dazu tun, aber ich bet im stillen zu unserem Herrgott, daß er sein Segn gibt. Lieber Himmel, ich könnt mich ja danu doch ruhig zum Sterben hinlegen."

Da öffnete sich die Türe, und das Mädchen trat ein. Rasch stellte es den Milchnapf weg und reichte dem Manne zum Gruße beide Hände dar. „Je, Herr Modereiner, sieht man Sie auch einmal wieder bei uns?! Ich hab schon gefürchtet, unser Kaffeegeschlader, von dem Ihuen d' Mutter immer ein Schalerl aufnötigt, hätt Sie vertrieben."

„O", sagte Herr Modereiner mit einer sehr steifen, aber darum um so feierlicheren Verneigung, „in Ihrer Gesellschaft, Fräulein Fanni, schmeckt er wie Nektar —"

„Um Himmels willen, Herr Modereiner," lachte das Mädchen, „werden S' nur nit galant! Es steht

Ihnen nit gut zu Gsicht, und Sie wissen ja, daß mich gar nit darnach verlangt, und daß ich Sie gern seh, ohne daß Sie sich in solche Unkosten zu versetzen brauchen."

Erst jetzt ließ sie nach einem kräftigen Drucke seine Hände frei und trat lächelnd von ihm weg. Sie wandte sich nach ihrer Mutter. Sie stand eine kleine Weile betroffen, als sie deren feuchte Augen wahrnahm, dann zog sie die Brauen zusammen und fragte: „Was hast du denn?"

„Vom Herd. Das Holz war naß, es rauchte", log die Alte.

Fanni seufzte, sie blickte rasch nach Modereiner hinüber und dann zur Decke empor, als riefe sie den Mann und den Himmel zu Zeugen auf, in welch leichtfertiger Weise die ungeratene Mutter ihr Sorge mache.

Frau Weber erklärte, jetzt, nachdem Fanni zurückgekehrt, wäre es nimmer schicklich, Herrn Modereiner in der Küche sitzen zu lassen, das Mädchen möchte mit ihm in das Zimmer gehen, sie koche unterdessen den Kaffee und käme gleich nach. „Geht hinein, Kinder", sagte sie, die beiden nach der Türe drängend.

So saßen denn der Mann und das Mädchen in der stillen Stube an dem runden Tische einander gegenüber. Eine Hängelampe warf helles Licht auf die Sitzenden. Der Mann neigte sich gegen die Tischkante vor und blickte nachdenklich auf sein Gegenüber, als wollte er etwas sagen und sänne nur den einleitenden Worten nach; das Mädchen schwieg, sie kreuzte die Arme vor der Brust und wartete.

„Fräulein Fanni", begann Modereiner, „Sie sagten vorhin, daß Sie mich gern sähen?"

Das Mädchen löste die Arme, setzte sich rasch aufrecht und sagte: „Das wissen Sie doch schon seit langem."

„Ich weiß, Fräulein Fanni", fuhr er fort, „und ich hab es mir immer zur Ehre geschätzt, und es is allzeit gegenseitig gewesen, und ich möcht es für mein größtes Glück halten, wenn es zu etwas führen möcht, was es für alle guten und bösen Tage dabei verbleiben ließ!"

Das Mädchen blickte erstaunt auf, danu senkte es das Kinn tief in die Halskrause und dehnte zögernd die Worte: „Wieso? Wir können uns doch immer gut Freund bleiben?"

„Das schon, Fräulein Fanni, das wohl. Meinerseits ganz gewiß, unbeschrien. Aber, erlauben S', daß ich Sie darauf bring, wenn heut oder morgen — nein, ich bin recht dumm —, ich will sagen, wenn Ihre Frau Mutter — Gott erhalt sie noch lange Jahre —, aber wenn sie nun doch einmal Ihrem Herru Vater nachfolgen muß und Sie verwaist, als einzelnes Frauenzimmer, dann dastehen, ich mein, daß uns das Rücksichten auf Ihren Ruf auferlegt; ich bin ein einzelner unverheirateter Mann, und die Welt denkt in solchen Fällen immer gleich das Übelste."

Fanni schüttelte lächelnd den Kopf. „Eben darum, wer wird darnach fragen? Und" — sie wies mit beiden Händen nach der Türe — „wissen S', Herr Modereiner, ich denk, mein alts Frauerl da draußen halt noch lang bei mir aus, so lang, daß uns der Leut Gered dann wohl nix mehr würd anhaben können."

Auch Modereiner lächelte. „Sie beugen geschickt aus, Fräuln Fanni, aber ein'm alten Freund gegenüber is das nit recht. Übrigens, wie Sie deuken, denk ich auch, daß unser Herrgott Ihrer lieben Frau Mutter noch lang 's Leben schenkt, und daß wir all zwei drüber grau werden könnten, nur seh ich nit ein, wozu das gut wär; habu S' ein Einsehn, Fräuln Fanni, und vergönnen S' ein'm andern auch a Freud. Müssen Sie sich denn da so mühselig zu zweien 's Dasein h'nunterwursteln, soll denn da ein dritter, der 's für d' größte Ehr und 's höchste Glück aufnähm, gar nit mittun dürfen? Sein S' nit so neidig. Ihrer Frau Mutter wär's ein großer Trost, das weiß ich aus ihrn eigenen Worten, fragn Sie s', wann Sie etwa an dem zweifeln, was ich red; wir zwei können uns doch schon a Reih von Jahru her gut leiden, wir taugen zsamm, Fräuln Fanni, wenn je aus zwei Leuten ein rechtschaffens Paar wordn is, so taugen wir zsamm, und daß ich's ehrlich mein und ebenso halt, dafür kennen Sie mich, da tun S' mir nit die Schand an und denken anders von mir."

Fanni erhob sich. „Herr Modereiner, verzeihen S', ich hätt Sie nit sollen ausreden lassen, das hätt Ihuen 'n Antrag und mir die Antwort erspart und wär besser gwest. Aber es hat mich überrascht, bsonders von Ihnen. Es fallt mir schwer, Ihnen zu sagen, daß ich mich für die zugedachte Ehr bedanken muß, aber ich mag überhaupt nit heiraten."

„Ja, aber warum denn nit?"

Er fragte das mit so verblüffter Miene, daß Fanni unwillkürlich lächelte, aber ihre Wangen glätteten sich sofort wieder, sie zuckte mit den Schultern und nach einer kleinen Weile sagte sie: „Nix mehr davon, Herr Modereiner, wenn Sie mein Freund sind; das heißt, wenn Sie es noch bleiben wollen nach dem, was jetzt zwischen uns vorgefallen?"

Modereiner legte, mit dem Ausdrucke unverdienter Kränkung in seinen Zügen, die breite, stark beringte Rechte an sein Herz.

„Ich geh jetzt schaun, ob die Mutter schon 'n Kaffee fertig hat."

Das Mädchen schritt gegen die Türe, im Vorbeigehen aber rührte es flüchtig mit der Hand an die Schulter des Mannes und sagte: „'s is eigen, unsereins mag mit ein'm Freund verkehren, ohne daß man dran denkt, daß er ein Mann is, aber ihr, selbst die gar nit dummen, müßts euch mit einmal drauf bsinnen, daß er ein Weib is. Geht zu!"

Da trat die Mutter ein und trug den Kaffee auf.

Fanni, welche ihr Gebäck zerbrockelte und in die Tasse warf, sah nicht die Blicke und Zeichen, welche ihre Mutter mit Modereiner wechselte, oder gab sich wenigstens den Anschein, nichts davon zu sehen. Neben dieser stummen Beredsamkeit entwickelten die beiden auch einen wahren Heißhunger; die alte Frau setzte sich durch hastiges Schlingen einigen Erstickungsanfällen aus, und Herr Modereiner verbrannte sich paarmal die Lippen, was er durch nachträgliches Blasen gut zu machen trachtete. Man war bestrebt, rasch fertig zu werden, und Frau Weber wartete ziemlich ungeduldig, bis ihre Tochter die leere Schale auf die Tasse setzte, raffte danu eilig das Geschirr zusammen und trug es nach der Küche, um es auszuspülen.

Draußen begannen die Löffel zu klirren, die Tassen an einander zu klättern, innen ward lange kein Laut hörbar.

Herr Modereiner saß mit gesenktem Kopfe; wie die Dinge lagen, schien es ihm gleich unerträglich, fortzugehen, wie peinlich, zu bleiben.

Das Mädchen räusperte, dann sagte es leise: „Sie sind mir bös, Herr Modereiner?"

Er schüttelte den Kopf, danu blickte er rasch auf. „Fräuln Fanni, Ihre Red in Ehren! Sie sagen, Sie wollen überhaupt nichts vom Heiraten wissen, aber die Antwort auf meine Frage: warum? die sind Sie mir schuldig geblieben. Sie erlauben, daß ich Ihnen im vorhinein, auf unsere langjährige Bekanntschaft hin, sag, daß ich bei Ihuen die Ausred auf Launenhaftigkeit nit gelten lassen könnt, wogegen es mir gar nit gleichgültig sein kann, den Grund zu wissen, weswegen ich ganz der Hoffnung, die ich mir im stillen auf Ihre Hand gemacht hab, entsagen sollt! Es gschieht jedem hart, in dem Fall mit ein'm schön Kompliment abgspeist z' werden, aber ich, Fräuln Fanni — legen Sie 's nit falsch aus, und nehmen Sie 's nit übel, als ob ich mich berühmet oder eine aufdringliche Neugier zeiget —, aber ich, als langjähriger Freund des Hauses und — ich darf es wohl sagen — als Ehrenmann, dächt doch, einigen Anspruch darauf zu haben, daß Sie mir unumschrieben sagen, was Sie eigentlich veranlaßt, mein Antrag abzuweisen!"

Das Mädchen stützte den Kopf mit der Linken, und die Stimme klang rauh, als es antwortete: „Wenn Sie sich darauf berufen, Herr Modereiner, müßt ich Ihnen freilich sagen, was man nur jemand sagt, in dessen Ehrenhaftigkeit man das höchste Vertrauen setzt; aber weil dadurch an der Sache gar nichts geändert würd, so erweiseten Sie mir mehr wie eine Gefälligkeit, eine Wohltat, wenn Sie nit darauf bestehen möchten."

„Nein, Fannerl", sagte der Mann, er erhob sich und ging nur ein paar Schritte, nach dem Stuhle, auf welchem früher ihre Mutter neben ihr gesessen, aber er stützte sich dabei mit der Faust auf den Tisch, seine Knie zitterten unter ihm. Er ließ sich ganz nah an ihrer Seite nieder und erfaßte ihre Rechte, die sie im Schoße liegen hatte. „Nein, Fannerl, ich will wissen, warum Sie nicht mein Weib werden wollen."

Das Mädchen starrte vor sich hin, es saß, das Gesicht bis unter die Haarwurzeln an der Stirn gerötet; plötzlich hob es den Kopf, sah dem Manne gerade in die Augen und sagte: „Weil ich schon das eines anderen war."

Er regte sich nicht und stierte sie mit einem leeren Blicke an, er hatte sie offenbar nicht verstanden.

Sie senkte die Lider und flüsterte: „In mein ganz jungen Tagen war das, verstehen S', Herr Modereiner. Es war da viel Albernheit und Spitzbüberei dabei. Die Albernheit war meinerseits." Jetzt fühlte sie, wie der Arm des Mannes zuckte und sich die Finger um ihre Rechte lockerten, aber er zog seine Hand nicht zurück.

Er begann mit gepreßter Stimme: „Es ist das . . ." Er stockte, danu fuhr er fort: „Man brancht nicht daran zu deuken." Hierauf saß er eine kurze Weile schweigend, plötzlich stand er auf, legte, wie begütigend, seine Hand auf die Achsel des Mädchens und sagte mit freundlicher Entschiedenheit: „Es ist das eigentlich gar nichts, Fannerl!"

Da erhob sie sich, rückte den Stuhl hinter sich aus dem Wege und sagte, zurücktretend: „Verzeihen S', Herr Modereiner, in meinen Angen ist das sehr viel. Ich sag das nit etwa aus Demut, ich hab mir lediglich mein'm Gefühl nach die Sach zurechtgelegt, seit ich weiß, was in solchen Fällen auf der lieben Welt Brauch is. Ein braver Mann kommt darüber nit weg, ohne daß er an Vergeben und Vergessen denkt, ich aber gesteh auch dem bravsten nit zu, daß er mein Richter macht, und laß mir niemands Mitleid und Gnad gfalln, dazu bin ich zu stolz. Reden S' nit, Herr Modereiner! Ich hab's vorhin gar gut gmerkt, wie Ihnen die Hand gezuckt und es Ihnen für a gute Weil die Red verschlagen hat; ich acht Sie drum nur um so mehr. Doch daß ich mich aussprech, ebenso — es mag Ihnen lächerlich vorkommen, aber wir Frauenzimmer denken manchmal so ungereimt — möcht's mich von einem beleidigen, wenn ihn 's Geschehene ganz gleichgültig ließ. Sie sehen, Herr Modereiner, ich hab mich da in eine Sackgassen einloschiert, und mit mir is nix anz'fangen; ich kann ja nit dafür, daß ich nit anders kann, also sein S' gscheit."

Sie schwieg und blickte eine Weile erwartend nach dem gebückt dastehenden und gedrückt aussehenden Manne, dann fuhr sie fort: „Es ist schon spät, Herr Modereiner. Nehmen S' mir's nit übel, aber Sie wissen, Füß, die 'n ganzen Tag die Maschin treten, müssen ausrasten und früh wieder auf." Sie faßte seine Hände und sagte herzlich: „Nit bös sein wegen dem Körberl. Nehmen Sie 's nit zu Herzen. Wenn Sie eine Frau wollen, für Sie sind zehne für eine zu haben, große und kleine, blonde und braune, wie sie Ihnen anstehen. Lassen Sie sich bald wieder bei uns sehen und bleiben Sie mein Freund. Ja? Gute Nacht."

Modereiner murmelte „gute Nacht" und Versicherungen seiner unveränderten Freundschaft und suchte die Türe.

Das Mädchen summte ein paar Töne eines Liedes ganz leise durch die Nase, eigentlich setzte es damit einen unterdrückten Seufzer in eine andere Lautäußerung um, dann zündete es die Kerze auf einem Nachttischchen neben dem Bette an, legte ein Buch dahin, ließ hierauf die Hängelampe an der rasselnden Kette nieder und blies die Flamme aus.

Da stürzte die alte Frau herein und warf sich an die Brust ihres Kindes. „Wieder — wieder!" stammelte sie schluchzend.

Das junge Weib streichelte den grauen Scheitel des alten. „Sei nit kindisch, Mutter, du weißt lang, wie ich denk, und daß ich meine Gedanken nit änder. Wie kann dich das von vorhin wundernehmen?"

„Kind, was soll aus dir werden?"

„Aber, Mutterl, ich hab ja doch schon lang mein ‚Charakter', wie im Meldzettel steht, als Handarbeiterin."

„Jesus, wenn ich denk, wie dir geschehen mußt" — die alte Frau ballte die Faust und drohte vor sich hin in die leere Luft — „O . . ."

Das Mädchen legte der Mutter die Hand vor den Mund. „Sei still, laß 's gut sein! So Dummheiten, woraus niemand was lernt, unterlaufen doch gung in der Welt, am besten, man tracht, daß s' später weder an ein'm selbst noch an andere mehr rühren."

Die Alte sah mit gefalteten Händen zu ihrem Kinde auf. „Wie schad", sagte sie.

Herr Modereiner war die Treppe hinuntergestiegen, im Hausflur seufzte er: „So ein Mädel! Wie schad!"

Ein halbes Jahr verging, ohne daß er einen Fuß in die Webersche Wohnung setzte; als er aber auch auf der Gasse der Begegnung mit Fanni scheu und doch auffällig auswich, da dachte das Mädchen, er wäre eben wie die vielen anderen, die aus einem Weibe nichts anderes zu machen wüßten als ihre

Frau und das Fehlschlagen ihrer ehrlichen oder unehrlichen Absichten als eine Kränkung ihrer Eitelkeit empfänden; welche Kränkung bekanntlich seit Menschengedenken und unter allen Zonen als unverzeihlichstes Verbrechen galt und noch gilt.

So fühlte sie sich denn auch über die Würdigkeit ihres alten Freundes enttäuscht.

„Wie schad!“

D' Parapluiemacher-Mali

Was Moral sei, dünkt manchem so klar und offen zu liegen, daß ihm die Frage ganz überflüssig erscheint, und er mag recht haben, wenn er den Begriff, von Zeiten und Personen losgeschält, rein hinstellt, aber leider bilden sich die Zeiten darüber eigene Anschauungen, und diese werden wieder von den in diesen Zeiten lebenden Personen modifiziert, und wie über alle menschlichen Aufstellungen kann auch über die Moral gestritten werden, wie denn auch geschah und noch geschieht. Nun kann aber auch vorkommen, daß einer an mangelhafter Begriffsbildung leidet und, wenn er über eine Sache klar zu sein glaubt, eine Anschauung produziert, die zu aller philosophischen und landläufigen in gewaltigem Gegensatze steht, ohne daß er davon in seinem harmlosen Gemüte eine Ahnung trägt; das war der Fall bei einem Besucher unserer Stammkneipe, einem dicken Parapluiemacher, und wir waren mit dieser seiner Eigenart vertraut, daher wechselten wir Blicke lustigen Einverständnisses und lachender Erwartung, als er eines Abends erklärte, uns eine Geschichte erzählen zu müssen, und auf die schüchterne Äußerung hin, daß man hoffe, es werde eine moralische Geschichte sein, dieselbe mit folgender Beteuerung einleitete:

„Meine Herren, von mir hören sie nichts Unmoralisches. An die Zeit denk ich gar nimmer, wo man so ohne eigene Grundsätz dahinlebt und sie auch an anderen nit zu würdigen und zu schätzen weiß. Eine schöne Reih Jahr bin ich schon verheiratet und hab drei Töchter; das befestigt einen in den soliden Anschauungen!

Meine Herren, daß ich also sag, vor zwei Jahren war 's, an einem grimmkalten Februarmorgen, wie ich 's Gwölb aufsperr, daß mir die Mutter von eine meine Arbeitsmädeln weinend über die Straße zurennt und mir sagt, ihr Sali könn nit mehr zu mir ins Regenschirmnähen kommen, weil sie hoffnungslos im Spital liegt. Ich bin ordentlich erschrocken, meine Herru, denn wie leicht hat so eine Person etwas Ansteckendes an sich, und man is d' letzten Tag im gefährlichsten Kontagium mit ihr umgegangen. Aber ich war bald gefaßt, zahl der Mutter den rückständigen Lohn aus, laß zwanzig Kreuzer, die ich herauskriegt hätt, dareingehen und laß 's Mädel schön grüßen und ihr baldige Besserung wünschen, mein Gott, was man halt alles tut aus Gfühl für'n Nächsten. Ich bin ein Mann, meine Herru, von die schlechtesten Voraussetzungen, denn wann man sich dabei irrt, so kommt's eben besser, wie man glaubt hat, und das ist doch unbedingt angenehmer, als wann man sich das Beste erhofft und es schlagt fehl. Ich denk mir also, das Mädel stirbt, ich hab mich auch nit getäuscht; meine Herren, selten, daß ich jemanden 's Leben absprich, aber danu ist er schon so gut wie tot, ich geb gewöhnlich auf kein Kranken viel, brauch ihn gar nit zu Gesicht z'kriegen, nur hören brauch ich, doch das nebenbei, wo sein wir denn in der Hauptsach stehen geblieben?"

„Sie haben sich gedacht, daß das Mädel stirbt."

„Richtig, ich denk mir also, das Mädel stirbt und da kommt sie nimmer Paraplinähen, folglich brauch ich einen Ersatz für sie, ich häng also 'n Zettel h'naus: ‚Hier wird ein Mädchen zum Parapluinähen aufgenommen!' Die Herren, was öfter bei meinem Laden vorbeigehen, kennen ihn ja, den Zettel, weiß mit schwarze Glanzlederbuchstaben, blatteln sich übrigens leicht ab, es is nix damit, sag ich Ihnen, ein Taferl mit Metallguß is dagegen unverwüstlich, aber, den Zweck betrachtet, doch ein wenig zu kostspielig, ja, also ich häng das bewußte Taferl hinaus, und 'n ganzen Tag is 's auch ohne Estimo draus hängen geblieben, denn niemand hat sich Zeit gnommen, stehen z'bleiben, 's hat gstöbert und gweht, daß jeder 'n Weg schleunig unter d' Füß gnommen hat. Doch auf einmal gegen Abend bleibt ein altes, dickes Frauenzimmer mit einem blutjungen, ganz znichten Menscherl draußen vor der Auslag stehen, allzwei, trotz der Kälten, haben dünne Perkailkleider anghabt und drüber zerfranste Umhängtücher zipfet zruckbunden, nix war im Einverständnis mit der Jahreszeit als die Wolltücheln auf ihre Köpf. Stehn also, schaun eine Weil, überlegen aber nit lang, machen die Gwölbtür auf und kommen herein. Ich will Sie nicht behelligen, meine Herren, mit der Erzählung von die Umständ, die ich bei der

Aufnahm von dem Mädel gmacht hab, ich muß solche machen, als vorsichtiger Geschäftsmann, verstehen S'? Aber kurz und gut, ich hab das Mädel zur Arbeit aufgenommen, und so weit wär nichts Merkwürdiges an der Gschicht."

„Freilich nit, wenn Sie 's nur einsehn."

„O bitte, machen S' kein Witz. Natürlich entwickelt sich die Sache erst, aber jede Geschicht muß doch ihre Einleitung haben, nit wahr? Wenn sie 's verdrießt, meine Herren, so branchen sie 's bloß zu sagen, ich kann 's Weitere auch für mich behalten."

„Verehrtester Herr Regenschirmfabrikant", beruhigte ich ihn, „Sie werden doch nicht eine ganze Gesellschaft die Vorlautigkeit eines einzigen, unbesonnenen Menschen entgelten lassen, der sich übrigens schon in diesem Augenblicke beschämt in eine Ecke unseres runden Tisches drückt, wie mir vorkommen will?"

„Ihuen vielleicht, Herr Doktor, mir nit. Ist mir übrigens ganz gleichgültig. Wenn die anderen Herrn damit einverstanden sein, daß ich weiter erzähl?"

„Im Namen aller erteile ich Ihuen das Wort."

„Danke, ich bin satisfaziert. Wo sind wir stehn blieben?"

„Sie hatten eben ein Mädchen aufgenommen."

„Ja. Daß ich also sag, Löderer Mali hat sie geheißen, war so zwischen fünfzehn und sechzehn Jahr, mager wie die sieben teuern Zeiten, ein schmals Gsichterl, spitzige Ellbögen, wie bemerkt, ein ganz znichtes Menscherl halt. Aber nit zum glauben, mein Herrn, wie sich h'rauswachst, was sich h'rauswachsen soll, dreiviertel Jahr geht das Gschöpferl in mein Gschäft aus und ein, und während der kurzen Zeit ist sie bildsauber worden. Kein Mensch, der das nit mit angschaut hat, hätt sich eine Idee von der Vorstellung machen können, daß das das nämliche Mädel is, das ich damals aufgenommen hab. Die aschblonden Haare zu den brennend schwarzen Augen in ein Gsicht wie Milch und Blut, kurz eine Pikanteress' von Schönheit, gar nix zu sagen!

Natürlich ist bald ein jungs Gschwuferl um das andere angstiegen kommen, jeder als kaprizierte Kundschaft, die von niemand andern als von der Fräuln Mali hat bedient sein wolln, na, und die hat's verstanden. Regenschirm hat s' ihnen aufghängt an staubtrockenen Tagen und Schattenspender, wenn 's grad vom Himmel gschütt hat, wie nit gscheit; 's war ihr Passion, ihnen 's Verkehrte h'naufzdisputiern. Mit den Sonnenschirmen war's erst eine Hetz! Einen Schirm werden S' doch mitnehmen für d' Frau Gemahlin? sagt s'. Darauf stottert das junge Herrl, er hätt keine Gemahlin. Also für d' Fräuln Schwester als galanter Bruder? Für d' Frau Mama als liebenswürdiger Herr Sohn? Da war auch schon der Schirm schön sauber in Seidenpapier eingwickelt, dagegn hat mehr kein Protestiern gholfen; zletzt habn die armen Teufeln gar glaubt, wer ihr mehr abkaufen tät, der stechet die andern aus, wer zwei Schirm wegtragn hat, hat 'n Einschirmigen über d' Achsel angschaut, und derjenige, welcher mit ein'm ganzen Arm voll zum Gwölb h'nausgstolpert is, daß er ausgsehn hat wie ein Jud, der damit haussiern geht, war für vierundzwanzig Stund der Glücklichste.

Mit der Zeit aber, wie jeder schon einen Warenvorrat ghabt hat, daß er sich selber hätt etablieren können, und die Mali noch allweil kein'n von sö bevorzugt, is es ihnen doch z' dumm worden, und sie sein einer nach'm andern schön stad wegblieben.

Ein paar Schlaue sein noch manchmal kommen, die tröpfeln gspürt habn oder vor Hitz hätten vergehn mögen, und habn sich gegen Einsatz und Leihgebühr ein Regenschirm oder ein Schattenspender ausgeborgt, aber wie s' gsehn habn, daß bei der Mali der Barometer auf Unveränderlich steht, habn sie sich auch nimmer blicken lassen. Nur einer war nit zum losbringen, das war ein junges Graferl, der einzige Sohn einer verwittibten Mutter; der hat seine ganze noble Verwandtschaft mit Schirm versorgt, Vettern, Onkeln, Tanten und Kusinen, und d' Frauenwar sein, mit Handstickerei, daß 's zu entschuldigen war, wenn er wegen ein Stück öfter nachfragen kommt. Gholfen hat ihm 's so wenig wie den andern. Zleht is er auf ein ganz desparaten Einfall kommen; er hat sich mit der Mutter Löderer bekannt gmacht, na, und der hat er von sein Gefühlen für die Mali vorschwärmen können, soviel er will, die Alte hat dazu still ghalten. Herentgegen, wann er früher dem Mädel gleichgültig war, so ist er ihr jetzt verhaßt wordn, denn nit nur, daß sie ihn vor wie eh im Laden als verliebten Fadian hat gnießen müssen, auch wenn s' nach Gwölbsperr heim kommen is, hat s' von der Mutter noch ein Langs und Breits über ihn z'hören kriegt. Gleichzeit haben ihre Kameradinnen angfangt, mit der Sach ihrn Gspaß zu treibn, habn d' Mali nit anders wie ‚Komteß' und die alte Löderer ‚Gräfin Mutter' gheißen und übers Befinden vom ‚Graferl' die traurigsten Vermutungen ausgsprochen, wenn er sich ja ein Tag lang nit hat sehen lassen. Sie können sich denken, meine Herren, daß das 's Mädel nur noch wilder über seine Zudringlichkeit gmacht hat. Die Mutter, die auf die nobliche Eroberung, die 's Töchterl gmacht hat, förmlich stolz war, hätt s' gern freundlich gegen den jungen Kavalier gstimmt, aber 's war umsonst, obgleich s' ihr zugredt hat wie ein kranken Füllerl."

„Bravo, Herr Fabrikant, Bravo!"

„Was schrein s' denn bravo, meine Herrn?"

Nun ging es um den Tisch herum.

„Für Ihre echt konservative Schätzung des Adels, welche Sie veranlaßt, das Sprichwort vom kranken Roß so zartfühlend zu umschreiben."

„Was ganz am Platz is einer Dame gegenüber, mit der ein Aristokrat einen, wenn auch unerlaubten, Umgang anstrebt."

„Aber wie umschrei-be-ten Sie erst, wenn er einen erlau-be-ten anstre-be-te?"

„Meine Herru", rief der Dicke, „frozzeln laß ich mich nit!"

„Wir leisten gerne auf Ihre Erlaubnis Verzicht."

„Lassen Sie sich nicht stören. Bitte, fahren sie fort."

„Wo sein wir stehn blieben?"

„O bitte", nahm der Regenschirmmacher eifrig das Wort auf, „das braucht mir keiner von den Herrn zu sagen, wir sind stehn blieben, wo alles umsonst war. Eines Tages, meine Herrschaften, es war am Nachmittag, kommt der junge Mann gar in ein offenen Fiaker mit der Mutter Löderer vors Gwölb angfahrn, die Alte bitt ihr Mali von der Arbeit aus, damit s' ein Landpartie mitmachen könnt, wozu der Graf sein Einladung gmacht hätt. Nun stelln sie sich das boshafte Gestupf und Gewisper unter den anderen Arbeiterinnen vor und dann, die Gassen is abglegn, eine Equipasch eine Sensation, das Gschau aus alln Fenstern in der Nachbarschaft, und sie können sich ein Begriff machen, in was für einer Verlegenheit das Mädel war. Ich sag also, ich hätt nichts dagegen, wenn sie ging. ‚Aber ich', schreit sie, rot wie ein Krebs, hinter der Budel hervor. ‚Ich geh nit mit. Absolut nit!' Und nun is ihr halt d' Alte mit Bitten, Befehln und Drohen zugstiegn, d' längste Zeit; drüber is 'm jungen Herrl draußt im Wagen wahrscheinlich d' Weil lang worden, und er hat wohl gedacht, er richt 's schneller, wenn er seine persönliche Liebenswürdigkeit in die leere Wagschale wirft, er steigt also aus und tritt in' Laden, noch war er nit recht mit beiden Füßen herin, so fahrt das zornige Mädel auf ihn zu und steckt ihm eine; zwei solche Windhund, wie er einer war, hätten sich gut drein teilen können, wär keiner z' kurz kommen. Dann stemmt s' die Arm in die Seiten und legt los und sagt ihm 's hinein, über sein Betragn, das sie in Verruf brächt, und das sie sich jetzt ein- für allemal verbiet, über sein Persönlichkeit, die sich von weitem hübscher ausnähm, warum er ihr auch nit mehr in d' Näh kommen sollt, und noch ein Menge mehr und alles in einer Schleunigkeit, daß 's gar nit zu ermerken war; da drauf is es aber auch gar nit ankommen, ihrn Zweck hat s' erreicht; d' Mutter, der 's vor lauter Schrecken d' Red verschlagen hat, hat 's ganz verdonnerte Graferl zur Tür h'nauszogn, die Arbeitsmädeln habu ihm laut nachgelacht, im Laden war er von Stund an unmöglich, und 's Mädel hat ein Ruh vor ihm ghabt.

Seiner, der wirklichen Gräfin-Mutter muß die Gschicht, weiß nit, auf welchem Weg, zu Ohren kommen sein, und sie hat ihren Herru Sohn zu einer Reise nach Süden perschwattiert, aber schon bei Pfaffstätten kriegt er 's Heimweh, und in Wiener-Neustadt is er umgstiegn in ein Train, der nach Wien zruckdampft, und da hat er sich daheim niederglegt und war krank oder hat sich 's einbildt, zu sein. Gnug, mit einmal wird die alte Löderer zur Gräfin-Mutter grufen; was die zwei Weiber da mit einander auskocht haben, weiß ich nit, nur das weiß ich, daß an ein'm Montag früh statt der Mali ihr Mutter in' Laden kommen is, mir sagen, sie sähet jetzt selber ein, daß das Madel nit in ein Gwölb taugt, wo s' allen Zudringlichkeiten der Männerwelt ausgsetzt wär, sie behaltet s' lieber daheim untern Angen, und ich sollt ihr Arbeit ins Haus geben. Das hab ich getan. Paar Wochen noch is die Alte liefern kommen, und zletzt hat sich ein Dienstmann mit einer

Partie Schirm eingstellt, aber kein Auftrag ghabt, daß er weitere Arbeit verlangt; weil ich nit gwußt hab, was ich davon denken soll, hab ich ein Mädl zu der Löderer nachfragen gschickt, es sein aber andere Leut in der Wohnung gwest, die zwei Frauenzimmer waren auszogen, wohin, wußt mer dort nit zu sagen, und der Hausmeister wollt 's nit sagen, der hat gleich d' Gröben hervorkehrt. No, obwohl ich gern 'n weitern Verlauf gwußt hätt, war ich doch nit neugierig und hab mich nimmer bekümmert, und so hab ich denn bis auf 'n heutigen Tag keine Ahnung ghabt, was mit der schön Mali gschehn is.

Heut aber hab ich sie zufällig in der Praterstraße in einer netten Privatequipasch fahren sehen, ich hab s' gleich erkannt, obwohl sie mordmäßig herausgeputzt war, hab sie gegrüßt, und wie sie mich erblickt — die Pferd sein grad im Schritt gangen —, stupft sie den Kutscher mit ihrem Schirm und laßt halten. Ich geh hinzu und wir erkundigen uns um das gegenseitige Befinden. Ich hätt nit z' klagen, sag ich, und sie wär ganz zfrieden, sagt sie; 's Equipascherl ghöret ihr und ein zweistöckigs Vorstadthaus wär auf ihren Nam gschrieben, alles vom Grafen. Wissen S' — hat s' glacht — dem nämlichen, den ich damals vor'n Leuten so h'runtergmacht hab. Jesses, was man doch dumm is, wann mer noch nix vom Leben weiß! Aber auch da hat der Dumme, der nit begreifen will, 's meiste Glück, weil mer sich leichter auf ihn passioniert, nur ghört ein Mutter dazu, was praktisch is.

Nachdem ich derer noch nachgfragt und erfahren hab, daß 's ihr gut geht, haben wir uns d' Händ geben, und der Wagen is weitergfahren. Ich hab ihm lang nachgschaut und denkt, ob 's d' Möglichkeit, daß die ferme Hausfrau das nämliche znichte Menscherl is, was vor paar Jahr in sein'm Waschkleiderl, von der Kälten zsammbeutelt, 'n Zettel in meiner Auslag buchstabiert hat!"

„Aber die Moral", riefen mehrere, „die Moral dieser Geschicht?"

„Die Moral?" fragte der Erzähler, indem er alle der Reihe nach mit erstaunten Blicken musterte. „Die Moral, meine Herren, die liegt doch auf der Hand! Wenn heute das Verhältnis aus einander geht, so is für das Mädel gesorgt, und man muß es anerkennen, daß sie die Gaben, die ihr von Gott zu ihrm besseren Fortkommen verliehen wordn sein, auch entsprechend verwertet und verwendet hat!"

Ein behagliches Schmunzeln verklärte die Gesichter der Zuhörer, nur einer lachte laut auf; ich verwies es ihm ernstlich.

Es träte uns hier — sagte ich — nur sans ceremonie, auch ohne kirchliche, die nämliche gefestete Moral entgegen, welche die meisten unserer jungen Mädchen lehrt, ihre Neigungen zu bezwingen, eitlen Leidenschaften zu entsagen und mit der Versorgung sich zufrieden zu geben.

Man kann nicht wegbleiben

Ich vermöchte ihnen wohl über die Zukunft ihrer Rangen Aufschluß zu geben, wenn ich zusehe, wie letztere ihr Spielzeug behandeln. Es ist ganz etwas anderes, ob es aus Wißbegierde oder aus Mutwillen zerbrochen wird, ganz etwas anderes, ob die Puppe mit heimlichem Interesse aus dem Winkel geholt wird, gleich einer Person, die da auch mit in der Welt ist, oder nur vorgenommen als ein Ding, das Fritzchen oder Minchen Freude zu machen hat. Es tut mir leid, daß sie auf meine Beobachtungen wenig Wert legen werden, denn ich soll ja davon nichts verstehen, weil ich ein Hagestolz geblieben bin, was mir wieder nie leid getan hat.

Sie hieß Minchen. Sie erlaubte ihren Puppen nie eine Vertraulichkeit, sondern war immer eine Respektsperson für dieselben. Es wurde keine zur Prinzessin erhoben oder als gute Freundin zugelassen, es waren Kammermädchen und Nähmamsellen, und eine darunter, welche ein Wickelkind vorstellte, wurde den andern zur Pflege überlassen. Sie hieß noch Minchen, als sie schon verheiratet war, und sie konnte so heißen, denn sie zählte erst neunzehn, er aber war ein Gustav von zweiundvierzig. Es war sehr natürlich, daß sie sich heirateten, sie war hübsch und anmutig, er hatte Stellung und Vermögen, konnte also Minchen viel Freude machen, dazu fühlte er sich auch verpflichtet, und sie wußte, daß sie darauf Anspruch hatte, es war das — wie gesagt — sehr natürlich. Nebenbei waren die beiden Eltern eines Kindes von achtzehn Monaten, das ihnen die Kindsmagd jeden Morgen beim Aufstehen und jeden Abend vor dem Einschläfern präsentierte und auch manchmal auf der Promenade nachtrug. Es war allerliebst in dem langen Tragmäntelchen und hatte auch einen hübschen Namen, es hieß Erwin.

Sie waren recht glücklich. Man beneidete sie um ihre gesellschaftliche Stellung und ihn um die hübsche Frau, und Neid ist doch der Wertmesser aller irdischen Güter? Gewiß, sie waren recht glücklich.

Eines Abends stand Minchen in Gesellschaftstoilette vor dem Spiegel ihres Ankleidezimmers. Kein Löckchen lag wirre, und kein Fältchen über dem Kleide, keine Spitze, kein Band fehlte, und die Volants lagen breit und schwer und streiften die Parketten. Es war ein prächtiger Anblick! Sie hatte das Stubenmädchen nach Gustav geschickt, der aber kam nicht, sondern das Mädchen kehrte mit der Meldung zurück, der Herr läge unwohl auf dem Ruhbette.

Die junge Frau rauschte durch die Zimmer.

„Aber Gustav, was hast du denn? Das ist doch recht ärgerlich, gerade heute, wo wir zu Herrmanns sollen —"

Der Mann erhob das fahle Gesicht. „Ich fühle mich recht schlecht."

„Es wird vorübergehen."

„Ich hoffe."

„Sieh mich nur an. Wie gefalle ich dir?"

„Wie immer, mein Herz."

„Wie immer! Sonst lobst du nicht so summarisch und findest für jede Kleinigkeit ein Wort. Ich trage dies Kleid heute zum ersten Male."

„Es ist himmlisch — es — verzeihe, aber mir ist hundeelend."

„Ja, was machen wir denn aber dann wegen Herrmanns? Es ist etwas spät, um absagen zu lassen."

„Willst du durchaus hingehen?"

„Du weißt, sie sind leicht zu beleidigen. Man kann nicht gut wegbleiben."

„Dann entschuldige mich."

„Laß mich machen, ich will dich so krank sagen, daß sie morgen früh nachfragen schicken."

„Ich fürchte, mein Zustand wird dich nicht Lügen strafen." Er sagte das mit leiser, zitternder Stimme.

„Mein Gott, wie du mich erschreckst! Soll ich klingeln, daß dir Hanne Tee koche?"

„Das wär gegen ärztlichen Rat."

„Ja, aber was soll ich nur, mein armes Männchen?"

„Es wäre mir ein großer Trost — nicht so allein —"

„Hanne soll bei dir wachen." Sie langte nach der Tischglocke.

„Nicht."

„Was willst du denn?"

„Nichts!"

„Fasse nur Mut, der Anfall ist eben heftiger als sonst. Ich stehe wie auf Nadeln — wenn ich mich so auffallend verspäte, so verderbe ich bei Herrmanns den ganzen Abend, du kennst ihre Art, immer gleich das Ärgste zu befürchten, und wir haben dann von nichts zu sprechen als von Krankheiten und Todesfällen; am Eude trifft mich noch der Vorwurf, ich wäre von deinem Krankenbette weggelaufen."

„Und es ist doch nur ein Krankendiwan."

„Sieh, nun kannst du schon wieder scherzen, so wird es nimmer so arg sein."

„Verspäte dich nicht."

„Leb wohl. Sei wieder hübsch frisch und gesund, wenn ich zurückkehre. Hörst du?"

„Ja."

„Leb wohl!"

„Gute Unterhaltung!"

„Danke, Männchen!"

Sie rauschte davon.

Die Portiere fiel hinter dem Weibe zu. Außen schlug eine Türe ins Schloß. Das Fener im Ofen flackert, es wird laut, das ist ein eigener Ton, heult der Wind durch den Schlot nieder? Nein. Das ist ein eigener Ton, — das ist das laute Aufschluchzen des Mannes, der dort auf dem Diwan liegt.

*

Bei Herrmanns war es hübsch wie immer. Minchen traf dort auch einen Vetter, er war fünfzehn Jahre jünger als ihr Mann und trug die Offiziersuniform eines Kavallerieregimentes, er war schmuck, sehr schmuck. Die junge Fran, welche selbst viel auf Toilette hielt, fühlte das sogleich heraus, sonst dachte sie an nichts, denn sie hatte doch mehr auf sich zu achten als auf andere. Aber sie horchte bei seinen Komplimenten nicht so nebenhin wie bei andern, und er durfte sie zum Wagen begleiten. Es war das heute etwas nach Mitternacht, sie lehnte sich in die Kissen zurück, sie hatte sich vortrefflich amüsiert.

Da hatte sie vor ihm gestanden, schön, so schön wie nur sie selbst, — da, an der Stelle, — vor wenig Minuten noch, — vor einer Stunde, — vor zweien, — vor dreien, — vor langer, langer Zeit.

Daß keine Locke ihres Haares wirre läge und kein Fältchen über ihrem Kleide, daß keine Spitze und kein Band fehle und die breiten, schweren Volants die Parketten streifen, dafür hatte er gearbeitet und gesorgt und für mehr, für mehr noch. —

Sie begriff nicht die bange Furcht, die ihn befiel, als er sie, die liebste Erscheinung, die ihm im Sein begegnet, aus dem wirren Auge verlieren sollte, sie verstand ihn nicht, als er herzbewegt flüsterte: „Es wäre mir ein großer Trost, nicht so allein —"

Sie ging von ihm unbesorgt und unbekümmert. Sie konnte das. Daß sie es konnte, darüber grübelte der Mann, so oft ihm die schwere Beklemmung, die über ihm lag, einen Gedanken freigab.

„Hanne soll bei dir wachen."

Wer war ihm Hanne? Ein Dienstbote, der ihm unter den gleichgültigen Augen herumlief, wie die andern im Hanse, deren Hut er nun anvertraut sein sollte, wie — das Kind!

Der Mann raffte sich vom Diwan empor, er taumelte gegen die Türe und hinaus auf den Korridor.

Ein verschlafenes Gesicht blickte aus der halb offenen Türe des Dienstbotenzimmers, aber sofort stand wachgeschreckt ein Mädchen neben ihm.

„Um Gottes willen, gnädiger Herr!“

„Eineu Arzt!“

Der Kutscher und der eine Diener waren mit der Gnädigen fort, der andere schlief vielleicht in der Männerstube am Eude des langen Ganges; das Mädchen stürzte ohne ein Wort nach der Treppe, der Portier mußte geweckt werden.

Der Kranke waukte längs der Mauer hin, er tastete nach einer Türe und trat in ein kleines Gemach.

Ein Nachtlicht brannte, die Schatten des Gitters von einem Kinderbettchen zitterten an der Wand, dahin schlich mit unsicheren Schritten der Mann. Er faßt nach der Querstange, die das schlafende Kind von ihm absperrt, das Netz fällt, da bricht er in den Knien zusammen, und sein Kopf sinkt schwer auf den kleinen Schläfer nieder, der mit einer ungeduldigen Bewegung zur Seite rückt.

Ein schwerer Seufzer, dann ist wieder alles wie vorher. Nichts hörbar als das laute Schnarchen der Kindsmagd, die in einem Fanteuil eingenickt war, und das eben so gleichmäßige, scharfe Ticken einer Pendeluhr. Niemand im Hanse wußte, daß der Vater gekommen war, bei seinem Kinde zu sterben.

Nur die Zeiger merken es auf, wie oft das Pendel auf- und niederschwingt.

Da wird es im Hause lebendig. Ein Wagen fährt in den Hof. Die hellen Laternen werfen einen Lichtstreif an die Zimmerdecke. Nun kommt es die Treppe herauf, eilig, in verschiedenen Stimmen flüsternd, kein Tritt hörbar über den Laufteppichen.

Dann knistern in einem nahen Gemache die Parketten, und eine Frauenstimme frägt: „Mein Gott, wo ist er denn, der böse Mann?"

Jetzt öffnet sich die Türe, von der Lampe, welche Hanne trägt, flutet Licht in den dämmernden Raum, die Kindsmagd wacht erschreckt auf, sie begreift nur, die Frau ist zurückgekommen, und auf diese blickt sie mit verschlafenen Augen, eine, zwei Minuten nur — dann springt sie ihr bei.

„Ah, hier!" sagte die Dame beim Eintreten.

Ein behäbiger Herr verlegt ihr mit einem raschen Schritte den Weg zu dem reglos Daliegenden und beugt sich über diesen.

„Herr Doktor — —?"

Der Arzt zuckte mit der Schulter und sah nicht zurück.

„Ich unglückliches Weib!"

Da wandte er sich und sah die Frau in den Armen der Kindsmagd.

„Setzen Sie die Lampe nieder", sagte er zu Hanne, „und helfen Sie die Gnädige nach ihrem Zimmer tragen."

Das Kind war wach geworden, es saß aufrecht im Bette und blickte um sich, man hatte es allein gelassen. Aber da lag ja ein bekanntes Gesicht zu seinen Füßchen, leise rührte es mit den Zehen an dessen Wange, dann griff es mit den Händen darnach. „Papa!" lallte es. Es warf sich neben ihn und schmiegte die vollen, roten, warmen Bäckchen an die Stirne, wie die kalt war! Der Vater regte sich nicht. Es war bedenklich. Ratlos sah das Kind um sich, aber noch ein Mittel gab es, dann tat man ihm alles zuliebe! Es fing zu weinen an, erst wenig, ein klein wenig nur, zur Probe, dann lauter und immer herzbrechender, es warf sich im Schluchzen seitwärts hinüber, und seine Tränen netzten die starre Rechte des Toten.

*

Ein Jahr und etliche Monate darnach machte Minchen an Seite des schmucken Vetters, der — wie erinnerlich — die Offiziersuniform eines Kavallerieregimentes trug, die Hochzeitsreise durch die Schweiz.

Und Erwin?

Er hat eine Bonne bekommen, bei welcher er zurückgelassen wurde, und später soll er in einem Institute eine standesgemäße Erziehung erhalten. Wenn er nach seinem Vater frägt, so zeigt ihm wohl einmal ein williger Diener auf dem Dachboden unter anderem Gerümpel das Bild des „Seligen"; der schwere Goldrahmen ist natürlich nicht dabei, der faud einen andern Herrn.

Die sogenannte „Welt" war nach dem Tode des ersten Gatten und kurz vor der Wiedervereheliechung Minchens nicht gut auf sie zu sprechen, den eben diese „Welt" hat den moralischen Mut, was sie als Schwächen der Gesellschaft beklagt, an dem Alleinstehenden als Sünden zu verdammen. Man faud die junge Witwe vergnügungssüchtig, leichtsinnig, undankbar, pflichtvergessen . . . ! Pah, nichts von alledem, nur — herzlos! Ich wußte es. Ich habe sie noch mit ihrer Puppe spielen sehen.

Sein Spielzeug

I.

Es war ein stilles Gemach, es war immer ein solches gewesen. Tages über war es Arbeitsstube, nachts schlief der Inwohner daselbst, und als der noch bessere Zeiten hatte, da war es lustig und licht im Raume. Jetzt aber waren die Fenster matt geworden, der Regen hatte an die Scheiben geschlagen, der Staub hatte sich daran gelegt, die Luft war lange eingeschlossen gewesen, und ein fader, widerlicher Geruch von Medikamenten durchzog sie. Auf dem Bette in der Ecke lag ein bleicher, abgezehrter Mann; bald durchschauerte ihn der Gedanke an das nahe Eude, bald half er sich über alle Schauer des Todes und alles körperliche Unbehagen mit kecem Humor hinüber.

Eine kleine, sorgfältig gekleidete Frau sitzt zuweilen an dem Krankenlager; das zierliche Figürchen trägt auf weißem, rundem Nacken einen Kopf, wie aus Wachs bossiert, die Wangen voll und stark gefärbt, das Näschen gerade und die Nüstern schön geschwungen, der Mund eine Kirsche und die Augen groß, mit weiten, fast unbeweglichen Sternen. Hübsch, nicht schön. Hübsch, und das ist auch alles.

„Artur“, sagt sie und ihre weiche Hand, an jedem Finger mit einem Grübchen, legt sich auf die knöcherne Faust des Mannes. „Artur, du mußt doch sagen, daß ich dich recht pflege.“

„Gewiß, mein Kind, so gut du es eben verstehst.“

„O, was du garstig bist, so gut ich es eben verstehe, das kann ebensogut heißen, daß ich es nicht verstehe. Du bist recht undankbar.“ Die großen Augen wurden feucht, und an den mit goldblonden Haaren reich befransten Lidern zitterte ein schwerer Tropfen.

„Hermine, Goldhuhn“, sagte der Kranke, „weine nicht, du weißt, das macht mich immer lachen.“

„O ich weiß, das sieht dir gleich, Unartiger du!“ Ihre Lippen kräuselten sich und ließen die kleinen, blanken Zähne sehen. „Warte nur, dafür beiße ich dich in den kleinen Finger. Soll ich?“

„Wenn dir's Vergnügen macht, an einem Knochen zu knabbern.“

Sie hielt den Finger zwischen den ihren und betrachtete ihn nachdenklich. „Du magerst aber auch schrecklich ab, Artur, von Tag zu Tag.“

„Ja, ich bin gerade nicht stolz auf diese Leistung, aber weil ich eben dabei bin, so lieber ordentlich als gar nicht.“

„Ach, du kannst leicht scherzen, wenn du wüßtest, wie ich mich manchmal ängstige.“

„Warum, mein Huhn, um was?“

„Am Ende stirbst du mir gar!“

„Liebes Kind, am Ende effektuieren wir das alle. Du wirst dich dann ein halbes Jahr ganz schwarz kleiden müssen, dann das andere Halbjahr in Grau, schwarz geputzt. Meinst du nicht, daß dir das ganz gut lassen wird?“

„O ja."

„Nun also. Hahaha!"

„Wie abscheulich, daß du dazu lachen magst. Wenn mir die Trauer noch so gut läßt, siehst du es denn?"

„Du hast recht, ich glaube kaum, daß sich dazu eine Gelegenheit findet."

„O ich weiß wohl, daß ich recht habe, und du gingest von mir, dir ist gar nicht darum, um mich zu sein, Artur", — wieder feuchteten sich ihre Angen — „hast du mich denn nicht gern?"

„Ich schwur es dir. Ich schwur es so oft und bei allem Erdenklichen, bei dem zu schwören hergebracht ist, daß du endlich doch darauf bauen könntest. Wozu wären sonst Schwüre überhaupt gut?"

„O du Schelm!" und mit etwas rücksichtsloser Liebkosung legte sie die Hand über seine Stirne und drückte ihm den Kopf tiefer in das Kissen.

„Eh, Frau Gemahlin, Sie sind etwas grob."

„Hab ich dir weh getan?"

„Nicht der Rede wert, mein Herz. Ich bin nur gegenwärtig etwas zu schwach für derbe Zartheiten."

„Sei nicht böse. Ich wollte dich nur strafen, weil du mir von deinen Schwüren geredet. Was die auch hübsch waren! Einmal hast du bei dem Angedenken an deine Großeltern geschworen und hinterher versichert, du hättest die so wenig gekannt wie die Leute im Monde. Ein anderes Mal beim Sonnenlichte, als rabenschwarze Nacht war, oder bei den ewigen Sternen über uns, nachdem du mir kurz vorher aus einander gesetzt, daß auch die Milchstraße unfehlbar einmal gerinnen müsse zu All-Quark. Geh mir!

— Aber ernstlich gesprochen, Artur, ich möchte wissen, ob und wie du mich geliebt und — wenn du das nicht getan hast — warum du gerade mich genommen und keine andere? Ein Mann muß doch Gründe haben, die seine Entschlüsse bestimmen, und gar einen solchen, von dem sein eigenes Lebensglück und dazu noch das einer anderen Person abhängt! Du sollst es mir sagen, wie du gerade auf mich verfallen bist, hörst du? Und offen und ehrlich. Ich würde ganz untröstlich sein, wenn du mir das nicht mehr zu sagen vermöchtest, darum sollst du nicht leichtsinnig scherzen oder dich aufs Lügen verlegen, denn du bist krank, armer Artur, du bist sehr krank!"

„So feierlich? Ja, dann muß ich freilich. Habe nur vorher die Güte, mir die Pölster ein wenig zurecht zu rücken. Ah! Wie hübsch unbeholfen du das machst! Man kann dir nicht zürnen. Danke — du hast ganz recht, Kind, ich bin eben daran, wie jener Märchenheld ‚Hans im Glück', die Früchte meines letzten Tauschgeschäftes in den Brunnen fallen zu lassen und mit nichts für alles zur Mutter Erde zurückzukehren. Zur Mutter Erde, das klingt ganz ausnehmend tröstlich, ich habe aber keine erbauliche Vorstellung davon, die Alte läßt sich ihre Kinder im Futteral zurückstellen und schiebt sie in die schmutzige Tasche. Brr! —

Ach ja, ich weiß, das gehört nicht zur Sache. Laß nur die Bettdecke, sie kann nicht glatter liegen, als sie liegt. Wir kommen auf alles zu sprechen. Nur Geduld, mein Kind! Als ich selbst noch ein solches war, da gab es kein ruhigeres Geschöpf unter der

Sonne; ich war im stande, in einem Winkel der Stube mich stundenlange allein zu spielen. Sobald man dieses schätzenswerte Talent erkannte, wurde es sofort aufgemuntert und unterstützt — Eltern, Verwandte und Bekannte ließen es mir nie an Spielzeng fehlen.

Anfangs war allerdings mein näherer Umgang den Spielwaren nicht zuträglich, aber später, als ich heraus hatte, was in den Quietschpuppen quietschte, in den Drehkästchen klang und die Figürchen auf denselben bewegte, was die Mühlen trieb und die Hasen trommeln machte, kurz, als ich mit dem Mechanismus meiner Spielzeugwelt hinlänglich vertrant war, da respektierte ich auch jede ihrer Erscheinungen, und es kounte jedes Stück bei mir so alt werden, als dies eben bei fürsorglicher Abnützung anging.

Da ich so viel Schonung gegen lebloses Spielzeng an den Tag legte, gestattete man mir auch lebendes. Ich hatte ein Kaninchen und eine Taube. So oft noch eine unserer Köchinnen hereingestürzt kam, um bei dir Klage über den ewig qualmenden Herd zu führen — und es kam noch jede gestürzt —, erinnert mich das unglückliche Geschöpf mit den triefenden, roten Angen an das Kaninchen, und wenn du dann ratlos den Kopf hin und her wendest und einen Schritt nach rechts und einen nach links trippelst, denke ich an meine Taube.

Von meinem Spielzeugwinkel zur Schulbank hatte ich nur einen Schritt. Bei dem Frage- und Antwortspiel des Katechismus war ich mit Vergnügen darauf aus, auf jede Frage die richtige Antwort zur Hand zu haben. Der Lehrer der Naturgeschichte stellte mir sämtliche Tiere zur Verfügung, um sie zu benennen, daß es eine Art hatte, — nur sollte ich auch auf die Gattung nicht vergessen. Er legte mir die Pflanzenwelt in die Hände, um sie zu klassifizieren, nach einem neueren System; früher geschah das nach einem andern, im Grunde ist jedes dazu gut, und mir hätte es das gleiche Vergnügen gewährt. Er lieferte mir auch das Mineralreich aus, und ich wußte bald von Salzen, Erden und Erzen zu schwatzen wie ein — anderer Schuljunge. Zu hohem Danke aber fühlte ich mich dem Professor der Naturlehre verpflichtet, der das Nützliche mit dem Angenehmen zu vereinen wußte, indem er seinen Vortrag durch physikalische und chemische Versuche illustrierte, wodurch er es auch mir ermöglichte, im häuslichen Kreise an der Hand des untrüglichen Experimentes für wissenschaftliche Wahrheit einzustehen! Ich befaßte mich mit der Herstellung von Elektrophoren, schmolz zu diesem Behufe Harz in einer alten Sardinenbüchse zu Kuchen und ruinierte dabei die Herdplatte so gründlich, daß sich die Magd noch nach acht Tagen darüber beklagte; oder ich erzeugte Wasserstoffgas, was ungleich einfacher und amüsanter ist, dazu braucht's nur eine mäßige Flasche Wasser, eine Handvoll Eisenfeilspäne und eine geringe Quantität Vitriolöl; unrichtig angewendet, erzeugt das letztere allerdings auf Röcken und Beinkleidern tiefrote Flecken, diese verschwinden aber schon nach einigen Tagen samt der Stelle, worauf sie saßen. Es gab aber niemand, den diese Naturerscheinung mit größerer Genugtuung erfüllte als den Schneider, der für das Haus meiner Eltern arbeitete. Nachdem ich also in der Schule alles zur Zufriedenheit meiner Eltern wohl und manches zu ihrem lebhaften Mißvergnügen nur zu gut begriffen hatte, traten sie mit der Frage an mich heran: welche Rolle ich in der Welt spielen wolle?

Nun, dachte ich, ist's vorbei mit deiner Spielzeugwelt, du sollst den Ernst des Lebens keunen lernen, aber früher möchtest du doch wissen, was dieses selber ist. Ich bat, studieren zu dürfen, und kam von der niederen auf die hohe Schule; es war dieselbe Wendeltreppe, nur führte sie ein Stück weiter hinan und mündete auf der hübschen Plattform aus, die wir allgemeine Bildung nennen. Ich hatte einen guten Kopf, und mich machte das Hinansteigen nicht schwindeln. Die Maturitätsprüfung bestand ich glänzend, ich wußte den Professoren all das wieder zu sagen, was sie mir selbst zeitüber gesagt hatten, wußte alles, was man zu wissen glaubte und zu glauben wußte. Aber ich empfand darüber durchaus nicht jene freudige Genugtuung wie andere, ich fühlte mich ‚so klug als wie zuvor!' Ich sah im Leben dieselbe Willkür, die ein Spielzeug hätschelt oder zerbricht, ich sah die Menschen das Leben unter allen Voraussetzungen des Spieles leben. Es war alles zuvor hübsch abgemacht, wer Hauptmann sein sollte, was die Steine im Verkehr zu gelten hatten, und wie man sich den Puppen gegenüber zu verhalten habe; nur war alles Spielwerk selbständig geworden und spielte mit, das nannte man Wirklichkeit, es war aber weiter nichts als eine Degradation der Phantasie, die einst unumschränkt alle Dinge beherrschte und nun in deren Knechtschaft geraten war. Mit dieser Erkenntnis verlor ich meine Kindlichkeit. Einst trieb ich mein Spiel mit den fragwürdigsten Gegenständen in gebührendem Ernste, aber das fragwürdige Spiel mit den sogenannten ernsten Dingen stimmte mich heiter.

Unterdessen trat aber doch die Frage knapper an mich heran: willst du den andern für Rechensteine, für Heiligenbilder, für Pillen und Pulver ihre Butterbrote abtauschen? Willst du ihnen neue Märchen erzählen statt der alten? Die Welt soll nicht in sechs Tagen entstanden sein, sondern rechtschaffen Zeit dazu gebraucht haben. Eine Seehundsfamilie soll ganze Zeitalter hindurch von einer bequemen Promenade am Strande geträumt haben, so daß ihr die Sehnsucht Beine machte, und das immer längere von Generation zu Generation, bis der Urenkel des Urgroßvaters als der erste Mensch an das Ufer stieg. Es verschlägt nichts, denn im Grunde wissen wir mit den Myriaden Schöpfungsjahren und dem Urahnen aus der See gerade so viel anzufangen als mit den sechs biblischen Werkeltagen und dem Adam. — Ich entschloß mich, in ein Rechnungsdepartement zu treten.

Da ich nun wie die andern mein Butterbrot hatte und sah, daß die meisten sich ein Püppchen zugesellten, das sie, seinem rosenroten Mäulchen und elfenbeinernen Zähnen zuliebe, davon naschen ließen, so verleitete mich der Nachahmungstrieb, es ihnen gleich zu tun, das heißt, nur der Sache, nicht der Form nach. Sie nahmen das Leben und alles darum und daran für ernst und schwer, glaubten, zu zweien trüge es sich leichter, hofften auf eine Ergänzung ihres eigenen Wesens durch ein zweites, wünschten, zu verstehen und verstanden zu werden. Ach, was glaubten, hofften und wünschten sie nicht alles! Sie nannten das Suchen: Sehnen, das Finden: Liebe, den Besitz: Seligkeit! Ich aber, der ich mir vom Leben nichts vormachen ließ, ich verlangte nach Zerstreuung, ich durfte also niemanden suchen, der an das Leben besondere Anforderungen stellte, der sich vom Leben eine besondere, ja überhaupt eine Vorstellung machte und mir mehr sein wollte als ein Spielzeug. Mich begünstigte das Glück, ich faud dich!"

„O du Abscheulicher", sagte die kleine Dame.

„Und glaube mir," fuhr der Kranke fort, „so war es gut für uns beide. Du entsprachst vollkommen meinen Wünschen, und du vermöchtest auch bei dem besten Willen keinem mehr zu sein als mir. Wenn dir einer von den anderen sagt, du könntest es, dem traue nicht; ich kenne das Gelichter, entweder er betrügt sich, dann läßt er es aber nachträglich dir entgelten, oder er will dich betrügen! Du hast dich ja nicht zu beklagen gehabt, mein Herz, denn, wie erwähnt, ich ging immer sehr sorgfältig mit meinem Spielzeuge um, mit dem leblosen wie mit dem lebenden, mit Kaninchen und Tauben, am sorgfältigsten mit dir, denn du machtest mir auch das meiste Vergnügen, Mine!" Er versuchte mit seiner abgezehrten Hand ihre Rechte zu fassen und zu drücken.

Das kleine Frauchen aber erhob sich rasch und trat einen Schritt von seinem Lager zurück. „Das klingt ja immer garstiger. Dein Spielzeug! Weiter nichts?"

Sie verließ schmollend das Zimmer.

Zwei Tage später stürzte sie zu tiefst erschreckt aus der Türe desselben, der Mann da drinnen lag im Sterben, und das war doch gar zu entsetzlich, um es mit anzusehen.

Die Trauer aber kleidete sie sehr gut.

II.

„Herminchen", sagte eine korpulente, ältere Dame, nachdem sie sich im Besuchzimmer auf das Ruhebett hatte niederfallen lassen, „Herminchen, das muß ich wohl sagen, so traurig auch der Anlaß ist, solche Kleider tragen zu müssen, aber du siehst darin so interessant aus — so reizend — rein zum Anbeten!"

Jede dieser Beteuerungen wurde mit einer Umarmung bekräftigt, welche die junge Witwe etwas ängstlich, aber vergebens abzuwehren versuchte; jetzt musterte sie sich im Spiegel gegenüber und glättete das Kleid.

Mit einem breiten Lächeln auf dem fleischigen Gesichte faßte die Korpulente die kleine Dame an der Rechten, welche mit ausgespreiteten Fingern über dem Knie lag, und drückte auf dasselbe. „Und es hat sich schon einer gefunden, der anbetet." Sie schrie das mehr, als sie es sagte, denn das war so ihre Art, wenn sie den Leuten zeigen wollte, sie sei besonders guter Laune. „Nun ja, wo schon unsereines ganz entzückt ist, da müßten doch die Männer geradezu blind sein, und das kann man ihnen just nicht nachsagen. Neulich, als du mir meinen Besuch zurückgabst, hat dich unser Nachbar kommen sehen und hat sich's nicht verdrießen lassen, auch dein Gehen abzupassen; während wir uns verabschiedeten, ist er unter seine Tür getreten, ich weiß nicht, ob du darauf acht gehabt hast, aber kaum warst du fort, so ist das Fragen angegangen: ‚Verehrte Frau Nachbarin, wer ist die Dame?' — Ach, denk ich, frage du! ‚Eine Freundin von mir', sage ich. — ‚Sie geht in Trauer?' — ‚Ja freilich, weil ihr Mann gestorben ist.' Da hättest du ihn sehen sollen, was er dazu für ein Gesicht gemacht hat; wir haben noch viel hin und her geredet von dir, hast du nicht das Schlucken gehabt? Nun, es wäre zu weitläufig, alles nachzuerzählen. Er fragte auch, ob du Vermögen hättest. Gott sei Dank, sagte ich bei mir, das hat sie, aber ich hielt es ganz für überflüssig, ihm das auf die Nase zu binden. Ich stellte dich so arm hin, Herminchen, wie eine Kirchenmaus, und denke dir, was sagt der Mensch? — ‚So eine Frau könne man schon um ihrer selbst willen nehmen, die brächte auch einen Taugenichts zurecht, denn sie ließe gar keine Gedanken neben ihr aufkommen.'"

Die junge Witwe schüttelte lächelnd den Kopf.

„Ja, das sagte er", fuhr die Besucherin fort. „Und nachdem wir so nahzu ein Stündchen verplaudert hatten, denn wir sprachen ja von dir, Goldherzchen, und du weißt, da komme ich in Zug, — nachdem wir also nach unsern Türklinken faßten, meinte er, ob es nicht möglich wäre, dich zu sprechen. Da sagte ich, Besuche empfingest du nicht, könntest auch nicht gut welche empsangen. Die Lente im Hanse dächten gleich so böswillig. Aber wenn du ein nächstes Mal mich wieder besuchen würdest, so könne er in meine Wohnung herüberkommen, und da würde ich ihn mit dir bekannt machen. Das kannst du dir ja gefallen lassen, Herzchen?"

Die kleine Dame nickte gedankenvoll.

„Er ist von Ansehen gar nicht übel, hat ein feines, artiges Benehmen, und nach dem, wie er sich trägt, und was er sich gönnt, muß er auch sein gutes Auskommen haben. Nun, ich bin keine, die dazu ratet, auf den ersten Blick hin einem Manne zu vertrauen — davor bewahre mich der Himmel! —, es gibt in dieser Beziehung gar zu viele warnende Beispiele, aber, wenn man gerade nicht abgeneigt ist, so kann man ja, wie der Dichter Schiller in seinen Werken sagt, prüsen, ob die Seelen zusammenpassen. Und dazu rate ich."

„Aber Emilie", die Trauernde errötete und erschien, wie sie so verlegen dasaß, noch kleiner, als sie war.

„Nun, nun, ich meine nur, Närrchen. Darüber brauchst du weder böse noch verlegen zu werden. Du hast ja, so jung du bist, deine Schule hinter dir, und uns verheirateten Frauen darf man es nicht übel nehmen, wenn wir ein bißchen aus derselben schwatzen. Deinen Anblick und ein paar Worte kannst du ihm ja gönnen. Führt es auch zu nichts weiter, so zerstreut es einen doch, und ein wenig Zerstreuung muß dir gut tun in einer solchen Gemütsverfassung, wie ich mir vorstelle, daß du bist, wo dich das Kleid schon immerwährend an deinen Seligen erinnern muß."

Herminens große Augen füllten sich mit Tränen.

Die Freundin umschlang sie mit den massiven Armen und drückte sie an sich, daß beiden darüber der Atem verging. „Herminchen, Goldkind", rief sie, „laß gut sein, laß nur gut sein — aber da siehst du selbst, wie dir Zerstreuung not tut, und nur die wollte ich dir geboten haben, und die solltest du auch nicht zurückweisen. Im übrigen bist du ja ganz Freifrau, kannst tun und lassen, was dir beliebt, und im Ernste wollte ich alles andere auch nicht gesprochen haben, denn der Nachbar ist, abgesehen von allen guten Eigenschaften, unter uns gesagt, doch ein kleiner Taugenichts, und so mag er denn bleiben, wo er will, anßer" — hier kreischte sie wieder in höchster Stimmlage auf — „außer, du tust ein christliches Werk, rechtfertigst seine gute Meinung von dir und bringst ihn wieder zurecht."

Sie drückte einen Schmatz auf die Wange ihrer jungen Freundin.

Nach etlichen Tagen machte Hermine ihren Gegenbesuch, und wenige Minuten nach ihrem Eintritte fand sich auch der Herr Nachbar ein.

„Meine Freundin Hermine, von der wir neulich so viel gesprochen haben", sagte die Frau des

Hauses. „Unser Nachbar, der dich kennen zu lernen wünscht, Herr Fröhlich."

„Ja", sagte der Genannte, sich einen Stuhl herbeiziehend. „Ja, fröhlich bin ich und fröhlich bleib ich, und wär ich's nicht, so müßte ich es werden in so anziehender Gesellschaft."

Der umfangreiche Ellbogen der Freundin Herminens unterzog sich hier und auch in weiteren Fällen der undankbaren Mühe, auf derlei Galanterien aufmerksam zu machen.

„Kapital schönes Wetter heute, meine Damen", sagte nach einer kleinen Pause Herr Fröhlich.

Die Damen beeilten sich, wie aus einem Munde zu versichern, es wäre das schönste von der Welt.

„Erinnert mich gerade an einen der denkwürdigsten Tage meines Lebens. Wir, ich und einige Freunde, machten einen Ausflug ins Gebirge. — Lieben Sie Gebirgspartien, meine Damen?"

Hermine versicherte, nie eine solche gemacht zu haben, und Emilie beklagte lebhaft, daß sie nicht „hoch gehen" könne, um so mehr, da ja der Dichter Schiller in seinen Werken sage, daß auf den Bergen die reinste Luft sei.

„Jene Gebirgspartie", fuhr der Sprecher fort, „mir ewig unvergeßlich, fand gerade an einem so paradiesisch schönen Tage statt, wie der heutige; aber bald nachdem wir den Gipfel des Berges erstiegen hatten, merkten wir, daß das Wetter umschlage, —"

„Begreiflich", sagte Emilie, „von einem solchen Berge muß man ja erschrecklich weit sehen."

„Gewiß, verehrte Frau Nachbarin. Wir sahen also ringsum dräuende Wolken aufsteigen, mit Mühe gelang uns der Abstieg, denn ein rasender Föhn durchbrauste die Luft, und als wir endlich auf ebenem Boden anlangten, schäumte der kleine See am Fuße des Berges, als ob das Wasser kochte, und inmitten der Wellen bemerken wir einen hilflos dahintreibenden Gegenstand. Alle ergehen sich in Vermutungen, was das sein könne, da plötzlich fällt mein Auge auf eine kaum hundert Schritte entfernte Gruppe zweier Menschen, Mann und Weib, die verzweifelnd die Hände rangen. Wie ein Blitz durchzuckte mich der Gedanke: ‚Das Kind dieser braven Leute liegt im See!' Ich als guter Schwimmer — schwimmen Sie, meine Damen?"

Sie taten es nicht.

„Ich als guter Schwimmer besinne mich nicht lange. Wie ich gehe und stehe, hinein. Komme mit einigen Tempis hart an meinen Gegenstand heran, aber wie ihn jetzt fassen und ans Ufer bringen? Ich trete Wasser, ich schwimme Rückenlage, schon verlassen mich meine Kräfte, da werfe ich mich auf eine Woge, die mich und das Kind an das Ufer schleudert. Die Freude der geängstigten Eltern können Sie sich vorstellen — das läßt sich nicht beschreiben."

„Das muß man fühlen", sagte Frau Emilie und ein Ellbogenstoß bedeutete die Freundin: „Was für ein Mann!" Tat aber der Rührung derselben einigen Eintrag.

„Ja, das muß man fühlen —" sagte Fröhlich und schlug sich mit der Hand vor die Brust, daß der beinerne Manschettenknopf auf dem Binocle aufklatschte, welches in der Westentasche ober dem Uhrtäschchen verwahrt war, — „fühlen, beschreiben läßt sich so was nicht, auch meine Verfassung, wie ich patschnaß mit vollgesogenen Kleidern vor den beglückten Leuten stand, war einigermaßen unbeschreiblich, und als das schluchzende Weib mit Freudentränen meine Hand netzen wollte, sagte ich: ‚Um Gottes willen, lassen Sie das, meine Gute, naß wär ich zur Genüge!"

Frau Emilie lächelte gerührt, und Hermine rückte ein klein wenig von der Freundin hinweg.

— — Es soll elende Spötter gegeben haben, welche behaupteten, allen romantischen Aufputzes entkleidet, reduziere sich das Abenteuer Fröhlichs einfach dahin, daß derselbe einmal in angeheitertem Zustande einen halbwüchsigen Bauernbengel in einen Dorfweiher gestoßen habe. Die Rettung sei bewerkstelligt worden, ohne daß er sich dabei einen Faden am Leibe naß gemacht, indem er an der Krücke seines Spazierstockes den Jungen an das Ufer lotste. Hätte er sich auf seine Beine verlassen können, sicher würde er sich durch die eiligste Flucht dem Danke der Eltern entzogen haben, aber so mußte er sich mit seiner ganzen Barschaft von demselben loskaufen. — —

„Das muß Sie mit einem erhebenden Bewußtsein erfüllen, mein Herr", sagte Hermine.

„O gewiß, gewiß, meine Gnädige. Allerdings darf man sich einer solchen Tat nicht rühmen, denn der Zufall wirft sie einem in den Schoß."

„Ach, wie viele würden sich an Ihrer Stelle besonnen haben!“

„Zu gütig, gnädige Frau. Aber das ist wahr, für einen Menschen, wie ich einer bin — ich gebe mich ganz offen —, den manche Torheit und Unbesonnenheit an sich zweifeln macht, ist eine solche Erinnerung eine wahre Wohltat; ohne sie wäre er verloren — sie hält ihn aufrecht, sie ist der Leitstern, der ihn an sein besseres Selbst mahnt. Ach ja, aber nur ein Stern, dem Piloten auf der stürmischen Meeresbahn leuchtend, aber nicht eine Sonne, vor deren Glanz alle Sterne erbleichen, und welche in der Brust die im Verborgenen schlummernden Keime des Edlen und Guten weckt und reift. Wie beneidenswert ist derjenige, der ein solches Glück gefunden, —“

„Die Herrschaften entschuldigen“, sagte Emilie, „aber meine Pflicht als Frau des Hauses ruft mich. Ich muß in die Küche. Herr Fröhlich nehmen doch auch eine Schale Kaffee mit uns?“

Herr Fröhlich verneigte sich stumm zum Zeichen seiner Bereitwilligkeit, aber er sah der Abgehenden mit einem leichten Kopfschütteln nach, wahrscheinlich hätte er es lieber gesehen, sie wäre früher gegangen, oder sie ginge später. Wo war er denn auch nur stehen geblieben?

„Ja, beneidenswert, wer ein solches Glück gefunden, selbst derjenige, der nur träumen darf, ein solches Glück gefunden zu haben! Ich träume davon.“

„Was Sie sagen!“ Die junge Witwe zupfte an dem Streifen der plissierten Ärmelkrause.

„Ja, ich träume davon, seit ich eine gewisse Dame das erste Mal sah."

„So?"

„Ach, gnädige Frau! Wozu Wortspiele und Andeutungen? Leider kann ich meinen Traum nicht in seliges Wachen verwandeln, das kann nur die, von der ich zu träumen gezwungen bin, und wenn es mich gleich wie mit einem Wetterstrahl hinschmettern würde, wenn ich mich gleich darüber selbst als einen Verlorenen aufgeben müßte, falls sie mich ablehnte, ich würde das doch der Marter der Ungewißheit vorziehen! Und darum, offen heraus, Sie sind es, gnädige Frau, welche das Los meines Lebens in der Hand hat!"

Er versuchte auch eine von Herminens Händen zu haschen, es schlug aber fehl, denn die Dame legte beide an die erglühenden Wangen.

„Sie sehen mich ja heute erst zum zweiten Male, mein Herr", stammelte sie.

„Es bedurfte nur des einen, des ersten Males, um einen unauslöschlichen Eindruck auf mein Herz zu machen."

Die großen Augen Herminens sahen erstaunt und fragend auf. „So mit einem Male?" sagte sie.

„Diese Frage! Oh, gnädige Frau", — er machte wieder einen Versuch, sich einer der beiden kleinen Hände zu bemächtigen, doch der linke Arm hing lässig an der Stuhllehne herab, und diese Hand griff hinter sich und zupfte an einem Rohrendchen, das sich aus dem Geflechte gelöst, die andere aber flüchtete in die Tasche des Kleides, und man hörte es, wie sie dort mit dem Gummibande eines Geldtäschchens spielte. Er mußte es auf halbem Wege aufgeben und fügte jetzt die Hände, die er vorgestreckt hatte, mit unbeholfener Geste an einander, wie ein Bär, der um ein Stück Zucker bettelt. — „Diese Frage beweist nur, daß Sie bisher die wahre Liebe ebensowenig kannten, wie ich sie kannte, dieses Gefühl, das beim ersten Anblicke in uns auflodert und uns zuruft: ‚Dieser Huldgöttin bist du mit deinem ganzen Selbst, mit all deiner Zukunft und deinem Sein anheimgegeben!'"

Der kleinen linken Hand war das Rohrendchen entschlüpft, und sie war so unvorsichtig, ihr Versteck zu verlassen und sich auf den Schoß zu wagen, wo sie jetzt von zwei Händen eingefangen und trotz ihres Widerstrebens festgehalten wurde, in der Verwirrung kaufte sie sich mit einem Gegendrucke los; um aber das Unheil, soweit an ihr lag, wieder gut zu machen, legte sie sich als kleiner Schirm vor die Augen der Herrin, damit in denen nichts zu lesen wäre.

Die Dame seufzte tief auf. „Könnte mein seliger Artur es mit anhören, wie da zu mir gesprochen wird, wie würde er lachen!"

„Lachen?!"

„Ganz gewiß. Denken Sie nur" — da es eine vertrauliche Mitteilung galt, neigte sie sich lächelnd ihrem Gegenüber zu und legte beide Hände auf die seinen —, „denken Sie nur, er nahm mich für weiter nichts als für ein Spielzeug."

„Oh! Oh!"

„Wahrhaftig, und er warnte mich vor jedem, der mir sagen würde, er nähme mich für etwas Besseres!"

„Bei allem Respekt vor Ihrem seligen Herrn Gemahl, aber das ist — das ist denn doch unqualifizierbar! Indessen, ich merke die Absicht. Der Mann war schlimmer als ein Indier."

„Als ein Indier?"

„Schlimmer als ein Indier. Ein solcher Wilder verlangt in barbarischer Selbstsucht, daß ihm seine Witwe durch den Feuertod in das Grab nachfolge, während es Ihr Herr Gemahl auf dem nassen Wege versuchte; er wollte Sie gegen jeden Trost ablehnend, gegen jede wahre Neigung mißtrauisch machen, damit Sie sich um sein Angedenken zu Tode weinen. Doch jeden Scherz beiseite gelassen, gnädige Frau, der Mann hat Sie nie geliebt, darum konnte er Sie auch nicht verstehen, darum wußte er Sie auch nicht zu schätzen, darum vermochte er es Ihnen auch zu sagen, daß Sie ihm nichts oder nur sehr wenig galten, Sie, der man gleich beim ersten Anblicke zurufen möchte: Mein Alles!"

Die junge Witwe schüttelte ein wenig den Kopf. „Man", sagte sie leise, sah zur Zimmerdecke empor und zog die Achseln an sich, bemühte sich überhaupt auszusehen wie der engbrüstigste Zweifel in Person.

Da wurden Schritte vor der Türe laut, Tassen und Kannen klapperten.

„Wir sprechen noch darüber, gnädige Frau", flüsterte Fröhlich.

Von nun ab besuchte Hermine ihre Freundin oft

und öfter, und eines Tages, als die gute Frau Emilie wieder mit dem klappernden Kaffeegeschirre auf der großen Blechtasse eintrat, glaubte sie alle Ursache zu der Frage zu haben: „Darf man den Herrschaften gratulieren?"

Es wurde ihr gestattet, und nachdem Hermine auch „Grau mit Schwarz geputzt" abgelegt hatte, unterfertigte sie einen Heiratskontrakt mit Herru Fröhlich, in welchem sie demselben ihr gesamtes Vermögen zur Verfügung stellte; ein Freund erlaubte sich, sie aufmerksam zu machen, daß diesem Punkte jede Gegenleistung, etwa auch die eines Wittums fehle, indem der Herr Bräutigam gar kein Vermögen auf- oder ausweise.

Hermine blickte erstaunt, aber keineswegs beunruhigt auf, es befremdete sie nur, daß sie da mit einem Male etwas anderes hörte, als ihr bis nun gesagt worden war.

Fröhlich zog sie in eine Fensternische. „Süßes Herz", sagte er und strich ihr über das wellige Haar, „zürne mir nicht! Es ist wahr, ich habe mir bisher nichts zurückzulegen vermocht, und ich brachte es nicht über mich, dir das einzugestehen, weil ich fürchtete, die Ungleichheit des Vermögens könnte uns trennen. Wenn das ein Betrug ist, so mag ihn meine heiße Liebe zu dir entschuldigen. Geld hat uns nicht zusammengeführt, Geld soll uns auch nicht scheiden. Oder meinst du anders? Noch ist es Zeit —"

Sie antwortete mit einem Kusse. —

Es war am Abende des Hochzeitstages. Die Trinksprüche und Gläserklänge waren verhallt. Der letzte Gast hatte sich mit dem bei diesem Anlasse üblichen vieldeutigen Lächeln entfernt. Die jungen Eheleute waren allein.

Der Mann hatte seinen Arm um den Nacken der Frau gelegt, er fühlte ein Schnürchen unter seinen Fingern und zog spielend daran, bis ein Medaillon zum Vorschein kam, das unter Glas das Bild des ersten Gatten zeigte.

„Darinnen wirst du künftig mein Bild tragen“, sagte er, „nimm das jetzt heraus und gib es mir.“

Sie löste es heraus und es fiel zur Erde.

Der Mann bückte sich darnach, hob es auf und schob es in die Westentasche.

Die kleine Frau würde sich selbst alle Empfindung abgesprochen haben, wenn sie da nicht einige Rührung angewandelt hätte. An den langen Wimpern zeigten sich Tränen.

„Was hast du?“ sagte der Mann. „Sollte ich mit diesem Seligen noch eifern müssen? Das glaube ich nicht um dich verdient zu haben.“

„Armer Artur!“ seufzte leise die Wiedervermählte. „Aber freilich, du hast immer so wenig von mir gehalten, daß du wohl gegen den zurück mußt, der mir unzählige Male beteuerte, daß ich sein Alles sei!“

Beide Hände hatte sie auf die Schultern des Gatten gelegt und ihn an sich gezogen, er aber sagte nun emphatisch: „Und ich werde mein Versprechen auch halten!“

Ob und woran er gedacht, als er das sagte? Gut, wenn es dabei nur mit der Logik schlecht bestellt war.

III.

Es mochten etwa achtzehn Monate vergangen sein, um einige Tage mehr oder weniger soll nicht gestritten werden; ein Tag ist oft ein gar zu unbedeutendes Ding, und wenn es anginge, so striche wohl mancher gerne einen oder den anderen mit wohlgezählten vierundzwanzig Stunden aus seinem Leben, nicht weil er ihn wenig Gutes oder viel Übles, sondern weil er ihn gar nichts erleben ließ.

Es war ein solcher Tag, der schon in früher Morgenstunde sich merken ließ, er wolle die Begüterten zu tödlicher Langweile und die Armen und Hilflosen zu dumpfem Hinbrüten verurteilen.

Aschfarben hing der Himmel über der Stadt. In unabsehbarer Weite wirbelten mit trostloser Einförmigkeit Schneeflocken hernieder, und ein eisiger Wind fegte sie in wirrem Durcheinander vor sich her, und dieses Spiel wird er treiben von der Zeit, wo die Menschen das Bett verlassen, bis zu der, wo sie es wieder aufsuchen. Wie klug tun daher diejenigen, die sich nicht auf den kommenden Tag verlassen und all das, woran er etwa ihrer Lebensfreudigkeit Abbruch tun könnte, in den Stunden der Nacht vorweg nehmen, wenn sie auch von der Welt dieser Klugheit wegen wenig gerühmt werden.

Zu diesen klugen und bescheidenen Leuten zählt wohl eine Schar Männer, welche soeben ein Kaffeehaus verlassen. Ein Gemengsel von Tabakrauch, Kaffeedämpfen und Gerüchen von Spirituosen qualmt ihnen aus der offenen Türe nach, vom eisigen

Winterfroste geschüttelt, fühlt es plötzlich jeder, daß er stundenlang in diesem Qualme geatmet, das Auge brennt, er schmeckt ihn bitter auf der Zunge und wird den Geruch nicht los, der sich selbst in den Kleidern festgesetzt hat; das alles kontrastiert in unsäglicher Widerlichkeit mit der prickelnden, aber reinen Luft, dazu das fahle Zwielicht und das trostlose Wetter, es ist zum Nüchternwerden!

Es behaupteten auch alle, es zu sein, nur einer, der es am lärmendsten beteuerte, fand keinen Glauben, da er gerade dem übertriebenen Luxus frönte, sich von zwei Freunden führen zu lassen.

Von einem nahen Kirchturme schlug es Drei. Der Trunkene stieß plötzlich seinen Führer linker Hand von sich und griff nach der Westentasche. „Wo ist meine Uhr?" lärmte er. „Wo ist meine Uhr?"

Der Zurückgestoßene bemächtigte sich wieder des Armes seines Schützlings. „Aber Fröhlich", sagte er, „die hat ja der Markör als Pfand zurückbehalten."

„Ach ja, weiß schon. Geld hab ich auch keines mehr. Ihr siedet mich immer ab beim Spielen. Alles beim Teufel!"

„Vergiß nicht", sagte sein Führer rechter Hand, „deine Spielschuld."

„Spielschuld? Was für eine Spielschuld?"

„Besinn dich doch, daß du noch weiter gespielt hast, wie du schon blank warst. Fünfundzwanzig Gulden bist du dem Kernreiter schuldig. Wenn du sie morgen nicht niederlegst, so geht er zu deiner Frau."

„Zu der —", folgte ein Kraftwort, „soll er hingehen. Ihm hilft das nichts und stiftet nur Unfrieden. Wenn er hingeht, das sag ich, bekommt er gar nichts."

„Oho, Spielschulden!" lachten die Begleiter.

Sie waren vor einem Hause stehen geblieben, einer hatte die Glocke gezogen, und als jetzt das Tor geöffnet wurde, schob man den Nachtschwärmer hinein.

„Ich küß die Hand, gnä' Herr", sagte der Hausbesorger, indem er den Sperrgroschen in Empfang nahm, danu sah er dem Manne nach, der mit wankenden Tritten über den Flur taumelte und unter leisen Flüchen „über die ungleichen Stufen" die Treppe hinanstieg.

Erst hielt der unterwürfige Zuschauer an sich, es schütterte ihn nur ein wenig, dann aber lachte er laut auf.

„Wird wieder eine Freud haben, die Gnädige!"

Oben stand die Wohnungstüre offen, der Mann trat hinein, er suchte und fragte nach niemand, es war das seine Art, er sank auf das Lager und schlief ein.

Bei seinem Eintritte schreckte eine kleine, abgehärmte Frau zusammen, die unweit des Bettes, in einen Schlafsessel zurückgelehnt, saß; danu starrte sie regungslos auf den Schläfer, zwei volle Stunden, bis er erwachte.

Als er sich regte, mit den blöden, halb geöffneten Augen um sich sah und, noch schlaftrunken, versuchte, sich das wirre Haar aus dem Gesichte zu streichen, wie häßlich! — Das Weib beugte den Kopf und drückte die Hand vor die Stirne.

„Eduard!"

„Was willst du?"

„Ich möchte dich um Geld bitten, auf ein Frühstück. Ich habe seit gestern mittags nichts gegessen."

„Geld willst du?" Die Sache ging ihm nahe, er richtete sich empor und kam auf den Bettrand zu sitzen. „Wie kommst du dazu? Ich entsinne mich gar nicht mehr, wie lange es her ist, seit du mich das letzte Mal um Geld angesprochen."

„Du warst bei solchen Anlässen immer so roh gegen mich, daß ich mir zu helfen suchte, wie es anging. Ich habe meinen Schmuck verkauft."

„Was für einen Schmuck? Du hattest doch keinen mehr."

„Ich hatte noch den, den einst meine Mutter trug, er war mir ein teueres Vermächtnis, und ich versuchte ihn zu retten. Gott weiß es, wie hart es mir geworden ist, mich davon zu trennen, aber um dir nicht kommen zu müssen, verkaufte ich ihn, und von dem Erlös lebte ich bisher."

„Du hattest ein Geheimnis vor mir?" Er erhob sich und ging auf die Frau zu. „Ein Geheimnis hattest du vor mir?" Plötzlich besann er sich und blieb überlegend stehen.

„Es hätte dir kein Geheimnis bleiben können, wenn du nachgefragt hättest, wovon ich eigentlich lebe, denn du wußtest am besten, du gabst mir nichts dazu."

„Hermine," sagte er, sich ihr nähernd, „wir wollen nicht zanken. Ich sehe mein Unrecht ein. Es war nicht schön, daß du ein Geheimnis vor mir haben konntest, aber du warst ein kluges Weibchen, daß du für schlechte Zeiten etwas zur Seite gehamstert, wir können es jetzt mehr als je brauchen."

„Jetzt", — sie lächelte bitter — „was willst du damit sagen?"

„Du rächst dich eben wie eine Frau, — edel! Du sammelst feurige Kohlen auf mein Haupt. Es ist eine ganz unverdiente Überraschung, durch welche du mich da beschämst."

„Ich verstehe dich nicht."

„Herzchen." Er faßte sie am Kinne und hob ihr den Kopf empor. „Laß die Larve fallen. Gestehe es nur, du warst nicht so unklug, dich ganz auszugeben."

Sie fuhr vom Sitze empor. „Eduard, es ist ganz unwürdig, wie du mit mir verfährst. Wüßte ich, wovon heute leben, so hätte ich dir kein Wort vor morgen gesagt, aber ich habe nichts, wahrhaftigen Gottes, gar nichts."

„Du hast nichts?" Er wendete sich achselzuckend von ihr ab. „Das ist ein anderes. Ich habe auch nichts mehr. Schlimme Geschichte das! Du mußt eben zusehen; ist es bis heute ohne mich gegangen, wird es auch für weiter möglich sein."

„Du kannst mich doch nicht hungern lassen?"

„Schatz, wozu das Gerede? Wenn du mich auf den Kopf stellst, mir fällt kein Kreuzer aus der Tasche."

„Pfui, schämst du dich nicht, als Mann so zu deinem Weibe zu sprechen? Ich habe dir gegenüber mehr getan, als meine Pflicht war, ich habe dir alles geopfert, aber freilich, an jene Zeiten willst du nicht erinnert sein, wo du mir oft genug beteuert, daß uns nicht das Geld zusammenführt und ich dein Alles sei!"

„Phrasen, die man am Ende zu einer jeden sagt, und klügere wissen auch, was sie davon zu halten haben."

„Wenn du denkst, mich jetzt durch Gemeinheiten abzufinden, nachdem du mir alles, alles durchgebracht und ich nun auf dich angewiesen bin, da irrst du. O, ich kenne auch meine Rechte! Der Mann ist verpflichtet, für das Weib zu sorgen — und das wollen wir doch sehen . . ."

„Oho, in der Tonart? Nun, das muß ich dir doch sagen, daß mir die gar nicht gefällt, denn sie stimmt durchaus nicht zu meiner Laune. Also kein Wort weiter, das bitte ich mir aus."

Eingeschüchtert stand die kleine Frau eine Weile über schweigend da, sie blickte hilf- und ratlos um sich, dann richtete sie ihre feuchten Augen auf den Mann, faltete die Hände und sagte: „Eduard, was hast du gegen mich?"

„Nichts. Aber was mich einmal für dich eingenommen hat, das kann ich dir sagen. Du warst eine vermögliche Witwe — weiter nichts."

„Das heißt: jetzt, wo ich eine Bettlerin bin, willst du mich los sein? O, das kannst du auch noch erleben!"

„Ich würde mir darüber den Kopf nicht abreißen."

„Also kann ich nun gehen? — Ich bin dir im

Wege? — So sage es mir doch, damit ich weiß, woran ich bin. — Eduard! — Hörst du? — Ich will es wissen. — Sage mir nur, ob ich gehen soll? — Ich will Antwort haben", sagte sie heftig.

Da sagte der Mann: „Ei, so geh denn —"

Und das Weib schlug die Hände vor das Gesicht, ging aus der Wohnung, kauerte sich an der Türschwelle nieder und weinte still vor sich hin und — wartete. Er mußte ja kommen. Und er kam mit schwerfälligen Schritten, machte die Türe hinter ihr ein paar Spannen weit auf und sagte rauh: „Närrin, willst du uns bei der ganzen Nachbarschaft ins Gerede bringen? — Komme herein. — Nun, willst du wohl herein kommen?"

„Ich wüßte nicht, was ich bei dir sollte."

„Ei, so bleibe, wo du willst." Er schlug die Türe hart zu.

Das Weib schrie laut auf vor Schluchzen. Dann kroch sie ein paar Schritte weit, bis dahin, wo die Treppe begann, und stieg gebeugt und gebrochen hinab bis zu den letzten Stufen derselben. Das vergitterte Fenster einer Küche im unteren Stockwerke ging dort hinaus. Sie lehnte den Kopf an die kalten Eisenstäbe.

Die Leute da unten waren früh auf, eine Lampe brannte, und das hell lodernde Herdfeuer erleuchtete den Raum, und knapp an den Scheiben stand das Gitterbettlein eines Kindes, und das lag und schlief; eine große Puppe, mit der es offenbar den Abend zuvor schlafen gegangen, hielt es mit den kleinen, runden Ärmchen an sich gepreßt.

Auf die Frau, die außen auf den Stufen saß, drückte ein ungeheures Weh, und wie unter einer wirklichen Last taumelte sie auf, verließ das Haus und ging mit unsicheren Schritten die Straße entlang; sie wußte es wohl, wohin, wenn sie auch nicht viel auf den Weg vor ihr acht hatte.

Sie ging an den Häusern dahin, stundenlang, und als diese ein Ende hatten, hinaus auf die offene Straße. Dort auf freiem Felde trieb der Wind sein Spiel, die Pappeln zu beiden Seiten schüttelten sich, wie vom Fieber befallen, ein Steig war rein und glatt gefegt, und der gegenüber lag unter einer mannshohen Schneewehe.

Eine Mauer tauchte plötzlich rechter Hand auf, Kreuze und Urnen ragten darüber. Da lag auf weiter Halde das Leichenfeld der Stadt, unabsehbar ausgebreitet, trostlos, trübe; nicht traulich still wie ein Dorfkirchhof, wo die Pflanzen, deren getreue Seinsgenossenschaft der Mensch so wenig achtet, alle Greuel des Todes und der Verwesung überwuchernd verdecken, nicht feierlich, nein, flach, übersäet von Zahlen, in alltäglicher Nüchternheit und darum so unendlich wehtuend.

Wie auf der Straße, so sah es auch auf dem Friedhofe aus. Die eine Hälfte lag fast unter Schnee begraben, während die andere bloß lag und die vertrockneten Halme auf den Grabhügeln unter den Stößen des Windes erzitterten.

Erst als das Weib durch das Gittertor trat, blickte es auf. So weit das Auge reichte, war kein Mensch zu sehen. Sie drang durch den tiefen Schnee und ging dann auf glattem Boden weiter, immer näher und näher trachtete sie an ein verfallenes Grab heran, und als sie endlich knapp vor dem eingesunkenen Hügel stand, da weinte sie bitterlich auf und warf sich darüber hin.

Artur, dein Spielzeug!

Sie hatte die Lippen nur krampfhaft bewegt, kein Wort war über dieselben gekommen.

Der Wind hatte sich gelegt, der Schneefall dauerte an, und die Flocken lagerten sich in gleichmäßiger Schichte über die Erde. Es war hoch am Mittage, als ein Mann das Kanzleigebäude des Friedhofes verließ; er stand einen Augenblick kopfschüttelnd stille, als er neben dem ausgeschaufelten Wege in tiefem Schnee die undeutliche Spur von Tritten bemerkte, verfolgte mit den Augen die Richtung, welche sie nahmen, wandte sich dann ab und ging.

Es lag auch nahezu am anderen Ende des Friedhofes, jenes Grab mit dem etwas vorgeneigten Gedenksteine und dem eingesunkenen Hügel, auf dem nun unter dichter weißer Hülle eine unförmliche Masse lag, welche sich fast ansah wie eine große Puppe.

Skizzen

Vereinsamt

Wer lobsänge dem Süden mit ungeheuchelter Begeisterung, wenn nicht sein Widerpart der Norden wäre? Was hätte ein ewiger Frühling, über die ganze weite Erde gebreitet, noch Besonderes? Aber da kommen die Kinder des Südens zu uns und hanchen in die Hände und sagen: „O, welch trauriges Land! Ihr habt eigentlich nur eine Jahreszeit, sieben Monate weißen und fünf Monate grünen Winter. Wie ihr das nur aushalten könnt?" Und dann ziehen die Kinder des Nordens mitten im weißen Winter hinab nach dem Süden und sagen begeistert: „Ihr habt nur eine Jahreszeit, den Frühling. Wie glücklich ihr seid!"

Das ist wohl ein wenig übertrieben, der Norden weiß das ganz gut. Er sagte einmal: „Pah, ich will mir eine ordentliche vierte Jahreszeit anschaffen; ich kann mir diesen Luxus erlauben, das riesige Polarmeer habe ich zur Hand, und dort bekomme ich um ein Billiges, was ich dazu brauche." Sprach's und ließ sich einen ordentlichen Winter kommen.

Es ist das ein Patron, dem viel Übles nachgesagt wird, nicht mit Unrecht. Anfangs beginnt er die Lente mit dichten Nebeln zu necken, er verhängt ihnen die lustige Ferne, Wege und Stege, Gruben und Rinnen. „So, da findet euch zurecht!" Jeder hat seinen eigenen Schatten verloren und glaubt auf einen entlaufenen fremden zu stoßen, wenn aus dem dichten Grau ein anderer Mensch auf ihn vorsichtig zuschreitet. Dann wieder macht er glatte Wege, um alles zu Fall zu bringen, oder er sagt: „Wie wär's, wenn wir's mit einem trockenen Regen versuchten?“ Und da ballt er die Regentropfen zu Sternchen, Kügelchen und Pelzchen und läßt sie herunterrieseln, und das legt sich auf die Hüte, je breiter die Krempe, um so schwerer, auf die Ärmel, als legte der Winter selbst seine Hand auf unsern Arm, um uns recht freundschaftlich an seine Anwesenheit zu erinnern, was ihm jedoch niemand recht Dank wissen will.

Nebel, Eis und Schnee breitet er über Stadt und Land; aber in der ersteren macht er sich kleine Nebenpläsierchen. Da sieht er die großen Fabriksschlote rauchen. „Ach, das ist ja prächtig“, sagt er, „wie hübsch, wenn ich diese braunen Wolken unter meine Nebelmassen steckte.“ Und er steckt sie darunter, daß den Leuten die Augen brennen und sie zu ersticken vermeinen. Oder er sieht das schöne Pflaster, ob Würfel oder Platten, Granit oder Klinker, das ist ihm ganz gleich. „Herrlich! Wie nett sich das übereisen läßt!“ Er tut's, und die Leute rennen aus den Häusern und streuen Asche und Sand auf die Wege.

Aber ganz unausstehlich will er sich doch nicht machen; oft nach einem tüchtigen Schneegestöber läßt er den Himmel hell und rein, die Luft klar und kalt und hält den Menschen die Schlittenbahn bereit. Da jagen diese über Land. Weit — weit liegt alles blendend weiß, ruhig, still, feierlich. Der tiefdunkle Tannenwald hält auf den Ästen weiße Streifen und an den Bärten schimmernde Zapfen, die Häuschen haben Hauben auf, der kleinste Pfahl im Zann trägt eine solche, Weiher und Teiche sind mattsilberne Spiegel, an den Menschen schmiegt sich die Kälte, drängt das warme Leben mehr nach innen und schränkt es ein, als wollte sie nur die Wärme des Herzens gelten lassen, die man denn auch mit doppeltem Behagen verspürt, und da sagen alle: „Es ist doch schön!"

Es ist doch schön. Der Winter hat etwas Märchenhaftes. Die Welt liegt weit und klar, die Wege sind schmal und Wanderer darauf wenige, man erwartet daher in jedem etwas Besonderes, in jedem Häuschen, das man betritt, ein Abenteuer, denn außen liegt die Welt so still, innen schlägt das Herz so froh, so erwartungsvoll. Je nun, man kann sich täuschen, und man täuscht sich auch, bis zu der Zeit, wo der leuchtende Tannenbaum in die Stube kommt, da lebt jeder ein Märchen. Selbst wenn er den Baum mit eigenen Händen geschmückt hat, wenn er ganz gut weiß, wieviel Taler, Groschen und Pfennige auf all die Herrlichkeiten daraufgegangen; der Baum rauscht mit seinen Schleifen gar geheimnisvoll, die Herrlichkeiten wollen nicht Ware werden, sie bleiben ganz ungewöhnliche Dinge, die erst im Kinderjubel lebendig werden wollen; in diesem Jubel aber erwacht das Kind noch einmal in jedem, auch der kälteste, trockenste Geselle lebt für einen Augenblick ein Märchen — seine Kindheit noch einmal!

Sie ist ein Märchen, wie nur eines sein soll. Vor den kaum erschlossenen Sinnen geschieht täglich, stündlich ganz Unerwartetes, immer Geheimnisvolles, aber das Kind beträgt sich, wie man von dem Helden eines Märchens billig erwarten kann, es wird leidvoll oder freudvoll überrascht — sei es auch nur, weil ihm ein böser Schrank eine Beule schlägt, oder weil ein ganz gewöhnliches Stück Holz plötzlich anheimelnde, zum Spielen einladende Gestalt gewinnt —, aber es ist nie erstaunt darüber, daß sich irgend etwas ereignen kann. Es vermag von den Wundern der Christnacht hingerissen zu werden, aber es wird sie ganz in der Ordnung finden; doch in dem brausenden Kinderjubel klingt in dem Herzen der Erwachsenen die verwandte Saite an.

Gewiß, Weihnachten ist eine frohe Zeit und sie macht alle fröhlich. Alle? Viele, die meisten, alle wohl nicht. Ich kenne einen, der sie fürchtet.

Er hat seine Wohnung neben der meinen, ist ein noch ziemlich junger, hoch aufgeschossener Mensch, den man immer gleich still, ernst und bescheiden seiner Wege gehen sieht. Auf einen freundlichen Gruß oder ein Scherzwort erwidert er wohl mit einem verbindlichen Lächeln, aber er scheint jede Annäherung zu vermeiden. Was seine Stellung anlangt, so soll er in einer der vielen Teehandlungen Buch und Korrespondenz führen.

Jahrüber war er der gleich höfliche wie freundliche Nachbar, bis jenes Fest herankam, das man bezeichnend Christabend nennt, denn der Tag zählt nicht, alles bis zum Abende ist Erwartung, ungeduldige, still träumerische oder behaglich vorkostende, je nach Temperament, aber immer nur Erwartung; kam dieser Festabend heran, dann wich der Mann jeder Ansprache aus und bezeigte sich fast menschenscheu.

Es ist früh am Morgen, fahles Licht fällt durch die Gangfenster, die Treppe, die in Krümmungen von Stockwerk zu Stockwerk läuft, liegt noch im Dunkel, der Nachbar steht vor seiner Türe und schließt sie eben hinter sich ab, neben ihm steht ein altes, ärmlich gekleidetes Weib, das Tag für Tag ihn bedienen kommt, das Frühstück kocht, die Kleider reinigt, das Essen holt; sie führt Bürste und Ausklopfstäbchen mit sich, schiebt sie von einer Hand in die andere, sie scheint etwas auf dem Herzen zu haben, aber einigermaßen verlegen zu sein, wie sie es vorbringe, endlich sagt sie leise: „Ich tät bitten, schaffen der gnädige Herr heut noch etwas?"

Im Kreise ihrer Enkel wollte sie den heutigen Tag zubringen, das war's.

Der Gefragte schiebt den Quartierschlüssel in die Tasche, er blickt nicht auf, sondern antwortet in demselben halben Tone: „Nein, kommen Sie nur morgen früh rechtzeitig wieder."

„Ich küß die Hand", sagte das Weib, „ich wünsch recht" — vergnügte Feiertage, lag ihr wohl auf der Zunge, aber es schien sie zu gereuen, und da es schon halb heraus war, so wiederholte sie es und ergänzte es, wie es ihr unverfänglicher schien: „Ich wünsch recht gute Unterhaltung!"

Der Mann nickte und schritt rasch der Treppe

zu. Das alte Weib schüttelte den Kopf, wohl über sich selbst, und sah ihm, wie bekümmert, nach. „Daß ich mir's nie ermerken kann! Immer rutscht es mir so heraus."

Der Mann eilt in das Geschäft; hastig durchschreitet er schmutzige Nebengäßchen, biegt von allen belebten Straßen ab und erreicht auf einem Umwege die Handlung, in der er bedienstet ist, dort setzt er sich an sein Pult, nimmt die Feder zur Hand, rechnet, schreibt, blättert in den Büchern und sieht nicht auf, bis gegen Abend — früher als sonst an irgend einem Tage im Jahre — der Laden geschlossen werden soll, dann legt er seufzend die Feder hin, zieht den warmen Winterrock über, nimmt den Hut vom Haken und tritt hinaus in die Dämmerung.

Wieder nimmt er den Weg durch die Nebengäßchen; aber so menschenleer es dort auch ist, hie und da hüpft doch ein Kind mit munteren Äuglein über den Weg, hastet ein Erwachsener daher, der einen Pack halb versteckt trägt, oder rauscht gar ein Bäumchen vorbei, und die Goldstreifen knistern, und die bunten Papierbänder flattern, unser Mann achtet nicht darauf, er drückt sich nur näher an die Mauer, um Platz zu machen.

Vor seiner Wohnung angelangt, zieht er bedächtig den Schlüssel aus der Tasche, öffnet, tritt ein, sperrt hinter sich ab und geht nach dem im Halbdunkel liegenden Zimmer. Helle Streifen von der Straßenbeleuchtung fallen durch die Fenster, liegen über der Wand und zittern an der Decke. In dem dämmernden Raume geht er in kurzen und hastigen

Schritten ein paarmal auf und nieder, dann, als versagten ihm die Füße, wirft er sich müde auf den Diwan. Er deckt die Augen mit den Händen und stützt den Kopf darein und seufzt tief auf.

— — — — — — — — — — — — — — — —

Vor vier Jahren war es gewesen, da leuchtete in seiner Stube ein Baum, ein übermütiger Knirps kutschierte mit einem kleinen Wägelchen rasselnd auf und nieder, und auf dem Arme einer kleinen, niedlichen Frau guckte ein Kleinstes mit groß, gar groß aufgerissenen Augen in die Lichter, es streckte die Ärmchen darnach und zog sie lächelnd wieder zurück.

Und vor drei Jahren, da tollte der Knirps wieder durchs Zimmer, aber die Frau saß neben dem Manne auf dem Diwan und sie drückte seine Hand und sie sah mit feuchten Augen lächelnd nach dem Kleinen. „Unser Einziger — der ist ja noch da!"

Und wieder ein Jahr, da leuchtete kein Baum in der Stube, da war es so düster wie heute; aber in seiner Hand lag eine andere, an seiner Wange lehnte eine andere Wange, er fühlte die Wimpern des nahen Auges seine Schläfe streifen, und feucht rann ein Tropfen nieder. „O liebes Weib —"

Und noch ein Jahr — ja, da war es ganz wie heute, — es überkommt ihn, als sollte er sich über das Kissen des Diwans werfen, die Hände vors Gesicht geschlagen . . . aber er erhebt sich langsam, tritt an das Fenster, er schiebt die Riegel zurück, er öffnet einen Flügel und lehnt sich hinaus in die stille Nacht.

Draußen liegt die Straße. Langsam wie durch einen zündenden Funken, der die Häuserzeile entlang läuft, glimmen die Fenster an, da, dort, nah, näher wird es Licht. Nicht alle Leute sind so neidisch gegen die Nacht und die andern Menschen außen, daß sie ihre Fenster mit Tüchern verhängen, nein, manche lassen die Lichter hell und ungedämpft hinausleuchten auf die Straße.

Und der Mann am Fenster blickt hinein in das Leben und Treiben der nahen Stuben — lange, lange; danu zieht er leise das Fenster an sich, und bevor er es schließt, nickt er hinaus und sagt still und wehmütig: „Fröhliche Weihnacht!"

Fröhliche Weihnacht!

Das Fenster drückt sich in den Rahmen, er wendet sich zurück. Wie ist das? Will es nicht in seiner eigenen Stube aufleuchten? Es ist ihm, als laste ihm etwas gar leicht auf seinem rechten Arme, als wäre etwas rasch herangekommen und schmiege sich an sein linkes Knie.

Nichts! Im Auge wirken ja grelle Lichteindrücke für kurze Weile noch im Dunkeln nach, und als er aus dem Fenster sah, da hatte er auf dem rechten Arme gelegen und das linke Knie gegen das Sims gestemmt. Es erklärt sich das so natürlich, aber er senkte doch sachte den Arm herab, er rückte leise den Fuß vor, wie um nichts fallen zu lassen oder umzustoßen, — was es auch sei.

Dann verläßt er eilig die Wohnung. Jetzt war es auf den Straßen wie ausgestorben, er durchschreitet sie hastig; wo er in einem öffentlichen

Lokale eine Zechgesellschaft lärmen hört, da tritt er ein, er setzt sich in eine Ecke und sieht stille dem Treiben zu, er fühlt eine Art Behagen, wie unter seinesgleichen. Vereinsamte, Ausgeschlossene und Ausgestoßene. Je lärmender die Gesellschaft, je besser; die hatten nie, was er besaß und, selbst verloren, nicht in der Erinnerung missen möchte, oder sie hatten 's verspielt, sie waren elender wie er, dem die heilige Nacht noch heiligen Schmerz weckte.

Kalt und nüchtern, bleigrau liegt der Morgen über der Stadt, wenn der Mann heimkehrt. Es ist vorbei, wieder auf ein Jahr vorbei, was ihn im dämmernden Zimmer überkommt, als sollte er sich über das Kissen des Diwans werfen, die Hände vors Gesicht geschlagen, — was ihn hinaustreibt in die Nacht, gleich Vereinsamten nachzuspüren, nachdem er vorher den Glücklichen still und wehmütig zugerufen:

„Fröhliche Weihnacht!"

Ein braves Mädchen

Es ist ein Uhr nach Mitternacht. Sie wollen mich nicht schlafen lassen. Über mir arbeitet unermüdlich eine heisere Drehorgel, und die Zimmerdecke schüttert unter dem Gestrampfe der — Tanzenden. Hochzeit feiern sie da oben.

Ich habe alle Flüche geflucht, die mir geläufig sind, und mich auch auf einige ferner liegende besonnen, ich habe alle erdenklichen unchristlichen Wünsche aufgebraucht und nur den nächstliegenden nicht getan, nämlich den, daß der Zimmerboden unter ihnen einbrechen möge, denn dieser Zimmerboden hat eine Kehrseite und die bildet den Plafond meiner Wohnung. Das alles hat mich wenig erleichtert. Ich bin daher aus dem Bette gesprungen, habe Licht gemacht und sitze hier in Schlafrock und Pantoffeln an meinem Schreibtische.

Eine Pause! Gläsergeklirr, Gebrüll! Ein Toast. Wozu betäubt ihr denn den Glücklichen? Ist es Neid oder Berechnung, daß ihr ihn über den ganzen Umfang seines Glückes nicht zu klarem Bewußtsein kommen lassen wollt? Vor einem Jahr bezog er da oben die Kammer, jetzt wird wohl ihm und der jungen Frau das Zimmer eingeräumt werden und deren Mutter sich angeblich auf das Kabinett beschränken, tatsächlich aber immer bei ihren lieben

Kindern stecken. Eine Schwiegermutter so zur Hand zu haben, ist kein zu unterschätzender Vorteil, denn er sichert den Bestand des Glückes. Die gute Frau beteuerte, es habe einer nicht bald so ein braves Mädchen bekommen wie er mit ihrer Minna; sie kann es ihm nun alltäglich wiederholen, und sie wird gewiß nicht müde werden, es zu tun, und er wird es zuletzt mechanisch nachreden, wachend und träumend, es kann gar nicht fehlen.

Zum Henker auch, warum laßt ihr mich nicht schlafen?! Ich kannte einen jungen Mediziner, wenn der es nicht konnte, so stieg er nach dem Dachboden hinauf, fing eine Katze, die er dann auf seinem Zimmer nach allen Regeln der Wissenschaft zerlegte. Jede seiner schlaflosen Nächte kostete einer Katze das Leben. Wie wär's, wenn ich mir zur Zerstreuung das brave Mädchen von da oben einmal gründlich zerlegte?!

Das orgelt, das trampelt fort und fort. Je nun. Warum laßt ihr mich nicht schlafen?

Ich wohne hier im Hause, solange ich überhaupt für mich allein wohne, das ist, seit mir meine Eltern wegstarben, und das geschah vor achtunddreißig Jahren, die gute Frau da ober mir ist aber erst vor zwanzig Jahren eingezogen. Zwei Jahre darauf brachte sie das Mädchen zur Welt, dessen Ehbett von heut ab in demselben Raume stehen wird, wo einst seine Wiege gestanden hat. War es das Übermaß des Glückes oder die neu zugewachsene Sorge, welche dem Vater dieses Kindes so schlecht bekam, ich maße mir nicht an, das zu entscheiden, genug, der

Mann starb inner Jahresfrist und ließ Weib und Kind nicht in den besten Umständen zurück. Die Frau hab ich bei Lebzeiten des Mannes nie und als Witwe nur sehr mäßig arbeiten sehen, meist hielt sie Studenten auf der Kammer, und diese wußten davon zu sagen, wie oft sie von ihrer Quartiergeberin um Abfassung und Reinschrift von Bettelgesuchen und eben in dieses Fach einschlagenden Briefen an allerhöchste, hohe und mittelgroße Herrschaften angegangen wurden.

Das Betteln, wenn man es geschickt betreibt und gleich von vorneherein die Rolle eines „verschämten" Armen abgeschmackt findet, ernährt nicht nur seinen Mann, sondern auch eine ganze Familie recht gut. Das kleine Ding da oben wuchs und gedieh, es lief aber stets in schlumpigen Kleidern, ungewaschen und ungekämmt herum, blickte einen frech mit seinen dunklen Augen an und sprang mir oft unversehens wie eine Kröte über den Weg, war mir auch immer so unangenehm wie eine solche; ich habe überhaupt keine besondere Vorliebe für Kinder, für verwahrloste geht mir jedes Verständnis ab.

Zu einer Zeit, wo die Kinderschuhe andere Mädchen noch gar nicht drücken, hatte unsere Kröte die ihren schon vertreten und sich mit einem Male zu einem kleinen und eben darum beinahe zu drallen Frauenzimmerchen entwickelt. Sie zählte kaum zwölf Jahre.

Wenn man wo ein Honigtöpfchen offen stehen läßt, so sammeln sich die Fliegen, Brummfliegen, Schmeißfliegen, Roßfliegen und anderes leckeres Geziefer.

Da war ein Unteroffizier von einer Waffengattung, die eine sehr schmucke Uniform trug, ein junger Mensch aus gutem Hanse; vielleicht schmeichelte es der Krötenmutter, daß er das ihre besuchte, von dem sich gerade nicht sagen ließ, daß es das beste war. Er führte Mutter und Tochter, so oft er einen freien Nachmittag hatte, nach irgend einem Vergnügungslokale und geleitete sie abends nach Hause.

Das Töchterchen schwamm in Wonne, tat geradezu aufgeblasen, schwatzte mehr und dümmeres Zeug als sonst, anch fand sie Vergnügen daran, Lieder, die sie von irgend einer Chansonettensängerin vortragen hörte, unermüdlich nachzusingen; sie wußte gewöhnlich vom Texte wenig mehr als den Refrain und die Melodie sang sie falsch, ich habe ihr das bis auf den Tag noch nicht vergessen können, denn mir verschaffen derlei Leistungen, auch von der direkten Bezugsquelle übermittelt, immer nur einen sehr mäßigen Genuß.

Dann kam plötzlich ein Tag, wo sie das Singen sein ließ, in ihren Reden einsilbiger wurde und den Blicken der Personen, die ihr begegneten, scheu auswich. Von diesem Tage an ließ sich der Herr Unteroffizier auch nicht mehr im Hause blicken.

Etliche Wochen darnach schlenderte ich eben durch die Straßen, da kam sie Arm in Arm mit einer Freundin des Weges daher, und von der anderen Seite im Geschwindschritt nahte sich der schmucke Soldat, er strich knapp an ihr vorüber, ihr schoß eine brennende Röte ins Gesicht, und er lächelte vor sich hin.

Das Fräulein war damals noch keine dreizehn alt.

Etwa anderthalb oder zwei Jahre darnach bewohnte ein Schriftsetzer die Kammer da oben. Dem gefiel das Mädel. Je nun, er kam nicht mit leeren Händen, er ließ sich's was kosten, Mutter und Tochter zu vergnügen. Denn die gute, brave Frau mußte überall dabei sein, freilich meist da, wo sie eben so gut hätte wegbleiben können, dafür blieb sie vielleicht manchmal weg, wo sie besser zugegen gewesen wäre; indessen darf es nicht verschwiegen werden, daß sich Mutter und Tochter von dem Schriftsetzer wiederholt die Versicherung geben ließen, daß er es „ehrlich" meine. Hatte er nun ein weites Gewissen, nun, so konnte man ihm bequem alle eigene Schuld mit hineinschieben.

Der Mann leistete nach dreivierteljährigem Aufenthalte im Trinken über den Durst, Streitsucht und Entfaltung anderer abstoßender Qualitäten so Bedeutendes, daß die beiden Frauenzimmer froh waren, ihn los zu werden.

Ein paar Monate nach seinem Verschwinden verschwand aber diesmal anch das Mädchen für einige Zeit.

Hollah, da dröhnt der Boden, da stampft, da johlt ihr, da klingen die Gläser! Wem bringt ihr's aus? Seht, da vor mir steht ein Glas mit klarem, reinem Wasser, laßt mich auch meinen Trinkspruch dazu haben!

Weit da draußen auf dem Lande befindet sich ein kleines, kaum zweijähriges Geschöpfchen bei habgierigen Bauersleuten in Pflege, und wenn das magere Kostgeld nicht auf den Tag eintrifft, so wird das arme, kleine Ding unfreundlich herumgestoßen.

Es kann nicht fehlen, verlassenes Kind, wenn du zu einiger Vernunft gekommen sein wirst, daß du empfindest, weder denen großen Dank schuldig zu sein, die dir das Dasein erhielten, noch jenen, die es dir gegeben! Daß du es empfindest, wie sich die einen die geringe Sorge um dich bezahlen ließen, während die anderen sich von dir loskaufen wollten! Darauf nun, daß diese Empfindung dir nicht für Zeit deines Lebens das Herz verbittere oder verderbe, leere ich dies Glas! —

Nicht ganz ein Jahr nach der Rückkunft des Fräuleins fand sich ein junger, bleicher Mensch zuweilen in der Wohnung da oben ein, öfter jedoch trafen er und das Mädchen auf der Gasse zusammen, und er führte es mit sich. Sie hing sich an ihn wie eine Klette, der Vergleich ist zwar nicht poetisch, aber er trifft zu. Der junge Mann hatte ein gutes Auskommen und zählte zu jenen harmlosen Gesellen, bei deren Annäherung ein erfahrenes Frauenzimmer sich sofort auf „ehrliche Absichten" Rechnung macht. Erstens war er etwas unselbständig, zweitens schien ihm immer der gerade Weg zum Ziele der beste und der bequemste, und möchte ihm das auch nicht geschienen haben, er hätte doch keinen anderen zu gehen gewußt, drittens und letztens hielt er sich alle Zweifel vom Leibe. Denn er hatte es in Gewohnheit, seinen Gedanken nach, alle rauhen Ecken im Leben hübsch auszupolstern, alle Dinge und Personen, mit welchen er in Berührung trat, auf das sauberste zu lackieren, aufzustutzen und auszuschmücken, wonach freilich ein anderer etwas Mühe aufwenden mußte, um sie noch zu erkennen.

Sechs Monate hatte der Verkehr zwischen den beiden jungen Leuten gedauert, schon waren alle Vorbereitungen zur Hochzeit getroffen, da mit einem Male legte sich der bleiche, junge Mensch hin und starb innerhalb acht Tagen. Ich weiß nicht, ob er für dieses rasche Einschreiten dem Tode einigen Dank wußte, aber ich denke, er hätte dazu Ursache gehabt; die beiden Frauenzimmer da oben meinten ihrerseits alle erdenkliche zu haben, um ein Erkleckliches zusammenzuheulen, und daß sie es taten, mag ihnen nachgesehen werden.

Der Kranke war hier in der Stadt fremd und es bedurfte immerhin einiger Tage, bis eine Nachricht der Familie zugehen und diese sich an dem Sterbebette einfinden konnte. Diese Zwischenzeit über, die er allein lag, stand die Wohnung ober mir beinahe leer, denn Mutter und Tochter eilten Tag für Tag zu dem Leidenden und wetteiferten in Sorgsalt und liebevoller Pflege. Wenn dann des Abends die eine oder die andere heimkehrte und ich sie zufällig auf der Treppe an mir vorüberhuschen sah, überraschte es mich freilich, daß keine an ihrem Schmerze allein genug zu tragen saud, sondern sich jedesmal noch irgend ein Bündel oder ein Paketchen zugelegt hatte.

Nachträglich kam wohl die Familie des Verstorbenen hinter dieses „Leidtragen mit etwas Übergewicht", doch mochte sie ihre aufrichtige und ernste Trauer nicht entweihen und schwieg dazu.

Ich wollte wetten, zehn gegen eins, der viertglückliche Schlingel da oben trägt heute an seinem Hochzeitstage ein Hemd aus jenem Nachlasse. Dieser endlich definitiv gewordene Schwiegersohn bezog vor einem Jahre die Kammer, ich weiß es nicht zu sagen, wann bei ihm die Neigung erwachte und der Entschluß reifte, daß man aber das letztere mit einer wahren Treibhaushitze beförderte, dafür will ich einstehen. Das letzte Verhältnis der Tochter seiner Quartierfrau war zu neu, um ihm ganz unbekannt zu bleiben; als er aber darauf anspielte, meinte die wackere Alte, er werde doch nicht auf einen kranken Menschen eifersüchtig sein. Von da ab wurden neue Register aufgezogen, um ihm ein Lied nach seinem Geschmacke aufzuspielen. Man behandelte ihn mit aller Freundlichkeit, auf die er ehrbarerweise hoffen konnte, und erfreute ihn durch tausend kleine Gefälligkeiten; kein Knopf konnte ihm reißen, kein Halskragen, keine Manschette sich abstoßen, ohne daß sofort der Schade bemerkt und gut gemacht wurde, dazu brummte die Frau Mutter die Altpartie schlicht bürgerlicher Strenge und das Fräulein Töchterchen den Diskant züchtiger Sprödheit. Ein anderer würde vielleicht hinter dieser Kunstleistung etwas zu viel Kunst gewittert haben, aber der, dem zu Gefallen sie veranstaltet wurde, war ein Arbeiter, und man weiß, wie sich ein solcher in einem Schauspielhause verhält; alles einfache, natürliche Sprechen und Gehaben meint er auch zu treffen und ist ihm das Entree nicht wert, aber wenn er einen sieht, der sich in Sprache und Gebärde abmüht, der eine Arbeit leistet, das imponiert ihm. Ohne sich eine Rechenschaft darüber abzulegen, ließ er sich auch hier imponieren, er merkte nur, daß man sich redliche Mühe gab, und zwar um ihn, das schmeichelte ihm und er dachte: „Nun, wer das Mädel nähme, der könnte Freude an ihr erleben, — wer sie bekäme, der führe nicht schlecht — sie zu bekommen, das wäre ein Glück — ein großes — das größte! — Sie nicht bekommen zu können, das wäre ein Unglück — ein großes — das größte!“ Und da nahm er sie, und da bekam er sie, und gestern hat sie denn doch einmal geheiratet.

Horch, Getrampel da oben über der Stube, das sich nach dem Gange verliert. Brecht ihr auf, seid ihr zu Ende mit der Hochzeitfeier der jungen Frau? Nun, ich bin es auch mit der Geschichte des braven Mädchens. Es ist vier Uhr nach Mitternacht. „Guten Morgen“ also!

Nun seid ihr ermüdet, übersatt und übernächtig allein gelassen. Wirst du es ihm jetzt sagen, Weib, daß weit da draußen auf dem Lande —? Doch du denkst wohl gar nicht daran.

Genug mit dir, ich will dich laufen lassen, Katze!

Abgesprungen und aufgetrennt

Über das eheliche Glück läßt sich so wenig streiten wie über das Glück überhaupt, ich habe mir das auch abgewöhnt. Einem Unverheirateten gegenüber wäre das eine ‚Farbenlehre für einen Blinden', und die Verheirateten haben, wie der Mensch immer von seiner ständigen Umgebung anzieht, von ihren Weibern angezogen und behaupten ganz eigensinnig, glücklich zu sein; man läßt sie dabei. Die Ehe ist doch immerhin der Schritt aus einem exaltierten Zustande in einen vernünftigen, auf die leidenschaftlichen Tage, wo man sich stets bereit erklärt, für und mit einander zu sterben, folgen die sanfteren, wo man sich anschickt, gelassen einander zu überleben.

Es soll auch hier gar nicht die Rede von dem besagten Glücke sein, sondern nur eine Geschichte erzählt werden, welche Hebel mitunter das Geschick ansetzt, um zwei Herzen zu trennen.

Fünf Monate waren vergangen, seit Fräulein Josefine Schliper Frau Trendel geworden. Sie war eine schlanke Blondine mit großen, wie Freundgesinnte behaupteten, geistvollen Augen; dem widersprach zwar ihr Mund nicht, aber er schien doch etwas sagen zu wollen, denn er stand meist offen. Man fand sie auch nachdenkend, denn sie konnte halbe Tage lang an ihrem Nähtischchen sitzen, ohne einen Stich zu tun. Herr Josias Trendel war ein etwas beleibter junger Mann, er schien sich aber nur auf das Maß von Körperfülle eingelassen zu haben, das ihn gutmütig und behäbig, wie er war, aussehen machte, ohne ihm beschwerlich zu fallen, denn er liebte die Bequemlichkeit über alles; diese hatte anch ihn und seine Frau zusammengeführt. Ehe er sich entschloß, seinem Herzen einige Motion zu erlauben, stellte er an Josefine die Frage: „Sefine, dürfte ich Ihnen wohl so recht gut sein?" und als sie antwortete: „J, warum denn nicht?", da ließ er seinen Gefühlen in der nunmehr streng abgegrenzten Richtung freien Lauf.

Als sich die jungen Leute ihr Heim einrichteten, da beschafften sie alles neu und bedachten besonders den Kleider- und den Wäscheschrank auf das reichlichste und beste. O Undankbare, gerade aus euren offenen Laden und Türen brach das Verderben über dies junge Glück herein!

Fünf Monate, wie bemerkt, waren seit ihrer Verheiratung vorübergegangen, da stand eines Morgens Herr Trendel inmitten seines Zimmers, Frau Trendel saß nachdenkend an ihrem Nähtischchen. Er hatte eben das Hemd gewechselt und trug das blütweiße über den Beinkleidern, daß es aussah wie ein Chorhemd; er bewegte sich auch feierlich von der offenen Wäschlade gegen den sperrangelweit offen stehenden Kleiderschrank und sagte salbungsvoll: „Sefine, hie und da fehlt an manchem ein Knopf ganz, und an anderem schlenkert er nur an einem Faden, auch ist in der Tasche des Überziehers eine Naht offen, die Handschuhe, und was ich sonst dahin stecke, geraten mir ins Futter."

„Ich werd's besorgen", sagte die Frau.

Er nickte vergnügt.

Es war am Morgen des darauf folgenden Tages, als Trendel vor seine Frau hintrat — die nachdenkend an ihrem Nähtischchen saß — und eine Manschette vor sie hinlegte, deren Knopflöcher so weitläufig geworden waren, daß sie dem Knopfe keinen Halt mehr boten. „Sefine, böses Engelchen", sagte er mit verlegenem Lächeln, „du versprachst mir doch —"

Sefine schloß den Mund, aber nur um ihn sogleich wieder zu öffnen. „Das war gestern", sagte sie, „und ich habe noch keine Zeit gefunden. Auch entsinne ich mich recht gut, daß von Knöpfen und Nähten die Rede war, daß du aber von Manschetten kein Sterbenswörtchen erwähntest; übrigens ist das gar nicht Aufhebens wert, das mach ich dir mit ein paar Stichen."

Uud sie machte es mit ein paar Stichen.

Was Trendel nun eine Zeitlang litt, wenn ihm, wie einem Baume im Herbstschauer die Früchte, überreife Knöpfe entfielen, oder die Manschetten sich wild aufbauschten, oder der Hemdkragen jäh am Halse emporschnellte wie ein mörderisches Fangeisen, das ist nur der allwissenden Vorsehung bekannt, denn so sehr anch Trendel auf Nettigkeit hielt, er war gutmütig und bequem, er duldete und schwieg. „Lange kann es ja doch nicht dauern, so muß Sefine von selbst zur Einsicht kommen." Indes ließ sich nicht leugnen, daß er von Tag zu Tag nachdenklicher dreinsah, fast nachdenklicher wie seine Frau an ihrem Nähtischchen.

Es kam ein sehr wichtiger Tag. „Sefine", sagte Josias, „du weißt, ich gehe heute zur Exzellenz, mein Gesuch wegen der vakanten Stelle ergebenst überreichen; laß mich nur diesmal nicht zuschanden werden. Ich beschwöre dich, nimm kein Stück vom Haken oder aus der Lade, eh du es dreimal nach dem Lichte wendest."

Sie legte ihm seine Kleider in das Kabinett und er betrat dasselbe in der weihevollen Stimmung, die stets großen Aktionen vorhergeht. Eine peinliche Stille herrschte in der Wohnung, man hörte die Uhr ticken. Frau Trendel hatte sich wieder an ihr Nähtischchen gesetzt, sie hielt den schönen Mund offen, doch war kein Hauch hör- oder verspürbar, die Dame schien durch Kiemen zu atmen.

Plötzlich drang ein kurzer Aufschrei des Schreckens aus der halb geöffneten Kammertüre, Frau Trendel eilte zu ihrem Gemahle. Zur Zeit, als die Kniehosen noch gang und gäbe waren, schnitt man einem zu eskortierenden Arrestanten einfach den Gurt durch oder die Träger ab, und da ließ jeder aus zureichenden Gründen das Entlaufen bleiben. Herr Trendel bot ein daran erinnerndes Bild, denn auch er hielt sein Beinkleid krampfhaft mit der Rechten in die Höhe und machte dazu ein Gesicht, als hätte er den Büttel leibhaftig hinter sich stehen. „Sefine", ächzte er und deutete mit der freien Hand über den eigenen breiten Rücken. „Beide Knöpfe, die rückwärts die Träger halten sollen, rein weg! Mein Gott, ich bat dich doch, wenn das . . .“

„Aber Trendel, sei kein Kind“, sagte seine Frau, „das mache ich dir ja mit einigen Stichen.“ Sie entfernte sich langsam und kam mit Fingerhut, Nadel und Zwirn zurück und machte es mit einigen Stichen.

Unterdessen fuhr unten am Haustore der Wagen vor. Trendel zog sich fertig an, er musterte sich im Spiegel, er war sehr zufrieden, umarmte seine Gattin: „Sefine, wünsche mir Glück!“

„Ach, wie kannst du anders denken! Ich wünsche dir viel Glück, Josa!“

Herr Trendel schien diesmal gegen alle hergebrachte Ordnung und gute Angewöhnung nicht heimkehren zu wollen, er blieb vom Mittagstische weg, er fehlte nachmittags beim Kaffee, und als er endlich abends kam, kam er nicht allein, und das war augenscheinlich durch den Zustand, in dem er sich befand, geboten; zwei heitere Amtskollegen führten ihn, und er zog von ihrer Fähigkeit, die sie noch im Gehen besaßen, den besten Nutzen, denn er hatte sie für den Augenblick völlig eingebüßt.

Frau Trendel war über diese Einbringung ihres Gatten einigermaßen erstaunt. „Um Gottes willen, meine Herren“, schrie sie, „was ist mit meinem Mann?!“

„Pst!“ sagte der eine Kollege.

„Keine Angst, gnädige Frau“, sagte der andere.

„Aber was ist denn?“

„Pst!“

„Es geht bald vorüber. Nur ein kleiner Anfall.“

„Wo hat er sich ihn denn geholt?“

„In Wagners Weinstube.“

„Was? Er ist betrunken? O pfui!“

„Wie Sie das nennen wollen, gnädige Frau. Es gibt für die Bezeichnung dieses Zustandes so viele Worte, daß man eine ganz artige Wahl hat. Übrigens kann man nicht leugnen, daß Freund Trendel total fertig ist.“

Sie hatten ihn unterdessen, soweit tunlich, entkleidet und auf das Bett gelegt, wo er bald, aufstöhnend und schnarchend, in unruhigen Schlaf verfiel.

Frau Trendel sandte aus zwei Dritteilen Furcht und einem Dritteil Abscheu gemischte Blicke aus ihren geistvollen Augen auf den in einer ganz unerwarteten Verfassung daliegenden Josias. „Aber sagen sie mir um Himmels willen, meine Herren, die Veranlassung —“

„Pst!“

„Je nun, Trockenheit in der Kehle.“

„Hat er aus Freude über —?“

„Pst, pst!“

„Ne, die Freude, der schöne Götterfunke, hat diesen Braud nicht verursacht; es ist was anderes —“

„Pst, pst, pst!“

„Ja, hast recht. Nun, er wird es ja selber sagen, wenn das erst vorüber ist, und das geht über Nacht, bleibt höchstens für morgen etwas Kopfweh. Pflegen Sie ihn nur recht, gnädige Frau. Gehorsamer Diener! Gute Nacht!“

Ratlos, wie noch nie, saß die junge Frau an dem Lager ihres Gatten. Sie rüttelte seinen Arm. „Trendel — Josias — hörst du nicht?"

Rrrrr — schnarchte er.

*

Als am anderen Morgen die Sonne ins Zimmer lachte — es ist zwar unartig von der Sonne, daß sie den Leuten so mir nichts dir nichts ins Zimmer lacht, und wenn man sie etwa damit verleumdet, so mag sie es mit dem ausmachen, der zuerst diese Phrase erfand. Also, als die Sonne am anderen Morgen ins Zimmer lachte, saß Herr Trendel aufrecht im Bette, er hatte ein nasses Tuch um den Kopf geschlungen und hielt seine Frau, die auf einem Stuhle nebenan saß, an der Hand. „Oh, Sefine!"

„O Josias, wie ist das nur über dich gekommen?"

„Deine Schuld, mein Engel!"

„Die meine?"

„Ja, ja. Höre mich nur an. Ich lange bei Exzellenz an, werde sogleich vorgelassen, und dieselbe empfangen mich auf höchst leutselige Weise, übernehmen huldvollst mein Bittgesuch und heißen mich niedersitzen. Ich denke, alles geht gut. Ich sitze also, Exzellenz nehmen gegenüber Platz, Exzellenz sagen: hätten bereits gehört von mir, seien aufmerksam gemacht worden und so weiter. Ich fühle mich verpflichtet, für so viel Herablassung mit einer Verbeugung zu antworten; damit dieselbe auf dem Stuhle doch nach etwas aussähe, verlängere ich den Oberleib, soweit es angeht, — knack! — da reißt etwas, da wo du es gestern mit einigen Stichen . . . ach, du weißt ja . . . pick! Der Knopf fällt hinten zwischen der Lehne durch.

‚Herr Trendel', sagt Seine Exzellenz, die ein verzweifelt gutes Gehör besitzen, ‚Herr Trendel, Ihnen ist etwas entfallen.'

Ich stelle mich dumm und antworte: ‚Ich wüßte nicht, Exzellenz. Ich behalte sonst alles sehr gut.'

Seine Exzellenz geruhte zu lächeln, entließen mich in Gnaden und begleiteten mich zur Türe, ich gebrauche alle Künste raffiniertester Achselträgerei, um nicht die einseitige Haftung meiner Beinkleider zu verraten, weil der eine Träger nachließ, da, mit meinem letzten Bückling reißt der zweite Knopf, ebenso schnell läßt der zweite Träger nach und mit einer entsetzlichen Geschwindigkeit sinkt . . . Doch wozu das ausmalen, ich krampfe mich in den Besatz ein und verhüte das Äußerste; aber der Knopf, der verdammte Knopf kollert zur Erde und rollt über die Parketten.

‚Diesmal aber war's was, Trendel', sagten Seine Exzellenz und bücken sich höchstselbst darnach; ich, unbeholfen, wie ich mich bewegen konnte, suche ihm zuvorzukommen, wir stoßen mit den Köpfen zusammen. Seine Exzellenz konnten einen leisen Schmerzensschrei nicht unterdrücken, ich, mehr tot als lebendig, stürze hinaus, hüpfe und taumle wie eine angeschossene Krähe den langen Gang hinunter, Tür an Tür nichts als Departement auf Departement, Amtsstube auf Amtsstube, keine Nähmamsell, kein Stubenmädchen, endlich finde ich einen erbarmenden Amtsdiener, der mit Nadel und Zwirn umgehen kann, war beim Militär gewesen, der setzt mich wieder instand, unter Menschen zu gehen. Er setzte mich instand, sage ich, ich machte aber keinen Gebrauch davon, ich floh die Menschen, ich suchte die Einsamkeit. Erst gegen Abend lockte es mich, zu hören, welchen Eindruck mein gänzlich unmotiviertes Ausbleiben vom Amte gemacht habe, ich ging nach der Weinstube, wo ich sicher war, ein paar Kollegen anzutreffen; das übrige weißt du, ich weiß davon jedenfalls weniger. Sefine, was ich gestern gelitten, du ahnst es nicht. Ich zweifelte an deiner Liebe — hörst du, Sefine, ich zweifelte! Ich hatte dich so dringend gebeten, und nun hatte ich durch dich die Stelle verloren, Exzellenz wird selbe keinem Menschen verleihen, der ihn buchstäblich vor den Kopf gestoßen hat. Aber Sefine, ich überlegte, du konntest ja nicht all das Unheil vorher ahuen. Sefine, da, meine Hand, ich verzeihe dir. Aber bei allem, was dir heilig ist, versprich mir, keine solche Unordnung in Wäsche und Kleidung einreißen zu lassen. Deine Hand darauf!"

„Aber, Josa, was du nur denkst, ich werde mich in Zukunft wohl hüten. Wünschest du sonst noch etwas, mein Engel?"

„Ja. Es wurde mir gesagt, in den ersten Stadien solcher Zustände wäre Kamillentee gut und in den letzten ein Hering, aber mir ist das eben ganz neu, ich habe keine Erfahrung, und ich weiß nun nicht, käme jetzt bei mir der Tee zu spät oder der Hering zu früh?"

Da Frau Trendel in dieser Hinsicht auch keine Erfahrung hatte, so wurde die Beantwortung der aufgeworfenen Frage schwierig, es besteht aber bis auf den heutigen Tag der Verdacht, daß, um nichts zu verabsäumen, beide Mittel gleichzeitig in Anwendung gebracht worden seien, und daß nur zwischen den beiden Ehegatten eine stille Verabredung getroffen wurde, nichts über die Wirkung verlauten zu lassen.

Indessen, wie leicht vorauszusehen, genas Herr Trendel bald von seiner Krankheit.

Es war am dritten Morgen darnach, als Trendel aus der Kammer stürzte und rasch an das Nähtischchen seiner Frau herantrat. „Sefine", sagte er, seine Augen waren feucht, und in der rechten Hand hielt er einen abgesprungenen Knopf, der ein ungewöhnliches Gewicht haben mußte, denn der Arm zitterte ihm darunter; daher suchte er ihn wohl los zu werden und legte ihn auf die Tischplatte. „Sefine, hältst du so dein Versprechen?!" Seine Stimme zitterte wie vorher seine Hand.

„Ei, Torheit! Was ist denn wieder los?"

„Alles und nichts haftet fest, das ist's eben!" Damit faßte er den Knopf, der mittlerweile vermutlich leichter geworden, zwischen zwei Finger und hielt ihn der Frau vor die Augen. „Sefine, ist das die Liebe und die Sorgfalt, die du mir in einsamen Stunden zugeschworen und schließlich am Altar bekräftigt?! Für alle Treue, Sorge und Zärtlichkeit des Mannes ist es doch das wenigste, ihm die Knöpfe anzunähen!"

„Nun, das muß ich sagen, du hast einen schönen Begriff von der Bestimmung und Würde einer Frau. Willst du uns zu beeideten Nähmamsellen und Strümpfestopferinnen erniedrigen?! Eines so zynischen Egoismus hätte ich dich nicht fähig gehalten!“

„Wie sagst du? Zynischen Egoismus nennst du es, wenn ein Mann seine Ordnung in Wäsche und Kleidung verlangt?! Sage doch, hab ich dich nicht wiederholt gebeten? Habe ich dir nicht verziehen, daß du mich durch deine Vergeßlichkeit und Nachlässigkeit in greifbare Ungnade bei Seiner Exzellenz gestürzt hast? Habe ich dich nicht da noch gebeten und auf dein Versprechen gebaut, da ich doch glauben mußte, dieses an mir so furchtbar statuierte Exempel werde dir zu Herzen gehen?! Vorgestern war das — und heute schon springt wieder einer!“ Trendels Mundwinkel zogen sich herab und er schluckte rasch ein paarmal nach einander auf, aber dann fuhr er bitter lächelnd fort: „Aber das sage mir, du Blume, du Zier, du Perle deines Geschlechts, und löse mir damit ein Rätsel, warum, wenn es zynischer Egoismus der Männer ist, daß sie sich nicht dazu verstehen wollen, wie Haderkönige herumzulaufen, warum, wenn es der Würde und Bestimmung der Frauen so abträglich ist, Knöpfe anzunähen und Strümpfe zu stopfen, warum denn sitzest du, als leibhafte Ironie, als arbeitsame Faulheit, immer an deinem Nähtischchen?!“

„Josias, willst du, daß ich meine Krämpfe kriege? Du tötest mich!“

„Das wage ich nicht zu hoffen."

„Du Untier!"

„Ganz richtig, du Kroue und Spitze modernen Frauentums! Laß dir sagen, daß meine Mutter, eine recht würdige Frau, die ihre Bestimmung vielleicht noch etwas höher hielt als du, Knöpfe annähen und Strümpfe stopfen nicht gegen ihre Würde und Bestimmung faud. Bei ihr wäre mir das nie geschehen."

„Oh, oh, Josias, du wirst geradezu kindisch. Berufst dich jetzt gar auf ‚Muttern'."

„Höhnst du das Angedenken meiner Mutter?!" schrie Trendel. „Ich bin ein Engel an Güte", er sagte das mit Überzeugung in Ausdruck und Gebärde . . . „aber was zu viel ist, das ist zu viel! Du bist es nicht wert, dich in einem Atem mit der vortrefflichen heimgegangenen Frau zu nennen, du bist — — so schleudere ich dich von mir!" Er reckte den Arm und der Knopf, den er noch immer zwischen den Fingern hielt, flog in die fernste Ecke. „Wir sind geschieden!"

„O ja, wir sind geschieden!" So rasch hatte sie sich noch nie von ihrem Nähtischchen erhoben. „Lärm jedes kleinen Versehens halber schlagen, gemeine Anzüglichkeiten vorbringen und zuletzt einem noch, wo man Gott dankt, keine Schwiegermutter im Hanse vorgefunden zu haben, eine solche aus dem Grabe zu zitieren, das kannst du, aber dazu halte ich nicht stille. Du willst's, wir sind geschieden!"

„Ja", sagte Trendel und tat dabei einen Atemzug, der ihn sichtlich erleichterte.

Es blieb dabei, sie schieden.

Ob der Manu recht hatte? Ich fürchte, von meinem Standpunkte aus nicht die gehörige Objektivität zur Entscheidung dieser Frage zu besitzen, und muß daher dieselbe erfahreneren Lesern und geneigten wie ungeneigten Leserinnen überlassen.

Aus dem Leben einer Rattlerin

„Ja, meine Herren", sagte der behäbige Mann zu seiner Tischgesellschaft, während er das Huhn auf seinem Teller zierlich zerlegte, und warf einen Seitenblick auf einen Rattler, ein fahlgelbes Hündchen, das neben ihm auf einem Stuhl saß und dem Vorgange alle Aufmerksamkeit zu schenken schien, „ja, meine Herren, mit der Fidi hat es eine eigene Bewandtnis; das Tier war vor zwei Jahren nicht so, wie sie es heute sehen.

Ja, ich weiß, du bittest, dich zu schonen", sagte er gerührt, da Fidi die linke Pfote auf seinen Rockärmel legte und bittend zu ihm auffsah; der Heuchler, er wußte wohl, sie verlangte ihren Anteil an dem Huhu, aber er fuhr fort: „Ich weiß es wohl, du hörst es nicht gern erzählen; indes, weil ich nun einmal damit begonnen, schick dich darein, du bist unter lauter mitfühlenden Freunden, es wird dir niemand seine Teilnahme versagen, arme Fidi!" Er legte ihr die Hand auf den Kopf. „Es ist ein tragisches Geschick, das diese kleine Hündin verfolgte. Ob sie es nun glauben werden oder nicht, meine Herren, sie war mal die flotteste, schokoladfarbenste Rattlerin, die sie sich zu denken vermögen.

Was jung ist, verspürt etwas Gefälliges an sich, und das sucht es auch zur Geltung zu bringen und zu gefallen; was ihm dabei Abtrag tun könnte, das sucht es zu verbergen, und was ihm förderlich ist, das rückt es einem vors Auge, oft mehr, als not tut. Man braucht das nicht Koketterie zu heißen, es ist das 'ne ganz natürliche Sache und wird spätere Jahre, freilich in anderer Hinsicht, fortgesetzt, wo man der lieben Welt wegen seine guten Eigenschaften lackiert und die üblen durch einen matten Anstrich gern unauffälliger macht. Es ist das, wie gesagt, eine ganz natürliche Sache, und ich möchte keinen Hund deswegen verdammen.

Freilich, meine Herren, wissen wir auch, wohin das schließlich führt. Wir alle wissen ja, was Liebe ist. Man findet so lange Vergnügen daran, sich zum Gegenstande fremder Wünsche zu machen, bis mit einem Male unsere eigenen Wünsche nach einem fremden Gegenstande zielen; dann beginnt jene Periode des Reckens und Streckens in winselnder Pein, wie ich billigerweise das ‚Hangen und Bangen', in Rücksicht auf die eigenartige Stellung Fidis in der Natur, übertragen muß.

In der Wohnung nebenan befand sich ein Jugendgespiele Fidis, Boxl hieß er. Es war ein treuherziger Bursche mit großen, runden, aufrichtigen Augen, sein semmelgelbes, kurzhaariges Fell kleidete ihn ganz gut. Allerdings machte er die unsinnige Mode mit, Ohren und Schweif gestutzt zu tragen, aber in weiblichen Augen war das vielleicht sogar ein Verdienst. Nur eines entstellte ihn wesentlich, wie leider zugegeben werden muß: beide Lippen waren bei ihm etwas zu kurz geraten und er daher gezwungen, stets die Zähne zu fletschen, was ihm das Ansehen einer hochgradigen Unverträglichkeit verlieh, die er wahrhaftig nicht besaß. Da jedoch gewöhnlich in der Welt der Anschein selbst gegen besseres Wissen die Oberhand behält — nicht nur bei weiblichen Gemütern —, so tat es mir gleich von Anfang um ihn leid, als ich merkte, daß er, aus dem Traume der Kindheit erwacht, in seinen Beziehungen zu Fidi nach innigeren Berührungspunkten suchte.

Ein Stockwerk tiefer wohnte eine alte Freifrau, die sich einen amerikanischen Hund hielt. Er war ihr Abgott. Nun, die Herren kennen diese zappeligen, geleckten Gesellen, die weder eine Flocke Wolle noch ein Strähnchen Haare an sich haben noch je auf ihrer Haut wachsen sehen werden, und an deren magerem Schweif man jeden Knorpel zählen kann. Er war etwas fettleibig, was ihn bei seinen dünnen Beinen ganz melancholisch aussehen machte. Er hatte eine ganz abscheuliche Farbe, wie halb gerösteter Kaffee, aber er trug ein prachtvoll gearbeitetes stählernes Halsband und eine blaue, gelb eingefaßte Schutzdecke, die hatte vorn ein Loch, durch das er den Kopf steckte, und lief bei seinen Hinterbeinen in zwei Zwickel aus: auf dem einen hatte er die Namenschiffren seiner Herrin und auf dem anderen deren Wappen, beides in gelber Stikkerei. Diese seine Uniform — obendrein, daß er ein Fremder von melancholischem Äußern war — dazu noch, was nicht vergessen werden darf, daß er auf den Namen ‚Fido' ging und ‚Fido und Fidi' dem damals noch gar jungen Ding wohl höchst romantisch ins Ohr klingen mochte — wollen sie sich all das zusammen vergegenwärtigen, meine Herren, und ich bin überzeugt, sie werden für den ferneren Verlauf, wie strenge sie anch sonst denken mögen, dem schwachen Geschöpfchen da an meiner Seite einige Nachsicht nicht versagen können.

Wie in vielen solchen Fällen war auch hier die erste Begegnung charakteristisch. Ich ging eines Tages aus und nahm Fidi mit. Sie, wie das in ihrem lebhaften Temperament lag, schoß, vor Freude laut kläffend, die Treppe hinab, als eben aus der Wohnung der Freiin der Bediente mit Fido heraustrat, der gelassenen Schrittes einherwandelte. Fidi stutzte und hielt stille, Fido hob langsam die rechte Vorderpfote empor, sie stieß in ihrem Mutwillen mit ihrer Nasenspitze an sein glattes Fell, beide prallten zurück und faßten sich ins Auge; er tänzelte sodann vor ihr her die Stiege vollends hinunter, und sie folgte bedachtsam und scheu. Noch einmal am Tore sahen sie sich gegenseitig nach einander um.

Von da an zeigte sich Fido störrisch, wenn man ihn ausführen wollte. Statt gelassen seine Wege treppab zu wandeln, stürmte er treppauf und scharrte und winselte vor unserer Tür. Er benutzte überhaupt jede Gelegenheit, wo er unten entwischen konnte, um herauf zu kommen. Die erste Zeit, wenn ihn Fidi vor der Tür witterte, ward sie etwas unruhig, ließ sich aber weiter nichts merken; allein nach einiger Zeit, als ihre Neigung wuchs, setzte sie anch den Anstand beiseite und heulte ganz erbärmlich.

Wie denn nur zu oft die Umstände eine unvernünftige Leidenschaft begünstigen, so auch hier. So junges Hundevolk hat keinen Regard vor Stammes- und anderer Verschiedenheit. Fidi fand, die Neigung zu ihr wäre da, und das genügte ihr so vollkommen, daß sie sich nicht einmal auf eine Prüfung derselben einließ. Sie hörte, wie Fido für jedes Ausreißen mit Scheltworten gestraft, ja sogar mit Schlägen bedroht wurde; sie hörte, daß Borl, wenn er zufällig auf der Türschwelle nebenan lag, eifersüchtig knurrte — dabei sah er allerdings viel bösartiger aus wie sonst, und doch hatte er nichts im Sinne, als sie vor dem glatten Amerikaner zu warnen. Es wäre ihm ein leichtes gewesen, diesen Nebenbuhler beim Fell, respektive bei der Schutzdecke zu fassen und ihn ein gutes Stück aufwärts in die Luft zu schleudern; aber er unterließ es. In alter Zärtlichkeit der kleinen Fidi anhangend, bezwang er sich sogar so weit, den Glücklichen mit einem allerdings kühlen Schwanzwedeln zu begrüßen; aber sie glaubte nicht an die Aufrichtigkeit dieser Gesinnung, sie wußte ihm von alledem nicht Dank, sie wußte nur, daß Fido ihr zugetan war, und daß ihn eben darum — ihretwegen! — Schimpf und Haß verfolgten. Das reizte sie auch ihrerseits, die letzten Schranken der Zurückhaltung einzureißen und, so oft es tunlich war, sich hinab vor die Tür der alten Freifrau zu stehlen und mit dem vollen Ungestüm der Leidenschaft nach dem Geliebten zu schreien.

Diesen Gängen sah Borl mit wehmütigen Augen zu. Er knurrte nicht mehr abmahnend, er lag stille und ergeben, aber er blickte ihr immer schwermütig nach. Ein wahrer Brackenburg, meine Herren. Wenn je einer auf mehr als zwei Füßen gestanden, ein wahrer Brackenburg!

Die Freifrau war eine gestrenge Dame, in deren Herzen zärtliche Erregungen keinen Widerhall fanden. Oft kam sie mit einem Stäbchen aus ihrer Türe geschossen, bezeichnete Fidi als eine ‚schlechte Kreatur' und trieb sie von der Schwelle, während Fido wie toll von innen an der Tür rappelte. Nach einiger Zeit aber hatte die Alte das Vergnügen, die Hündin, die sie noch häufig auf ihrem Türteppich liegend antraf, ohne irgend eine Intervention Fidos durchbleuen zu können. Der glatte Bursche ging jetzt selbst der Fidi bedächtig aus dem Wege. Sie fühlte sich Mutter.

Meine Herren, sie werden mir nicht die Albernheit zutrauen, daß ich auch nur den Mund aufgetan hätte, wenn mit dem bisher Geschehenen alles zu Ende gewesen wäre; Sie werden mich nicht für so eingebildet halten, ihnen mit einer so alltäglichen Geschichte eines betrogenen Wesens etwas Neues gesagt haben zu wollen. Gewiß, andere haben auch für ihren Leichtsinn büßen müssen, aber nicht so — so nicht — wie Fidi, welcher der Rachestrahl des Geschickes noch einmal den Treulosen verklärte, eh er ihn in ewige Nacht begrub und sie tödlich streifte.

Ich muß mir erlauben, zur Klarstellung des Folgenden eine kleine Bemerkung einzuschalten. Wenn irgend jemand, welcher die Ehre hatte, die Freifrau persönlich zu kennen, einen Dienstboten suchte und dieser konnte Zeugnisse von der alten Dame aufweisen, so waren diese immer ausschlaggebend und die Aufnahme entschieden. ‚Wie', fragte man, ‚Sie haben es drei volle Wochen dort ausgehalten?' — ‚Wie, Sie waren vier Wochen, fünf Wochen an diesem Dienstorte?' — Ein Diener konnte sogar sechs Wochen nachweisen; aber diesem Manne gegenüber befiel alle Herrschaften entweder das andächtige Gefühl oder die bange Furcht, daß sie es hier mit einem halben Heiligen oder einem ganzen Spitzbuben zu tun hätten, und in solch zweifelhafter Scheu unterließen sie es, ihn zu gewinnen.

Das Haus der alten Freiin war demnach kein Dienstbotenparadies, und die häufigste Veranlassung zu Quälereien gab Fido. Man muß es dem harmlosen Schlag dieser Leutchen nachrühmen, daß sie meist nur von der Süße der Liebe einige Überzeugung zu gewinnen trachten und höchst selten an der Rache den gleichen Geschmack finden. Indes es gibt überall verkehrte Naturen.

Es war da vor kurzem ein August und eine Philippine in Dienst genommen worden, die das Unglück hatten, sofort zu mißfallen. August fügte nämlich gleich in der ersten Stunde dem Amerikaner die Schmeichelei zu, daß er ihn eine ‚niedliche Ratte' nannte, und Philippine, welche ein seltenes Frauenzimmer gewesen wäre, hätte sie nur aus einem anderen Grunde ihren Mund geschont, als weil sie durch die Nase sprach, sie stürzte eben durch das in Ungnade — denn so oft sie den Hund lockte, sagte sie: ‚Fidon!'

Da sich diese beiden ziemlich einfältigen Geschöpfe in aufrichtig gemeinter Zutulichkeit dem amerikanischen Schlingel nähern wollten, so verblüffte sie das gänzliche Mißverstehen ihrer guten Absicht dermaßen, daß ihr anfängliches Wohlwollen in sein gerades Gegenteil umschlug, und da sie wußten, daß sie die Freifrau mit in das Herz träfen, wenn Fido das Opfer ihrer Rache würde, so brüteten sie einen furchtbaren Plan aus.

Der Tag, wo sie das Haus zu verlassen hatten, war gekommen. Erst empfahl sich August und ging; eine Viertelstunde darnach folgte ihm Philippine, welche aber der Freifrau kaum Zeit ließ, den Schlüssel umzudrehen, indem sie sofort anpochte, sich vielmals wegen ihrer Vergeßlichkeit entschuldigte und die Anfrage stellte, ob sie nicht auf dem Dienstbotenbette einen Kamm habe liegen lassen. Da diese Verhandlung unter halb offener Tür stattfand, so machte sich Fido die Gelegenheit zu nutze, wischte durch die Spalte, fuhr kläffend die Treppe hinab und zum Haustor hinaus, wo er von August in Empfang genommen wurde.

Natürlich fand sich kein Kamm. Die elende Helfershelferin ging, und die Freifrau folgte ihr scheltend bis ans Treppengeländer; hier rief sie in allen Tonarten nach Fido, dann ward ihr bedenklich zumute. Sie eilte die Treppe hinunter und trat vor das Tor; sie hastete zurück, nahm Hut und Tuch und lief durch die nächsten Straßen. Nirgends eine Spur von Fido. Sie sollte ihn nicht wiedersehen!

An dem gleichen Tage ging ich mit Fidi — es war das erste Mal nach ihrer Niederkunft — ein wenig ins Freie. Sie sah etwas mehr als nur angegriffen aus, und wenn sie, meine Herren, die Schmerzen, die Kränkung, die Selbstanklage, welche auf so ein armes Geschöpf einstürmen, in Betracht ziehen, so werden sie das erklärlich finden. Ich hatte mich eigentlich hauptsächlich darum vom Hanse weggemacht, um einer mir sehr peinlichen Angelegenheit aus dem Wege zu gehen, und so oft während unseres Spazierganges meine Augen auf Fidi fielen, empfand ich etwas wie Gewissensbisse. Die Jungen, welche Fidi geworfen hatte, waren nämlich geradezu ganz abscheulich geartet. Die kahle Eigentümlichkeit des Vaters und die struppige Erscheinungsform der Mutter durchschossen eine die andere dergestalt, daß da etwas ganz Unmögliches von Hundeart geleistet war. Ich konnte nicht mit mir einig werden, was da zu tun sei, aber meine Frau, welche mein Herz kanute, nahm das auf sich, wie denn die Frauen, sobald sie einmal schlüssig sind, daß etwas geschehen müsse, lieber grausam erscheinen als unpraktisch; das befähigt sie auch, Krebse und Schnecken lebend zu sieden, Fische noch zappelnd abzuschuppen, Lieblingshühnern den Hals abzuschneiden, und was derlei kulinarische Rücksichtslosigkeiten mehr sind.

In meiner Abwesenheit wurde nun ein Mann ins Haus gerufen, der Frühjahrs über an der Donau Hunde wusch und schor, und dieser erfahrene Kynologe sollte über Fidis Nachkommenschaft seine Ansicht äußern. Dieselbe ging dahin: daß es am besten wäre, diese ‚Ragalien' in das Wasser zu werfen, indem aus ihnen nie nichts Gescheites werden würde. Das gäbe Hunde, die niemand ‚anspucken' möchte! Nachdem sie also nicht einmal dazu angetan waren, jemandem dieses geringe Vergnügen zu gewähren, so ließ meine Frau die Köter gleich mit fortnehmen.

Indessen war Fido von seinem Entführer in eine entfernte Vorstadt gebracht worden. Dort nahm ihm derselbe Halsband samt Marke und seine hübsche Schutzdecke ab, setzte ihn auf den Boden, nannte ihn nochmals eine Ratte, diesmal aber keine ‚niedliche', sondern eine ‚verdammte', und trieb ihn mit einem Fußstoße von sich. Da stand der gemästete, verweichlichte Bursche hundeallein und drückte sich zitternd an die Mauer. Am anderen Ende der Straße zeigte sich ein einspänniger Karren, etwas hinterher schlenderte ein Sicherheitswachmann, ein Rudel Straßenjungen lief voraus, und zwei ganz bedenklich aussehende Kerle schlichen das Trottoir entlang. Einer davon kam der Stelle immer näher, wo Fido saß; plötzlich bekam der von einem vorübereilenden Jungen einen Fußtritt. Nie war ein solcher in edlerer Absicht gegeben worden; empfangen wurde er, wie es unter Hunden gebräuchlich, Fido duckte sich winselnd auf das Pflaster. Der Junge, so in seine Absichten mißverstanden, wendete sich verächtlich um und schalt ihn ein dummes Vieh. Da fühlte der glatte Bursche auch schon eine Schlinge um seinen Hals.

Gerade in dem Momente, wo der Wasenmeistersknecht mit seinem Fang an den Karren herantrat, kam ich mit Fidi aus einer Seitengasse. Fidi schmiegte sich erst winselnd an mich, danu aber — wie denn immer die weibliche Neugierde, und gälte es anch das Eutsetzlichste zu schanen, den Sieg davonträgt — schenkte sie dem Vorgange einige Aufmerksamkeit. Sie sah ihn, sie erkannte ihn augenblicklich. Ereilt von der Nemesis, entblößt von all der gewinnenden Liebenswürdigkeit, die er wenigstens einst in ihren Augen besaß, zusammengebrochen, nichts als ein in Himmelangst vergehender armer Hund! Sie vergab ihm, ich sah es, sie saß halb aufgerichtet neben mir und durchsägte mit ihren Vorderpfoten bittend die Luft. In diesem Augenblicke schwebte er zwei Fuß über der Erde ihr gegenüber — ob er sie sah und erkannte? Ich weiß es nicht, aber ich bezweifle es, denn seine Augen standen ihm etwas mehr als sonst aus dem Kopfe. Er hatte die Beine an sich gezogen, als wollte er noch einmal vor dem leuchtenden Sonnenlichte ‚schön hoch' machen; dann ward er in den Karren geworfen und dieser über ihm geschlossen.

Ich hob Fidi von der Erde und trug sie auf meinen Armen fort. Ich spürte dabei, wie der Hund fortwährend zitterte. Mir bangte davor, sie nach Hanse zu bringen. Als wir dort anlangten, fehlten die Jungen. Meine Herren, erlassen sie es mir, den Verzweiflungsausbruch, der nun folgte, zu schildern; lassen sie sich es genügen, wenn ich ihnen sage, sie haben keine Ahnung, welcher Jammer oft auf vier

Beinen unter uns herumläuft! Lassen sie sich es genügen, wenn ich ihnen sage, als wir am nächsten Morgen aufstanden und nach Fidi sahen, da war die schokoladfarbene Wolle dahin. So wahr ich hier sitze, meine Herren", bei dieser Beteuerung erhob sich der behäbige Erzähler vom Stuhle, „der Hund war über Nacht kahl geworden!"

Fidi nahm das für ein Zeichen des Aufbruches und fuhr freudig bellend vom Sessel.

„Nur die Zeit vermochte es, diese Wunden zu heilen, aber die Farbe muß sie noch heut bekennen", sagte ihr Herr und reichte ihr den Teller mit den Hühnerknochen hinab.

Geläutert!

Es war an einem Maitage, ich hatte mich, unvorsichtig genug, von ihm in das Freie locken lassen, denn gewitzigte Leute halten ihre Maifahrten erst in der zweiten Hälfte des Monates Juni, und so saß ich ziemlich abseit von der Residenz in einem ländlichen Gasthausgarten, rings von leeren Tischen und Bänken umgeben; bald überkam mich ein drückendes Gefühl der Vereinsamung, das noch durch die Bedienung verschärft wurde, denn es ist eine der trostlosesten Empfindungen, mit einer Kellnerin allein zu sein, — die alt und häßlich ist, was beides hier der Fall war; dennoch lockte sie mich hinter sich her, als sie mit einem großen Weinkruge an mir vorüberschritt, und ich folgte ihr durch lauschige Laubengänge, immer in geziemender Entfernung, nach, denn der Krug mußte seine Bestimmung haben. Als wir an das andere Eude des Gartens gelangten, gewahrte ich eine Kegelbahn; rasch entschied ich mich, da von der Gesellschaft der geistig und körperlich in Anspruch genommenen Spieler wenig zu erwarten stand, an ihrer Geschicklichkeit oder Ungeschicklichkeit mich zu ergötzen, und setzte mich an einen Tisch, wo ich die Kegel nahe vor Augen hatte. Wenn ich manchmal einen Blick nach der Stelle tat, wo, durch ein Dach gegen die Sonnenstrahlen geschützt und durch eine Bretterwand nach der Wetterseite zu gegen den Wind verwahrt, die Spieler standen, so konnte ich ausnehmen, daß deren zweie waren, ein langer, hagerer Mensch, der in blendend weißen Hemdärmeln schob, und ein ziemlich beleibter, der ein kurzes Jackett trug, jedoch offenbar an der Idee krankte, anders gekleidet zu sein, denn so oft er zum Schube antrat, machte er mit der freien Hand eine Bewegung, die unfraglich bezweckte, imaginäre Rockschöße zur Seite zu schieben.

Während ich so an den gelungenen Schüben eine ungemischte Freude hatte und über die mißlungenen Schadenfreude empfand, hatte sich der Himmel bewölkt, und als jetzt der Regen prasselnd niederschlug, sprang der Kegelbube, lachend und sich schüttelnd, davon und rannte eilig durch den Garten, ich aber faßte mein Glas und lief über die Bahn dem schützenden Dache zu.

„Entschuldigen sie, meine Herren", sagte ich zu den Spielern, worauf beide wie aus einem Munde riefen: „Sind Sie da, Herr Doktor?" Ich nahm die Promovierung schweigend hin, nur auf die zwar gang und gäbe, aber in ihrer grandiosen Gedankenlosigkeit fast erhaben wirkende Frage erlaubte ich mir gegenzufragen: „Sind sie da, meine Herren?"

Wir waren uns nämlich seit längerer Zeit bekannt. Der Lange, der einzige Sohn eines Beamten, genoß klassische Bildung; bis zu dem Latein, mit dem er sich ohnehin schwer genug abfand, auch noch das Griechische hinzu sollte, da kniff er aus, warf sich auf das Studium der einfachen und doppelten

Buchhaltung und führt nun seit einer Reihe von Jahren in einem und demselben Geschäfte die Bücher. Er zählte etwa achtunddreißig Jahre und war Hagestolz. Der Dicke war der Sohn eines bürgerlichen Regenschirmfabrikanten, übernahm das Geschäft nach dem Tode seines Vaters, zählte nunmehr gut fünfzig Jahre und hatte Familie.

„Sehn S', hab ich nit recht ghábt?" sagte der Regenschirmfabrikant zu dem Buchhalter und hierauf zu mir: „Schon seit Sie sich dort an den Tisch gesetzt habn, Herr Doktor, streiten wir sich, ob Sie's sein oder nit." Der Manu hatte die Untugend, seine besten Überzeugungen in schlechtem Deutsch auszusprechen, was aber immerhin, wie ich erachte, dem umgekehrten Verfahren vorzuziehen sein dürfte.

Nun standen wir eine Weile und starrten schweigend hinaus in den wallenden Regen; solange derselbe in so gleichmäßiger Hast und Dichte niederging, war nicht daran zu denken, daß wir die Kegelbahn verlassen konnten, wir waren eingeregnet.

„Wenn wir nur Karten da hätten", sagte unmutig der Buchhalter.

„Ich rühr kein Blatt an", rief der Dicke, wie über eine beleidigende Zumutung erregt; dann fuhr er ruhiger fort: „Soviel ich weiß, spielt anch der Herr Doktor nit. Wissen sie was, meine Herren, setzen wir sich da zusammen und tun wir sich was derzählen."

Der Vorschlag war so kindlich einfach und lag so nahe, daß wir, ich und der Buchhalter, schon als Gebildete nicht darauf verfallen konnten.

„Meine Herren“, rief der Buchhalter, mit beiden Händen die Gelenke unserer Rechten erfassend, „meine Herren, wenn sie eine Geschichte wollen, dann lassen sie sich erzählen, was mir begegnet ist.“

„Mit Vergnügen“, sagte ich, „und ich bin sicher, Sie geben uns etwas Moralisches zu hören.“

„Etwas Moralisches wünschen Sie? Da hoffe ich, Sie zufrieden zu stellen, denn das wird doch sehr moralisch sein“ — hiebei lachte der Buchhalter bitter auf —, „wobei das Laster bestraft wird?“

„Und die Tugend belohnt.“

„Die muß wohl anch da den Lohn in ihrem eigenen Bewußtsein gefunden haben, ich wüßte nicht, was sonst für ein Profit für sie herausgeschaut hätt!“ Wieder lachte er mit einer Bitterkeit auf, die ich dem weltbegnügten Manne gar nicht zugetraut hätte. Er wandte sich an mich: „Sie haben das Gasthaus, in welchem ich die Ehre hatte, Sie kennen zu lernen, nur selten besucht, Herr Doktor —“

„Ich komme jetzt fast gar nicht dorthin.“

„Und wenn Sie alle Tage hinkämen“, sagte er mit tragischem Nachdrucke, „mich würden Sie nimmer dort finden. Ich bin ausgeblieben. Ich mußte ausbleiben“, wiederholte er mit geheimnisvollem Flüstern. „Es wird Ihnen ja anch jener baumlange, derbknochige Mensch mit dem garstigen Schmerbauche, der großen Glatze und der Kupfernase aufgefallen sein, der immer mit seiner Frau dahinkam, ein kleines, etwas beleibtes Weibchen mit lächelnden Lippen und Wangen und großen, blauen Augen, welche sie gegen jedermann, auch gegen die Kellner, fast zärtlich aufschlug? Sie erinnern sich wohl. Diese Augen waren mein Verderben. Eines Tages fand sich in der ganzen Gaststube kein Plätzchen als an dem Tische, wo die beiden Eheleute saßen; ich mußte also an ihrer Seite Platz nehmen und erlag einer furchtbaren Täuschung; weil die Dame nach mir, ihrem Tischnachbar, öftere Male hinstarrte, begann ich an die Zärtlichkeit ihrer Blicke zu glauben, denn ich war eitel genug, mich dadurch für ausgezeichnet zu halten; wenn sie sich tief über ihren Teller beugte, so hielt ich das für frauenhafte Verwirrung und schmeichelte mir, an derselben Schuld zu tragen. Ich fing an, ihre Blicke zu suchen, wobei man bekanntlich alle anderen möglichst meidet; indem ich so die ganze Umgebung und das Verhalten meiner Nachbarin gegen dieselbe außer acht ließ, merkte ich nicht, daß ich seelenlosen Gallertäpfeln, die wegen hochgradiger Kurzsichtigkeit alle und alles mit gleich verschwommenen Blicken musterten, Empfindung, Gefühl, Ausdruck zumutete! Wie gesagt, ich merkte es nicht; Tag für Tag setzte ich mich zu den beiden an den Tisch, und täglich wuchs meine Verblendung. Ich bemühte mich, die Dame durch mein Gespräch zu fesseln und zu erheitern; ich erschöpfte mich in kleinen Aufmerksamkeiten, ich träumte einen seligen Traum, und, meine Herren, ich dürfte wohl zu entschuldigen sein, wenn sie gütigst bedenken wollen, daß ich in derlei Angelegenheiten so unerfahren wie ein Schulknabe bin."

Hier stieß der Regenschirmfabrikant einen grunzenden Laut aus.

„O, meine Herren," rief eifrig der Buchhalter, „das hab ich ja gewußt, daß ich das auf die Gefahr hin sag, von ihnen verspottet und ausgelacht zu werden, deswegen bleibt es aber doch wahr. Früher war ich ja anch so ein Esel, wie es viele gibt, und wenn man mich ganz grundlos verliebter Abenteuer verdächtigt hat, so hab ich dazu gschmunzelt und hätt mir eher die Zunge abgebissen, als daß ich etwas dagegen red, damit ich nur meinem Ehrgefühl die Kränkung erspar, nicht auch für so einen Lumpen zu gelten wie andere. Davon bin ich aber ganz abgekommen und halte mich an die Wahrheit, das kann ich sie versichern, meine Herren!"

„Aber, Verehrtester", sagte ich begütigend, „ich bin überzeugt, durch das vorhin von dem Herrn Fabrikanten ausgestoßene ‚Oi' sollte nicht Ihre Wahrhaftigkeit angezweifelt werden, sondern die Unerfahrenheit der jetzigen Schuljugend."

„Freilich, freilich, versteht sich", stimmte der Dicke bei.

„Wir bitten Sie also, fortzufahren."

„Der Umgang, den ich, selten genug, mit weiblichen Wesen hatte, kann nicht in Rechnung kommen, meine Herren, er war, geschäftlich gesprochen, billig, aber schlecht; auf den eigentlichen Liebeshandel jedoch, der ganz dem Verkehr eines pfiffigen Matrosen mit einer wilden Schönen gleicht, der er für Glasperlen, Handspiegel und anderen Pofel echte Perlen und pures Gold abschwatzt, auf dieses vorteilhafte Tauschgeschäft der Leidenschaft habe ich mich nie verstanden, da war ich unerfahren und mußte mich auf die Aussagen derjenigen verlassen, die mehr davon zu wissen vorgaben; ich sage vorgaben, denn ich bin überzeugt, daß die meisten lügnerische Prahlhänse sind, die von Eroberungen schwatzen, wo sie mit Gunst belohnt wurden, die sich auf ihre Unwiderstehlichkeit etwas zugute tun, wo sie freundliche Nachsicht fanden, die sich für siegreiche Feldherren Amors ausschreien, während sie nur manipulierende Feldwebels im Verpflegsdepot der Liebe vorstellten! Nein, meine Herren, ein Don Juan, der nur zu singen braucht:

Reich mir die Hand, mein Leben,
Komm auf mein Schloß mit mir —

und jede reicht ihm die Hand, und jede geht mit auf sein Schloß, ein solcher wird nur alle hundert Jahr einmal geboren." Er seufzte und sah nachdenklich vor sich hin.

„Und bei Ihrer Geburt waren halt die hundert Jahr noch nit um", sagte der Regenschirmfabrikant.

Der Buchhalter schüttelte wehmütig den Kopf, dann fuhr er fort: „Aber, versetzen Sie sich in meine Lage, verehrte Herren, ich finde da ein nettes Weibchen an der Seite eines beträchtlich älteren, häßlichen und flegelhaften Gatten — denn da ich näher mit ihm umging, so mußte mir seine Flegelhaftigkeit auffallen —, da sie aber gegen diese so nachsichtig war, so konnte ich um so mehr erwarten, daß sie für meine Zärtlichkeit erkenntlich sein werde. Freilich hab ich bei diesem näheren Umgang auch die Kurzsichtigkeit der Dame meines Herzens entdecken müssen, aber da war es zu spät, sie war eben schon die Dame meines Herzens geworden, und ich habe mir alles an ihr zu meinem Vorteil ausgelegt; hat sie ihr kurzes Gesicht die Häßlichkeit ihres Gatten übersehen lassen, so mußte ja ich hinter dem Schleier, der vor ihrem Auge hing, wie ein wahrer Adonis dastehen! Warum sollte ich unter solchen Umständen nicht hoffen dürfen, daß auch mir einmal auf meinem einsamen Lebenspfade eine Blume duften würde, daß auch ich den Schlag des alliebenden Frauenherzens an dem meinen verspüren sollte?!"

„Herrgott," flüsterte der Regenschirmfabrikant, indem er sich mit den Fingern durch das kurz geschorene Haar fuhr, „Sie erzählen ein bissel schön."

„Da nichts geschah, was mich in meinen stillen Hoffnungen hätte beirren können, so beschloß ich, meine Wünsche laut werden zu lassen und steckte eines Tages der Angebeteten ein Briefchen zu; ich sah, daß sie darüber erschrak, aber sie schob es doch heimlich in die Tasche. Den Tag darauf nahm sie mit Erröten den gewohnten Platz an meiner Seite ein, ließ sich aber weiter nichts merken; wir saßen länger als sonst zusammen, der Mann begann von seinem Amte ein Langes und Breites zu erzählen, wie sie dort so viel Arbeit hätten, und daß er heute gleich vom Tische weg ins Bureau müsse; ich ließ mir das gesagt sein, ging gleichzeitig mit den beiden aus dem Gasthause fort, und als sich die Dame von ihrem Gatten an der nächsten Ecke verabschiedet hatte, eilte ich der Dahinschwebenden nach, holte sie ein und begleitete sie — —"

„In die Wohnung?" fragte der Dicke.

29*

„Nein, nur bis zu dem Haustore. Auf dem Wege dahin drang ich in sie, mir Antwort auf meinen Brief zu sagen, mein Flehen zu erhören. Wir führten eines jener kurzatmigen, gerade nicht geistreichen, mit seinen halben Worten für jeden dritten unverständlichen, darum nur so süßeren Gespräche, wo gegen die angestammte weibliche Scheu die angeflammte männliche Leidenschaft ankämpft. ‚Was würden Sie von mir denken?' — ‚Immer das Beste!' — ‚Verachten würden Sie mich.' — ‚Niemals, ich schwöre.' — ‚Es geschieht nicht.' — ‚Sie weihen mich der Vernichtung.' — ‚O, Sie überleben's wohl, mein Herr.' — ‚Eher den Tod!' und dergleichen Unsinn mehr. Genug, unter dem Haustore gab sie mir zu verstehen, daß sie in der Dämmerstunde allein sein werde. ‚Ich komme', hauchte ich. — ‚Nicht um die Welt', seufzte sie, nach der Treppe laufend. Wie endlos mir die Zeit bis zur Dämmerstunde erschien, mit welchen Gefühlen und Empfindungen ich danu dem Abenteuer, dem ersten meines Lebens, entgegeneilte, und in welcher Verfassung ich nach zurückgelegten drei Treppen vor der bewußten Türe anlangte, das werden sich die Herren wohl vorstellen können."

„Lebhaft", sagte ich, „und wir ersparen Ihnen gerne die Verlegenheit einer näheren Schilderung Ihres damaligen Zustandes."

„Das Herz pochte mir stürmisch in der Brust und ich klopfte leise an die Türe. Dieselbe ward aufgetan, ich schlüpfte hinein, hinter mir ward abgesperrt und zugeriegelt, dann schlüpften wir beide zur Zimmertüre hinein, die Dame schloß ab und steckte den Schlüssel zu sich; ich dachte dabei an nichts Arges, sondern jubelte im Innern auf: Gefangen! Ich hatte aber keine Ursache dazu, denn kaum lag ich vor der Frau auf den Knien, so öffnete sich die Kabinettüre und der Mann —"

„Schlüpfte heraus", lachte der Dicke.

„Wie ein Drache aus dem Ei", sagte der Buchhalter. ‚Verworfener Wüstling, elender Verführer', schrie er mich an, ‚sitzst du jetzt in der Falle? Ja? Ich will den Wunsch meiner braven Helmine erfüllen und an einem von euch ein Exempel statuieren, damit euch wieder einmal auf Zeit und Weile zu Gemüte geführt wird, daß es anch noch ehrsame Frauen auf der Welt gibt, die ihr zu respektieren habt!' Dabei schwang er fortwährend einen Stock, daß dieser in regelmäßigen, sehr beredten Kreissegmenten die Luft durchschnitt. Ich verstehe mich auf Stöcke, unser Galanteriewarengeschäft führte diesen Artikel, aber dem Muster, das mir da vorgewiesen wurde, schenkte ich keinen Augenblick Beachtung; wie eine Rakete schoß ich in die Höhe, ich lehnte mich an einen Chiffonier und brach über das grausam Ungereimte meiner Lage in ein lautes, verzweiflungsvolles Gelächter aus. Dabei schütterte der Schrank mit mir und von dem Kaffeeservice, das oben auf demselben stand, fielen ein paar Tassen herab und zerschmetterten am Boden.

Der Mann ließ den Stock sinken, ihn verblüffte mein Lachen, die Frau stand und rang stumm die

Hände über den Scherben; während dieser momentanen Verwirrung meiner Feinde wurde ich über meinen Operationsplan einig: fürs erste galt es, ihr Bündnis zu sprengen. Warum sollte es mir nicht gelingen, dem Manne seine Rolle zu verleiden? Wenn ich, Mann zu Mann sprechend, das Recht seines Vorgehens anerkannte, aber gleichzeitig der Frau das Verdienst ihrer Einmischung bestritt, drängte ich ihn da nicht in eine Position, wo wir Männer stets gegen die Frauen zusammenhalten? ‚Mein Herr', sagte ich, ‚ich stehe Ihnen wehrlos gegenüber, aber ich wage nicht, an Ihre Großmut zu appellieren, denn ich sehe die Schwere der Beleidigung ein, die ich Ihnen zufügen wollte, ich sehe ein, daß schon die Absicht allein Ihre Ehre verletzen und Ihre Rache herausfordern mußte; kurz, Ihre Handlungsweise, als die eines Mannes, ist mir vollkommen verständlich, aber erlauben Sie mir offen zu sagen, daß diejene Ihrer werten Frau Gemahlin eben der einer Frau nicht entspricht. Wenn die verehrte Dame es vorgezogen hätte, mir gleich auf mein erstes Wort hin mit dem Selbstbewußtsein und der Strenge der Tugend, vor welcher selbst der Frechste verstummt, mit eigenen Lippen jene Lehre zu erteilen, die sie mir zu erteilen gewillt war, daß es noch ehrbare Frauen auf der Welt gebe, die als solche respektiert sein wollen, meinen Sie nicht, mein Herr, daß das wirksamer, edler, frauenhafter und obendrein für alle Beteiligten das beste gewesen wäre? Ich würde mit tiefer Beschämung und hoher Achtung zurückgetreten sein, Ihr Haus- und

Seelenfriede, mein Herr, wäre auch nicht für einen Augenblick gestört worden, und die gnädige Frau liefe jetzt nicht Gefahr, vor einer rohen Prügelszene die Augen schließen zu müssen; und war denn das Gelingen der List, durch welche ich hier in die Falle gelockt wurde, nicht zu teuer erkauft, da sie mich veranlaßte, wenn auch nur für Stunden, ebenso locker und leichtsinnig von der Ehre einer Frau zu denken wie über die Stellung ihres Gatten?!'

Nach dieser meiner Rede wandte sich der Mann mit unmutigem Achselzucken gegen seine Frau und sah sie fragend an. Jetzt durfte ich keine Zeit verlieren und sie ja nicht zu Worte kommen lassen. Der Gatte war schwankend geworden, und das mußte die Frau verdrießen. Hätte ich jetzt mir im Rücken offene Türen gewußt, ich hätte unbedenklich das Paar an einander gehetzt, mich davon geschlichen und wäre so bei dem Streite der beiden der tertius gaudet gewesen; aber leider hatte das Frauchen den Zimmerschlüssel in der Tasche; stritten sie, so wurde ich schließlich das Opfer ihrer Versöhnung, stritten sie nicht, so blieb ich das ihrer Eintracht, wenn ich nicht rasch, wie ich es mir ausgedacht hatte, die augenblickliche Lockerung derselben benützte, dem unschlüssigen Manne nun den Streich spielte, die Frau auf meine Seite zu ziehen und ihn durch sie entwaffnen zu lassen. Ich wendete mich mit tränenfeuchten Augen an sie, denn wie es mir vorhin leicht wurde, aus ohnmächtiger Wut über meine schmachvolle Verlegenheit wie ein Narr zu lachen, so wurde es mir jetzt ebenso leicht, wie ein gekränktes Kind darüber zu weinen. ‚Verzeihen Sie, gnädige Frau', sagte ich, ‚wenn Sie hier Worte gehört haben, die Sie anzuklagen scheinen; aber Sie wissen nicht, Sie können es nicht wissen, wie wehe Sie mir getan haben, da Sie ganz unnötigerweise Ihr Bild in meinem Herzen verunehrten, wo es anderen Falles in dem stillen Lichte ehrfurchtsvoller Entsagung sanft verdämmert wäre. Ganz unnötigerweise, sage ich, denn wenn es Ihre Absicht war, einem Wüstling, einem Verführer zu einer Züchtigung zu verhelfen, wie schwer haben Sie sich in der Wahl des Gegenstandes vergriffen, denn ich bin wahrlich keines von beiden! Nein, gnädige Frau, Sie würden nur einen Unglücklichen, dem ein widerspruchsvolles Schicksal große Empfänglichkeit für die Schönheit der Frauen verlieh und alle Gewandtheit, deren Gunst zu gewinnen, versagte, für die Unmoralität anderer büßen lassen; denn das kann ich hoch und heilig versichern, daß ich jene breite Straße, auf welcher so viele andere anstandslos ausschreiten, heute zum ersten Male in meinem Leben zu betreten versuchte, und daß Sie, meine Gnädige, die erste Dame sind, von deren Huld ich zu träumen wagte; aber das kann nur mir passieren, daß ich schon beim ersten Schritte fehltrete, und daß gleich mein erster Traum eine so üble Auslegung findet!'

Durch diese Schilderung der Bosheit des Geschickes, das mich als vollendeten Gecken veranlagte, während es mich in der Entwicklung schmählich zurückbleiben ließ, wurde ich selbst so gerührt, daß ich in ein lautes Schluchzen ausbrach. ‚Ist denn

Liebe ein Verbrechen?' rief ich. ‚Und wenn sie eines wäre, sagt Ihnen denn nicht der Spiegel, gnädige Frau, daß sie, wenigstens Ihnen gegenüber, nur eines mit mildernden Umständen ist?!'

‚Oho', brummte der Mann, ‚genieren Sie sich nicht, machen Sie ihr nur gleich in meiner Gegenwart eine Erklärung!' Er schlug mit dem Stocke einen Auftakt, aber die Frau faßte ihn begütigend am Rockärmel. ‚Entschuldigen Sie, mein Herr', — sagte sie zu mir — ‚hätte ich eine Ahnung davon gehabt, daß ich Sie zu hart beurteilte, so würde vermutlich dieser uns allen peinliche Auftritt nicht stattgefunden haben, aber Sie müssen eben bedenken, es war auch bei mir das erste Mal, daß ich solch einen Antrag zu hören bekam.'

‚Auch bei Ihnen das erste Mal?' stammelte ich, und mich beschlich der entsetzliche Gedanke, daß ich vielleicht durch die Ironie meines Geschickes dazu ausersehen war, hier einem zweiten die Wege vorzubereiten.

‚Laß den Herrn hinaus, Stephan', sagte die Frau zu ihrem Gatten, indem sie ihm den Zimmerschlüssel reichte; er schloß auf, wir traten in die Küche, an deren Türe faßte er mich am Arme und schob mich hinaus auf den Gang; ich hatte den andern Tag blaue Flecke von seinem Griff, vermutlich tat es ihm doch leid, mich nicht geprügelt zu haben, und ich war sehr froh, daß er in dieser Hinsicht nur ein Versäumnis zu bereuen hatte. Wie ich die Treppe hinunterkam, weiß ich nicht zu sagen; erst als ich auf die Gasse trat, atmete ich auf und sammelte meine Gedanken, und da kam ich zur Einsicht, daß ich eigentlich alle Ursache habe, für ein Los dankbar zu sein, das mich zu einem so tugendhaften Menschen macht, wie nur irgend einer existiert, ohne mir ein Opfer aufzuerlegen; denn ich brauche bloß zu unterlassen, was ich ohnehin nicht zu unternehmen verstehe. Und wenn meine Tugend gleichwohl nur eine Gabe der Natur ist, hätte ich nicht das nämliche Recht, mir auf selbe etwas zugute zu tun, wie andere auf eine schöne Stimme, auf einen Wuchs von sechs Schuh Höhe oder auf lange Finger, mögen sie diese im Klavierspiel oder anders verwerten? Tu ich's aber? Nein, meine Herren, ich tu es nicht! Sie sehen in mir einen Menschen, der sich bescheidenerweise auf einen viel höheren Standpunkt stellt, der das Laster als eine Quelle von Verlegenheiten verabscheut, ohne deswegen die Tugend als ein Vergnügen hinzustellen!"

Es war ein erhaben wirkender Zufall, daß eben jetzt die Sonne aus den Wolken trat und mit ihren Strahlen den in der Mitte geteilten Scheitel des Mannes vergoldete, der ohne jede Voreingenommenheit sich selbst besiegte.

Allerseelen

Weit da draußen auf unfreundlicher Heide, über welche der Wind dahinfegt, haben die Toten ihre Ruhestätte, eine Fahrstraße mit dürftigen Pappeln führt daran vorüber; schier endlos geht es auf dem Schienenwege der Pferdebahn dahin, immer in gleichmäßigem Trotte und mit eintönigem Geklingel, ermüdend, einschläfernd. Für den Anfang zerstreut es, die Mitfahrenden zu mustern; die meisten führen Kränze, Blumen, Grablaternen mit sich, ja dort vorne neben dem Kutscher hat sogar jemand ein eisernes Grabkreuz hingelehnt; unter dem Namen, den die Tafel zeigt, steht das Datum des Todestages. Der Gestorbene liegt nun fast schon ein Jahr in kühler Erde, ohne ein anderes Merkzeichen als das der Nummer zu seinen Häupten, und die Angehörigen beeilen sich jetzt, das Kreuz „setzen" zu lassen. Tun sie das, damit die Bekannten es finden, oder ist es wahrhaft ein Zeichen liebevollen Gedenkens, von kargem Erwerbe in so langer Frist erspart, abgedarbt?

Es steht kein Mütterchen dabei, die es hütet wie einen Schatz, kein Manu in dürftigen Kleidern, der es mit wehmütigem Stolze betrachtet und manchmal wie mit streichelnder Hand über die vergoldete Christusfigur fährt; der Nebenstehende, der seine

Rechte nachlässig auf dem Querbalken ruhen läßt, trägt ein Schurzfell, er macht ein Geschäft ab und wird wohl morgen den trauernden Hinterbliebenen die saldierte Rechnung präsentieren.

Dort in der Ecke sitzt ein junges, bleiches Weib in schwarzer Kleidung, die Augen durch die müden Lider halb geschlossen, die Lippen herbe gegen einander gepreßt, während beide Nasenflügel unregelmäßig und stoßweise sich heben und senken. Das ist junger, kaum wochen-, vielleicht nur wenige Tage alter Schmerz. Sie preßt einen kleinen Kranz an sich und achtet nicht darauf, daß unter ihren Fingern die Blumen knicken und die Blätter sich verwirren, so wenig sie darauf achtet, daß nahe, ganz nahe, vom Schoße der Nachbarin langstielige Astern, wie vertraulich und beruhigend, mit den bunten Köpfen ihr zunicken.

Diese Nachbarin, die zu Füßen eine Laterne liegen, zur Seite einen Kranz hängen und auf dem Schoße zwei Blumentöpfe stehen hat, ist ein behäbiges Frauchen mit ergrauendem Scheitel und freundlich lächelnden, wohl auch gesprächigen Lippen; aber jetzt sitzt die gute Alte in der ersten Bank, hat kein Gegenüber, und die Nebensitzende, „die in der tiefen Trauer", will sie nicht anreden, die hätte nicht Gehör noch Dank für eine Ansprache.

Mein Gott! Wie einem in solchem Falle um das Herz ist, das weiß die alte Frau ja selbst recht gut, wenn es anch schon lange her ist, daß sie ihr den Manu hinwegtrugen, schon Jahre her. Und Jahr für Jahr ist sie zur selben heiligen Zeit hinausgefahren und hat dafür gesorgt, daß er sein Licht, seinen Kranz und seine Blumen habe, und dabei erinnert sie sich so lebhaft seiner, als stünd er ihr wieder vor Augen, und es ist ihr — ach, es ist ein kindischer Gedanke, sie weiß es —, als vermöchte ihre Geschäftigkeit um ihn ihm Freude zu machen. — — —

Sie wendet ein wenig den Kopf und blickt durch die Scheibe nach der Straße.

Rücken gegen Rücken mit ihr sitzt eine Dame, welche sich, was Gesprächigkeit anlangt, durchaus keinen Zwang auferlegt, unbekümmert darum, ob man ihr Gehör schenkt oder Dank weiß. Die unermüdlich Plaudernde hat eine kleine, aber keineswegs zierliche Figur, denn ein überlanger Oberleib läßt die Beine lächerlich kurz erscheinen, aus dem vollen, runden Gesichte blicken, blau und wässern, ein paar nichtssagende Augen, und unter dem Stumpfnäschen zeigt sich ein Mund, der nur dadurch den Eindruck unangenehmer Breite macht, weil die Lippen sich so platt schließen; der Umstand, daß sie geöffnet diesen Eindruck unangenehmer Breite und Plattheit nur verstärken, und der welke Zug um ihre Winkel weist darauf hin, daß wir hier eines jener Kinder vor uns haben, die wohl altern, aber nie groß werden, und die glauben, sie seien Weib geworden, weil sie verheiratet gewesen.

Die kleine Dame sprach unaufhörlich von ihrem „Seligen", und wenn sie fürchtete, im Straßengelärme unverstanden zu bleiben, so begann sie mit ihrem kreischenden Stimmchen zu schreien, dazu nickte sie und wiegte sie, als wollte sie es den beiden Kränzen zuvortun, die mit flatternden Schleifen außen an den Haken schaukelten, zwischen denen sonst die Wagenlaterne hing.

Neben stand ein Manu mit hohlem Auge und eingesünkener Wange, er sog an einer Strohzigarre. Wenn der Wind gar zu arg an den Kränzen zauste, dann griff der Raucher schützend nach dem einen, auf dessen schwarzer Schleife in Silberdruck die Worte „Ruhe sanft" zu leseu waren; dabei hatte sich ihm einmal die goldbefranste Atlasschleife des andern über den Arm geschlagen, und er las die in plumpen, schreiend gelben Lettern angebrachte Devise. Er lächelte bitter und streifte verächtlich das Band von sich.

Dieser Vorgang veranlaßte die kleine Witwe, eine äußerst lebhafte Schilderung des Todeskampfes ihres verewigten Gatten zu unterbrechen und sich über die Roheit der Welt zu beklagen, da eben jener Kranz der für ihren „Seligen" bestimmte ist. Mit sichtlicher Genugtuung erwähnt sie, daß sie selbst „angegeben" habe, was „ihm" auf das Baud zu „setzen" sei, nämlich „das" Wort: „Auf Wiedersehen!" (Sie sagte allerdings: „Aufs Wiedersehen!") Sofort aber — an das zuvor Unterbrochene anknüpfend — erzählte sie, daß sie nicht eine Viertelstunde mit der Leiche ihres Mannes unter einem Dache geblieben sei, aus Furcht, der Tote möchte wieder lebendig werden oder ihr „sonst etwas antun".

Über diese naive Äußerung, die mit der Sehnsucht nach dem Wiedersehen einigermaßen im Widerspruche stand, lachte ein junger Mensch an meiner

Seite laut auf, das machte mehrere mitlachen und die Schwätzerin verstummen.

Das Bürschchen neben mir, vermutlich ein Student, schien sein Verdienst um die Gesellschaft nicht gering anzuschlagen. Er saß da, in Miene und Gebärde jene überschwengliche Selbsteingenommenheit zur Schau tragend, welche verzogene junge Leute sich so häufig merken lassen und unvernünftige ältere wie eine Beleidigung empfinden, während vernünftige darüber lächeln. Er hielt ein Buch in der Hand, zwischen dessen Blättern er den Zeigefinger einklemmte, indes er mit dem Rücken sich den rechten Schenkel frottierte. Ich neigte mich ein wenig vor und las den Titel des Werkes: „Der Tag nach dem Tode". Wahrscheinlich sucht er das Grab eines Jugendgenossen auf, und zu diesem Gange hat er sich in seiner Art vorbereitet, mit einem — Lehrbuche; ihm mag es ja für ein solches gelten, denn sicher imponiert ihm noch eine schlankweg aufgestellte Hypothese mit waghalsig darauf gebauten Schlüssen.

Fernab liegt der Jugend der Tod. Eine weite Strecke, erfüllt mit Träumen von Ehre und Glanz, Genuß und Glück, legt sie zwischen ihn und sich. Sie glaubt nicht an den Tod, weil sie eine stets wachsende Kraft in sich fühlt, über deren Betätigung sie zwar im unklaren ist, deren Vernichtung aber so ganz undenkbar erscheint, daß selbst die Frage nach einem Anderswo und Irgendwie für eine müßige gilt!

Wahrhaftig, die Jugend bedarf nicht jener Trostbücher, jener Streitschriften gegen die ziemlich allgemein verbreitete Meinung, daß der Tod ein Übel sei; was aber sollen wir Erwachsene mit ihnen anfangen?

Es ist eines der jämmerlichsten Machwerke dieser Gattung, das mein Nachbar da mit sich führte, denn es behandelt „das zukünftige Leben nach den Forschungen der Wissenschaft“, benützt anch, größerer Anschaulichkeit halber, das beliebte Mittel der Illustration, „mit zehn astronomischen Abbildungen“ steht auf dem Titelblatte. Also in einer Sache des Herzens wendet sich der Autor nicht an dieses? Auf einem Gebiete, wo sich zu allen Zeiten die erleuchtetsten Geister des Wissens beschieden haben, will er sich nicht bescheiden?

Glauben denn diese Philosophaster, wenn sie einen Traum, mit eigenem halben Wissen und fremder mißverstandener Beobachtung herausgeputzt, zu Markte bringen, daß ihn irgend wer für ein System kauft und zu einer Überzeugung auffüttert?

Mit euren Büchern macht ihr anch nicht einen Zweifelnden um ein Bedenken ärmer, um eine Hoffnung reicher; der Ernste wird sie kopfschüttelnd aus der Hand legen, dem Launigen bieten sie Anlaß zu wohlfeilen Späßen, denn wenn ihr über Auferstehung, Wiedergeburt, Existenz auf anderen Welten oder im weiten Ätherraume so wortreich und selbstbewußt euch vernehmen laßt wie irgend ein Dozent über ein gang und gäbes Kapitel aus der Naturgeschichte, danu wird man euch anch fragen, wo denn bei eurem Wissen der Prüfstein aller Wissenschaft, das Experiment, bleibt; ob ihr schon einmal auferstanden, wieder geboren worden, auf anderen Sternen gewesen, im Äther geschwebt seid, oder ob ihr andere zu derlei Motionen veranlaßt und sie dabei und darnach kontrolliert habt?

Daß ihr Zweiflern gegenüber vergebene Mühe aufwendet, das wird sich eure Autoreneitelkeit nie klar machen, doch wahrlich nicht das nimmt man euch übel, daß ihr Spötter lachen macht, wohl aber, daß ihr durch eure Machwerke die Gläubigen, die Hoffenden verletzt.

Was auch den Menschen bewegt, nach der Unsterblichkeit seines Wesens zu verlangen, ob ihn grübelnder Sinn lüstern macht, den letzten Grund der Dinge zu schauen — ob das Rätsel des Daseins so schwer auf ihm lastet, daß ihn vor dem Zusammenbrechen nur der Gedanke schützt: er werde wissen warum, wofür er litt und stritt — ob er, von der Unzulänglichkeit des irdischen Rechtes bedrückt, nach dem göttlichen aufschreit und ihm Lohn und Strafe anheimstellt — ob es die Liebe ist, die ihn nach seinen Heimgegangenen sehnen macht — oder ob es auch nur der Kampf ist gegen den Gedanken der Vernichtung, der ihn in einsamen Nächten durchfröstelt: all dies Bangen, Sehnen, Heischen, Hoffen und Ahnen, es ruht zutiefst in der Brust des Menschen einbeschlossen, unausgesprochen, unaussprechbar, über allem Schrecken des Todes und Greuel der Verwesung — ein Mysterium!

Ein Mysterium, das ihr entheiligt, wenn ihr es vom Herzen nach dem Kopfe versetzen wollt! Ein

Mysterium, das, auf den lauten Markt gezerrt, zum Märchen wird und in euren Büchern — zu Unsinn!

Ich hatte mich vergessen und die letzten Worte laut gesprochen.

„Wie meinen?" fragte der Student.

Ich legte den Zeigefinger auf das Buch und sagte: „Das mein ich."

Jetzt tauchte zur rechten Hand die Rohziegelmauer mit den darüber wegragenden Kreuzen und Urnen auf, der Wagen rollte rascher dahin, die Schleifen der beiden Kränze flatterten hintennach und drehten sich im Winde ab und zu — Ruhe sanft! — Ruhe sanft! — Auf Wiedersehen! — Auf Wiedersehen!

Jetzt faßt der Kutscher nach der Kurbel der Rädersperre. Eine kurze Strecke noch schleift der Wagen hin, dann halten wir am Ziele. Der hagere, hohlwangige Mann außen wirft den Zigarrenstummel von sich, hebt seinen Kranz vom Haken und steigt vom Trittbrette, die kleine Witwe schießt zur Wagentüre hinaus, wobei sie dem Studenten einen mißgünstigen Blick zuwirft; dieser erhebt sich und folgt ihr, nachdem er aus überragender Körperlänge mit entsprechend überlegenem Lächeln auf mich herabgesehen, die Dame in Trauer seufzt schwer auf und verläßt zögernd ihren Sitz, und das behäbige alte Frauchen, obwohl vollauf beschäftigt, Laterne, Kranz und Blumentöpfe handsam zu ordnen, nickt ihr teilnehmend zu.

Als ich durch das große Tor eintrat, kam ein Diener in reicher Livree, der ein schwarzsamtenes

Kissen unter dem Arme hielt, herzugelaufen und gab Zeichen nach dem Standplatze der Privatequipagen; dann blickte er nach einem alten Herru zurück, der noch in einiger Entfernung bedächtig einherschritt.

Es war ein rüstiger alter Herr trotz des schneeweißen Haares, das unter der breiten Krempe seines Zylinderhutes bis zum Rockkragen niederhing; das schwache Rohr mit dem goldenen Knopfe benützte er, um hier und da ein Steinchen spielend aus dem Wege zu schleudern, und den feinen Oberrock, der ihn vor der Unbill der Witterung schützen soll, trug er nicht einmal zugeknöpft, so daß man bei mancher Wendung den Brillant der Busennadel im Sonnenlichte sprühend aufleuchten sah.

Der Greis kehrte wohl aus dem vornehmen Viertel des Friedhofes zurück, wo sich Gruft an Gruft reiht, er fand dort die Ruhestätte der Seinen — eiust die eigene — unter Palmenzweigen, Blumen und Kränzen, von Lichtern umflackert, und kniete davor im Betschemel auf samtenem Polster.

Jetzt wandelt er achtlos an den Schachtgräbern dahin.

An dem letzten derselben steht ein Mann, gleichfalls schwarz gekleidet, aber dürftig, ein fadenscheiniges Röckchen am Leibe, ein dünnes Beinkleid, das ihm der Wind an die dürren Glieder preßt. Der Mann starrt vor sich hin auf das Grab, nur wenn das kleine in seinen Lumpen frierende Mädchen, das er an seiner linken Hand hält, zusammenschauert, dann blickt er, wie scheu, nach der Kleinen, sein Auge wird unstät, und er fährt schnell mit den

Fingern der Rechten darnach und wischt, als quälte ihn dort ein Sandkorn.

Auf diese Gruppe trat der alte Herr zu, mit leutseliger Miene beugte er sich herab zu dem Kinde. „Hast du ein Schwesterchen oder ein Brüderchen da?"

Der Arbeiter griff an den Schirm seiner Mütze. „Die Mutter, Herr!"

Der Greis berührte flüchtig mit der Hand das Köpfchen der Kleinen. „Nun, sei nur recht brav", sagte er, „deine Mutter sieht jetzt alles, die ist ja im Himmel dort oben."

Der Dürftige mochte wohl dem noblen Herrn nicht ins Gesicht widersprechen, er sah daher zur Seite, drückte das frostgerötete Pätschchen in seiner Linken, um das Kind aufmerksam zu machen, und sagte leise, aber bestimmt, indem er mit der Rechten auf den Grabhügel wies: „Da, in der Erd, ist sie!"

Der Alte stieß einen mißbilligenden Laut aus und zog die Brauen zusammen. „Pfui. Wenn sie jetzt auch da in der Erde ruht, so wird sie doch einst, wie wir alle, wieder auferstehen."

„Bester Herr", sagte der Arme und diesmal hielt er den Blicken des Reichen stand, „die hat all ihr Lebtag nichts Gutes gehabt, wozu sollte sie wieder auf?!"

Da kehrte sich der alte Herr ab und ging zornig murmelnd hinweg. Der Diener, der ihm in den Wagen half, erlauschte dabei, daß jetzt ein roher Unglaube unter den niederen Schichten um sich greife. Bestürzt klappte er den Schlag zu.

Ich hatte wenige Schritte seitwärts gestanden, während die beiden Männer sprachen; als jetzt der Arbeiter das Grab verließ, faßte er mich ins Auge und streckte die Hand nach dem Hügel aus, mit einer Geste, als wollte er etwas sanft nach der Erde zurückdrücken. „Es ist doch besser so!“ sagte er, und an mir vorüberschreitend, deutete er nach der Richtung, die der Alte eingeschlagen, und lächelte bitter: „Glaubs schon, daß der gerne ein Leben fortführen möcht, wo ihm nie etwas abgegangen ist.“

Gleich diesen beiden werden viele verstimmt, verbittert, verdüstert von Grabstätten heimkehren, weil sie ihren Glauben oder Unglauben nicht außer den Friedhofsmauern gelassen haben. Wir leben einmal dieses Leben, und an diese Welt sind wir mit allen Nervenfasern und Muskelsträngen geknüpft, mit den Bewohnern einer anderen wüßten wir nichts anzufangen; aber anch das lebendige Angedenken derer, die mit uns gewohnt hatten, vermögen wir nicht auszutilgen, und ebensowenig, wie sich der Gläubige die Verklärung, vermag sich der Ungläubige die Vernichtung vorzustellen. Verständlich sind uns die Toten nur als das, was sie waren!

Als Vorkämpfer in den gleichen Streiten, als Vorläufer nach den gleichen Zielen stehen sie uns nah, und weil die Bahn, soweit sie dieselbe durchmessen, abgeschlossen vor unseren Augen liegt, weil wir wissen, welchen Weges und an welches Eude sie von Irrtum, Leidenschaft oder Tüchtigkeit Schritt für Schritt geführt worden, so wirkt auch ihre Lehre ernster, ihre Mahnung eindringlicher, ihr Beispiel mächtiger; doch Lehre, Mahnung und Vorbild sprechen nur dem Geschlechte, dem sie angehörten, von der Welt, in deren Lichte sie einst gewandelt. O, glaubt nur ja nicht, daß die Toten so ganz tot seien! Ihr müßtet eben nie davon gehört haben, was sie aus einem feigen Geschlechte zu machen vermögen, wenn dieses, dem Untergange nah, der Tüchtigkeit seiner Vorahnen sich erinnert und zu ihnen aufschreit in höchster Not, ihr müßtet überhaupt nicht von dem Verkehr mit ihnen wissen.

Fürchte niemand, daß ich ihn jetzt vom Friedhofe weg in die Sitzung eines spiritistischen Klubs führe, noch daß ich hier, angesichts der Gräber, für ein Medium oder für eine neue Broschüre über Kundgebungen aus dem Jenseits Reklame zu machen beabsichtige; das alles hat nichts mit dem zu schaffen, was ich meine.

Ich werde jetzt hier die Gräberreihe entlang gehen, ich weiß dort einen Hügel, der eine teure Heimgegangene deckt, ich werde ihr diesmal wenig sagen können, denn wir werden vielfach gestört sein durch Leute, die nur der eigene und fremde Putz und der der Gräber beschäftigt, aber ich werde alles, was mit mir und um mich vorgegangen, seit ich das letzte Mal an derselben Stelle gestanden, kurz zusammenfassen; mählich wird in Ton und Geste, in Ausdruck und Mienen das Bild der Dahingeschiedenen lebendiger — hier hasche ich einen Ton des Einwurfs — dort eine Geste der Zustimmung — und wenn ich danu in mir etwas wie Beschämung empfinde, danu mißbilligt sie — und wenn mir's frohmütig wird, danu heißt sie gut —, und wenn zutiefst mir in der Seele stille, danu tröstet sie. — —

Ah, ihr denkt, es rede nur dieser eine Tote und nur mir? O, fragt doch — fragt ein gutes Kind, das am Grabe seiner Eltern sich deren Segen erfleht, fragt ein arges Kind, das Verzeihung erbettelt, fragt den Vater, der am Grabe seines Lieblings sich Trost holt, fragt, fragt alle, die sich auf den Umgang mit den Verstorbenen verstehen, und sie werden euch sagen:

„O glaubt nicht, daß die Toteu so ganz tot seien!“

Die Vorangegangenen und die Dahintergebliebenen

Wenn ich irgend eine andere Absicht hätte, als das Gemüt des Lesers zu erheitern, so würde ich die nachfolgende traurige Geschichte gar nicht erzählen; selbe trug sich in Spanien zu, wo von jeher heißblütige Leute gelebt haben, und jedenfalls fiel das zu Erzählende in die Zeit nach Erfindung der Barbierschüsseln, denn einer der Helden war ein Barbier und hieß Felipillo, Philippchen, weil er sehr kleiner Statur war, was ihn indes nicht hinderte, so liebenswürdig zu sein, daß er eine ihn sowohl an Körpergröße als an gesellschaftlicher Stellung überragende Dame, Laura, Tochter des Stadtrates Hermosa zu Cordova, dazu veranlaßte, ihm diese offenbar in spöttischer Absicht ersonnene Verunzierung seines Namens als Kosewort zuzuflüstern.

Don Hermosa hatte, wie viele Väter, keine Ahnung von dem, was in dem Herzen seiner Tochter vorging, es würde ihm auch ganz unglaublich geschienen haben, hätte ihm jemand sagen können, daß Laura im Vorzimmer stets das Kommen des windigen Knirpses abwarte, um sich von dessen Barte kratzen zu lassen, ehe er ging, den des Vaters zu schaben; sie mußte sich hiebei so wie dieser auf einen Stuhl niederlassen, denn, wie gesagt, der Geliebte war klein und, gegen sie betrachtet, noch kleiner. Es war aber niemand vorhanden, der dem Don Hermosa davon hätte sagen können, denn außer den beiden dabei Beteiligten wußte keine lebende Seele darum; die Liebenden aber hatten alle Ursache, ihr Geheimnis zu wahren, denn der Stadtrat würde wohl keinen Augenblick gezögert haben, dem unglücklichen Barbiergesellen die Knochen zu brechen, die Haare zu striegeln, kurz, ihn aus einem Meister in ein Objekt seiner Kunst zu verkehren.

Laura wagte es nicht, ihre Neigung dem Vater zu gestehen; sie fühlte sich von der Allgewalt der Liebe besiegt und empfand dabei doch, daß der Sieger — nicht mit den Augen der Liebe, sondern mit gewöhnlichen betrachtet — keinen überwältigenden Eindruck zu machen geeignet war; sie zieh sich selbst der Schwäche, was aber bekanntlich nicht stark macht; wohl hatten ihr schon mehrere, unbedingt hübschere Männer in achtungsvollster Weise Aufmerksamkeit bezeigt, doch sie hatte das kalt gelassen; der Felipillo aber war ein Teufelskerl, und die Weise, in welcher die unbedingt hübscheren Männer warben, war nicht die seine; vielleicht faud er, daß selbe gerade für ihn nicht erfolgverheißend war. Schloß süße Scham und verwirrende Beschämung der jungen Dame den Mnud, so waren es keineswegs solche erröten machende Gründe, die den Barbier zur Geheimhaltung veranlaßten, sondern bleiche Furcht.

Um die gleiche Zeit etwa, wo Schelm Amor dem Felipillo die soziale Stufenleiter zu dem Gegenstande der Anbetung hinaufhalf, bewog er einen jungen Kaufmannssohn, Don Alvar, dieselbe herunterzusteigen zur niedlichen, anmutigen Dolores, welche im Hause seiner Eltern eine Stellung einnahm, die bedenklich zwischen der einer Gesellschaftsdame und einer Kammerzofe schwankte. Manchem möchte es vielleicht sehr lehrreich dünken, des näheren zu wissen, wie kühn und skrupellos der mutige Barbier Stufe um Stufe nach oben drang, und wie klug und zart die zaghafte Dolores dem Geliebten die Füße setzen lehrte, damit er wohlbehalten zu ihr heruntergelange. Aber solche Wagnisse und Künste zu beschreiben, ist stets ein undankbares Unternehmen; man befriedigt damit lediglich die unlautere Neugierde und erweckt den Neid derjenigen, die derlei nicht zu unternehmen wissen, während man alle angenehmen und unangenehmen Schwerenöter nur überlegen lächeln macht.

Genug, beide Paare, Felipillo und Laura, Don Alvar und Dolores, befanden sich in einer gleich kritischen Lage. Don Alvar und Laura fürchteten die Härte der Anverwandten und ein demütigendes, achselzuckendes Mitleid von seiten der vorurteilsvollen Welt und hatten nicht den Heroismus, der einen entgegenzutreten und sich über das andere hinwegzusetzen. Felipillo und Dolores empfanden es schwer genug, daß sie sich nur im geheimen ihrer Eroberung erfreuen durften; aber vor den Leuten wagten sie sich nicht damit zu brüsten, sie bangten, eigensüchtiger Zwecke und bedenklicher Mittel angeklagt zu werden. Ein solch süßes Geheimnis ist wie eben solcher Rahm, es verträgt kein allzulanges Stehen, ohne saner zu werden. Jeder Teil saud unter den obwaltenden Umständen das Zusammensein unbehaglich, eine Trennung aber ganz undenkbar und den Kampf mit der Welt zu ungleich und aussichtslos.

Da man sie nicht mit einander leben lassen würde, so bleibe nichts über, als mit einander zu sterben! Es braucht wohl kaum gesagt zu werden, daß Laura und Dolores es waren, denen sich zuerst die zwingende Logik dieses von glühender Leidenschaft eingegebenen, allerdings etwas ungemütlichen Gedankens aufdrängte, und es läßt sich nicht leugnen, daß die Mitteilung desselben anfänglich die beiden Liebhaber einigermaßen verblüffte; aber da die beiden Damen sich zusehends, Tag um Tag mehr, für diese gründliche Lösung all und jeder Schwierigkeit erwärmten, so hätte es nur in den Verdacht unmännlicher Feigheit bringen können, wenn die Herren sich gegen die vorgeschlagene Partie ins Jenseits sonderlich gesträubt hätten, und bald schwärmten beide Paare von einem gemeinsamen Tode, daß es eine Art hatte. Es klingt allerdings wunderlich genug, da jedoch alle an der Sache Beteiligten gute Christen waren, so wie die Menschen es eben der Mehrzahl nach sind, derart, daß sich jeder gerne mit dem Glauben im großen ganzen abfindet und sich nur hie und da an einem sein persönliches Wohlbehagen beunruhigenden Sittengesetze eine kleine Korrektur erlaubt, so geschah es anch da, daß Felipillo und Laura und Don Alvar und Dolores auf eine ganz anstandslose, wohlwollende Aufnahme im Himmel rechneten, somit eigentlich und gewissermaßen nur sterben wollten, um ruhig und unbehelligt leben zu können.

Die Wahl der Mordwerkzeuge war den Unglücklichen nahe genug gelegt. Felipillo führte seine haarscharfen Messer mit sicherer Hand, und Don Alvar war Mitglied eines nationalen Schützenvereins, der sich die Verteidigung Spaniens gegen eindringende Erobererscharen zum Zwecke gesetzt hatte, einstweilen aber auf dem Schießstande Scheiben verfehlte und das Leben Einheimischer bedrohte; Don Alvar wußte mit Schießgeräten umzugehen, und er war im stande, ein Kartenblatt an jeder beliebigen Stelle zu durchlöchern, an welche er die Mündung seiner Pistole hielt.

Gut Ding braucht Weile, und ernst Ding will Überlegung. Nachdem also eine geraume Zeit verstrichen war, während welcher das eine Pärchen alle Schermesser und das andere jede Pistole mit einem gewissen geheimnisvollen Schauer betrachtete und betastete, bis die Gefahr nahe lag, daß diese Dinge wieder ihr alltägliches Ansehen gewönnen, entschloß man sich, Tag, Stunde und Ort zur Ausführung der entscheidenden Tat festzustellen, und der Zufall wollte es, daß beide Paare denselben Tag, die gleiche Stunde und den nämlichen Ort wählten.

Wie es ordnungsliebenden und gewissenhaften Menschen geziemt, trafen sie auch alle Vorkehrungen, um ihrem Programme Punkt für Punkt gerecht zu werden. Felipillo schlenderte schon vor der anberaumten Stunde, das schärfste Rasiermesser in der Tasche, zur Stadt hinaus und schritt einem ziemlich fernen Wäldchen zu, an dessen Saume er sich lagerte und auf Laura wartete. Vom anderen Ende der Stadt kam Dolores mit eiligen Schritten heran und lugte hinter den Büschen am anderen Eude des Waldes nach Don Alvar aus. Die beiden Erwarteten nahten gemessenen Ganges ihrem Ziele; es sollte aussehen, als ob sie harmlos lustwandelten. Don Alvar hatte noch einen anderen tristigen Grund, nur mit Weile zu eilen, denn sein Wams war ein kleines Arsenal; er hatte Pulverhorn, Kugelbeutel und Terzerol in den Taschen desselben untergebracht, und weil er das alles verstohlen an sich genommen und ungefragt fortbringen wollte, so konnte er den Schuß, der noch im Rohre stak, nicht abgeben. Da er nun aus mehrfältiger Erfahrung wußte, wie leicht Pistolen zu höchst ungelegener Zeit versagen, so vermochte er des bangen Gedankens nicht Herr zu werden, daß einmal anch eine solche sehr zur Unzeit losgehen könne; er dachte sich's zwar von verblüffender Wirkung, wenn ihm, dem einsamen Wanderer, plötzlich unter Blitz und Krach der Rauch bei allen Kleidernähten hervorqualmen würde, aber er trug kein Verlangen, anderen dies Schauspiel zu bieten, vermied daher alle unnötigen Reibereien und trabte so sacht wie ein Saumtier, das einen Kardinal trägt.

Mit kurzem, ernstem Gruß trafen Laura und Felipillo, Don Alvar und Dolores zusammen, und schweigend drangen beide Paare in das Innere des

Waldes; auf zweien tief im Busche versteckten, unweit von einander gelegenen, lauschigen Rasenplätzen machten sie halt und lagerten sich im Grünen.

Felipillo war sehr nachdenklich, desto gesprächiger zeigte sich Laura; es war ja, menschlicher Voraussicht nach, das letzte Mal, daß sie ihre Zunge branchen konnte. Wenn sie außer der angenehmen Erleichterung, die ihr dies gewährte, noch etwas anstrebte, so konnte das nur ein gründliches Hinweghelfen über jegliches Nachsinnen und Bedenken sein, denn daß Denken überaus selten die Sache der Handelnden und aller, die es werden wollen, ist, darüber ließe sich ein Buch schreiben, wenn wir nicht schon eines hätten: die Weltgeschichte.

Der billige Leser wird mir daher wohl gerne die Niederschrift all der Phrasen erlassen, deren sich Laura bediente, von dem poetischen Hinweis auf „die letzten Strahlen der scheidenden Sonne, deren Aufgang mit sterblichen Augen nimmer geschaut werden sollte", bis zur tröstlichen Verheißung der „schmerzlosen Wiedervereinigung in jenen seligen Gefilden über den Sternen". In dem, was sie sagte, lag so viel über die gemeine Denk- und Sprechweise Erhabenes, daß es vollkommen zugereicht hätte, auch mehr Barbiergehilfen als nur den einen konfus zu machen, und es war gar nicht wunderzunehmen, daß er ihr in einer Art trunkener Begeisterung zärtlich das Rasiermesser in die Hand drückte.

Sie aber — es darf das nicht befremden, denn sie war weder mit dem gewöhnlichen noch dem außergewöhnlichen Gebrauche desselben vertraut —

gab es ebenso zärtlich in seine Rechte zurück und sagte: „Sei ein Mann! Ich folge dir!"

Indes hatte sich ganz in der Nähe zwischen dem andern Paare eine ähnliche Szene abgespielt, nur daß Dolores mit der tröstlichen Verheißung der „schmerzlosen Wiedervereinigung in jenen seligen Gefilden über den Sternen" begann und mit dem poetischen Hinweis auf „die letzten Strahlen der scheidenden Sonne, deren Aufgang mit sterblichen Augen nimmer geschaut werden sollte", schloß; um aber der Wirkung auf die mehr passive Natur ihres Hörers sicher zu sein, setzte sie selbst den Trumpf auf ihre Rede und bestritt die trunkene Begeisterung aus eigenem, indem sie dem Don Alvar die Pistole entriß und sich selbe mit den Worten: „Sei ein Mann und folge mir nach" so entschlossen an die Brust setzte, daß der bestürzte Kaufmannssohn keine Zeit fand, ihr in die Hand zu fallen.

Mittlerweile hatte aber der exaltierte Felipillo so arg an sich herumgemetzgert, daß Laura bei dem Anblicke seines blutüberströmten Körpers sicher in Ohnmacht gefallen wäre, hätte sie nicht ein plötzlich in nächster Nähe erdröhnender Schuß jäh aufgeschreckt.

Totenbleich, mit verzerrten Zügen brach sie durch das Gebüsch und befand sich sofort einem Manne gegenüber, der nicht weniger verstört von der entgegengesetzten Seite her sich durch die krachenden Zweige arbeitete.

„Wer seid Ihr? — Helft! Um Gottes willen, was ist geschehen?" riefen sie sich gleichzeitig mit zitternden Stimmen an; es war kein Wunder, daß beide sich der gleichen Worte bedienten, da sie sich anch Gleiches zu sagen hatten. Aber die Gleichheit der Begebenheiten, der jetzigen Lage und der vorhergegangenen Erlebnisse war so merkwürdig, daß, obschon dadurch die Verständigung ungemein erleichtert wurde, sie doch zu näherer Ausforschung und Auseinandersetzung anreizte und unter hastiger, fliegender Rede und Gegenrede die Gegenstände der Erörterung, Felipillo und Dolores, immerhin so lange Zeit halb vergessen blieben, daß sie Gelegenheit hatten, ungestört ganz zu verbluten.

Die beiden armen Seelen mögen sehr verwundert neben einander auf dem Wege nach dem Hades einhergeschritten sein und sich oft erwartungsvoll umgesehen haben, kopfschüttelnd, daß zwei andere durchaus nicht nachkommen wollten, endlich mußten sie sich doch wohl oder übel mit dem Wegbleiben derselben abfinden. Wie sie dies fertig gebracht, ob sie gleich den anderen beiden, noch zeitlich und räumlich beschränkten, in gegenseitiger Verständigung dürftige Aufklärung fanden, oder ob ihnen höhere zuteil wurde, darüber ließe sich eines der kurzweiligsten und lehrreichsten Totengespräche ersinnen, wenn ich ein leichtsinniger Autor wäre; denn derlei Fabeleien und phantastischen Schnack unter die Lente zu bringen, war nur Schriftstellern älterer Literaturepochen gestattet; heutzutage, wo die Resultate psycho-physikalischer Experimente, in den spiritistischen Sitzungsprotokollen niedergelegt, über die Lebensweise der Toten erfahrungsgemäße Aufschlüsse verbürgen, verbietet das der Respekt vor der Wissenschaft!

Dagegen dürfte für sterbenslustige Liebende d i e Moral aus der Geschichte zu ziehen sein, daß, infolge einer allgemein menschlichen Schwäche, viele den erforderlichen Mnt aufbringen, das Liebste sterben zu sehen, aber nicht den, an sich selber Hand anzulegen, weil das weh tut, daher es bei solchen doppelmörderischen Unternehmungen stets — zwar nicht das Redlichste —, aber das Rätlichste sein dürfte, den anderen Teil anfangen zu lassen, was, wenn beide sich an diese goldene Regel halten, solchen düsteren Exkursionen für immer ihre Gefährlichkeit benehmen würde.

Als sich Don Alvar und Laura Hermosa auf die Dahingeschiedenen besannen, schüchterte sie der Gedanken an dieselben dermaßen ein, daß sie sich ganz unvermögend fühlten, deren Aublick noch einmal aufzusuchen; es begann ihnen im Walde zu grauen wie ein paar furchtsamen Kindern, und gleich solchen faßten sie sich an den Händen und liefen eilends nach der Stadt zurück.

Ganz Cordova geriet bei Einbringung der beiden Selbstmörder in gewaltige Aufregung, Urteile und Mutmaßungen über deren Person und Tat beherrschten ausschließlich den Gesprächsstoff aller Gesellschaftskreise. Einigen galten sie als Unglückliche, die ein grausames Verhängnis in den Tod trieb; andere wollten sie von jeher als überspannte Wesen gekannt haben, von welchen anch bei geringen Anlässen derlei zu erwarten stand. Ebensowenig gelang es, darüber einig zu werden, ob das grausame Verhängnis oder der geringe Anlaß gekränkter Ehrgeiz, geheimer Kummer oder unglückliche Liebe gewesen sei, indes gewann letztere in der Meinung der Leute die Oberhand, und man war nahe daran, Felipillo und Dolores einander zuliebe gestorben sein zu lassen — eine Unterstellung, welche beide sicher empört haben würde, wenn sie überhaupt noch etwas hätte empören können —, doch waren mittlerweile vierzehn Tage verstrichen, und bald machte anderer Leute Sterben und Leben die leidige Geschichte ganz und gar vergessen.

Nur Don Alvar und Laura bewahrten das Angedenken Felipillos und Dolorens und saßen oft in traulicher Dämmerstunde, Hand in Hand, die Augen zum dunkelnden Himmel erhoben, beisammen und schwärmten von den Dahingeschiedenen. Seit dem Tage, wo er mit Laura aus dem Walde geflüchtet war, besuchte nämlich Don Alvar fleißig das Haus des Stadtrates Don Hermosa. Es konnte nicht ausbleiben, daß die beiden Vereinsamten, nachdem sie sich gegenseitig den ersten Schmerz über ihre Verluste hatten tragen helfen und weiter in dem von edelster Gemütstiefe zeugenden Totenkultus einander unterstützten, zuletzt auf den rührend praktischen Gedanken verfielen, sich als teure Hinterlassenschaft der Vorangegangenen und das durch so außerordentliche Umstände veranlaßte Zusammenfinden als einen Wink des Himmels zu betrachten, und wenn man auf fromme Leute hört, die behaupten, schon einmal in der angenehmen Lage gewesen zu sein, einem Wunsche des Himmels freudig Folge zu leisten, so hat niemand zum Winken eine so gute Hand wie dieser.

Don Alvar und Laura Hermosa waren fromm genug, dem Winke des Himmels zu gehorchen und es dankbar anzuerkennen, daß er ihnen durch selben kein schweres Opfer auferlegt hatte. Sie ließen sich trauen und kamen dadurch in die Gelegenheit, das Glück der Ehe und einander näher kennen zu lernen.

Die erste Zeit, gleichsam die des Vorbereitungskurses, wo sich jeder Teil erst den neuen Staud zurechtlegt und den Charakter des anderen studiert, verfließt recht kurzweilig und anregend, die Phantasie schließt bei dem Angenehmen, das sie zu bemerken glaubt, daß noch Angenehmeres dahinter stecken müsse, und bei dem Unangenehmen, daß sie sich getäuscht habe. Sehr schlimm steht es um die Betreffenden, wenn nächste Zeiten in ihnen den Verdacht aufkommen lassen, daß sie sich bezüglich des Angenehmen getäuscht hätten und hinter dem Unangenehmen noch Unangenehmeres stecken könne; ganz trostlos aber gestaltet sich der Fall, wenn dieser Verdacht zur Überzeugung wird.

Don Alvar und Laura gelangten bis zu dieser, und sie sprachen sie anch oft und laut genug aus, was ihnen, besonders zur Nachtzeit, die Nachbarschaft sehr übel nahm. Einige Horcher an der Wand wollten sogar gehört haben — doch ist das wohl nur böswillige Verleumdung —, daß die beiden unglücklichen Eheleute gedroht hätten, Hand an sich zu legen, aber gegenseitig und höchstens mit etwas kleinem Haus- oder Küchengeräte zwischen den Fingern.

Felipillo und Dolores aber waren und blieben die Hausgespenster des Paares; da ihr Angedenken jeden Zwist befeuerte, da die Anrufung ihrer Namen jeden Streit begleitete, so erlosch ihr Gedächtnis das ganze Jahr über nicht, und sie wurden alle Tage genannt.

Seufzte Laura nach Felipillo, so versicherte Don Alvar, um sie zu ärgern, wie sehr er selben beneide, und seufzte Don Alvar nach Dolores, so beteuerte Laura, wie gerne sie mit dieser die Stelle tauschen würde.

Manchmal beliebte es auch dem Don Alvar, den Felipillo, und der Laura, die Dolores anzurufen, worauf sich immer der Streit auf das heftigste erneuerte, denn jedes glaubte sich dadurch von dem andern des Wortbruches an dem Toten geziehen, und wenn anch beide Gatten in besonders erregten Momenten es aufrichtig zu bedauern erklärten, damals dem Beispiele der Verewigten nicht gefolgt zu sein, so wollten sie sich doch daran nicht mahnen lassen, da sie hinter der Mahnung einen stillen Wunsch nach zeitlicher Ruhe und ewigem Frieden mutmaßten und anch nicht einen Augenblick ungewiß waren, welches dieser beiden an sich ganz wünschenswerten Güter ihnen von der andern Ehehälfte zugedacht wäre; eine Mutmaßung, die auf den Mutmaßenden um so verletzender wirken mußte, da sowohl Don Alvar als auch Donna Laura sich für moralisch stark genug hielten, einen schweren

Verlust zu tragen, aber zu zart fühlten, ihn veranlassen zu wollen.

Ich kann nicht schließen, ohne neben der Schattenseite auch der zahlreichen Lichtpunkte, neben dem steten Kampfe anch der vielen Waffenstillstände zu gedenken. Immer, wenn sich Don Alvar und Donna Laura das Leben bis zu dem Grade verleidet hatten, daß sie sich vor lauter Schuld unschuldig glaubten und ihr Unglück für das allgemeine der Ehe hielten, trat mit der Unabweisbarkeit eines Naturgesetzes ein Zustand vollkommener Entmutigung ein, und in solchen Augenblicken de- und wehmütiger Ergebung empfanden sie es für einen schönen und tröstlichen Gedanken, daß dem Felipillo und der Dolores all diese bitteren Erfahrungen und grausamen Enttäuschungen erspart geblieben!

Der Christabend einer Leichtfertigen

Auf dem Gehwege einer lang gestreckten Vortortegasse schritt ein junges, elegant gekleidetes Mädchen mit eiligen, aber etwas ungleichen Schritten dahin; das verursachten die vom Winterfroste geglätteten Steine.

Die Dämmerstunde des Christabends war nahe; wollte die junge Dame einer Bescherung beiwohnen, so mußte sie allerdings dazusehen, bald an Ort und Stelle zu sein.

Sie hatte das Kinn in der weichhaarigen Boa und die Hände in dem Muffe vergraben, hinter dem duftigen Halbschleier, der von dem koketten Hütchen auf die runde, feinnüstrige Nasenspitze fiel, blitzten ein Paar große, tiefblaue Augen, deren lebhaftes Feuer durch Tuschstriche an den unteren Wimpern noch hervorgehoben wurde, auch zeigte der Mund mit den sinnlich aufgeworfenen Lippen sich so brennend rot und das zarte, fast kindliche Gesichtchen so puppenkopfartig glatt, daß die Nachhilfe mit poudre und rouge unverkennbar war; tadellos sah sich die mittelgroße, geschmeidige Gestalt an. Das Mädchen schien, als es so gesenkten Hauptes dahineilte, selbst mit Wohlgefallen nach den zierlich beschuhten Füßchen zu gucken, welche wechselnd, eines um das andere, vor dem Rocksaume erschienen und verschwanden.

Ein junger Offizier machte säbelrasselnd eine halbe Wendung, als sie an ihn herankam, und summte leise: „O Philippine — pine — pine.“ Sie warf ihm, ohne den Kopf zu heben, von der Seite einen schalkhaften Blick zu und schritt vorüber.

Er sah ihr schmunzelnd und das Schnurrbärtchen drehend nach, bis sie paar Häuser weiter unter dem Tore verschwand.

Es war ein neues Haus, eine jener Bauten, wie sie gegenwärtig von kunstsinnigen Architekten geplant und von humanen Bauherren aufgeführt werden; wir lassen Laster und Armut nimmer in Höhlen wohnen, sondern in hohen, lichten, fein bemalten Räumen und durch Flügeltüren und über Parkettböden wandeln; leider verdirbt aber auch da der schlechte Umgang das Gute, und nur um so kläglicher nehmen sich in den großen Fenstern die mit Papier verklebten Scheiben, an den Wänden der herabgefallene Bewurf, auf dem Boden die abgetretenen, nackten Flecke aus. Wenn anch einzelne Mieter für die Wohnlichkeit ihrer Räume sorgen, unter der Nachlässigkeit und Dürftigkeit der Mehrzahl verwahrlost das Haus.

Es war das der Fall mit dem Gebäude, dessen Stockwerke jetzt das Mädchen hinanstieg. Der Reibsand knisterte unter den Sohlen, an mancher Stelle wiesen die neuen Stufen schon Unregelmäßigkeiten und Senkungen auf, an mancher Stelle hing das hölzerne Treppengeländer nur lose in der Mauer.

Im letzten Stockwerk zog die Atemlose hastig an der Glocke einer Wohnungstüre, scheu blickte sie nach der benachbarten, und vor Ungeduld trippelte sie mit den Füßen; sie schmiegte sich unter den Türstock, als wolle sie sich verstecken. Nun kamen innen leise Schritte heran, das Guckloch wurde auf- und zugeklappt, danu schnappte ein Riegel, danu knackte das Schloß, die Türe öffnete sich, und das Mädchen schlüpfte rasch in die Küche.

„Gutu Abend, Fräuln Seraphin!“

Die Angesprochene, die Eignerin der Wohnung, eine ältliche Dame, machte sich vorab noch an der Türe zu schaffen; erst als sie den Riegel vorgeschoben und den Schlüssel umgedreht, wandte sie sich nach der Angekommenen. „Gutn Abend, Philippin!“

Diese erfaßte sie an beiden Händen. „Wie dank ich Ihnen, daß Sie mich hener wieder haben kommen lassen!“

„Nun, nun, warum sollt ich's denn nicht?“

„Der Dienstmann hat doch alles gebracht und, wie ich ihm aufgetragen hab, zu Ihnen hereingestellt?“

„Ja.“

„Ich bitt Sie, Fräuln Seraphin, sagn S' mer nur, weil ich diesmal hab zweimal schicken müssen, 's erste Mal 'n Christbaum und d' Bäckerei und Kleinigkeiten, is auch 's Hutschpferd fürn Brudern und d' große Docken mit'n Bettstadl kommen?“

„Alles.“

„Was hat denn d' Mutter zu der Bescherung gsagt?"

Ein gutmütiges Lächeln zuckte um den Muud der alten Dame. „Ausgemacht hat sie mich wie alle Jahr; ich möcht mich nicht in Angelegenheiten einlassen, für die sie mir keinen Dank weiß, und wenn es nicht wegen der armen Kinder wär und denen vermeint, so schickte sie den ganzen Kram Ihnen zurück."

„Und ich schicket ihr 'n stantape wieder. Wann ich gleich d' Schlechteste auf der Welt wär, was ich nit bin, Fräuln Seraphin, mir kann niemand nachsagn, ich hätt jemal ein Mann betrogn und auszogu, aber mein Gschwistern a Freud z' machen, das wurd mer doch erlaubt sein? Da is doch nix dabei?"

„Liebes Kind, wenn was Arges dabei wäre, würd ich nicht die Hand dazu bieten; aber Ihre Mutter hat eben strengere Grundsätze; vielleicht sind die nötig für Leute, die Kinder zu ziehen haben, ich weiß das ja nicht. Ihrer Mutter geht es viel näher wie mir, das müssen Sie doch auch bedenken!"

„Sie habn recht, Fräuln Seraphin, ganz recht, und ich wehr mich ja nur um mein Gschwistern ihr Teil!"

Die beiden traten von der Küche in die freundliche Wohnstube. Inmitten derselben auf dem großblumigen Teppich stand der Tisch und auf dessen Decke die leuchtende Lampe; im Ofen flackerte helles Feuer; von den Karniesen der Fenster fielen lange Vorhänge herab, die Möbel glänzten und spiegelten.

Vom Plafond hingen aus einem zierlich verkleideten Gartentopfe die Ranken einer Schlingpflanze hernieder, und auf dem Nähtischchen standen mehrere mit Tüchern verhangene Vogelkäfige.

Philippine begann abzulegen, und während sie aus dem Mantel schlüpfte, die Handschuhe auszog, plauderte sie: „Sehu S', Fräuln Seraphin, daß ich's Ihnen nur frei heraussag, wann ich Ihnen so reden zuhör, das macht mich jedsmal ganz nachdenklich, denn ich frag mich danu immer, was vielleicht auch bei mir ein guts Wort zur rechten Zeit noch hätt richten können? Sie warn wohl allzeit brav und wissen sich gar nit vorzstellen, wie schlimm oft die Fratzen sein können; da is mit der alleinigen Strengen nix dermacht, die treibt ein'm nur an, sich außerm Haus in alln möglichen Winkeln z'verschliefen, und wurd mer auch noch so oft mit der Ruten heimgholt; und wann ein'm da über gwisse Sachen die Augen früher aufgehen als der Kopf, is 's Malör anch schon fertig. Nit, daß ich mein Mutter schwarz machen und mich weiß waschen will, bewahr, aber das sag ich, d' Schläg machen uuverstandne Reden nit deutlich, und fürcht mer bei ein'm Hund 's Verlaufen, so halt mern am Leiul; sie hätt seinzeit anch denken können, daß ich jung nit schon so gscheit sein kann wie sie als alt. No, is 's jetzt, wie d'r wöll, sie bleibt doch mein Mutter und der kleine Heinrich mein Bruder und d' Leni mein Schwester, wann s' mich gleich allzsamm wie fremd behandeln. — — Schaun S' Ihnen einmal da mein neuchesten Ring an, Fräuln Seraphin, ob er Ihnen gfallt." Sie zog das Geschmeide vom Finger und legte es auf den Tisch vor die alte Dame hin.

„Was haben Sie dafür gegeben?" fragte diese.

Philippine schüttelte lächelnd den Kopf. „Nein, nein, Fräuln, das fragn S' nit! Unsereins kanst doch so was nie!"

Nun schüttelte das alte Fräulein den Kopf und legte den Ring, den sie zwischen zwei Fingerspitzen angefaßt hielt, zurück auf den Tisch, und zwar unter den Schatten des Lampenschirmes, ziemlich weit von der Stelle, wo sie ihn zuvor aufgegriffen hatte.

Fräulein Seraphine trug ein Häubchen, keine geschlossene Haube mit Bändern unter dem Kinne, den immer noch reichen Scheitel gewellt und ein bis zum Halse knapp anschmiegendes, sorglich gefälteltes und geglättetes Kleid, das durchaus nicht bequem fürs Haus war; sie putzte sich, und da sie niemand hatte, dem zuliebe es geschah, so tat sie es wohl zur eigenen Genugtuung und jedermann zur Beachtung. Im Umgange äußerte sie manchmal eine Meinung rasch, fast vorlaut, während sie oft in andern Fällen, wo die meisten Leute von vorneherein eins und schlüssig waren, sich sehr zurückhaltend und überlegend zeigte; kurz, sie ließ das einsam verblühte Mädchen erraten und machte einen echt altjüngferlichen Eindruck.

Philippine hatte sich neben einem Chiffonier auf einen Stuhl gesetzt; sie zog das eine Knie an sich und umspannte es mit den in einander geschlungenen Fingern beider Hände; sie hielt das Ohr an die Wand gedrückt und horchte, was drüben in der

Nachbarwohnung vorging. Nach einer Weile hob sie lächelnd den Kopf, nickte der alten Jungfer zu und sagte, offenbar einen gehörten Satz nachsprechend: „Kommt's Kinder, 's Christkindl is da." Sie schmiegte sich knapp an die Mauer. „Jesses, der Heinrich wird völlig a Narr! Wer sich auch noch so freuen könnt! Jetzt hör ich d' Leni schrein . . ."

Eine geraume Zeit blieb das Mädchen auf seinem Lauscherposten, danu erhob es sich, es mochte eben drüben ruhiger geworden und nichts mehr zu hören sein.

„Schon still?" fragte das alte Fräulein. „Ja, jetzt beginnt das Vertrautmachen mit all den Herrlichkeiten!"

„Aus ist's wieder für einmal!" seufzte das Mädchen, begann sich rasch anzukleiden und bot dann die Hand zum Abschiede. „Bhüt Gott, Fräuln Seraphin, und ich wünsch Ihnen zgleich a glückseligs Neujahr, daß S' mer gsund bleiben und 's Ihnen recht gut geht! Aber gelten S', nächste Weihnachten darf ich wieder kommen?"

Das Fräulein nickte.

„Na, vergelts Gott! Ich fühlet mich ganz unglücklich und verlassen, wann ich a Jahr da wegbleiben müßt!"

„Kommen Sie nur, Philippin! Wer weiß, was gschieht? Vielleicht kommt doch die Zeit, wo man Ihnen das Wort reden kann und Sie gscheiter werden!"

Einen Moment blitzte es fast koboldartig in den Augen Philippinens auf, als sie aber in das ernste, teilnehmende Gesicht ihrer Freundin blickte, ward sie selbst ernst und flüsterte kopfschüttelnd: „Nein, ich bin nit dazu.“

„Nun ist's, wie es ist, mög Sie Gott behüten!“

Hastig beugte sich das Mädchen herab und küßte der alten Jungfer beide Hände, und diese preßten die prallen Wangen zwischen sich.

„Schlimmes Kind!“

„Bleibn S' mir gut!“ rief Philippine; sie eilte aus der Stube, schob den Riegel zurück, drehte den Schlüssel um und trat hinaus auf den Gang; in dem gleichen Augenblicke öffnete sich die anstoßende Türe, und im Rahmen erschien ein hoch aufgeschossenes, spaßhaft mageres Mädchen von etwa elf Jahren. Die Kleine setzte einen Fuß über die Schwelle und schrie hinter sich: „Laßts mir alles liegn! Mutter, daß mir der Heinrich nix anrührt! Ich komm gleich!“

Philippine hastete zur Stiege, da drückte das Kind die Türe zu, wandte sich nach dem Geräusche und starrte die elegante Dame an.

„Kennst mich noch, Lenerl?“

„Die Philippin!“ sagte scheu die Kleine.

„Freilich bin ich's. Fürcht'st dich vor mir? Hast mich denn nit noch ein bissel lieb?“

„D' Mutter verbiet 's! — Wie du aber schön bist!“ sagte Lenerl, langsam näher tretend. Sie streckte die Hand aus, den Muff zu streicheln. „Gelt, der muß warm sein?“

„Probier's mal!“ Philippine faßte das Kind mit der Rechten um den Nacken und drückte ihm mit der

Linken den Muff an die Wange. „Geh, Lenerl, gib mir ein Bußl, ein einzigs!“

Das Köpfchen wich vor den suchenden Lippen zurück. „Die Mutter hat's verboten!“

Da gab die Dirne die Kleine frei, machte ihr mit dem Danmen der Rechten das Kreuzeszeichen auf die Stirne. „Bleib brav! Mach der Mutter Freud!“ Eilig nahm sie die Stufen, im nächsten Stockwerke hielt sie an und stieg langsam, das feine Taschentuch an die feuchten Augen pressend, die Treppe hinab.

Fräulein Seraphine war lange nachdenklich gestanden; sie fuhr erschreckt zusammen, als sich nach kurzem Pochen die unversperrte Türe öffnete. Eine große, etwas beleibte Frau trat ein, die Nachbarin, Philippinens Mutter. „Gutn Abend. Verzeihn schon, Fräuln Seraphin!“ sagte sie. „Grad hör ich, sie war wieder da.“

„Ja.“

„Ich begreif nit, was Sie sich wegu dem Gschöpf so viel Unglegenheit machen mögen.“

„Es macht mir doch gar keine, Frau Weber.“

„Wenn auch, so a ehrlos's Ding ließ ich gar nit 's Zimmer betreten; und offen gstanden, mir verdirbt's völlig d' Freud, wann ich sie in der Näh weiß. Von schlechten Kindern habu d' Eltern kein gute Nachred zu erwarten, und ich bin überzeugt, sie gibt mir ein groß Teil Schuld an ihrm Leichtsinn, und darum is es mir unangenehm, daß Sie mit ihr verkehren, Fräuln Seraphin; denn Ihnen macht sie leicht was vor, weil Sie sich nit so drauf verstehen wie unsereins, was a Mutter is. Na, Sie können Gott danken dafür, daß er Sie das nit hat erleben lassen; denn hat er Ihnen gleich die Freud an braven Kindern versagt, so hat er Ihnen doch anch den Schmerz über ein ungratnes erspart. Sie wissen so wenig von der Welt Freud wie Verdorbenheit; ich wollt, ich wüßt anch nit davon, wär mir lieber, aber was eiu'm auferlegt wird, muß mer tragen! Nehmen Sie 's nit ungütig, Fräuln Seraphin, wenn ich Sie bitt, doch wolln S' mir ein Gfallen tun, so lassen S' mir den Sch ..... nimmer ins Haus."

Die alte Jungfer wiegte den Kopf. „Das verlangen Sie nicht, es wäre unrecht und weit gefehlt. Diese Erinnerungen an die Kindheit sind von dem, was das Mädchen noch Gutes an und in sich hat, sicherlich das Beste; wer weiß, was vielleicht einmal noch für ein Licht an diesem Funken anglimmt und es auf bessere Wege leitet, und wenn auch nicht" — sie ergriff die fleischigen Hände der Besucherin und fuhr bewegt fort —, „wenn er ihr auch nur das Herz erwärmt, liebe Frau, man muß einen solchen Funken nicht austreten, er ist manchmal das einzige reine Fleckchen in der Seele, und ein solches braucht auch der Schlechteste, wenn er Mensch bleiben soll."

Das dicke Weib verstand ganz und gar nichts von dem Gesagten; es erriet nur, daß es gut gemeint sei, und darum sagte es: „Na, wenn Sie glauben, Fräuln Seraphin, so halten Sie 's damit, wie Sie wolln; nur mir soll sie nit kommen! Aber kommen

Sie jetzt h'nüber zu uns, bleibn S' nit so alleinig 'n heutigen Abend, schaun S' Ihnen die Bescherung an!"

Die alte Jungfer warf ein Wolltuch über — ohne das tat sie keinen Schritt vor die Türe —, dann ging sie, „die so wenig von der Welt Freud wie Verdorbenheit wußte" und doch an der Freude der Freudigen Anteil nahm und Mitleid für die Verderbten hatte.

Getreu dem Feldzeichen

Verheerend war die Kriegsfurie in das Land gefahren, die Trümmer des Heeres zerstoben, der Boden bebte unter den Tritten der Fliehenden und der Verfolger, die Ernte wurde in den Boden gestampft, und mehr als eine friedliche Hütte lag, ein wirrer Hanse geborstenen Mauerwerkes, oder lohte im Brand.

Der Kampf tobte weiter über die Gefilde, vor sich her trug er blutiges Verderben und lähmende Schrecken, hinter sich ließ er Sterbegeröchel und Jammergeschrei. Er hatte kein Auge für das, was, nachdem die Hochflut des Blutes verrauscht, nun in ebbender Woge verstümmelt, gebrochen um das nackte Sein rang.

Was wäre das Los von Freund und Feind, wie sie da dahingestreckt lagen? Verschmachten, wehrlos den Angriffen von Ungeziefer preisgegeben, das ihnen das warme Blut aus der Wunde, den kalten Schweiß von der Stirne saugt, Tage in der Glut der Sonne, Nächte im Froste liegen, über ihnen der Himmel ehern, unter ihnen die Erde, bebend, sich rüttelnd, Saud. In einsamen, wild ausschwärmenden Gedanken liegen, bis die Verzweiflung den Vergehenden Gott aus dem Herzen quält, ihr Menschtum knickt und sie aufschreien macht wie ein verendendes Tier, oder der Wahnsinn, die halbe Vernichtung vor der ganzen, ein fürchterlicher Rettungsengel vor dem des Todes einhergeht.

Das war wohl oft das Los derer, die verblutend auf der Walstatt liegen blieben, das wäre es noch heute, wenn jetzt nicht hinter den feindlichen Heeren eine andere Truppe das Schlachtfeld okkupierte und, umdräut von verirrten Kugeln, um keinen Siegespreis und keine Ehren, allein um die der Menschheit willen, den Kampf aufnähme gegen allen Jammer, alle Verzweiflung, gegen Not und Tod; es ist dies die „Kerntruppe der Humanen", die als Abzeichen auf weißer Fahne und Armbinde das rote Kreuz trägt.

Auf einer Erdwelle, die sich über dem weiten Plane erhob, flatterte diese Fahne, der Verbandplatz war dort errichtet, man brachte eben die erste Auflese von dem Schlachtfelde und trug sie nach den geräumigen Zelten. Die Ärzte, Jünger und Veteranen der Wissenschaft, die in Gruppen plaudernd gestanden hatten, folgten den Tragbahren und nahmen ihre ernste Arbeit auf. Zuweilen machte ein Ausruf eines untersuchenden Arztes die Kollegen neidisch von ihrem Objekte aufblicken; der Glückliche, er hatte offenbar eine seltene Verstümmlung, einen interessanten Fall überkommen. Es ließ sich nicht leugnen, daß am Verbandplatze zwar mit aller Gewissenhaftigkeit und Genauigkeit, aber etwas geschäftsmäßig vorgegangen wurde; das kann eben nicht anders sein, wenn man dort etwas vor sich bringen will. Tausende heischen Hilfe, der einzelne zählt nur als „Fall", nicht als Mensch; der Arzt darf in dem jungen Soldaten nicht den braven Sohn vor sich liegen haben, den die armen, alten Eltern jammern, denen er nun, als Krüppel, zur Last fällt, statt ihre Stütze zu sein, er darf nicht in dem bärtigen Manne den Familienvater sehen, der mit tränenlosen Angen verzweifelnd auf beide Armstumpfe starrt. — „Wer schafft Brot dem Weibe, den Kleinen?" — Er darf es nicht, wie vermöchte er sonst das Messer und die Beinsäge zu führen und die Verbände ruhiger Hand kompreß anzulegen? Wenn der Mann sich dem Eindrucke fremden Elendes überläßt, krampft sich ihm das Herz zusammen, das der Frau erschließt sich unter ihm, es drängt sie, helfend, tröstend beizuspringen, und so findet sie sich denn anch an den Schmerzenslagern der Feldlazarette ein, weicher Hand, die Träne des Mitgefühls im Auge und sanften, frommen Zuspruch auf den Lippen, — die freiwillige Krankenpflegerin!

In dem Mittelgange des Zeltes schreitet ein schmächtiges, kaum mittelgroßes Männchen auf und nieder. Trotz der Sommerhitze trägt es schwarze Kleidung; der Rock in seiner altväterischen Unförmigkeit repräsentiert eines jener Produkte der Bekleidungskunst, wie sie nur ein besonders eigensinniger Kunde dem protestierenden Meister abzuzwingen versteht. Auffällig ist der Kopf, fast etwas zu groß geraten für das Figürchen, das ihn trägt; langes, man kann nicht sagen weißes, eher fahles Haar, von der hohen Stirne nach rückwärts gestrichen, umgibt das ein wenig hängebackige, aber bleiche Gesicht, die Nase hat einen sanft gebogenen Rücken und starke Nüstern mit glatten Räudern, die großen braunen Augen haben fleischige Lider und dichte Brauen, die Lippen des breiten Mundes halten sich, ohne dessen Winkel zu verziehen, strenge geschlossen, es macht das den Eindruck gleichmütiger Ergebung, und das starke, runde Kinn vergräbt sich in einem mächtigen, weißen Halstuche. Auf den ersten Anblick hin könnte man den kleinen Herrn für einen würdigen Seelsorger halten, sein Gehaben aber belehrt uns eines anderen. Er ordnet nichts an, er mischt sich nirgend ein, und doch wird er bald da, bald dort von einem jüngeren Arzte hinzugerufen und sein Rat erbeten, und wenn ihn gar ein Fall veranlaßt, das chirurgische Besteck selbst zu handhaben, so umdrängt ihn, was eben die Hände frei hat. Er ist einer der ersten Chirurgen seiner Zeit.

Stundenlange hatte schon das Treiben gedauert, auf Wägen und Tragbahren hatte man immer neues Material herbeigeschafft; dem alten Manne war heiß geworden, er wollte in das Freie, er reinigte eben seine Hände, da trat ein Husar, ein Offiziersdiener, in das Zelt.

Der Soldat übersah mit einem Blicke die Situation, alles hatte vollauf zu tun, es blieb nur einer, an den er sich wenden, der ihm Gehör schenken konnte, der kleine alte Herr dort, der sich eben die feuchten Finger mit dem Tuche trocken rieb.

Der Husar warf einen scharfen Blick nach ihm, danu zog er die Augenbrauen hoch und zuckte mit den Achseln; für einen Augenblick verlor er sichtlich die stramme, militärische Haltung, mit der er eingetreten war, dann ermannte er sich, schritt auf den Alten zu, legte die Hand an die Mütze: „Herr Doktor . . .“

Der Chirurg blickte zu dem langen Burschen auf, plötzlich wurden seine Augen größer, und zwischen den Zähnen zischte er hervor: „Zwischenträger“. Er machte Miene, sich wegzukehren.

„O, belieben mich anhören zu wollen.“

„Was soll's?“

„Mein Herr Rittmeister liegt zerhauen — o, die Hunde —, schrecklich zugerichtet.“

Der Doktor hob aufhorchend den Kopf.

„Herr, helfen Sie!“

„Ich?!“

Das klang so abweisend, daß der Bursche zusammenschreckte. Er streckte die Hände ausdeutend von sich. „Von allen diesen Herren kann keiner ab. Belieben zu glauben, daß ich mich nicht getraut, Sie anzureden, wenn andere Möglichkeit. Belieben auch zu bedenken“, fuhr er, wieder Mut fassend, eindringlicher fort, „daß Diener Diener bleibt, wenngleich nit immer — Sachen — zufrieden mit Herren, und daß Herr Rittmeister in Gegenwärtigkeit nix ist wie braver Soldat, was hat getan seine Pflicht, wie Sie, Herr Doktor, gewiß werden tun die Ihrige.“

Der Chirurg machte eine kurze Bewegung mit der Rechten, als ob er etwas zur Seite würfe, und kehrte den Rücken.

„O, Herr Doktor werden,“ der Husar faßte ihn sachte am Arme an, gerade über der weißen Binde, und nur gegen das rote Kreuz drückte er ein wenig mit dem Daumen, „wenn das ist keine Lüge.“

Da wandte sich der alte Manu um, sein Gesicht war gerötet. „Wo ist er denn untergebracht?“ fragte er barsch.

„Im nächsten Dorf, Herr, in einer Bauernhütte. Ich habe aber Fuhrwerk aufgetrieben.“

„Dann marschier voran, Zwischenträger, und kein Wort weiter.“

Der Doktor folgte dem voranschreitenden Soldaten und bestieg den zweiräderigen, einspännigen Karren, der ihn zu dem Verwundeten bringen sollte.

— — — — — — — — — — — — — — — —

„Die Nemesis“, murmelte der greise Chirurg.

„Pah, dummes Zeug! Tausende braver Bursche, von denen mancher sein Leben lang kein Geschöpf gekränkt, endeten heute auf dem Schlachtfelde oder liegen jetzt mit zertrümmerten Knochen und zerfetzten Weichteilen, und der Schmerz und das Wundfieber machen nicht den geringsten Uuterschied zwischen ihnen und den Schuften. Es liegt eigentlich etwas Unmoralisches in dieser Vergeltungsidee, sie läßt uns alles Unheil gutheißen, das einen einzelnen, dem wir es gönnen, befällt, und macht uns gegen das vieler gleichgültig, ja, sie führt uns am Eude noch dahin, in jedem Befallenen einen Schuldigen zu sehen.

Je nun, wer weiß! Auf hoher Stange balanciert, nimmt sich der Gedanke immerhin plausibel aus.

Alle Wetter! Das Ding da — man würde ihm unverdiente Ehre erweisen, es Wagen zu nennen — stößt furchtbar.

So werde ich denn ganz unvermuteter Weise das grimme Vergnügen genießen, Sie, Herr Rittmeister Artur von Herbersdorff, in einem Zustande wiederzusehen, wo Ihre körperliche Verfassung sich mit Ihrer moralischen deckt und ich mir erlauben darf, Sie physisch so miserabel zu finden, wie ich Sie moralisch längst gefunden.

Es war ein nichtsnutzer Bubenstreich, im Übermut und Champagnerrausch ausgesonnen, die Wette, meine blonde Erna in so und so viel Wochen und Tagen zu verführen. Ein Schuft auch, der sie annahm, mag ihn der Verlust anch hintennach geschmerzt haben, denn es galt — ein Pferd. Ein paar Flaschen Veuve Cliquot hätten ja anch gereicht. Ich weiß nicht, was den Narren bewog, einen hohen Einsatz auf die Besonnenheit und Festigkeit eines achtzehnjährigen Geschöpfes zu wagen, das, unbewacht, an der Seite eines alten Mannes, mutterlos, dahinlebte? Allerdings war die Mutter etwas beschränkt, wie das Kind, aber die Weiber haben in den Beziehungen, die sie — und mit Recht, es ist ihre Bestimmung — zuhöchst stellen, mehr Erfahrung. Sie werden sich bewußt, daß alle Gefahr, die ihnen droht, in ihren eigenen Herzen sitzt, und sehen sich vor, aber bis zur Zeit, wo dies den Jungen verständlich wird, müssen diese von den Alten bewacht und belehrt werden, wo es Komment ist, Samtpfötchen zu machen oder Krallen zu zeigen.

Meine arme blonde Erna, du hattest diese Schule nicht durchgemacht. Ich zog dich zu einem halben Jungen, und der half dir nicht über das ganze Weib hinweg, das in dir steckte und, als es erwachte, unbeholfen genug in die Welt trat. Er mag ja leichtes Spiel gehabt haben, der Pferdeliebhaber und Frauenkenner, möglich, daß einem Menschen, der die letzteren immer nur in ihrer Schwäche kennen lernte, der eine Ehre darein setzte, sie in die Schande zu bringen, das Pferd höher steht, aber eben darum hätte er mir altem Manne meine Illusionen nicht zerstören sollen, er hätte mir das einzige, das ich besaß, nicht nehmen sollen, das ihm ja doch nichts galt, er hätte es wissen sollen, daß Väter auf ihr Einziges das pretium affectionis legen!"

— — — — — — — — — — — — — — — —

Der Greis preßte die Hand an die Stirne. Bisher hatte er in Worten gedacht, seine Gedanken in Sätzen aufgebaut, nun verstummte die Sprache und die Geschehnisse traten in lebhaften Bildern vor seinen Geist. Er sah das wüste Gelage, wo die Ehre seines Kindes verwettet ward, die zufälligen Begegnungen, — auf der Straße, wenn der Herr unter den Fenstern vorüberritt, auf der Treppe, wenn der Diener in verlegener Hast das Haus verließ —; er sah das Mädchen vor sich, wie es, scheu und aufgeregt, eines Abends verspätet nach Hause kam, es sagte nicht von wo, — er sah es vor sich im hellen Tageslichte: der blonde Scheitel der vor ihm Knienden erglänzte golden, das Auge aber, das flehend zu ihm auffah, überströmte von Tränen, die Arme, die ihn umklammert hielten, waren weiß und kalt wie Marmor; er sah sein Kind dahinsiechen unter dem furchtbarsten Zwiespalte, der das Herz eines Weibes zu zerfleischen vermag, wo in ihm die Ahnung von Mutterglück niedergerungen wird von der Verzweiflung über die Schande; er sah Erna hinaustragen samt dem totgeborenen Enkelkinde — danu baute sich über zitternden Gräsern und nickenden Blumen ein schlanker Grabstein auf, und in wirrem Schimmer der goldenen Lettern zerrann die Inschrift und die Vision!

Ein jähes Frösteln befiel den Doktor, dann schoß ihm sofort das Blut heiß zu Kopfe.

Da hielt der Wagen vor einer ärmlichen Hütte. Der Diener war dem alten Herrn beim Absteigen behilflich und folgte dem hastig Voranschreitenden in das Haus.

Durch ein kleines Fenster mit erblindeten Scheiben fiel ein spärliches Licht in die kleine, dumpfige Kammer, in welcher der Verwundete untergebracht war; inmitten der vier kahlen, unsauberen Wände standen ein paar leere, umgestürzte Kisten, welche den Strohsack trugen, auf welchem der Kranke anscheinend leblos lag.

Unter der Türe lehute ein halbwüchsiges, slawisches Mädchen, es rückte nur ein wenig zur Seite, als der Chirurg an ihm vorüber wollte. „Oh, arm — arm", sagte es, nach der improvisierten Bettstelle deutend.

Der Greis warf ihm einen abgünstigen Blick zu. „Und so schön?“ fragte er, höhnisch den Mund verziehend.

In den dunkeln brennenden Augen der kleinen Dirne blitzte es schelmisch auf, sie nickte lächelnd ein paarmal mit dem Kopfe, danu lüpfte sie die eckigen Schultern und lief davon. Was hilft ihr dem seine Schönheit oder ihm ihr Gefallen?

Tiefe Stille herrschte in dem kleinen Raume, von keinem Laut, von keinem Geräusche einer Bewegung unterbrochen. Immer ängstlicher starrte der Offiziersdiener nach dem Arzte, der hart an dem Lager des Verwundeten stand; als er aber gewahrte, wie die Brust des Alten gewaltsam sich hob und senkte, wie in dessen leichenfahlem Gesichte die Angen brannten und die Lippen zuckten und jeder Zug im Ausdrucke tödlichsten Hasses sich verzerrte, als er sah, wie der Manu seine Instrumente aus den Taschen kramte, eine Lanzette prüfend zwischen die ungelenken Finger faßte und endlich alles mit zitternden Händen zu Boden schleuderte, ein Akt, klar und beredt wie der Aufschrei: „ich kann nicht, es geht nicht, ich vermag es nicht“, da stürzte der Bursche herzu und warf sich vor ihm auf die Knie. „O, Herr, vergessen Sie“, rief er, „nur jetzt vergessen Sie! Um des Heilands willen, der für uns alle gestorben, dessen Kreuzeszeichen Sie da tragen . . .“

Eine hastige Bewegung des Doktors bedeutete ihm, zu schweigen und aufzustehen.

Ein tiefer Seufzer entrang sich der Brust des

alten Mannes, danu wandte er sich mit müder Stimme an den Husaren: „Wasser! zum Reinigen der Instrumente und mir zum Trunk.“

Er schritt zur Untersuchung der Wunden des bewußtlos Dahinliegenden, aber so oft er dabei dessen Antlitz mit einem Blicke streifte, empfand er es wie eine Störung. Die Rabenschwärze des schmucken Bärtchens und der Ringellöckchen ließ dieses Gesicht jetzt wachsbleich erscheinen, es war von einer ansprechenden Regelmäßigkeit der Züge, es hatte in gesunden Tagen nur den Ausdruck von Lebenskraft und Lebenslust, nun hatte es keinen.

Der greise Chirurg vermochte den Anblick nicht zu ertragen, dieser Wange, an die sich wohl jene Ernas vertrauend angeschmiegt, dieser lang befransten Lider, die sich wohl heuchlerisch gesenkt vor den bange fragenden Blicken des Mädchens, dieser Lippen, die sich auf die seines Kindes gepreßt, Gier suchend und weckend und nichts als Gier.

Als der Diener zurückkehrte, sah er über das Gesicht seines Herrn ein Tuch gebreitet. Auf seine erschreckt zudeutende fragende Gebärde antwortete ein leichtes Kopfschütteln; er nickte mit ernstem Blick vor sich, begreifend und billigend.

Und nun begann der alte Herr zu verbinden, zu vernähen und zu sägen. Auch zu sägen.

„Verstehst du etwas von Wunden?“

„Gewiß, Herr, ich habe ausgeteilt und empfangen, war lang genug im Lazarett gelegen, um vieles zu sehen.“

„Sieh einmal her. Ich will nicht, daß es später

heißt, ich hätte vor Aufregung meine Sache schlecht gemacht oder gar absichtlich den Menschen da verstümmelt. Der eine Arm muß weg, und das sogleich, soll nicht der Brand dazu."

Der Bursche hob die Rechte wie zum Schwur. „Herr, ich werde bezeugen! Ich hab in Italien gehabt Kameraden, denen mußte Hand und Fuß weg, was lang nit so übel ausgesehen haben."

Eine sternenhelle Nacht lag über der Erde, als der Doktor nach den Feldlazaretten zurückfuhr. Müde sank ihm das Haupt nach der Brust, kein Gedanke beschäftigte, kein Bild quälte ihn, ein unsagbar bitteres Gefühl schnürte ihm das Herz zusammen.

— — — — — — — — — — — — — — — —

Es gingen Wochen ins Laud, ehe der Rittmeister transportabel befunden wurde, und wieder etliche, bis er völlig auf die Beine kam.

Als er zum ersten Male außer Bett sein Frühstück zu sich nahm, wandte er sich, mit einmal nachdenklich werdend, an seinen Diener: „Sag mir mal, Janos, fortgeschafft hast du mich, braver Kerl —"

„Ich! Belieben nicht ungütig zu nehmen."

„Du bist ein Esel. Aber wer hat mich damals behandelt? Kennst du den Arzt?"

„Ja, das heißt, freilich; hätt ich aber lieber anderen gehabt, war aber keiner zu haben gewesen."

„Was? Alle Wetter! Es war doch nicht —?"

Janos nickte.

„Dumm, das!"

Der Rittmeister war überzeugt, daß ihn der Doktor nicht empfangen würde, er veranlaßte daher, daß derselbe von einer befreundeten Familie zu einer der wöchentlich stattfindenden Soireen geladen werde, dort trat er ihm im Wintergarten entgegen.

„Entschuldigung, Herr Doktor, wenn ich Sie hier überfalle. Es drängt mich, Ihnen einige wenige Worte zu sagen. Ich weiß, daß Ihnen eine Begegnung mit mir widerstrebt, auch ich habe die mit Ihnen nicht ohne Scheu gesucht, seit ich weiß, daß Sie mir das Leben erhalten, aber eben das —"

„Das hat die Natur getan", sagte der Arzt kalt und abweisend, „sie tut überhaupt alles, das Gute wie das Üble; das ist heutzutage das Evangelium jedes Gebildeten, bei dem freilich das Herz leer ausgeht. Es entbindet des Dankes wie der Reue; Dank ist kindisch, reine Artigkeitsphrase, und Reue feig. Ich wüßte nicht, welche Beweggründe Sie sonst mir gegenüber zum Sprechen veranlassen könnten."

Dem Offizier war das Blut nach den Wangen geschossen. „Ich habe mir über das, was zu geschehen hat oder geschehen ist, nie viel Gedanken gemacht, das liegt gar nicht in meiner Soldatennatur; Reue ist nicht meine Sache."

„Es ist auch recht, wenn Sie sich von dieser Charakterschwäche freihalten. Übrigens lassen Sie uns diese Begegnung enden, unsere letzte; denn" — der alte Herr wies nach dem leer hangenden Ärmel des Uniformrockes — „dieses Vakuum schließt die

Möglichkeit aus, daß ich je wieder mit Ihnen da zusammentreffe, wo mir die Pflicht gebietet, Ihre Anwesenheit zu ertragen." Er wandte sich zum Gehen.

Der Rittmeister vertrat ihm den Weg. „Einen Augenblick! Ich habe nicht erwartet, anders empfangen zu werden, als es geschehen; trotzdem entschloß ich mich, Ihnen gegenüberzutreten, weil es mir Ernst ist, jene wenigen Worte, die es mich zu sagen drängt, auszusprechen. Offen gesagt, ich dachte mir durch diese Demütigung ein Anrecht auf Gehör zu erwirken; da Sie nicht dieser Meinung zu sein scheinen, so erbitte ich mir dasselbe als eine Gunst. Ich muß es Ihnen sagen, daß es mir leid tut, Ihnen weh getan zu haben. Ich bin kein Freund geschraubter Rede und hochtrabender Worte, doch eben daran mögen Sie ermessen, wie nahe es mir geht, wenn ich versichere: könnte ich es erkaufen, nicht Ihnen verpflichtet zu sein oder, da ich es nun einmal bin, nicht in Ihrem Hause jene Rolle gespielt zu haben, ich gäbe, ohne mich zu besinnen, einen Finger meiner noch heilen Hand darum!"

Der Offizier streckte in Erregung die Hand, vier Finger eingekniffen, den fünften steif vorgehalten, gegen den Arzt, dieser warf einen Blick darnach und sagte hämisch: „Ich dachte es, den kleinen!"

Unwillkürlich trat der Rittmeister einen Schritt zurück, einen Augenblick schien es, als wolle er in gereiztem Tone erwidern, aber er blieb stumm, richtete sich stramm empor, hob die Hand salutierend und schritt hinweg.

„Mit den glühenden Kohlen, die man auf das Haupt des Feindes sammelt, kocht man auch wenig gar", murmelte der Doktor. „Ehre der Humanität! Sie hält sich fern von allen Extremen. Sie setzt dem Vergeltungsdrange, dem sie nicht ganz zu wehren vermag, Ziel und Maß und an Stelle des übermenschlich hohen ‚Liebet eure Feinde', das dem Geschlechte lange genug verderblich gepredigt worden, ihr zwingenderes Gebot: Vernichtet einander nicht!"

Falsches Glück!

Es war nach der Straße zu ein stattliches, zweistöckiges Haus, es hatte eine breite Front, und nur durch diese imponierte es den Vorübergehenden, denn seine Bauart war nicht modern; außer den plumpen Simsen an den fast quadratischen Fenstern und oben an dem Giebel zeigte es keinerlei — Verzierung. Dieses schmucklose Äußere ward, sobald man den Hausflur durchschritt und in den Hofraum trat, noch überboten; hinten hinaus war die Mauer ganz kahl gelassen, rechts und links standen da zwei ebenerdige, mit Schindeln gedeckte Hütten, von dem Hauptgebäude durch eine Senkgrube und einen Brunnen getrennt, welche, beide außer Gebrauch gesetzt, aber nicht zugeschüttet, sondern mit morschen Brettern überdeckt, der tägliche Schreck der besorgten Mütter waren, deren mehr oder minder ungezogene Rangen sich im Hofe herumtummelten. Letzterer hatte obendrein ein Pflaster, das jedem, der es betrat, Beinbrüche oder Verrenkungen in Aussicht stellte und sich sohin fortwährend gefährlicher Bedrohung schuldig machte.

Den Hof schloß ein hölzernes Gatter ab, das längst seinen Anstrich eingebüßt hatte, und hinter dessen grauen, verwitterten Latten der Garten begann, ein mit wenigen Bäumen und Büschen bestandener Fleck, der von niemandem betreten werden durfte als von der schwindsüchtigen Tochter des Hauseigentümers, die sich dort in frische, freie Luft träumen sollte, wozu das arme Geschöpf jedenfalls einer reichen Phantasie bedurfte; denn im Hause hinter der Gartenmauer trieb ein Seifensieder sein anrüchiges Gewerbe, und die Nachbaru von beiden Seiten waren so rücksichtslos, Topfscherben und unbrauchbares Blechgeschirr herüber zu werfen und so vollends dieses dürftige, staubgrüne Idyll zu verschänden.

Die beiden Hütten standen zur einen Hälfte, mit Eingängen und Küchenfenstern, im Hofe, mit der andern, der einen und einzigen Stube, im Garten; die Bewohner derselben genossen daher die Wohltat eines Ausblickes ins Grüne. Über der einen der niederen Türen befand sich eine regenverwaschene Tafel mit der Aufschrift „Hausbesorger", an der gegenüberliegenden klebte eine Visitkarte, welche den Namen „Jakob Wierer" — ohne Charakterangabe — zeigte.

Wer den Träger dieses Namens aufsuchen wollte, mußte sich erst durch die Küche tasten, welche in stetem Dämmer lag, da sie nur eine sogenannte „Oberlichte", zwei Glasscheiben über der Türe, hatte; der einzige Gegenstand im Raume, der einem besonders Eiligen gefährlich werden konnte, war ein Waschtisch, wer jedoch das Auge ein wenig an die Dunkelheit sich gewöhnen ließ, der wich einer unliebsamen Berührung mit den Kauten dieses Möbelstückes leicht aus und hatte auch Gelegenheit, an Stelle des Herdes ein Ding aufgemauert zu sehen, von dem selbst für den Unkundigsten, der nie von einem Muffelofen reden gehört, in welchem die Farben auf Tongeschirr eingebrannt werden, sofort feststand, daß da weder etwas gesotten noch gebraten werde. Hinter dem Ofen waren bis zur Decke Holzscheite aufgeschichtet.

In der Stube standen an der rückwärtigen Wand ein Feldbett und ein Kleiderschrank und an der nach dem Garten zu, an das Fenster gerückt, ein großer Tisch und daneben ein Koffer; auf diesem oder auf dem Bette mochte sich's der Besucher so bequem machen, als es anging, den einzigen Stuhl benützte der Inhaber der Wohnung.

Pfeifenköpfe von Porzellan, Schnupftabaksdosen aus lackiertem Holze, Schalen mit Muffel- und Lackfarben, Pinsel bedeckten die Platte des Tisches, an dem Herr Jakob Wierer arbeitend saß. Geneigte Leser, welche ihm etwa über die Achsel gucken möchten, um zu erfahren, was er da schafft, werden gebeten, ihre Neugierde zu zügeln, bis die ohnehin nicht zu vermeideuden Aufschlüsse sie von der Verfänglichkeit ihres Verlangens überzeugen und von demselben abstehen machen werden.

Jakob Wierer ist ein junger, kaum dreißig Jahre zählender Mann von kleiner, schmächtiger Gestalt. Ein hoher Rücken, wahrscheinlich von der Gewohnheit herrührend, stets zusammengekrümmt über der Arbeit zu sitzen, macht ihn noch unscheinbarer, fast halbwüchsig aussehen; dazu kommt eine ausgesprochene Vernachlässigung seiner Person, was die Kleidung anlangt; vom Saum des Beinkleides bis hinauf zum Rockkragen sitzt ihm seine staubgraue Gewandung ganz schlotterig und weist auch hie und da einen grellen Farbenklecks auf; eine Kappe, tief im Nacken sitzend, so daß ihr Schirm herausfordernd gegen die Zimmerdecke gerichtet ist, vervollständigt den Anzng, und Wierer macht, wenn er das Haus verläßt, mit zwei Handgriffen Straßentoilette, indem er die Mütze über Augen und Ohren herabzieht und den obersten Knopf seines Rockes schließt.

Das runde Gesicht mit der kleinen, zwischen zwei Pausbacken verschwindenden Nase zeigte die sogenannte „Zimmerfarbe"; es wurde von blonden Haaren und einem spärlichen, kurzen Backenbarte umrahmt, und ohne die wasserhellen, etwas stumpfsichtigen Augen, die allen fremden Blicken scheu auswichen, hätte es weder einen günstigen noch einen ungünstigen Eindruck hervorgerufen, so überwog aber der letztere bei all jenen Leuten, welche verlangen, daß man ihnen beim Sprechen in das Gesicht sehe.

Das bekümmerte aber den Wierer Jakob nicht im geringsten. Er fühlte sich als einen der glücklichsten Menschen, war mit seinem Lose vollkommen zufrieden, ihn quälte keine Erinnerung, und was die Zukunft betraf, so gab er sich weder Besorgnissen noch Hoffnungen hin. Daß er sich durch diese beneidenswerte Gemütsverfassung allen Leuten gegenüber, mit denen er verkehrte, in einer Ausnahmsstellung befand, war ihm keineswegs entgangen, und darum bezeichnete er auch, wenn die Rede auf diese anderen kam, letztere als solche und sprach sie oft geradezu als „ihr anderen" an.

Wie war er aber zu dieser Ausnahmsstellung gekommen? Es ließe sich darüber eine lange Geschichte erzählen, da jedoch diese Gattung häufig das Sprichwort: „Was lange währt, wird gut" Lügen straft, so ist wohl eine kurze vorzuziehen, bei der schlimmstenfalls doch die Kürze den Leser begütigt.

Jakob hatte seine Eltern nicht gekannt. Er war im Findelhause geboren und dann auf das Land in Pflege gegeben worden. Daß er es dort unverdient gut habe, viel besser als alle anderen seinesgleichen, bekam seine Mutter alle Monate in dem Mahnschreiben der Bauersleute um das Kostgeld zu lesen, und was er für eine brave Mutter hätte, wurde ihm zu Zeiten bedeutet, wo er in die abgetragenen Kleider seines Pflegebruders schlüpfen durfte, während dieser auf den Leib bekam, was aus der Stadt geschickt worden war.

Jakob wußte es nicht einmal, ob der Mann, dessen Namen er führte, sein leiblicher Vater war. Es lag wohl eine Adoptionsurkunde vor, aber aus dieser war nicht zu ersehen, ob der alte Wierer, der damals ein kleines Wirtsgeschäft eröffnete, mit der Heirat der Mutter und der Annahme des Kindes ein Versäumnis gut machte oder den langjährigen Ersparnissen der alternden Dienstmagd zuliebe den Jungen mit in Kauf nahm.

Es machte auf den kleinen Jakob nicht den mindesten Eindruck, als es mit einmal hieß, seine Mutter werde heiraten und er einen Vater bekommen. Es berührte ihn ebensowenig, als man ihm in Aussicht stellte, nun bald zu seinen Eltern in die große Stadt zu kommen. Den Bauern, dessen Umgang mit Kindern nur darin bestand, daß er sie zur Seite stieß, wo sie im Wege waren, hatte er bisher als Vater, die Bäuerin, die ihn je nach Laune hätschelte oder mißhandelte, als Mutter angesprochen und betrachtet, und diese Betrachtung war nicht geeignet, in ihm für den Begriff Eltern ein günstiges Vorurteil zu erwecken. Gehen oder bleiben war ihm ziemlich gleichgültig.

Monate vergingen, ehe er nach der Stadt kam; dort aber hatte niemand Zeit und Lust, sich mit ihm zu befassen, denn Vater Wierer lag schwer krank darnieder, und um den allein sorgten und mühten sich alle. Die Sorge war gerechtfertigt, die Mühe vergebens, nach einigen Wochen trug man den toten Wirt aus dem Hause; wenige Tage nach dem Begräbnisse legte sich auch die Wirtin, und wieder ein paar Wochen darnach stand der kleine Jakob ganz verwaist. Die Hinterlassenschaft der Eheleute Wierer bestand in Schulden, das Geschäft war, statt vorwärts, hinter sich gegangen, und teilnehmende Nachbarn bezeichneten es demnach als ein wahres Glück für den hinterbliebenen Knaben — mit dem man sonst nicht gewußt hätte, wohin —, daß der alte Wierer noch eben rechtzeitig vor seinem Ende das Geld für Erlangung des Bürgerrechtes aufgewendet hatte, wodurch dem verlassenen Kinde die Pforten des städtischen Waisenhauses geöffnet waren.

In dieser Anstalt verbrachte Jakob seine Zeit, bis er zur Erlernung eines Handwerkes an einen Meister abgegeben werden sollte, und da er einiges

Geschick im Zeichnen besaß, so nahm ihn ein Geschirrmaler, der eben Bedarf nach einem Lehrburschen hatte. So kam er in die Welt und unter die Leute, aber sein Aussehen und Gehaben war nicht darnach, daß letztere irgend auf ihn geachtet hätten, und ihm fehlte auch ganz das Empfinden dafür, daß sie es nicht taten.

Als seine Lehrjahre um waren, wurde er freigesprochen, der Meister gab ihm den Lehrbrief, aber keine Arbeit; für diese wurde wieder ein Lehrling aufgenommen, der es in kurzer Zeit auch fertig brachte, durch rote Kleckse und blaue „Tüpferln" auf Tellerränder, Kaffeetassen und -schalen Rosen und Vergißmeinnicht zu streuen sowie „Angedenken" und andere an Liebe und Freundschaft gemahnende Worte auf zerbrechlichem Grunde in verwaschbarer Goldschrift erscheinen zu lassen.

Die Notlage, in welche Jakob Wierer durch solchen gänzlichen Freispruch geriet, zwang ihn, selbständig zu werden und auf eigene Faust zu arbeiten. Er warf sich auf ein eigenes Fach, eine Art Geheimindustrie, und um deren Gebiet ganz zu beherrschen, schulte er sich auch noch in dem Gebrauche der Lackfarben ein, und von Zeit ab versorgte er seit Jahren mit den von ihm bemalten Pfeifenköpfen und Dosen die Versteckwinkel in den Läden der Händler und die Geheimfächer im Tragkasten der Hausierer. Es kann leider nicht länger verschwiegen bleiben, daß er mit seinem kleinen Malertalente großen Mißbrauch trieb, daß er ohne Vorliebe, aber ausschließlich, Evas, Ledas, Potiphars, Endymions mit Dianen,

Susannen im Bade, kurz, aus Mythologie, heiliger und profaner Geschichte die heikelsten Vorwürfe in gewagtester Auffassung malte, und selbst, wo er sich im Genre versuchte, war es auch in dem Genre.

Doch hätte man schwer Unrecht getan, ihn daraufhin etwa als zügellosen Wüstling zu betrachten. Ihm unbewußt, schaffte sein sittlicher Trieb sich Geltung. Jakob Wierers Schöpfungen machten den Eindruck, als habe beim Konturieren und Kolorieren sich jedes Haar des Pinsels gesträubt, und es gehörte die naive Sittenlosigkeit oder sittenlose Naivität eines Handlungspraktikanten oder eben freigesprochenen Handwerksgesellen dazu, um den Anblick von Gebilden zu ertragen, welche in Plastik und Farbe an Figürchen aus geknetetem Brote gemahnten; die Männlein Schwarzbrot, die Weiblein Weißbrot.

Hätte ihm seinerzeit nicht die volle sittliche Entrüstung über das angetanene Unrecht hinweggeholfen, so zählte Wierer doch eine schmerzliche Erinnerung in seinem Leben. Es war damals, als er noch ein Neuling in seinem selbstgewählten Berufe war; oft bekam er von seinen Auftraggebern Kupferstiche oder Lithographien als Vorlagen, bei kolorierten gab es von vorneherein keinerlei Zweifel, vor unbemalten Blättern aber saß er brütend, und es erwachte in ihm das künstlerische Gewissen und gab ihm ein, sich durch Anschauung Rates zu erholen, und er verfiel auf den unglücklichen Gedanken, die halbwüchsige Tochter einer im Hause wohnhaften Wäscherin zum Modellstehen aufzufordern, wofür er ihr eine schöne

Puppe „zum Frisieren" in lockende Aussicht stellte; wie die kleine Dame über seinen Antrag dachte, hat er nie erfahren, dagegen ward er sofort in unzweideutigster Weise über die Deutung aufgeklärt, welche die Frau Mutter, die zufällig hinzukam, der Sache gab.

Die Wäscherin stürmte ihm in seine Stube nach, überschüttete ihn mit den ehrenrührigsten Bezeichnungen und beschuldigte ihn aller Schändlichkeiten und Laster, welcher sie sich bei ihm, eben auf Grund der verliehenen Titulaturen, gewärtig hielt. Vergebens beteuerte er die Reinheit seiner Gedanken und die Unschuld seiner Absichten und schrie sich in heiligsten Schwüren heiser, sie nahm diese achselzuckend wie ebensoviele Meineide auf; als sie aber, den Rücken kehrend, mit einem kurzen, unsagbar verletzenden „Das kennen mer schon, mein Lieber" das Zimmer verlassen wollte, da erhob er seine Stimme zu fernem Donnergegrolle — für ein nahes reichte sein Organ nicht aus — und trug ihr, falls sie üble Nachrede über ihn führen würde, etwas an, mit dessen Anbot man sonst, Damen gegenüber, nicht so schnell bei der Hand ist.

Das machte die robuste Frau für einen Augenblick in die Stube zurücktreten, danu sah man sie mit der erregten Miene ertrotzter Genugtuung die Türe sachte hinter sich ins Schloß ziehen, und drinnen saß Herr Wierer und streichelte seine Backen, um einen Eindruck abzuschwächen, den sie kurz zuvor empfangen hatten; er bereute es lebhaft, daß er durch eine leere, auf die Zukunft gemünzte Drohung die

Wäscherin auf den Gedanken brachte, den Ereignissen vorzugreifen, und daß er, um ihr den Mund zu schließen, ihre Hand geöffnet hatte.

Es war und blieb das das einzige Mal, daß Wierers sittliche Reinheit in Zweifel gezogen wurde; mit der Ruhe eines guten Gewissens, die ungeheueren Anschuldigungen mitleidig belächelnd, blickt er auf dieses Ereignis zurück. Damals beklagte er es nur, daß solche Erfahrungen einem das Studium verleiden könnten, aber dafür wußte ein Freund Rat — er hatte einen Freund, aber nur den einen —, der wies Wierer an, Gemäldegalerien und anatomische Museen zu besuchen, zu den ersteren stand der Eintritt frei, für letztere war er zu erschwingen, und der kleine Mann ließ sich auch von da ab zeitweise in diesen Anstalten blicken, und wenn das auch für seine Kunst von keinem Nutzen war, so bewahrte es doch seine Person vor Schaden.

Bei seinen geringen Bedürfnissen nährte ihn seine Fertigkeit zureichend. Er war es ganz zufrieden, und für die Zukunft bangte er gar nicht. „Saumägn wird's allweil gebn", war seine zwar drastische, aber auch, wie nicht geleugnet werden kann, undankbare Äußerung über die Abnehmer seiner Ware. Er kannte nicht Eltern, Geschwister noch Verwandte, also anch keine Sorge, keinen Kummer um diese, er hielt sich, wie gesagt, für einen der glücklichsten Menschen, das heißt so viel als er war es auch. Ganz ungetrübt konnte dieses Glück freilich nicht sein, danu wäre es ja kein irdisches mehr gewesen; es gab im Jahre eine Zeit, um welche es ihm immer unbehaglich wurde, wo sich die „anderen“ gar zu aufdringlich machten, es war das in den letzten Wochen jedes ablaufenden und den ersten Wochen jedes neuen Jahres; der Weihnachtsjubel und Neujahrstrubel machte ihn immer verdrießlich, er wußte es eigentlich nicht recht warum, aber er fühlte sich da gar so allein gelassen auf der weiten Welt, sogar sein Freund, mit dem er Tag für Tag zu verkehren gewohnt war, wurde ihm von den anderen für mindestens volle acht Tage abwendig gemacht, es war das noch ein Kamerad vom Waisenhause her, aber nicht so gar alleinstehend, es lebte in Ungarn eine verheiratete Schwester von ihm, und bei dieser verbrachte er die heilige Zeit.

Noch nie war aber der Wierer so grämlich und verdrießlich gewesen wie in diesem Jahre. Was ihm diesmal der Wastl, sein Freund, beim Abschiede anvertrant hatte, erschreckte ihn nicht wenig.

Der Wastl hatte gestanden, daß er mit einem Dienstmädchen im Hause seit längerem ein Verhältnis habe. Wie lieb und brav die Resi sei, kam selbstverständlich zuerst zur Sprache, und der Verliebte ärgerte sich ganz gehörig über die Gleichgültigkeit, mit welcher Jakob alle die einschlägigen Details aufnahm, und lobte noch ein übriges dazu, von dessen Wahrheit er just nicht die Überzeugung hatte. Er schloß mit der Mitteilung, daß nächsten Fasching die Hochzeit sein solle.

Hierauf versuchte der Jakob das Unmögliche, nämlich seinem Freunde die ganze „dumme Geschichte“ auszureden, und nun kam an ihn die Reihe, sich zu ärgern, wenn der nur immer lächelnd mit dem Kopfe schüttelte.

Als sie sich die Hände reichten, fragte der Wierer noch, halb erschreckt, halb zornig: „Also auch du willst zu den andern?"

Der Wastl zuckte lächelnd die Achseln und ging.

Wie sonst an dem Abende, wo draußen Gasse um Gasse hinter den Fensterscheiben die fröhliche Helle der Christbäume anglomm und aufleuchtete, saß auch diesmal der Wierer-Jakob im dunklen Zimmer und starrte ärgerlich hinüber nach der Hausbesorgerswohnung, die mit grellen Scheiben über den düsteren Hof hersah. Ei ja, er sagte sich's wie alle Jahre: „Narren, die ihr seid! Wer weiß, erlebt ihr allsamt, wie ihr da um den Baum herumtollt, nächste Weihnachten? Entweder es stirbt der Mann oder die Frau hinweg oder eines der Kinder, und ihr müßt euch ohne das euer Leben anders einrichten und habt, wenn der Tag sich jährt, ein wehleidig Gedenken, das euch das Fest verbittert."

Da gedachte er aber selbst an Wastl, der dann zu den „anderen" gehören wird. Er erinnerte sich an das geringste Erlebnis, das ihn mit dem Freunde verknüpfte, und die Kette schloß gar enge und knapp, denn er war von Kind auf Tag um Tag um ihn gewesen. Wie ein lebendes Bild trat es vor seine geistigen Augen hin, wie sie beide als muntere Bursche jeden Sonntag hinausgezogen vor die Linie, hinaus, bis wo sie am Feldgraben, die nickenden Ähren im Rücken, saßen und der Wastl in die Saiten der mitgebrachten Gitarre griff, mit der sich allerdings jedesmal der Jakob schleppen mußte, und präludierte, und wie sie dann ein Lied um das andere sangen, bis am Abende die Grillen und Heuschrecken zu konzertieren begannen und dann die beiden Bursche heimkehrten bei hellem Sternenhimmel, auf dem Wege ihre Gedanken austauschend, ob da oben wohl auch Menschen seien, und ob man mal hinkäme nach diesem Leben . . .? Wie so frohe, weltheimische Zeit das war!

Und nun sollte ihm der Freund, ein Stück seines Selbst, ein ergänzender Kommentar all seines Erdachten und Erlebten, verloren sein, und er war es für ihn, wenn er zu den andern hielt.

In dieser Christnacht, wo auf einmal der Gedanke an ihn herantrat, etwas, einen Menschen, seinen Freund, zu verlieren, ging ihm plötzlich die ganze trostlose Erkenntnis seines sogenannten Glückes auf, er empfand es mit einmal: daß es eigentlich ja nur darin bestand, *daß er von all dem, was die anderen besaßen, nichts zu verlieren hatte, daß er aber eben all das entbehrte!*

Nein, nein, so ganz kann sich der Mensch nicht der Menschen entbrechen, den Freund konnte er nicht missen. Er wollte sich ja gerne an das Kindergeschrei gewöhnen, und er wollte an dem Krankenlager so eines Kleinen mit den Eltern um dasselbe sich ängstigen, am Grabe um dasselbe mit ihnen weinen und um das Genesende ganz so närrisch vor Freude tun wie sie, und da es nicht gut anging, daß er vor der Frau und den Kindern male wie bisher, so wollte er sich andere Stoffe suchen, es gibt ja unverfängliche Dinge, ja sogar fromme, die man auf Pfeifenköpfe und Dosendeckel malen kann, das wollte er auch.

Nie hatte er mit solcher Ungeduld wie dieses Jahr der Rückkehr seines Freundes entgegen gesehen, und er erzitterte förmlich, als er über das Pflaster des Hofes den bekannten Schritt herankommen hörte. Einen Augenblick später trat der Wastl ein. Es war ein prächtig gewachsener Bursche, er trug ein ungemein gutmütiges Aussehen zur Schau, und man merkte es ihm an, wenn er auf seinen kleinen Freund heruntersah, daß dieser der Hilflosigkeit, in der er sich Welt und Menschen gegenüber befand, zu einem großen Teile die Freundschaft des wackeren Jungen verdankte.

Wastl begann ein Langes und Breites von seinen Reiseerlebnissen zu erzählen, er merkte aber bald, daß ihm sein kleiner Freund wenig Aufmerksamkeit schenkte.

„Was gibt's, was hast denn?" fragte er daraufhin geradezu.

„Wastl", sagte der Angeredete zögernd, „du wirst heiraten und da, da könnt doch sein, daß ihr, schon um den Zins hereinzubringen, ein Kabinett haben tun tätet — na, ja — Wastl —"

„Sag nur, Schackerl, wo d' damit h'nauswillst?"

„Möchts mich nit zu euch nehmen?" flüsterte mit einem ängstlichen Aufblick der Kleine.

Wastl streckte ihm zur Antwort beide Hände entgegen.

Ein frommer Augenblick

„Nun ja", sagte der Doktor, „nun sehen wir höchst angegriffen aus, und ein Fieber haben wir auch."

Es war ein behäbiges Männlein, das sich aber jetzt in dem kleinen Salon der Baronin von Rüdhof gar wenig zu behagen schien. Als Armenarzt war er gewohnt, nur dürftige Stuben zu betreten, wo alle Möbel hart und alle Wände kahl waren, wie Los und Leben der Inwohnenden; hier versank er in den weichen Polstern eines niederen Fauteuils, und wenn er sich zurücklehnte, so warf es ihm den Kopf hintenüber, und sein Rückgrat bildete eine konkave Kurve, daß er fürchtete, einen oder den anderen Knochenwirbel zu brechen. Beugte er sich aber, wie eben, vor, um den Puls der Patientin zu prüfen, so preßten sich seine dicken Beine gegen sein rundes Bäuchlein, daß darüber das Blut ihm in das gutmütige Gesicht stieg.

Wenn anders seinen Worten zu trauen war, so hatte er nicht nur Mitgefühl für die Leiden seiner Patienten, sondern sogar Mitempfindung derselben. „Nun sehen wir höchst angegriffen aus, und ein Fieber haben wir auch." Jedenfalls war es für die Kranken sehr tröstlich, den Arzt in gleicher Gefahr zu wissen und dabei so gleichmütig zu sehen.

Sein krauses, stark mit Grau gemengtes Haar

schüttelte leicht, als er in verweisendem Tone fortfuhr: „Wer, meine verehrte Gnädige, hat Sie geheißen, selbst an das Sterbelager der Tischlerswitwe Kille zu eilen, der Beerdigung des armen Weibes persönlich anzuwohnen und das Geheul ihrer sieben Kinder mit anzuhören?“

Die Baronin neigte sich ein wenig vor, und der Strahl der Lampe fiel voll auf ihr Gesicht und ihre Büste; sie war eine sehr gealterte, schmächtige Dame, ihre Züge zeigten noch Spuren einstiger Schönheit, und diese bewahrten sie anch jetzt noch davor, häßlich zu erscheinen, wenn sie so ruhig vor sich hinblickend saß; aber wenn ihr Antlitz sich belebte, danu war es schön zu nennen. Die Dame sagte sanft verweisend: „Geheult haben sie nicht, die armen Waisen, sie haben nur recht bitterlich geweint.“

„Ganz gleich“, erwiderte der Doktor, „das Konzert war jedenfalls kein nervensänftigendes. Warum mußten Sie dabei sein? Warum, wenn Sie es schon für zweckdienlich erachteten — was ich Ihnen aber lebhaft bestreite —, Ihr Haus mit Kindergeschrei und Unruhe zu erfüllen, mußten Sie vom Grabe weg die verlassenen Sieben hieherführen? Unbeschadet der Schönheit Ihrer Handlungen, meine Gnädigste, hätte sich das alles, denk ich, ganz gut, ja noch weit besser, ohne Ihr persönliches Einschreiten ordnen lassen.“

„Doktorchen, das verstehen Sie nicht. Sie wissen nicht, was in den Herzen armer Leute vorgeht. Die müssen andere mit leiden sehen, ehe sie an deren Mitleid zu glauben vermögen. Ein gutes, tröstendes, teilnehmendes Wort läßt ihnen erst eine Wohltat als solche erscheinen. Gibt man ihnen mit kalter Miene und mit leeren Worten, so empfangen sie statt Brot doch nur Steine. Ich muß also wohl selbst dazu sehen, denn ich habe niemanden, der es verstünde, zu geben, wie ich es verstehe, und ich würde es auch niemanden anderem überlassen, denn danu gäbe nicht ich, sondern dieser andere, ich bezahlte bloß, und alles käme aus meiner Tasche und nichts vom Herzen."

„Ich sehe schon", sagte der Doktor, und seine Lippen kräuselten sich wie in gutmütiger Ironie, „ich sehe schon, Sie fühlen eine gewisse Verpflichtung, den Titel eines ‚Engels vom Grunde' oder, da wir keine Gründe mehr kennen, eines ‚Bezirksengels' auch zu v e r d i e n e n. . . ."

„Ach du lieber Gott", unterbrach ihn lachend die Baronin, „was muten Sie mir zu? Bei den wenigen Tränen, die mir zu trocknen vergönnt sind, würde es mich nur mißtrauisch gegen die Art meines Eingreifens machen, wenn mir dieses einen Spitznamen eingetragen hätte; warum, Doktorchen, haben Sie diesen nicht gleich in unsere exklusive Sprache übertragen und mich ‚Coeur d'ange' genannt, damit die Armen, die ihn mir verliehen haben sollen, ihn gar nicht verstehen?"

„Na, warten Sie nur, meine Gnädigste, es wird nicht ausbleiben, eines Tages werden Sie anders genannt werden, als Sie heißen, und es soll mir nicht bange dafür sein, daß Sie sich in aller Würde darein schicken. Was mich aber näher angeht" — der Doktor zog die Stirne in ernste Falten und führte den blanken Knopf seines Rohrstockes an die Lippen, denn er erlag in nachdenklicher Stimmung der üblen Angewöhnung dieses Beinfraßes —, „viel näher angeht, da es ja auch ganz nahe liegt, . . . was, um Himmels willen, gedenken Sie denn mit dem Rudel Kinder anzufangen?"

„Das werde ich Ihnen gleich sagen, lieber Freund", erwiderte die alte Dame lebhaft, und mehr und mehr unter ihrer Rede in Eifer geratend, fuhr sie fort: „Es sind da vier Jungens, prächtige Knaben, die gutmütigsten Seelen, die Sie sich vorstellen können. Ich habe ihnen in der Waschküche Stroh aufschütten lassen, und wie bescheiden haben sich die armen Geschöpfe darein verkrochen und untergeduckt."

„Sie werden ohnehin keine Federbetten gewohnt sein", murrte der Arzt dazwischen.

„Vorerst müssen sie freilich alle erst in das städtische Waisenhaus, aber ich werde mit dem katholischen Pfarrer sprechen — die Familie ist katholisch —, ich habe viel Gutes von dem Manne sagen hören, ich gedenke ihn für die Kinder zu interessieren, und wir wollen dann gemeinsam sorgen, daß aus jedem Jungen ein rechtschaffener Handwerksmann werde, denn wenn man auch sagt, daß heutzutage Handwerk keinen goldenen Boden mehr habe, so hat es doch überhaupt noch einen, und es soll meinen Schützlingen nicht ergehen wie den Söhnen törichter, eitler Eltern, die ihre Rangen über ihren Stand erziehen und gleichsam in ein leeres Faß ohne Boden stecken, wo sich dieselben mühselig und aussichtslos all ihr Leben lang hinunterzappeln, zu bedauerlich, um verlacht, und zu lächerlich, um bedauert zu werden. Rechtschaffene Handwerker also, die vier Jungen; bleiben noch die drei Mädchen."

„Richtig. Vier und drei macht sieben."

Die Baronin sah mit einem etwas übellaunigen Seitenblick nach dem Doktor. „Sie sind sehr liebenswürdig, was ich mir an den Fingern abzähle, im Kopfe nachzurechnen, Sie wissen, wie schwach es bei uns Frauen mit letzterem bestellt ist."

Der Doktor klemmte seinen Stock zwischen die Beine und schlug beide Hände über dem Kopfe zusammen, wie zu einer verzweifelnd abwehrenden Beteuerung, daß die ihm zugemutete Ungeheuerlichkeit ihm nie in den Sinn gekommen.

„Nun, nun", die alte Dame winkte beschwichtigend mit der Rechten, „man kennt euch Herren der Schöpfung, insbesonders euch Mediziner. Lassen wir das. Ich will von den drei Mädchens reden. Denen haben wir auf den Steinfliesen der Küche einen Strohsack zurecht gelegt, nun, ich bin eben für eine solche Einquartierung gar nicht vorgesehen ..."

Der Doktor nickte lächelnd. „Ich erlaube mir keine Bemerkung mehr."

„Und denken Sie, nur die Kleinste, die Unvernünftigste, ließ sich bewegen, schlafen zu gehen, die beiden Älteren waren nicht zu bereden; ihnen geht der Verlust ihrer Mutter doch zu stark zu Herzen, es sind eben Mädchen, die Buben machten wenig Umstände."

„Pah, die parierten Ordre, wer weiß, ob sie schlafen?"

„Ach, wie die Murmeltiere. Das liegt einmal in dem Geschlechte, das mag herzhaft sein, aber herzlich niemals. Mit den Mädchen muß es anders gehalten werden. Das kleinste, dummste Geschöpfchen gebe ich vorläufig in Pflege, bis es so weit sein wird wie seine beiden Schwestern, dann soll es wie diese unter meinen und meiner alten Anne Augen im Hause verbleiben, sie sollen alles erlernen, was so 'ne kleinbürgerliche Hausfrau braucht, um sich durchs Leben zu schlagen, und eine Weile sollen sie anch durch Dienen bei anständigen Familien sich praktisch erproben, das ist eine gute Schule, und wenn sich dann ein Bengel in sie vergafft, so bleibt noch immer außer dem Lärvchen etwas, das er zu respektieren hat, die tüchtige Arbeitskraft und der im Umgang mit honetten Menschen erworbene Charakter; denn unter dem Volke muß in der Ehe Respekt vor dem Weibe sein, das erzieht, sonst bleibt der Bursche, was er gewöhnlich vorher gewesen, oder er wird es gar erst als Mann, ein Lump. Ich will auch für die erwachsenen Sieben meine Türe offen halten und sie an Sonn- und Feiertagen bei mir versammeln, das bringt Leben ins Haus; und sie sollen es wissen, daß sie jemand haben, der ihnen mit Rat und Tat beisteht, das macht armen Lenten Rückgrat und läßt sie aufrecht gehen und dem Schmutz und der Gemeinheit keine Konzessionen machen."

Der kleine Armenarzt klatschte in die Hände. „Bravo! Bravo!" rief er, aber es klang recht ärgerlich. „So hab ich es ja kommen sehen! Da hätten wir uns also für Jahre hinaus in ausreichendster Weise mit Sorge versorgt! Und soweit ich Sie kenne, verehrte Gnädige, machen Sie sich selbst keine Illusionen über die Dankbarkeit der Menschen. Vielleicht lohnt Ihnen nicht eines von den sieben."

„Es ist wahr", sagte die Baronin mit einem freundlichen, überlegenen Lächeln, „Dank ist nicht jedermanns Sache, man darf durchaus nicht auf ihn rechnen, ich habe das oft genug erlebt, und es vermag mich daher nimmer abzuschrecken. Auf Dankbarkeit, so auf rechte und innige Dankbarkeit zu treffen, ist eine Freude, und die ist, wie eben jede solche im Leben, rar. Sie sehen, daß ich wenigstens so egoistisch bin, mir, soweit dies menschenmöglich, die Aussicht auf einen solchen Glückstreffer offen zu halten; ich habe sieben Lose genommen, sollten denn alle Nieten sein?"

„Donnerwetter!" Der Doktor war im Begriff, in den Tisch zu schlagen, besann sich aber noch zu rechter Zeit und führte die erhobene Hand gegen sein glatt rasiertes Kinn und strich darüber hinweg durch die Luft, als glätte er einen ebenso langen als struppigen Knebelbart —, wo übrigens nie einer gestanden hatte. Seine Stimme klang nicht mehr so herausfordernd, als er nach einer Pause wieder anhob: „Gestatten Sie mir in aller Untertänigkeit zu bemerken, daß der Vergleich mit den Losen, wie dies mit allen Vergleichen der Fall zu sein pflegt, merklich hinkt; in Ihrem Falle bezahlten Sie die Gewinsthoffnung zu hoch, denn Sie setzen sich ja mit allem Ihrem Um und Auf an Herz und menschenfreundlicher Sorge selbst ein! Meine verehrte gnädige — verzeihen Sie mir —, ganz unklug gütige Frau, sagen Sie mir nur, was in aller Welt drängt Sie dazu, sich zu opfern?"

„Lieber Doktor", sagte die alte Dame, sich emporrichtend und mit freundlich blinzenden Augen den kleinen Mann anblickend, „Sie mögen ein recht klnger und gescheiter Kopf in Ihrem Fache sein, und als solchem schenke ich Ihnen auch schon Jahre her mein volles Vertrauen, aber ich fürchte, daß Sie wie so viele Ihrer Berufsgenossen über dem Interesse, das Sie an dem kranken Menschen nehmen, den gesunden zu wenig beachten, um von ihm Bescheid zu wissen. Wen glauben Sie denn eigentlich in mir vor sich zu haben?"

„Eine hochgebildete, feingeistige, herzensgute Dame."

„Grundgütiger Himmel, da merkt man, wie ungewohnt und unhandlich Ihnen die Galanterie ist; Sie übertreiben! Lassen Sie Bildung und Feinsinnigkeit und vor allem die Dame hinweg, so wird just das zurückbleiben, was Ihnen auf Ihre Frage Antwort stehen kann, das Weib! Sehen Sie, lieber Doktor, das will geliebt werden! Sind gleich die äußerlichen Ursachen dazu verschwunden, so schaffen wir andere, denn geliebt wollen wir sein. Jene, die nichts hatten und haben als ihre Schönheit, die sind freilich übel daran, sobald diese einmal vergangen; das werden dann die ‚alten Weiber', über welche der Volkswitz gar so grausam und rücksichtslos herfällt.

Darum, mein Freund, wenn die Jahre das hübsche Lärvchen fallen machen, muß man ein recht menschenfreundliches Gesicht darunter zeigen können und statt der abgemagerten Arme wohltätige Hände, und kein Opfer wird zu groß scheinen, um für das Herz und in das Haus das bißchen Liebe zu gewinnen, ohne das nun einmal kein Weib, das sich nicht selbst aufgibt, leben kann!"

Der kleine, behäbige Armenarzt erhob sich mit mehr Geräusch als gerade erforderlich, von seinem Sitze, er führte die Hand der alten Frau an seine Lippen und drückte einen ehrfürchtigen Kuß darauf, dann begann er, anfänglich etwas stotternd: „Wahrhaftig — ja — man verschreit uns Doktoren — so zu sagen — als Atheisten und Zyniker — und — und aufrichtig gestanden, wir erleben so viele sogenannte Prüfungen Gottes, deren Resultate wir bei der Gemütsverfassung unserer Patienten ganz ohne Allwissenheit vorauszusehen vermögen, was uns gegen eine angebliche himmlische Prüfungskommission ein wenig mißtrauisch machen muß, und über das weibliche Geschlecht denken wir, ich will es nicht verschweigen, zeitweilig etwas — etwas sehr — vorlaut, aber es gibt Momente, wo einem so warm um das Herz wird, daß gegen unsern Unglauben an Gott und Menschheit Zweifel erwachen, ein Gefühl freudiger Ahnung möchte ich es nennen, es dauert das — ich weiß es — auch nur für den Moment, aber man kommt doch für einen solchen über das Gewöhnliche hinaus, und Sie haben mich einen erleben lassen, einen Augenblick, wo es mir fast fromm durch den Sinn schoß: daß am Ende doch Frauentugend sein könne, daß sie sein könne, wie Gott, wenn auch geleugnet und wie er — gelästert und allimmer verzeihend! — Ah, es ist das wie ein kurzes, tiefes Atemholen des inneren Menschen. Ich danke Ihnen dafür. — Und wollen Sie das Rezept nicht vergessen" — er wies nach einem kleinen Tischchen in der Fensternische —, „ich verschrieb ein beruhigendes Medikament. Haben Sie die Güte, es zu nehmen. Gute Nacht!"

Der Armenarzt eilte durch die dazwischen liegenden Zimmer der Ausgangstüre zu; als er auf dem Gange stand, lauschte er einem Gesumme, das vom Fuße der Treppe heraufklang, er unterschied zwei Kinderstimmen, die eintönig und nicht zu laut Worte hersagten, deren keines zu verstehen war, es fehlte jeder Ausdruck und nur in der Beharrlichkeit, mit der Wort auf Wort in gleicher, dumpfer Klangfarbe hervorgebracht wurde, lag etwas Andringliches.

Auf der untersten Stufe saßen die beiden älteren verwaisten Mädchen, sie hielten sich enge umschlungen, auf ihren Knien hatten sie ein großes, abgegriffenes Buch liegen, woraus sie laut lasen.

„Was macht Ihr da, Mädchen?" fragte der Doktor.

„Wir beten", sagten beide und das größere wies erläuternd mit dem Zeigefinger eine Überschrift, der Doktor brauchte bei deren ausgiebigen Lettern keine Brille, sie lautete: „Gebet für Wohltäter."

„Recht", sagte er, „seid brav und werdet immer

braver, damit sie" — er deutete mit dem Daumen hinter sich die Treppe hinauf — „Freude an euch erlebe."

Als er auf die Straße hinaustrat, tat er ein paar tiefe Atemzüge. Er wischte leicht mit dem Goldfinger über die Winkel beider Augen und murmelte lächelnd: „Wahrhaftig, jetzt wäre ich in der Stimmung, nicht einmal grob werden zu können, wenn einer behauptete, die Natur habe das Frauenzimmer geschaffen, um dem Egoismus in der Schöpfung ein Schnippchen zu schlagen; so gleichsam als barmherzige Schwester in dem Kampfe um das Dasein, der über diesen Erdenplan dahinrast."

Der gekränkte Gatte

Der kleine Wirtshausgarten war bis auf das letzte Plätzchen besetzt, buchstäblich bis auf das letzte; an einem der runden Tische, ganz von gleichem Umfange wie die anderen, saß ein einzelner Gast und stand noch ein unbenützter Stuhl, es schien, als hätten die Nachzügler unter den Gästen auf die Bequemlichkeit verzichtet, dort breit und behaglich zu sitzen, die Stühle weggeholt und sich an gedrängteren Tafelrunden eingezwängt.

Ich schlüpfte zwischen Sesselrücken und Menschenbeinen bis zu dem einsamen Gaste durch; derselbe fiel durch seine Kopfbedeckung schon von weitem auf, man konnte sie nicht aus dem Auge verlieren und war der Richtung, die man einzuschlagen hatte, sicher. Ein übermäßig hoher und auffallend schmalkrempiger Zylinderhut, sogenannter „Stößer", von lichtgrauer Farbe saß auf dem gesenkten Haupte des Mannes, der auf dem Gartensessel nur notdürftig Platz fand, denn sein Rumpf war vom Halse ab eine aufgedunsene, unförmige Masse; mit der Reinheit seiner blendend weißen Leibwäsche kontrastierte arg seine Gewandung, die fleckig und zerknittert aussah und an ihm — man möchte sagen — welk herunterhing.

„Mit Verlaub, der Stuhl ist doch frei?" fragte ich, auf das nebenstehende Möbel deutend.

Er nickte zustimmend und brummte dazu etwas, das nicht zu verstehen war, und wenn auch nicht einladend, so doch nicht abweisend klang. Bei dieser Gelegenheit hob er den Kopf, und ich sah in ein mit dem Körper übereinstimmendes Gesicht, mit verquollenen Augenrändern und schwammigen Hängebacken; die Röte, die bis zur Nasenwurzel hinaustieg, ließ erraten, daß der Herr seines Durstes wohl bis zu einem Grade Meister geworden, wo das Getränke andererseits der Autorität des Trinkers entgegenzuarbeiten beginnt. Eine Anzahl Teller, nur mit Spuren der Benützung, aber ohne Speisereste, zeugte für den gesegneten Appetit meines Gegenübers.

Meine Hinzukunft mußte ihn erinnert haben, daß er trocken dasaß, und er hob das leere Glas empor und rief den in der Nähe befindlichen Kellner an: „Josef!"

Der wand sich heran, übernahm den leeren „Stutzen", um ihn sofort einem Kellnerjungen zuzureichen, wobei er diesem in der sinnigen, sprachverkürzenden Weise unserer Kellner, die wie Gaunersprache klingt, den Auftrag gab: „Ein Achtel Gumpolds mit Gieß fürn Herrn von Hobichler!" Worauf er sich an den Genannten wandte und mit ernstem Gesichte, aber boshaft blinzelnden Augen sagte: „Habn wohl von der Frau Gemahlin Auftrag, heut länger auszubleiben, Herr von Hobichler? Mein Gott, die Frauen haben oft häusliche Verrichtungen, wo s' 'n Mann nit gern dabei leiden. Schani, was is 's mitm Herru von Hobichler seinm Achtel?!"

Der Dicke hatte die schwammigen Backen aufgeblasen und stieß die Luft zu den gespitzten Lippen heraus, während er dem Kellner einen zugleich beleidigten und zürnenden Blick zuwarf, woran sich der aber wenig kehrte, sondern mit einem breiten Grinsen sich entfernte.

„Rohe Leute", sagte der Herr Hobichler, „rohe Leute, mein Herr!"

Ich zuckte die Achseln, gleichsam mein Bedauern über das ganz unleugbare Vorhandensein roher Leute auszudrücken sowie auch meine Unkenntnis der speziellen Roheit in dem gegebenen Falle anzudeuten, wodurch ich meine geringe Anteilnahme erklärt und entschuldigt haben wollte.

Der Mann tat einen Ruck mit dem Kopfe, daß der „Stößer" plötzlich hintüber zu hängen kam, runzelte die Brauen und sagte nachdrücklich: „Rohe Leute, denen nicht einmal das Unglück ihrer Nebenmenschen heilig ist."

„Was Sie sagen?!" bemerkte ich hierauf, bildete mir jedoch auf diese Bemerkung nichts ein.

Der Dicke legte seine breite Hand über die untere Hälfte seines Gesichtes und blies zwischen den wulstigen Fingern hindurch, dann zog er die Tatze hinweg und legte sie, wie bekräftigend, inmitten der Tischplatte. „Ich bin ein Unglücklicher, mein Herr!" stöhnte er.

„O, ich bedauere lebhaft!"

„Herr, wenn Sie den Grund wüßten, danu hätten Sie anch alle Ursache dazu. Doch wozu diese Heimlichkeiten unter Männern? Es wird Sie nicht beleidigen, mein verehrter Herr, wenn ich mir das Herz erleichter?“

„Durchaus nicht.“

„Kennen Sie die Weiber?“

„Eine bedenkliche Frage, mein Bester. Umstände, deren Erörterung zu weit führen würde, bestimmen mich, nur die Bekanntschaft mit einer Frau einzuräumen, und das ist die meine.“

„Sie sind anch verheiratet?“ rief der Dicke, mit dem Ausdrucke des Bedauerns die Hände zusammenschlagend. „Am Ende habe ich das Glück, Herr . . .?“ Er heftete seine unsicheren Augen forschend auf mich, da ich aber schwieg, so fuhr er nach einer Pause fort: „Na, gleichgültig, wie Sie heißen. Ich wollte nur sagen, am Ende sind wir gar Leidensgefährten.“

Ich protestierte lebhaft gegen meine Aufnahme in solche Genossenschaft und ersuchte ihn, wenn er etwa an den Frauen im allgemeinen oder an der einen seinen üble Erfahrungen gemacht haben sollte, das Wort nur für seine Person zu führen.

Er schüttelte nachdenklich den Kopf. „Sie rauben mir die Hoffnung dieser Möglichkeit vielleicht mit Unrecht. Manche Männer sind in diesem Punkte nicht aufrichtig, oder die Frauen treiben es versteckt und schlau. Bitte um Verzeihung“, fügte er auf eine unmutige Bewegung meinerseits demütig hinzu. „Ich gönne Ihnen ja alles Glück, gewiß, das tu ich, ich gönne es jedem, aber es ist doppelt wehtuend — hm —“ Er schwieg eine Weile, danu netzte er seine Lippen mit Wein und fuhr fort: „Nichts für ungut. Man soll dem Üblen nichts verübeln, ist ein schöner

Spruch. Je nun. Von mir kann alle Welt alles wissen. Ich bin ehrlicher Leute Kind, wohlhabend, ohne Sorge aufgewachsen; sehn Sie, so vor zwanzig Jahren, in meinem dreißigsten, sind meine Alten verstorben, hinterließen mir das Posamentiergeschäft, und ich verheiratete mich. Meine Frau — Herr — das war ein kapitales Mädchen, rechtschaffen, fleißig, gute Nachrede — alles in schönster Ordnung. Hätte es nie damals gedacht; lange Jahre keine Ursache gehabt, mir etwas Unehrerbietiges zu denken, erst vor kurzem ist mir der Meister Urian auf die Bude gerückt."

„Erst vor kurzem? Sie sagten, Sie heirateten vor zwanzig Jahren, als Sie dreißig alt waren, zählen daher jetzt an die fünfzig?"

„Stimmt", gurgelte er unterm Trinken.

„Ja, dann sagen Sie mir, mein Bester, wie alt war denn damals die Braut?"

„Achtzehn vorüber."

„Da ist die Frau heut den Vierzigen nahe?"

„Ganz recht."

„Und erst seit kurzem, wenn ich nicht falsch gehört habe?"

„O, Herr, Alter schützt vor Torheit nicht, und Verhältnisse bestimmen die Handlungen des Menschen. Nicht wahr? Und unsere Verhältnisse wurden immer beschränkter. Meine Eltern waren brave Handwerksleute vom alten Schlag; Ausflüge Sonn- und Feiertags, und da nicht weiter als bis Liesing, Hütteldorf, auf die Bieglerhütten und so h'rum, waren ihre einzige Erholung, zu Hause hocken, scharren, sparen, schinden, plagen war ihr Element, von Spekulation keine Spur, und — Herr — Spekulation muß neuerer Zeit sein, sonst geht man zugrund, und die alten Leute sind gerade noch rechter Zeit gestorben, sonst hätten sie's erlebt, daß das Geschäft zurückgeht. Gott tröst sie, aber, obwohl sie nichts dafür können, sie verstanden 's selbst nicht besser, Spekulation hätten sie mir beibringen sollen. Die ist an meinem Unglück mit schuld. Die Toni, meine Frau, wollte zwar anfangs nach dem alten Schnitt weiter fortarbeiten lassen. ‚Hör', sagt ich ihr, ‚das ist nichts, wie früher einmal geht's nicht; der gewerbliche Fortschritt und die wachsende Konkurrenz überholen die altväterische Erzeugungsweis, und mit'm Pfennigdrücken kommt man dagegen nicht auf, es stünd mir auch gar nicht an, ich bin besser zu leben gewohnt und denk mir nichts abgehen zu lassen, und was mehr ausgeht, das muß durch Spekulation herein.'

Sehn S', Herr, ich hab mich anch sofort auf die Spekulation verlegt; ich weiß, o, ich weiß recht gut, daß es mir die Leut verübelt haben, wenn ich im Gwölb oder in der Werkstatt fast nie zu finden war; aber es geht schon so verrückt zu auf der Welt, daß die wenigsten Kopfarbeit als Arbeit wollen gelten lassen. Ich hab mir damals nur meinen Teil gedacht. Meine Frau hat rechtschaffen Gesellen und Lehrlinge zur Arbeit angehalten, es hätt nit einmal ein Sinn gehabt, wenn ich mich noch dazugestellt hätt.

Ich bin meinen Geschäften nachgegangen, es konnt

mir niemand nachsagen, daß ich untätig gewesen wär. Wie viele Bekanntschaften, die zu Aufträgen, ja sogar zu Lieferungen geführt haben, hab ich im Gasthaus gemacht? Ich bin auf Reisen gegangen, um mein Fach zu studieren. Daß mancher Auftrag sich nicht auszahlt hat, ist so wenig meine Schuld, wie daß ich bei Lieferungen häufig zu kurz gekommen bin und auf meinen Reisen niemanden keine Geschäftsvorteile abspicken können hab; Herr, die anderen Lieferanten waren mir halt überlegen, und für Kniff und Pfiff in der Fabrikation und im Vertrieb hat mir der Blick gfehlt, natürlich, ich war eben gar nit spekulativ erzogen worden.

Deswegen mein Eltern kein Stein aufs Grab; gut, daß ihnen erspart geblieben is, was ich zu erleben gehabt hab! Nach so'n fünf Jahren mußten wir d' Halbscheid Gsellen entlassen und noch froh sein, daß wir mit'm Rest für ein größern Fabrikanten arbeiten konnten — man hat kaum 's Wasser dabei verdient —, danu ist d i e Kundschaft auch abgsprungen, ein Lump hat eine noch billigere Offert gmacht, der muß 's Rohmaterial dazu rein gstohln haben! Noch paar Jahrln habn wir fortgwurstelt, dann mußten wir 's Gschäft verkaufen, weil's herabgekommen war, um ein Schandpreis, wie Sie sich denken können, Herr, und ich konnt mir selber ein Arbeit suchen gehen.

Böse Zeiten, das! Wir haben eine kleine Wohnung bezogen, aber anch die war nit zu erschwingen, und da kommt mir eines Tages der unglückliche Gedanken, einen Zimmerherrn, wissen S', aufs Bett zu nehmen. Ein Frauenzimmer wollt die Toni wegen der Schererei, die man mit 'ner solchen leicht haben könnt, nit nehmen. Mir war auch nit darum, sie tragen so viel gern, was s' etwa im Haus z'sehn und z'hörn kriegen, in der Nachbarschaft aus, gehn mit Männern, deren Besuch man sich dann gfallen lassen soll, und noch andere fatale Gschichten mehr. Nein, ich war ganz für 'n Bettgeher, und wir haben das Zettel ans Tor gehängt."

Der Dicke faßte die schmale Krempe seines Hutes mit beiden Händen an und drückte sich den „Stößer" tief in die Stirn. „Daß dieser Tag die Unglücksstunde meines Lebens werden würde, hab ich damals freilich nicht geahnt!" rief er schmerzlich aus.

Ich sah den Mann mit seinen merkwürdig verballhornten Schmerzensausbrüchen erstaunt an.

Er aber fuhr unbeirrt fort: „Am dritten Tag nach unserer Ankündigung hat sich ein junges, sehr adrettes Bürschl eingstellt, wir sind bald mit ihm handeleins geworden, und d' erste Zeit über ist einem nur ein gute Eigenschaft um die andere an ihm aufgfalln; er war ein braver, tüchtiger Bronzearbeiter, reeller Sparmeister, pünktlicher Zahler, gar nit großtuerisch und h'rumwerferisch, vielmehr fast ein scheuer Mensch und wollt anch mit 'n Weibsbildern nichts z'tun haben. Aber eben die gar so gschreckt tun, sind oft grad die Heimlichen und Gfährlichsten.

Mir hat sein Blödtun nicht wenig Spaß gmacht, ich hab 'n oft damit aufgzogn, ihm untersagt, auf mein Frau verliebte Augen zu machen, ihn gwarnt vor ihr, daß s' leicht Feuer fangt und schon sich verlauten lassen hätt, sie könnt ihm bald gut sein, oder wenn ich vou'm Haus bin und die zwei allein bliebn sind, hab ich ihnen aufgbotn, brav z'sein und nichts anzstellen, und halt so Unsinn mehr, wobei man kein Arg hat; denn daß ich wirklich Grund zum Eifern hätt, das ist mir nit eingfalln, um so weniger, als mir mein Weib eins schönen Tags selber sagt, ich möcht aufhörn, weiter solchen Jux z'treiben, der junge Mensch verstünd falsch, es brächt ihn auf üble Gedanken, er stellet sich in letzter Zeit ganz eigen gegen sie an, sie fürcht, er könnt sich über kurz Vertraulichkeiten herausnehmen. Das war aber nur ein listiges Manöver von diesem Weib, mich in meinem felsenfesten Vertrauen auf sie noch mehr zu bestärken, und konnt mich gar nicht veranlassen, daß ich auf d' Sach ein besonderes Gewicht leg; selbst wie sie mir bald hernach mit Klagen kommen is, daß der junge Mensch wirklich ansing, keck zu werden, hab ich ihr zugredt, weil ich auf ihre Treu bauen tät, die Sach auf sich beruhen zu lassen und gegn den jungen Menschen so freundlich z'sein, als sich mit Ehr und Gwissen vertragt, denn ein Auffsag wär ganz gegn unser Interesse, weil wir nit gleich wieder so ein pünktlichen Zahler und reinlichen, unschenanten Bettgeher finden möchten.

Auf das hat sie sich schier acht Tag lang bös gstellt. Mir hat das nur Spaß gmacht. Ich war total eingschläfert. Herr, jeder Mensch, wenn er etwas Extras z'haben glaubt — und an sein'm Weib glaubt's einer doch sicher, sonst hätt er's nit gnommen —, meint, sich darauf was z'gut tun z'sollen. Ich konnt nit ohne Lachen an die Verlegenheit denken, in die der junge, verliebte Lackl mein Toni versetzt, denn ich hab glaubt, ihr schadt's nichts, und brave Weiber machet ein Zumuten nur wehrhafter; um so gspaßiger mußt mir der junge Mensch vorkommen, von dem ich gdacht hab, daß er mein Alte vergebens anschmacht. Ich bin in mein'm Übermut so weit gangen, daß ich so beiher von der Blindheit und Gutmütigkeit der angführten Ehemänner gredt hab. Kurz, ich war wie verblendt, bis ich an dem schrecklichsten Abend meines Daseins das pflichtvergessene Weib in den Armen des ehrlosen Buben überrascht hab! Herr, wie mir da geworden ist, das beschreibt keine Feder und sagt kein sterblicher Mund aus!"

Um Himmels willen, dieser unsinnige Phrasenschwall! dachte ich. Den hat sich der Mann offenbar zurecht gelegt, und er erzählt seine Geschichte einwie allemal und scheint sie schon sehr oft erzählt zu haben, dafür zeugt die Geläufigkeit im Verbrauche hochtrabender Redensarten.

„Kein Stein auf das Weib", seufzte der Dicke, indem er die Augen verdrehte, als wollte er nach der Krempe seines Hutes schielen, der ihm mittlerweile wieder nach dem Nacken zurückgefallen war. „Keinen Stein auf das Weib! Sie war mehr denn siebzehn Jahre meine brave, getreue Lebensgefährtin, sie wäre die Mutter meiner Kinder gewesen, wenn wir welche gehabt hätten; ein Umstand, ohne den — wer kann es wissen — vielleicht nicht gekommen wäre, was gekommen ist! So bin ich nun ein unglücklicher, ein mit Gott und Welt zerfallender Mensch. Gott wird dereinst richten. Die Welt, das weiß ich ohnehin, redet mir Schlechtes genug nach, weil ich zur Rachsucht kein steinernes Herz habe, weil ich den beiden Geschöpfen, denen ich den härtesten Schicksalsschlag zu verdanken habe, aus dem Wege gehe und mich in den Taumel flüchte und — was ich ja selbst zugestehe — mehr, als es mir zuträglich ist, mich dem Wirtshausleben ergebe; aber mag das meine Auflösung beschleunigen, ich frage nichts darnach noch nach dem lieblosen Urteile der Welt; dagegen ist ein Mensch gefeit, der den Stachel der Kränkung im Herzen trägt! Ja, mein Herr, 's is ein Elend! — — Josef, zahln! — Ein Rostbraten mit Erdäpfeln, Emmentaler, zwei Russen" — er reckte zwei Finger der Rechten empor, als wollte er beeiden, daß es nicht mehr als zwei Stücke gewesen —, „drei Brot, fünf Pils und zwei Achtel Gumpolds mit Gieß."

„Ein Gulden dreiundzwanzg, Herr von Hobichler", sagte der Kellner, und als er das Geld des Dicken eingestrichen hatte und dieser mit stummem Gruße gegangen war, grinste er mich mit breit lachendem Gesichte an.

Ich wandte mich unmutig ab.

„Entschuldigen schon, gnä Herr", bemerkte der Kellner zutraulich, „Sie müssen mich nit für ein Menschen halten, der kein Herz für Unglückliche haben tät, aber den Herrn da, der sich von seiner Frau ihrn Liebhaber aushalten laßt, kennen wir halt a bissel z'gnau. Er dreht zwar, wenn er die Gschicht beredt, den Besen um, aber die Sauborsten bleiben dabei ihm in'n Händen. Er hat den unerfahrenen Burschen völlig auf das Weib ghetzt und der in Gutem und Üblem zugsetzt, damit sie sich die Karessen gfallen laßt; daß er ihr nit gradzu Ehr und Scham aus'm Leib gprügelt hat, sonst aber auch alles. Der junge Mensch is zu bedauern, er weiß sich nit losz'machen, für ihn is's wohl a wahrs Glück, daß er sich nächstes Frühjahr abstellen muß und von dö Leut wegkommt. Es wird freilich a Jammer sein für die Alte, wenn s' 'n verliert, denn sie hat 'n liebgwonnen, nit nur weil er jung und sauber is, sondern weil er ein anständigen Charakter hat und sie darnach behandelt, während mer sich vorstelln kann, was die Frau vor ihrm Bsuff für a Achtung hat, und wie viel Zuneigung s' für ihn empfindt. Na, der kuppelt ihr schon ein zweiten zu, wann der eine fortkommt, denn jetzt hat er sich schon ganz gut in das Elend einglebt."

„Hol der Teufel den Heuchler", brummte ich. „Sagen Sie, die Geschichte, die er mir da zum besten gab, erzählt er wohl jedem?"

„Jedem, der ihm Stand halt, und wer 'n nit kennt, den halt er damit auch leicht zum besten."

„Nun, mir scheint, er hat sie schon so oft aufgesagt, daß er selber anfängt, sie für wahr zu halten."

„Das wird schier so sein. Indem er 'n andern alle Schuld zuschiebt, behalt er a ruhigs Gwissen und ein gsunden Appetit, und d' Kränkung schlagt ihm gar nit schlecht an!"

Begrabenes Glück

Die Gräberbesucher begannen sich zu verlaufen. Mit dem Menschenstrome, der dem unteren Tore des Friedhofes zustrebte, ließ sich ein älterer Mann, wie es eben kam, schieben oder stauen; an seinem Arme hing ein etwa sechzehnjähriges Bürschchen, das ein langschößiger Überrock noch schmächtiger erscheinen ließ, als es in der Tat war; von der breiten Krempe eines Filzhutes beschattet und umrahmt von flatterndem Gewirre einer hellblonden Haarmähne, nahm sich das blasse Gesicht des Jungen mit spitzer Nase und hellblauen Glotzäuglein nicht sonderlich vorteilhaft aus.

Er sah manchmal nach dem Wege zurück, den sie genommen hatten, und bei jeder solchen Wendung hatte er das Ungeschick, den Erzeuger seiner Tage auf den Fuß zu treten, worauf der Alte in ein Gemurre ausbrach, das oftmal Versprechungen in sich schloß, an welche ihn der Sohn späterhin schwerlich erinnert haben dürfte.

„Warum, Papa“, fragte das Bürschchen mit dünner, aber ihrer Höhe wegen doch eindringlicher Stimme, „warum hat denn Mama kein eigenes Grab?“

Der alte Herr blickte zur Seite nach dem Sprecher, der mit ihm, den langschößigen Überrock etwa ausgenommen, keine Ähnlichkeit aufzuweisen hatte, denn es gab wohl keine Zeit, wo der breitschultrige Körper dieses Mannes dem engbrüstigen Habitus des Knaben glich; das nunmehr spärliche Haar mochte einst noch so üppig gewesen sein, es war doch allimmer gleich dem sorgfältig am Kinne ausrasierten Barte dunkelbraun, das Gesicht war rund und voll, die Nase gerade und stumpf und die Augen von einem feurigen Braun, ein freundlicher, vielleicht einmal ein schalkhafter Blick, aber die Krähenfüße daneben lassen auf dieses „vielleicht einmal" nur raten.

Der Mann hatte offenbar lieben oder unlieben Gedanken nachgehangen. Eine geraume Weile blickte er schweigend seitwärts nach dem Sohue, so daß es den Anschein hatte, als ob er dessen Hutdeckel einer ganz ungerechtfertigten Aufmerksamkeit würdige, dann besann er sich und sagte: „Was meinst du, Armin?"

„Ich frage, warum Mama kein eigenes Grab hat?"

„Wie kommst du darauf?"

„Weißt du, Papa, so mit einem Stein darüber sieht das viel nobler aus."

„Hm, ich rechne, daß deine arme Mutter von der Noblesse gar nichts hätte, daß wir darauf verzichten können und das Geld besser für deine Erziehung aufgewendet wird."

Der Junge warf trotzig den Kopf zurück, vermutlich hielt er sich bereits für genügend erzogen.

„Ich weiß zwar nicht," fuhr der alte Herr fort, „ob gegebenen Falles deine Mutter mir größere

Leichenehren und mehr Grabeskomfort zugedacht hätte, ich würde mir das jedoch im Testamente entschieden verbeten haben. Hm, hm" — seine Stimme sank bis zu einem unverständlichen Gemurmel herab, als er weiter vor sich und für sich hinsprach: „Frauen sind wunderlich, sie treiben gerne mit allem Luxus — sich zeigen, ist ihre Schwäche — hm —, manchmal bringen sie sich aber auch geradezu in den Verdacht, daß sie eine Art Sühne beabsichtigten ... Au! Verdammter Bengel, glaubst du denn, mich heute mit Fußtritten regalieren zu können?!"

Er stieß den Burschen von sich, als man gerade zum Tore hinausdrängte, und der haltlose Jüngling flog ziemlich unsanft gegen eine in Trauer gekleidete Dame, die an jeder Hand ein Mädchen führte. Der Stoß löste diese Gruppe, und die Frau in Schwarz kehrte sich dem Entschuldigungen stotternden Armin zu, wohl in der Absicht, die nicht gut zu verweigernde Verzeihung durch etliche mehr aufrichtige, als höfliche Bemerkungen zu würzen; als sie aber des alten Herrn ansichtig wurde, trat sie auf diesen zu, ohne mehr des Beleidigers und der beabsichtigten Genugtuung zu achten.

„Mein Himmel", rief sie aus, „ist es denn möglich? Sind Sie es wirklich, Herr Rechnungsrat Helmreich?"

„Zu Diensten", sagte der Angeredete. „Wahrhaftig, Sie sind nicht zu verkennen, Frau Hartl. Wer das gedacht hätte?"

Er faßte nach der Hand der Frau, ebenso zögernd und ungewiß, wie sie ihm dieselbe dargereicht hatte.

„Ja", seufzte die Trauernde, „wer hätte das auch vor einem Jahre noch denken können, daß wir nach einem halben Lebensalter uns hier und so wieder treffen würden?"

„Sie sind nun Witwe, Frau Hartl?"

„Seit dreiviertel Jahren."

„Seit anderthalb steh ich allein."

Frau Hartl nickte bekräftigend. „Ich weiß, Herr Rat. Ich war ja auch in der Kirche bei dem Leichenbegängnis der Frau Gemahlin, wenn Sie mich gleich nicht bemerkt haben, da ich hinter einem Pfeiler postiert war. Ich hab schon früher durch eine Freundin, die in Ihrem Hause öfter verkehrt hat, in Erfahrung gebracht, was Sie die lange Zeit, wo die Selige krank gelegen ist, alles haben ausstehen müssen. Da muß einen schließlich der Verlust gar niederschmettern. Ach, wie hab ich Sie auch damals bedauert, nicht zum sagen, Herr Rat."

„Ich danke", murrte der Herr Rat. „Wollen wir übrigens nicht da im ärgsten Gewühle stehen bleiben, wenn's beliebt."

Das Gewühl war jedoch an Ort und Stelle gar nicht so arg, den alten Herru schien vielmehr der kleine Kreis, der ihn und seine alte Bekannte umschloß, verdrießlich zu machen, denn ganz nahe, Augen, Ohren und Mäuler offen haltend, standen der blondmähnige Armin und die beiden Mädchen.

Von beiden letzteren mochte das eine gegen fünfzehu, das andere zwölf Jahre zählen. Es waren gedrungene, süllige, aber anmutlose Gestalten, von Statur also das, was der Volksmund „Knerzeln" nennt, dem Gesichte nach glichen sie sich völlig: runde Pausbacken, wulstig vortretende Lippen, die Nasen an der Wurzel breit, an der Spitze knollig, die Augen dunkel, klein und mit einem schläfrigen Ausdruck; das schwarze Haar war zurückgekämmt, einzelne Strähne starrten aber widerborstig empor. Da sie die Trauerkleidung kurzröckig trugen, so sah es so auffällig wie ungehörig aus, daß sie die derben Beine in roten Gamaschen stecken hatten.

Der Herr Rat hatte den Arm nach Armin ausgestreckt, er wollte den Jungen, der zwischen den beiden Schwestern stand, zu sich herüberziehen und wurde nun erst auf das Mädchenpaar aufmerksam; er ließ die erhobene Rechte sinken und musterte diese gesund, aber ordinär aussehenden Geschöpfe. Er konnte sich nicht enthalten, der Frau an seiner Seite einen prüfenden Blick zuzuwerfen. Sie hatte trotz des Alters ihre hohe, schlanke Gestalt behalten, und manche Geste und Drehung erinnerte an die einstige graziöse Beweglichkeit; ihr Scheitel, obwohl das Haar von einzelnen Silberfaden durchzogen war, zeigte sich noch blond, wellig und weich. Anch ihrem Gesicht hatte die Zeit wenig anhaben können: die großen, dunkelblauen, sprechenden Augen waren wohl nur von den Tränen, die sie vorhin am Grabe des Mannes geweint, etwas trübe und gleich der geraden Nase mit den feinen Nüstern ein wenig gerötet; selbst auf den Wangen fanden sich noch die Spuren der Grübchen, die immer mitgelacht hatten, wenn sich die Lippen kräuselten, deren Winkel sich gleichsam in die vollen Backen einbohrten, was gar neckisch aussah; jetzt war der Mund freilich breiter geworden und lag zwischen zwei tiefen Falten.

Der Herr Rat schüttelte den Kopf, ehe er fragte: „Das sind wohl Ihre Kinder, Frau Hartl?"

Der Frau war das Befremden des Mannes nicht entgangen. „Ja, zu dienen, Herr Rat Helmreich, diese beiden", antwortete sie und fügte erläuternd hinzu: „Sie haben fast gar nichts von mir, sie gleichen ihm. Sie sind der ganze Vater." Sie zuckte dabei mit den Achseln, wie über eine bedauernswerte, aber leider nicht zu ändernde Tatsache.

Herr Rechnungsrat Helmreich rieb sein glattes Kinn und räusperte sich nachdrücklich, als wolle er vor weiteren Äußerungen abmahnen.

Doch mit einer kurzen Handbewegung gegen Armin, sie nahm sich etwas wegwerfend aus, fuhr Frau Hartl fort: „Uud ich habe wohl die Ehre, in diesem jungen Herru, der uns vorhin beinahe umgerannt hätte, Ihren Sohn zu sehen?"

„Ja", sagte der alte Herr, das kurze Wort ungebührlich dehnend, während er in die dunkelblauen, ihn anstarrenden Augen blickte, danu sah er mit plötzlicher Wendung zur Seite. „Das heißt — nun, Sie erinnern sich doch noch seiner in Gott ruhenden Mutter?"

„Ja, ja, es ist mir gleich aufgefallen", erwiderte kopfnickend die Frau. „Wie aus dem Gesichte gerissen! Wollen wir nicht die Kinder ein wenig vorausgehen lassen, Herr Rat? Der junge Herr soll den Mädeln den Arm geben. Wir wollen ihm sein Angeschick nicht nachtragen, da wir demselben den glücklichen Zufall verdanken ..."

„So soll es ihm für diesmal nachgesehen werden", fiel ihr der Herr Rat in die Rede. „Also schließ dich den jungen Fräuleins an, Armin."

Der junge Mensch stolperte zwischen die beiden Mädchen, bot ihnen ungelenk den Arm und zerrte sie mit sich fort, da sie mit ihren kürzeren Beinen mit ihm nicht Schritt zu halten vermochten.

„Täppisch wie ein Jagdhund", murrte der Vater, „hört noch dazu auf den Namen Armin, mir ganz widerwärtig, aber eine Kaprize seiner Mutter, mußte nachgeben."

Frau Hartl deutete nach den Mädchen: „Die mußten Ursl und Kurdl getauft werden, Ursula und Kordula, das hatten sich meine Schwägerinnen in den Kopf gesetzt, und mein Mann hat sie darin unterstützt."

Die beiden alten Leute schritten langsam hinter den Kindern einher; der Mann hatte der Frau nicht den Arm geboten, und sie schloß sich nicht nahe an ihn an, sie gingen mit so viel Raum zwischen sich, als wandelte ein drittes in ihrer Mitte.

Die Gruppe voran war anfangs etwas lärmend gewesen, die Mädchen hatten den täppischen Jungen laut ausgelacht, wodurch sich jedoch derselbe weder kränken noch verblüffen ließ und ein Gespräch über die plötzlich eingetretene Kälte und die langen Abende anknüpfte, das er wohl bald auf interessantere Gegenstände gelenkt haben mochte, denn die jungen Mädchen mäßigten sowohl ihre Schritte als auch ihre Stimmen. Armin behielt nur die ältere Kordula am Arme, mit der er angelegentlich flüsterte, die kindlichere Ursula führte er an der Hand, und das Mädchen beugte den Kopf weit vor, um auch etwas von den verhandelten Heimlichkeiten zu erlauschen.

Eine gute Strecke waren der Herr Rat und Frau Hartl schweigend neben einander einhergegangen, danu wies er mit der Hand nach den halbwüchsigen, unschönen Kindern und sagte: „Das hat man davon."

Frau Hartl nickte seufzend.

Er verzog bitter lächelnd den Mund: „Die ganzen Ebenbilder der — andern." Da er die Frau, das Tuch vor die Augen drückend, sich wegwenden sah, fuhr er in begütigendem Tone fort: „Das heißt, der meine, leiblich wie geistig."

„Die meinen ja auch, die auch", seufzte die Frau und führte das Tuch gegen den Muud, denn sie war sich bewußt, daß sich dieser unschön verzerrte, während ihre Augen auch in Tränen noch angenehm blieben.

„Ja, ja", sagte er.

„Jawohl", erwiderte sie.

Dann gingen sie wieder eine Weile schweigend neben einander her, bis der Mann plötzlich stehen blieb, mit der Hand eine kurze Bewegung machte, als würfe er einen leichten Gegenstand in die Luft, und mit verdrossener Stimme sagte: „Was hilft's? Die beiden hätten wir nun begraben."

„Zu früh", schluchzte das Weib.

„Ja, ja, wie man's nehmen will; zu früh, weil ja doch zu spät", murmelte der Mann. „Nun wir sie einmal gewöhnt waren, hätten wir sie auch länger ertragen können." Wieder wandte er sich begütigend an seine Begleiterin: „Das heißt, ich rede nur für meine Person und von —"

Die Frau winkte ihm mit beiden Armen, zu schweigen.

„Ich will ihm nicht nah. Wir sollten ihnen beiden nicht übel nachreden."

„Nun nein!"

„Der Herr laß sie ruhu!"

Der alte Mann schüttelte den Kopf, es mochte ihm aus einem oder dem anderen Grunde denn doch nicht ganz passend erscheinen, hierzu Amen zu sagen. Er trabte schweigend weiter.

— — — — — — — — — — — — — — — —

Diese beiden alten Leute, die auf Schrittweite und in so spärlichen Worten mit einander verkehrten, sie fürchteten sich vor einem und demselben gegenseitigen Vorwurf, sie scheuten vor der einen und derselben gegenseitigen Verzeihung. Sie hatten sich einst gar nahe gestanden. Ihre Eltern verband eine langjährige Freundschaft, eine Verschwägerung durch die Kinder war daher ein gern gehegter Gedanke, und den Bewerbungen des jungen Mannes, der damals im Staatsdienste praktizierte, wurde ebensowenig in den Weg gelegt wie der Neigung des Mädchens. Schon war das Anstellungsdekret in Sicht, schon dachte man daran, den Tag zu bestimmen, an dem das entscheidende, bindende „Ja" gesprochen werden sollte, da plötzlich zertrugen sich die beiden Leute, einer Kleinigkeit wegen, eines Nichts halber. Ob sie es wohl selbst noch wußten und begriffen: warum? Jedes von ihnen erwartete, daß der andere Teil sich herbeilassen werde, durch Bitten und Tränen das alte Verhältnis wieder herzustellen, als aber keines das andere dazu irgendwelche Anstalten treffen sah, so brannten sie darnach, einander zu zeigen, wie schnell ihr Verlust zu ersetzen sei, und wenn sie dabei die Absicht hatten, sich gegenseitig möglichst herabzusetzen, so war ihnen das über Erwarten gelungen. Er nahm ein Mädchen, das im Schlafrocke geboren schien, beim Romaneleseu aufgewachsen war und sich zur guten Stunde ihm an den Hals zu werfen wußte, er schätzte das für Häuslichkeit, Bildung und echte Weiblichkeit. Sie ward die Frau eines Fabrikdirektors, der kriechend gegen den Chef, tyrannisch gegen die Untergebenen und ungehörig grob inner seinen vier Wänden war, was sie jedoch für Lebensklugheit, Pflichtgefühl und Männlichkeit auslegte.

Natürlich ließ sich weder seine Schätzung noch ihre Auslegung auf die Dauer aufrecht erhalten, die Ernüchterung, die sowohl bei dem Herru Offizial als auch bei der Frau Fabrikdirektorsgattin eintrat, wirkte um so schmerzlicher, da sie sich sagen mußten, daß jene beiden anderen, an welche sie ihr Schicksal gekettet hatten, an der Enttäuschung ganz unschuldig waren; was man sich von ihnen versprechen konnte, das hielten sie, aber d a s Glück, das sich der junge

Beamte und das blühende Mädchen, Gespielen seit der Kindheit Tagen, voreinst versprachen, das vermochte kein Dritter zu halten, das konnten nur sie allein wahr machen, wie anch nur sie allein zerstören!

Anfangs liesen sie sich geflissentlich über den Weg, sie wollten einander belauern und aushorchen; als sie sich über ihre Lage gegenseitig klar zu sein glaubten und durch die mittlerweile zur Welt gekommenen Kinder sich gänzlich entfremdet fühlten, wichen sie sich aus, und von da an zählt jenes halbe Lebensalter, seit sie sich nicht getroffen hatten.

— — — — — — — — — — — — — — — —

Da Frau Hartl den Herrn Rat Helmreich hartnäckig schweigsam und einsilbig saud, so griff sie zu einem Auskunftsmittel, sie ermöglichte ihm das Stummbleiben, indem sie allein die Rede führte und dabei nichts streifte, das an die Vergangenheit gemahnte; denn wie zwei Taubstumme neben einander herzulaufen, schien ihr in den belebten Gassen doch auffällig genug, um etwa die Leute zum Spotten anzuregen. Sie spann ein unendliches Thema: die Klage über die schlechten Zeiten.

„Haben Sie acht", unterbrach sie plötzlich der Rat, „hier führt mitten im Gehwege eine Stufe hinab." Er faßte sie am Arme an, wie um sie zu leiten.

„O, ich weiß die Stelle. Es ist wahrhaftig nicht nötig." Sie sträubte sich ganz kindisch. „Nein, es zahlt sich wirklich nicht aus, daß Sie sich noch um mich bemühn, Anton."

Der Rat zog rasch seinen Arm zurück.

Die Frau schreckte zusammen über das vertrauliche Wort, das ihr unversehens entschlüpft war, doch sah sie verstohlen nach dem Gesichte des Mannes.

Der strich mit der Hand über die Stirne, dann sagte er gleichmütig: „Wo sind die Kinder? Man sieht keines mehr von ihnen."

„Sie werden voraus sein. Wir wohnen hier gleich um die Ecke. Seit dem Tode meines Mannes bin ich heraus vor die Linie gezogen. Einschränkung. Mein Gott, als arme Witwe. Bitte, Herr Rechnungsrat, belieben mir zu folgen. Nur wenige Schritte." Sie ging etwas rascher und hielt vor einem verwahrlosten, ebenerdigen Hause still. „Hier ist's", sagte sie.

Aus dem Hausflur tönte das kreischende Gelächter Armins.

Man hörte die kleine Ursula keifen: „Ich sag es der Mutter, wie keck der ist, und wie frech du dich betragen hast. Pfui!"

„Du Schnabel, du", schrie Kordula, „gegen dich war er nicht keck, und sag du der Mutter, was du willst, ich werd sie schon fragn, wer frech war, ich oder du, was . . ."

„Armin, heraus da!" donnerte der Rat.

„Gleich hinein, ihr Fratzen", schrie zornig die Mutter.

Armin kam auf die Gasse gestolpert, die beiden Mädchen liefen lachend in einen Gangwinkel.

„Sie in meine Wohnung einzuladen, wag ich gar nicht, Herr Rechnungsrat", sagte verlegen Frau Hartl. „Es sieht gar so dürftig aus bei uns."

„Keine Zeit, werte Frau Hartl. Möchte Ihnen auch keine Ungelegenheit verursachen", hustete der Herr Rat, denn aus dem Flur wehte ein widerlicher Gestanke. „Übrigens sehr erfreut gewesen —"

„Sehen wir uns wohl auch einmal gelegentlich wieder, Herr Rat?" fragte die Witwe, dem alten Manne ängstlich in das Gesicht blickend.

„Hm, ja — wenn es sich gelegentlich schicken sollte, wird es mich sehr freuen. Gute Nacht!"

Sie reichten sich die Hände und schieden.

Vielleicht, daß die Frau, bedrückt durch ihre Notlage, sich einen Augenblick mit einem Gedanken trug, der zur zweiten Täuschung in ihrem Leben geführt hätte, dem Manne war es klar, daß sie beide dermaleinst ihr Glück begraben hatten. Ach, und all das, „was einmal hätte sein können", schläft so tief wie das, „was einmal gewesen war", so unerweckllich wie all jene da draußen, über deren Gräbern heute Kränze welken und Lichter verflackern.

Ein Fußtritt Armins, der sich nach einer Bier holenden Magd umsah, weckte den alten Herrn aus seinen Gedanken.

Makulatur

Für den Städter ist der Herbst ein widerwärtiger Geselle. Auf dem Lande, wenn er Nähe und Ferne in feuchte Nebel hüllt und uns zwingt, mit tief einsinkenden Schritten über einen Teppich von modernden Blättern den Weg, gleichsam tastend, wie ins Ungewisse zu verfolgen, da vermahnt er an die Vergänglichkeit, an die kurze Frist aller Frühlingswonne und Erdenlust und an das Ende, das wie der Nebel jetzt noch in dämmernder Weite zu weben und zu wehen scheint, aber wie dieser urplötzlich, alles um uns her verhüllend, „einfallen" kann; das stimmt zu wehmütiger Nachdenklichkeit, und es will uns schier bedünken, wir sähen die Bäume ihre nackten Äste in ratloser Hilflosigkeit und stummer Anklage gegen den Himmel heben; obwohl wir bei einigermaßen nüchternerer Besinnung diese jammervollen Posen nicht gut vereinbar finden dürften mit der eigentümlichen Stellung, welche den Individuen des Pflanzenreiches beliebt, die allesamt den Kopf in der Scholle stecken haben und die Beine mit allem, was drum und dran, in die Luft recken.

Gar anders verhält sich's mit den Herbstgefühlen in der Stadt; dort breitet er sein Nebeltuch über die Dächer der Häuser, hält alle Mißdüfte, die in den Gassen und Gäßchen brauen, darunter fest und mischt noch den Rauch der Schornsteine und den Steinkohlendampf der Fabriksschlote hinzu, als gölte es, die unglückliche Bevölkerung zu ersticken. Zerreißt ihm sein Kamerad, der wilde, fegende Sturm, neckend das Nebeltuch, so plagt er durch diesen windigen Patron die Leute, ladet ihm allen Mist, vom feinen Straßenstaub bis zum groben Sandkorn, Papierfetzen, Lumpen und Lappen auf, das wirbelt nun um den bedrängten Fußgänger herum, das pudert ihm das Haar, blendet ihm das Auge, bewirft ihn mit jeder Gattung Kehricht, bis er auch den Geduldigsten zum Fluchen bringt.

An einer Straßenecke hüllte er eine schlanke, junge Frau in eine Wolke des nichtsnutzigsten Zeuges, das er in aller Eile zu erraffen wußte, und wenn sie auch so klug war, sich nicht zum Fluchen verleiten zu lassen — denn sie hatte die besten Gründe dafür, den Mund geschlossen zu halten —, so gelang es ihm doch, ihr Antlitz vor Ärger erröten zu machen, und sicher hätten, dieser Empfindung entsprechend, die sonst sanften, braunen Augen zürnend geblitzt, wären sie vor Tränen dazu gekommen. Als der Sturm nachließ, lief die Befreite eilig die Straße hinunter; das Körbchen an ihrem rechten Arme zeigte, daß sie vom Einkaufe kam, nun trachtete sie wohl heim, um ihren Pflichten als Hausmütterchen gerecht zu werden. Im Laufen stieß sie an einen jungen Menschen, sie entschuldigte sich mit wenigen hastigen Worten, als aber der Bursche Miene machte, sie mit der Versicherung, einer so Sanbern nähm er ein Zusammenstoß nit übel, zu umfassen und zurückzuhalten, da stieß sie ihn heftig zurück und rannte weiter.

Der also Abgefertigte lachte ihr höhnisch nach.

Diese Begegnung regte sie auf. Der Gedanke an dieselbe begleitete sie den Weg bis zum Hause, über den Flur, die Stiege hinauf und trat, nachdem sie die Wohnungstüre aufgeschlossen, mit ihr in die stillen, kleinen, rein und nett gehaltenen Räumlichkeiten.

Hatte sie denn auch nur irgend etwas an sich, in Kleidung, Gebärde oder in ihrem Gesichte, das im stande war, Frechheit zu ermutigen? Sie sagte sich nein und abermals nein. Sie trug sich einfach und wie es die Mode der Frau vorschrieb, nicht auffällig noch nachlässig, wie man es Mädchen nachsieht, und was diese ziert oder verunziert, Scheu oder Aufdringlichkeit in Gebärde, Unerfahrenheit oder Frühreife in den Mienen, das hatte sie, so viel oder wenig ihr davon auch einmal anhangen mochte, abgelegt; sie war eben kein Mädchen mehr, sondern ein junges Weib, gab sich offen und freimütig, wie es Frauen wohl ansteht, und forderte den Respekt, der ihnen zukam. Sie war stolz auf ihren Trauring — sie trug ihn allerdings erst ein Jahr —, er sollte jedem sagen, daß sie sich freiwillig e i n e m zu eigen gegeben habe, und es lag eine Beleidigung für sie darin, wenn irgend jemand auch nur daran dächte, dieses Eigen könne er ihrem Manne streitig machen! Was berechtigte zu diesem Gedanken? Man wird ihr, die gesonnen ist, es ehrlich mit ihren Pflichten zu nehmen, als Frau nie etwas nachsagen können, man kann es ja auch ihr als Mädchen im Grunde nicht!

Gewiß, im Grunde nicht.

Nach einer Weile mußte sie selber darüber lächeln, wie schwer sie dieses Begegnis mit einem trunkenen oder dummdreisten Menschen aufgenommen habe. Gott sei Dank, daß ihr Eduard noch nicht daheim war und sie es daher für sich behalten mußte; wenn sie darüber viel Aufhebens gemacht hätte, er kounte wahrhaftig meinen, hinter dem nichtigen Dinge stäke wer weiß was Bedenkliches.

Es war lange vergessen, als er kam und sie ihm um den Hals fiel. Sie gingen zu Tische und aßen und plauderten dazwischen und brachten es dabei mit der beneidenswerten Fertigkeit zweier junger glücklicher Leute zustande, sich in tausend Worten stets dasselbe zu sagen, ohne sich damit zu langweilen.

Nach Tische begab sich die Frau des Hauses, wie sie sich mit Vorliebe von ihm nennen hörte, nach der Küche und reinigte das Geschirr, während der Herr des Hauses, ein Titel, den er mit lächelndem Behagen von ihr entgegennahm, sich auf dem Diwan ausstreckte.

Nach getaner Arbeit schlich die Frau auf den Zehenspitzen durchs Zimmer, um den Schläfer nicht zu wecken, und saß geraume Zeit an dem Tischchen in der Fensternische, über den Stickrahmen gebeugt. Als sie sich wieder erhob, um nach der Küche zu gehen, hielt sie bei dem Diwan ein klein wenig still, sie hatte gute Lust, den Mann auf die Stirne zu küssen, gerade da, wo sie die krause Locke immer erst mit den Lippen zur Seite schieben mußte, aber sie bekämpfte siegreich diese Anwandlung weiblicher Schwäche und verließ das Gemach.

Klappernde Kaffeetassen erweckten den Herrn des Hauses, und nun saßen die beiden Leutchen wieder Seite an Seite bis zum Anbruche der traulichen Dämmerstunde und plauderten Dinge, die ein gegen seine Leser rücksichtsvoller Autor nicht nacherzählt, um nicht die, welche über derlei Gespräche bereits hinaus sind, und jene, die noch kein Verständnis dafür haben, gleicherweise zu langweilen; auf die Glücklichen aber, die eben in so holder, selbstverlorener Redseligkeit schwelgen, braucht er weder Rücksicht zu nehmen, noch hat er welche von ihnen zu erwarten.

Als die junge Frau die Lampe auf den Tisch gestellt hatte, erhob sich der Mann, ging nach dem Bücherschranke und nahm eine abgegriffene Broschüre heraus; sie enthielt Belehrungen über das Wesen der Lebensversicherung, und er verdankte den Einblick in dieses ebenso nützliche als wissenswürdige Werk der Freundlichkeit eines seiner Kollegen im Postamte, welcher nebenbei als Agent einer Assekuranzgesellschaft tätig war. Ein Hausvater hat eben noch ganz andere Sorgen als so ein lediger Springinsfeld, der, wie er niemandem zuliebe lebt, auch niemandem zum Kummer stirbt.

Die Frau hatte sich aus der Lade des Nähtischchens eine Handarbeit geholt und stand erwartend neben ihrem Stuhle. Plötzlich griff der Mann, der sich bequem auf ein Fauteuil niedergelassen und das Heftchen aufgeblättert hatte, mit einer zugleich beunruhigten und ungeduldigen Gebärde nach der Brusttasche. Die Frau lächelte.

„Nicht eine Zigarre", sagte er, wie hilflos aufblickend.

„O doch, Männchen, ich habe welche für dich gekauft." Sie ging nach dem Einkaufkörbchen, langte ein Päckchen heraus und legte es auf den Tisch. „Hier, Eduard. Ich hoffe, daß es gute sind, ich habe dem Mädchen in der Trafik eigens aufgeboten, mir die besten auszusuchen."

„Du denkst doch auf alles", sagte Eduard, ihr freundlich zunickend. „Was übrigens dein Aufgebot an die Trafikantin anlangt, so wollen wir doch erst untersuchen, ob es etwas gefruchtet hat; ich fürchte sehr, man hat dir wirklich die ausgesuchteste Ware gegeben; diese Verkäuferinnen machen sich die Unkenntnis der Frauen in solchem Handel nur allzu gerne zunutze." Er wickelte das Papier auf und wählte eine Zigarre aus. „Die sind wirklich ganz akzeptabel. Du hast in allem Glück und Geschick."

Dann saßen die beiden sich lautlos gegenüber, der Mann schmauchend und lesend, die Frau emsig die Nadel führend, um ein Monogramm in ein Batisttuch zu sticken.

Der junge Hausvater hatte sich bald über alle Vorteile, welche ihm die Versicherungsgesellschaft versprach, und alle Verpflichtungen, die sie ihm andererseits dafür auferlegte, genügend informiert, und er starrte nun auf die Ziffernkolonnen, welche neben der Zahl der Lebensjahre und der Höhe der für den Todesfall zu versichernden Summe den einzuzahlenden Betrag auswiesen. Er wollte ausreichend für seine Witwe sorgen, wobei er sich allerdings nicht mit der trüben Vorstellung trug, etwa schon in nächster Zeit das liebe, arme Wesen einsam und seines Schutzes beraubt zu denken, sondern dieses einigermaßen unbehagliche Bild in wohltuende Ferne rückte.

Er rechnete nach, wie weit er wohl bei seinen Gehaltsbezügen in der Sorge um seine Hinterbliebenen gehen dürfe. Spielend faßte er nach dem Papiere, welches um die Zigarren geschlagen war, er strich damit paarmal über die Tischplatte, er verdeckte damit die Ziffernreihen in dem Buche und ließ sie einzeln erscheinen und verschwinden, um zu prüfen, ob er ihre Angaben im Kopfe behalten habe. Auf dem Makulaturblatte befanden sich aber auch aufgereihte Zahlen, denn das Fragment enthielt auf dieser Seite aus dem finanziellen Teile einer Zeitung eine vergleichende Zusammenstellung der Bilanzen eines Aktienunternehmens durch das letzte Jahrzehnt.

Die auf diesem Deckblatte mitrückenden Zahlenreihen störten den jungen Mann und er drehte das Papier um. Die Kehrseite enthielt einen Teil der Rubrik „Gerichtssaal“ und fast vollständig den Bericht über eine Verhandlung, welche die Überschrift „Ein pflichtvergessener Lehrer“ trug.

Das war nicht störend für die Gedächtnisproben des jungen Postbeamten.

Die einzige Zahlenreihe auf dem Blatte war die Angabe des Datums, ihr zufolge hatte sich die Affäre vor sechs Jahren abgespielt . . . bei geschlossenen Türen . . . eine Anzahl Schulmädchen im Alter von zwölf bis vierzehn Jahren als Zeugen . . . Der Angeklagte hatte mit diesen seinen Schülerinnen in unerlaubtem Verkehre gestanden . . .

Es ist doch zu interessant! Der junge Ehemann entschließt sich, das Ding von der ersten bis zur letzten Zeile zu lesen. Schade, daß das Blatt gerade über der Mitteilung des Strafausmaßes abgerissen war. Man wüßte doch gerne, ob es sich der alte Sünder gereuen zu lassen braucht?

— — — — — — — — — — — — — — — — —

„Am freimütigsten, aber auch am gravierendsten für den Angeklagten deponierte die Schülerin Hedwig K., eine kleine, hübsche Brünette. Man konnte ihre Aussage fast haßerfüllt nennen. Das Mädchen ließ dem Verführer keine seiner Ausflüchte gelten. Es schien, als hätte sie mittlerweile die Tragweite des an ihr verübten Verbrechens erkannt, durch das vielleicht ihre ganze Zukunft vernichtet war . . ."

— — — — — — — — — — — — — — — — —

Die junge Frau schreckte zusammen. Der Tisch zitterte und Lampenglas und Kugel schlugen klirrend an einander.

Als sie aufblickte, sah sie die Hände des Mannes über der Tischplatte zucken und beben. Sein Gesicht war bleich und seine Augen starrten wirr. Sie erhob sich vom Stuhle. „Um Gottes willen, Eduard, was hast du? Was ist dir?“ Sie wollte auf ihn zu.

Er winkte ihr mit beiden Händen, von ihm zu bleiben, dann preßte er die Fäuste gegen die Schläfen. „O, nichts, nichts“, stöhnte er. Er ließ beide Arme sinken und lehute sich in das Fauteuil zurück. „Es kann ja doch nicht sein! Nur ein tolles Spiel des Zufalls möchte mir's gern abgewinnen“, murmelte er unverständlich. Er beschattete mit der Rechten die Augen, als schmerze ihn das Licht.

Die Frau stand unbeweglich; den Körper vorgeneigt, die Arme auf den Tisch gestützt, blickte und lauschte sie mit verhaltenem Atem nach dem Manne hinüber.

Nach einer Weile räusperte sich dieser, und ohne die Hand von dem Gesichte zu nehmen, sagte er flüsternd mit heiserer Stimme: „Ich mag mich irren, Hedwig, aber wurdest du nicht hier in ein und derselben Kirche getauft und getraut?“

„Ja.“

„Du bist also von Kind auf hier im Bezirke?“

Sie nickte.

„Besuchtest anch die hiesige Schule?“

„Die nämliche Mädchenschule, die heute noch auf dem alten Flecke . . .“

Er nahm die Hand von den Augen und sah die Frau mit einem wilden Blicke an, der sie von jeder Lüge abschrecken sollte. „Warst auch eine der Schülerinnen des Sebald Kerbmann?“

Diesmal schütterte der Tisch unter den bebenden

Händen der Frau. Eine Weile rang sie nach Atem, dann schrie sie auf: „Warum fragst du das?“

Der Mann schnellte vom Sitze empor. „Darum“, rief er, mit dem Rücken der linken Hand auf das Makulaturblatt schlagend, während er mit der Rechten seinen Hut erraffte, der auf der nächsten Kommode stand.

Aber die Frau hatte seine Absicht durchschaut, sie gewann ihm den Vorsprung ab, als er nach der Küche eilte, und lehnte nun zitternd mit dem Rücken an der Wohnungstüre.

„Laß mich hinaus!“ herrschte er sie an.

Sie streckte die Arme nach ihm, sie neigte das Köpfchen, als wollte sie das schluchzende Gesicht an seiner Brust bergen. „Verlaß mich nicht — oh — verlaß mich nicht!“

Er stieß sie zurück. „Rühr mich nicht an! Gib Raum!“ Er drängte sie von der Türe hinweg, daß er diese an sich ziehen kounte, gerade so weit, daß der Spalt ihm erlaubte, hinauszuschlüpfen.

Sie lehnte lauschend in dem Winkel, wohin sie die Hand des Mannes gestoßen hatte, bis sie die Tritte auf der Treppe verhallen hörte, danu stürzte sie in das Zimmer, raffte den verhängnisvollen Makulaturstreifen an sich, und nachdem sie ihn gelesen, brach sie vor dem Fauteuil zusammen. Stunden vergingen, während sie mit dem Kopfe über dem linken Arme auf dem Sitzpolster lag, bald schluchzend, bald vor sich hinbrütend; endlich raffte sie sich auf. Den Zettel, den sie noch immer zwischen den krampfhaft geschlossenen Fingern der Rechten hielt, strich sie glatt, faltete ihn zusammen und schob ihn in ihr Geldtäschchen.

Niemand, der sie hätte sehen können, wie sie vorhin vor Jammer fast verging, würde sie für dasselbe junge Weib gelten lassen haben, das nun bedächtig die Lampe verlöschte, sorglich die Wohnung absperrte und mit gleichmäßigen, ruhigen Schritten die Treppe hinunterstieg. Im Flur angelangt, trat sie bei der Hausbesorgerin ein. „Sind Sie so gut, bewahren Sie den Schlüssel auf und übergeben Sie ihn meinem Manne; möglich, daß er heute gar nicht mehr kommt, denn er ist in Gesellschaft und sie behalten ihn vielleicht über Nacht dort. Aber wenn er kommt, so sagen Sie ihm, es hätte mich an meine Leute gemahnt und ich wäre zur Mutter gegangen."

*

Kurze Zeit darauf ließ sich das Paar scheiden und lebte getrennt. Beide hatten nun für lebenslange das jähe Erwachen aus einem Traume, der sie froh und glücklich gemacht, zu verschmerzen.

Hedwigs Einwilligung war der Preis für Eduards Diskretion gewesen, und die Scheidung hatte auf Grund des am wenigsten kompromittierenden Anlasses, der „gegenseitigen unüberwindlichen Abneigung", stattgefunden. Aber die Nachbarschaft ließ sich nichts vorflunkern, sie wollte nie etwas von einer gegenseitigen unüberwindlichen Abneigung gemerkt haben und erging sich in den abenteuerlichsten Vermutungen, um einen stichhältigen Grund für die Trennung aufzustellen und den schuldtragenden Teil ausfindig zu machen, wobei es nicht fehlen konnte, daß schließlich beide Teile verdächtigt wurden, denn wer den Mann freisprach, der klagte die Frau an und umgekehrt; aber Eduard schwieg dazu, edelsinnig erachtete er das arme Geschöpf — seine ehemalige Frau — des Opfers wert: ihrethalben üble Nachrede von Leuten zu ertragen, an deren Urteil ihm nichts gelegen war. Ihn konnte sein gutes Gewissen trösten. Er hatte nur getan, was er seiner Ehre schuldig war. Gewiß, durch einige wenige Worte hätte er sich vollkommen rehabilitieren können, bei dem glänzenden Standpunkte unserer Moral, welche die Gefallenen verdammt und die Verführten verstößt, ohne von deren Verderbern und Verführern sonderlich Notiz zu nehmen.

Lesarten und Anmerkungen

Bekannte von der Straße

Eine Handschrift, H_2, I. N. 16749; im ganzen $9 + 10 + 15 + 4 + 4 + 5 = 47$ Halbbogen; enthält sechs „Genrebilder", jedes mit der Überschrift: Bekannte von der Straße. Genrebilder von L. Anzengruber. Darunter auf Halbbogen (Blatt) 1: I. Der Herr Professor. Am Rande „Erste Serie" durchgestrichen. — Auf Blatt 10: Ein Wilder von Profession. Am Rande: Correctur Preßbaum a. d. Westbahn. No. 151. — Auf Blatt 20: III. Die Freundin. Am Rande: Correctur Preßbaum. No. 151. — Auf Blatt 35: IV. Der Literat. Am Rande: Correctur VI. Hofmühlgasse 2. — Auf Blatt 39: V. Unsere kleinen Enttäuschungen. — Auf Blatt 43, nach verschiedenen Versuchen (siehe unten): VI. Alte Liebe. I.—V. Reinschrift für die Heimat, H_2; VI., wie schon die Bezifferung zeigt, offenbar auch für die Heimat bestimmt; die Reinschrift (H_2) reicht vom Anfange bis 80_7 gehabt.] und von 80_{17} [Sie waren in einem Hause bis 83_3 — verschollen!] Nichts deutet in diesem H_2-Fragmente auf eine Weihnachts- oder Silvestergeschichte. — Diese entstand wohl erst mit Rücksicht auf den Wunsch der einladenden Zeitungen. Nun wird der Titel dem neuen Zwecke angepaßt, mit flüchtiger Hand (H_1) die Stelle 80_{7-16} [und ihr Wiederfinden bis eine andere] eingeschaltet und mit 83_4 die Weihnachts-, bzw. Silvestergeschichte weitergeführt. — In den Lesarten wird die Handschrift von VI. der Einfachheit halber mit H_1 bezeichnet. — Drucke: I—V: Z = Heimat; I.: 1877, Seite 401 ff; II.: 1877, Seite 671 ff, 687 ff; III.: 1878, Seite 26 ff, 43 ff; IV.: 1878, Seite 545 ff; V.: 1878, Seite 580 ff. — VI.: Z_1 = Neues

Pester Journal, Ende Dezember 1879; Z_2 (vermutlich Nachdruck des „Original-Feuilletons" Z_1) = Morgenpost 5. Jänner 1880. — Von Z_1 im Schriftenkasten, I. N. 16748, ein wohl für die Buchausgabe B verbessertes Exemplar: Kb, das den Text von H_1 wieder herstellt. — B = Bekannte von der Straße. Genrebilder von Ludwig Anzengruber. Leipzig, B. F. Albrecht, 1881. —

Der Herr Professor. 1_{16} leicht, eine H_2Z | 2_{16} können, denn H_2ZB | 3_{20} über dem Spiegel Z, über dem Secretär B | 5_{16} seine zwei Schülerinnen ZB | 7_{12} ein, bog B | 8_{31} lassen, aber H_2 | 10_5 Winkel, um H_2ZB | 10_{10} Welt, er H_2Z | 10_{12} zerplatzen, als B | 10_{25} gelangte, dort H_2ZB | 12_{18} still ZB ||

Ein Wilder von Profession. 17_{10} hängt ZB | 17_{12} Hof, er H_2 | 17_{20} ruhig wie H_2ZB | 18_9 konnte] so in H_2ZB | 18_{29} gen Himmel B | 20_2 hob dies das ZB | 20_7 vor, es H_2ZB | 20_{18} orangefarbenes B | 21_8 ungeheuere H_2 | 21_{19} Erholungssuchende ZB | 22_{12} obenerwähnte B | 23_{19} Volksredner, er H_2ZB | 25_{11} draußen B | 25_{14} derem H_2ZB | 27_2 Mondlicht, Johann ZB | 28_{28} da, aber H_2 | 29_{19} herunter ZB | 29_{21} Untertheil] so H_2ZB; die Randkorrektur von H_2 besteht (für den Druck) auf Unterleib | 29_{23} Weibern] so H_2ZB | am Rande von H_2: Weibsbildern | 30_4 etwas Schönes B ||

16_{18} Hungelbrunn] die 29. (kleinste) der ehemaligen 34 Wiener Vorstädte („Gründe") — Liechtental (im heutigen IX. Bezirke) war die 5., Spittelberg (im heutigen VII.) die 17., Gumpendorf (im heutigen VI.) die 22. Vorstadt — ein kleiner Ort zwischen Wieden und Matzleinsdorf; hat nach volkstümlicher Überlieferung den Namen von einem sogenannten Hungerbrunnen, der sich einst auf diesem Grunde befunden haben und, wie sein Name sagt, nur in trockenen Jahren wassereich gewesen sein soll. – 26_{7} **bei Erdbeben**] Rudolf Falb glaubte nachweisen zu können, daß der Eintritt der Erdbeben unter anderem mit bestimmten Konstellationen der Sonne und des Mondes zusammenhänge. Er trat mit seiner Hypothese Ende der Siebzigerjahre hervor. —

Die Freundin. 34_{4} heiteren ZB | 34_{8} größeren ZB | 34_{10} passen, es H$_2$ ZB | 36_{14} untere fehlt B | 38_{30} sagen; ich H$_2$ ZB (der Sinn verlangt :) | 38_{31} gekommen! H$_2$ | gekommen: B | 39_{30} *concilium* H$_2$ | 42_{24} an Schiller] so H$_2$ ZB; an vermutlich wegen räuberischen | 44_{27} wenig, um H$_2$ ZB | 46_{8} gibt, das H$_2$ (mit verschiedenen Änderungsvorschlägen am Rande) ZB | 47_{11} Lampenscheine B | 47_{25} Prachtkerl ZB | 48_{12} über dem H$_2$ | 48_{30} selten, man H$_2$ | 49_{6} Rangstufe, fehlte H$_2$ | 50_{10} in sein B | 50_{17} „Das geht ans Leben!" fehlt in B | 51_{18} lasse; ist H$_2$ | 53_{31} Friederike, sie H$_2$ ZB | 55_{4} sich, thun H$_2$ | 59_{4} an fehlt ZB ||

36_{17} **Chenillefäden**] raupenähnliche (frz. *chenille* = Raupe) Seidenschnüre, zu Stickerei und Weberei dienend. 50_{31} **Ragalien**] = schlechte, unbrauchbare Hunde; entweder abzuleiten von Rökl = großer Haushund, dann träger, lümmelhafter Hund (vgl. Castelli, Wörterbuch, 221), oder von frz. *racaille* = Lumpenpack, das wiederum von *rack* (engl.) = Hund in ähnlicher Weise gebildet ist wie *canaille* von *canis*. — Hier als Schimpfwort für schlechte Dienstboten; in eigentlicher Bedeutung vgl. 44_{12}. —

Der Literat. 61_{24} Sekretär, dieser H$_2$ | 62_{2} darauf fehlt ZB | 62_{7} Laden, gleich H$_2$ | 62_{19} nicht besonders neugierig ist Z | 62_{23} Zusammenhang, die H$_2$ ZB |

62_{27} Mitgenommenes: Z B | 62_{31} (= 67_{31}) Hornfels's H_2 | 63_2 Fond H_2 Z B | 63_4 anderen — ... Trinken — Z B | 63_{23} überhaupt fehlt Z | 63_{32} erzog? H_2 Z B | 64_7 Verfasser in ... Talent derlei Z B | 64_{11} sorgfältig Z B | 64_{17} anbelangt Z B | 65_1 erfüllt Z B | 65_3 könntest Z B | 65_{18} dünken; nach H_2 Z B | er, je H_2 | 67_7 wozu er sonst selten Anlaß nimmt fehlt B ||

Unsere kleinen Enttäuschungen. 70_{13} untergelegt Z B | 70_{27} hinwegsetzen] und sich gehaben in toller, überschäumender Lebenslust; gehalten Z | 71_3 unsauberen Z B | 71_{11} Mittagsmahle Z B | 71_{17} mit einer übertriebenen Z | 71_{30} Abend vorher H_2 | 73_6 aushelfen Z B | 77_1 nehmen, laßt H_2 Z B | 77_4 erlogenen Z B ||

Alte Liebe. Titel: H_2 Bekannte von der Straße. Genrebilder von L. Anzengruber. VI. Alte Liebe durchgestrichen; darunter An des Jahres und des Lebens Neige. Am Rande Zur Jahres und Lebensneige durchgestrichen. Z_1 und Z_2: An des Jahres und des Lebens Neige. Ein Genrebild. — Kb setzt wieder den ursprünglichen Titel Alte Liebe ein. B: Alte Liebe. ($Z_1 + Z_2 +$ B = D).

78_{12} ab, darunter H_1 | 78_{22} Begleiterin, sie H_1 | 79_6 Äußeren D | 79_{24-27} können; — eine .... denken, — so H_1 | können — eine .... denken — Z_1 Z_2 | können — eine .... denken, — so B | 79_{29} Mit einem Male D | 80_6 sich lange Z_1 Z_2; Kb (=B) schaltet (nach H_1) eine ein | 80_{15} Leute, sie H_1 | 81_2 fragen, sie H_1 | 81_{25} junger Leute Späße Z_1 Z_2 | Kb (= B) stellt (nach H_1) junge Leut-Späße wieder her | 82_3 aus dem Hause $Z_1 Z_2$; Kb ändert (nach H_1) in Thore (= B) | 82_5 vermied, ob H_1 | 82_{11} u. ö. Herrmann „Herrmann" D | 82_{15} Wert, er H_1 | 82_{16} Annehmlichkeiten, bei H_1 | 82_{17} beanstandete

Z_1B | 82_{24} Jugenderinnerungen, er H_1 | 83_5 stimmen die Angaben $Z_1 Z_2$; Kb ändert (nach H_1) die in alle (= B) | 83_{21} zusammengekrümmt, der H_1 | 83_{25} anzupassen, nur H_1 | 84_7 war gar $Z_1 Z_2$; Kb (= B) schaltet (nach H_1) das ein | 84_{12} zurückstoßen — so H_1 D | 84_{18} sind Sie es?" $Z_1 Z_2$; Kb (= B) ergänzt (nach H_1) wirklich?" | 84_{21} festhielt, aber H_1 | 84_{23} erinnern, es H_1 | 84_{26} Ton D | 85_7 herumschweifen $H_1 Z_1 Z_2$; Kb (= B) ändert in umherschweifen | 85_9 angafften $Z_1 Z_2$; Kb (= B) ändert (nach H_1) in begafften | 85_{13} bei sich $Z_1 Z_2$; Kb (= B) ändert (nach H_1) in bei ihm | 85_{16} in seiner Anfrage $Z_1 Z_2$; Kb (= B) (nach H_1) in seinem Antrage | 85_{21} Ja [, nun] $Z_1 Z_2$; Kb (= B) ändert (nach H_1) in Je | 85_{30} zutragen; ob H_1 | 86_{21} Gehältern Z_1 (Z_2 Gehalten); Kb (= B) ändert (nach H_1) in Gehalten | 86_{22} für Pflicht H_1 | 86_{31} gehalten, mit H_1 | 87_{10} müßte, aber H_1 D | 87_{30} knüpften B | 88_4 nachdachte D | 88_{10} gestellt, hatte H_1 | 88_{28} er gleich fügsam B | fügsam; sie D | 88_{30} Gatten $Z_1 Z_2$; Kb (= B) ändert (nach H_1) in Mannes | 88_{31} stehen, dafür H_1 | 89_9 vor ihr zu gelten $Z_1 Z_2$; Kb (= B) ändert (nach H_1) in von ihr zu halten | 89_{18} sagte: „Nein, wenn $Z_1 Z_2$; Kb (= B) sagte: „Mine, wenn | 89_{20} hätten den Anspruch $Z_1 Z_2$; Kb (=B) ändert (nach H_1) in hätten danu Anspruch ||

Die Kameradin

Die Druckvorlage, I. N. 16814, besteht aus h = Seite 167—132 der Buchausgabe der ersten Fassung des Schandfleck (S_1) mit handschriftlichen Änderungen, Streichungen, Zusätzen; und aus H = 14 beigeschlossenen Manuskriptbogen. Als Umschlag-(Titel-)blatt der Bogen aus S_1 verwendete der Dichter das vom Oktober 1880 datierte Preisblatt einer Wiener Warenhandlung. Die

Manuskriptbogen enthalten: Bogen 1—3 das 5. Kapitel, anschließend an die handschriftliche Inhaltsangabe, mit der auf Seite 242 von S_1 der Anfang des XVII. Kapitels überklebt ist; Bogen 4—14, Seite 1 den Schluß der Erzählung, angefangen von 234_{24}; Bogen 14, Seite 2—4, die Vorbemerkung. — Die Seiten- und Zeilenzählung von S_1 nach der Buchausgabe, zweite Auflage, 1879; zum Vergleiche herangezogen wurde gelegentlich auch das Handschriftfragment H_2 sowie der Abdruck der ersten Fassung des Schandfleck in der Heimat, H_e. Siehe auch die Lesarten zu Band IX. — Zwei Drucke: Z = Roman-Beilage zur „Reichenberger Zeitung", 9. April 1882 ff; B = Die Kameradin. Eine Erzählung von Ludwig Anzengruber. Dresden und Leipzig, Verlag von Heinrich Minden, 1883. Ein Widmungsexemplar des Verlegers an den Dichter ist datiert vom 22. Dezember 1883, ein Widmungsexemplar des Dichters an Schlögl (Meinem werthen Freunde Friedrich Schlögl) vom 19. Juli 1883. — Unter dem Titel: Erzählung H Z | Eine Erzählung B. —

Vorbemerkung. 93_3 jedoch fehlt ZB | 93_{22} fertig, minder ZB | 94_8 Irrsinn ZB | 94_{17} Wahnsinnes ZB | 94_{23} H bessert nahe zur Hand nachträglich mit Bleistift in nahe zu | 95_{17} H bessert in meine Hand nachträglich mit Bleistift in in meine Macht | 95_{25} bleibt, interessierst H | Datum: H streicht: Wien, Dezember 1880 und ersetzt es durch Wien — 1881; Z: Wien, im Mai 1881. B ohne Datum. —

I. Kapitel. [I. Capitel — 97_{12} war durch eine] handschriftlich an Stelle von S_1 XIII. Zeile 1—4; das übrige = S_1, Kap. XIII, Seite 167 [Art Zelt bis zum Schlusse dieses Kapitels, Seite 189 Leute darin] | 97_1 Capitel. In Z | Capitel, in B | 97_4 in Kauf bekommt Z | 97_8

Sommervormittags Z B | 97_{9} ziemlich fehlt B | 97_{10} Fußpfade längs der Fahrstraße an B | 98_{1} Magdalena S_1, die Dirne h | 98_{7} keins B | 99_{23} Da gegen die Landstraße haben B | 100_{1} Tage B | 100_{13} Dir es B | 100_{19-22} Glaub nit bis Kopf h statt S_1, 169_{27-32} „Ich weiß nicht. Wenn Du den Reindorferhof kennst?" „Ah, der liegt in den Langendorfer Gräben? Freilich hab' ich ihn schon nennen gehört, ein schöner Hof und brave Leut' darauf, aber gesehen hab' ich von Beiden Keines. Ja, meine liebe Dirn'!" | 100_{26} Tür B | 100_{27} (vgl. 111_{17}) des Wagens Z B | 101_{3} lange B | 101_{15} erlauben, gelt B | 101_{18} im Gebäude drüben B | 101_{20} wäre B | 102_{5} Gebresteelend B | 102_{9} niemals Z B | 102_{11} ihm S_1 H_2, ihn h, ihm Z | 102_{22} gebrochener B | 102_{24} Trank, da S_1 Z | 102_{27} vor S_1, von h H_e | 102_{29} Worte B | 102_{30} darauf fehlt B | 102_{31} wäre B | 103_{6} Menschenwelt B | 103_{7} Sage B | 103_{10} Jahre B | 104_{2} noch gestern B | 104_{11} Magdalena, S_1 das Mädchen h | 104_{12} Kreuze B | 104_{19} etwas Arges B | 105_{29} daß er Z B | 106_{15} anderen fehlt B | 106_{23} Sennefelder B | 107_{5} weiter kein Wort B | 108_{1} gewesen, so S_1 Z | 108_{2} Höhle, wie S_1 Z | 108_{5} in den Augen S_1 in die Augen H_e h | 108_{14} hat aber B | 108_{22} Name in B | 109_{16} seinen Z B | 109_{18} sagte B | 110_{7} Leut' könnten S_1 Z | 110_{14} über Mittag B | 110_{15} wohl fehlt B | 110_{28} Magdalena S_1 seine Gefährtin h | 111_{18} (Vgl. — 100_{27}) des ungleichen Paares Z | 111_{28} Sache B | 112_{16} verwegener Z | 112_{19} verwunderlich B | 112_{30} Haus, das S_1 Z | 113_{1} Augen, aber S_1 Z | 113_{3} wäre Z | 113_{8} Würmel B | 113_{21} aufeinander B | 113_{28} kurzen fehlt B | 114_{16} im Arm B | 114_{19} gibt er an B | 114_{28} Magdalena S_1 das Landkind h | sich bisher B | 114_{29} Heimathsdorf Z | 115_{17} Magdalena S_1 das Mädchen h | 115_{29} damals Z B | 116_{15} mehr fehlt B | 116_{19} guts Z | 116_{26} einen Korb B | 117_{14} Herrenleut B | 117_{27} derlei leicht

Z | 118_{12} leid, was S_1 Z leid; was h | 118_{15} spielen, ein S_1 | 118_{16} hat auch B | 118_{29} Fräulein B | 119_4 Sinne Z B | 119_9 nur fehlt Z | 119_{27} Magdalena S_1 die Dirne h | 119_{28} sie wäre doch Z so wäre sie doch B | 119_{30} Dirn, dir S_1 Z | 120_4 Du weißt dich nicht aus S_1 Weißt du dich aus h | 120_{11} gern ein B | 120_{15} Magdalena S_1 das Mädchen h | 120_{16} danke B | 120_{20} Magdalena S_1 Des Kollinger Michels Reisegesellschafterin h | 120_{22} Straße; es S_1 Z | 122_1 gemacht, da S_1 Z | 122_3 auch fehlt Z | 122_8 viele B | 122_{13} Haustor B; 122_{14} Magdalena S_1 Das Mädchen h | 122_{15} rein fehlt B | 122_{16} sie fragte nach Johann Reindorfer. S_1 und fragte nach Reinhold Brucker h. ||

II. Kapitel. 122_{21} ff: II. Capitel. Eine Nacht bei ... bis Die Rechtgewiesene befand sich h statt XIV. Magdalena befand sich S_1. Das übrige = S_1 Seite 189_4 v. u. [auf dem Gange ... bis Schluß des Kap. XIV und Kap. XV bis S_1 Seite 208_{21} ... übel nehmen] | 122_{29} Stiegen S_1 H_e Treppen h | 122_{30} zeigte sich in gleichem ungescheuerten Zustande, so daß S_1 H_e zeigte sich gleichfalls in so ungescheuerten Zustande, daß h | 123_4 Thür B | 123_{14} Strümpfen B | 123_{17} Johann Reindorfer.... Magdalena S_1 Reinhold Brucker .... das Mädchen h | 123_{19} Herr] von Reindorfer S_1 gewesene Stadtaktuarius Brucker h | 123_{23} f die Leipold bis von ihr h statt S_1 190_{22-23} Die Reindorfer Leni von Langendorf, der Vater schickt mich her, und da ist ein Brief von ihm. | 123_{25} „So,] von der Schwester — 124_3 ich nichts." h statt S_1 190_{24} „So,"] sagte sie, „vom Schwager Josef bist Du? Und er schickt Dich zu uns? Merkwürdig, ich hab schon gemeint, er gibt gar nichts auf unsere Verwandtschaft, jahrlang' schaut er sich nicht um und schickt nie eine Kleinigkeit vom Lande herein, wo er doch weiß, daß wir es brauchen können. Bringst Du vielleicht da etwas mit?" Sie griff nach dem Bündel, das Magdalena trug. „Nein, Frau Tant', bringen thu' ich nichts." | 123$_{30}$ Ihr's doch ZB | 124$_{7}$ brauchet S$_{1}$ braucht h | 124$_{9}$ was Ihr da wieder werdet S$_{1}$ was Ihr werdet h | 124$_{13-19}$ Zimmer, da] brannte bis alter Mann h statt S$_{1}$ 191$_{10-19}$ Zimmer, da] saß in einem hohen Lehnstuhle ein greiser Manu, der Schein einer Lampe fiel auf sein Gesicht, Magdalena erkannte sofort in ihm ihren Oheim, das war Zug fiir Zug der Vater Reindorfer, nur noch einige Jahre älter und in Folge dessen hinfälliger, aber so und nicht anders wird er aussehen, wenn er das gleiche hohe Alter erreicht, was sich ja bei seiner zähen Lebenskraft wohl erwarten ließ. Magdalena aber wird bald nicht ganz einig mit sich sein, ob sie ihm das wünschen soll. | 124$_{20\,f}$ die Dirne .... ihn .... Er h statt S$_{1}$ 191$_{20,\,21}$ Sie .... den alten Manu .... Dieser | 124$_{26\,f}$ Leipold Brigitt .... meiner Schwester h statt S$_{1}$ 191$_{27,\,28}$ Reindorfer Leni .... Deines Bruders | 124$_{26}$ Frau fehlt B | 124$_{29}$—125$_{11}$ „Von der Schwägerin bis gar nichts mehr h statt S$_{1}$ 191$_{30}$—192$_{8}$ „Von meinem Bruder] — vom Josef — ja vom Josef. Und wie groß sie schon ist, wie groß."

Seine Frau hatte mittlerweile den Brief erbrochen und gelesen; als sie sah, daß Magdalena darüber große Augen machte, sagte sie, mit einem bösen Zug um den Mund: „Nun, was guckst Du so großmächtig? Dein Vater hätte eigentlich auch gleich an mich schreiben können, aber freilich, da er sich nie umgesehen hat, so weiß er auch nicht, wie es mit seinem leiblichen Bruder steht; der alte Mensch da ist ja zu [gar nichts mehr .... | 125$_{5}$ sein? h Z | 125$_{6}$ Leipold, kannst B | 125$_{23}$ mühsam Z | 125$_{31}$—126$_{2}$ h statt S$_{1}$ 192$_{28,\,29}$ Von Deinem Bruder." „Vom Josef? So gib, den muß ich ja lesen." | 126$_{7}$ Brigitta h statt

S_1 193_1 Magdalena | Brigitte Z B | 126_{16} f wohnt,] meine — dir, [die hat h statt S_1 193_{10} f wohnt,] das ist nämlich eine Schwester von mir, daher für Dich auch eine Tante, [die hat | 126_{26-28} sie .... die Schwägerin .... Brigitta h statt S_1 193_{20-21} er .... der Bruder .... Magdalena | 127_3 jetzt fehlt Z | 127_9 alte Schulmeister S_1 (194_1) gewesene Stadtaktuarius h | sagte zu deutsch: „Die S_1 (194_1) sagte: „Zu deutsch: Die h | 127_{12} f Tante zu Magdalena, „den S_1 $194_{3,\,4}$ Tante, „den h | 127_{18} halb fehlt B | 127_{20} f meiner Schwester, der Schullehrerswitwe h statt S_1 194_{12-13} von Deines Vaters Bruder | 127_{26} dürfte B | 127_{28} Magdalena S_1 (194_{18}) Brigitte h | 128_{10} f der alte Schulmeister .... sagte zu deutsch: „S_1 (194_{31} f): Ex-Aktuarius .... sagte: Zu deutsch: h | 128_{14} Tante B | Magdalena S_1 (195_3) Brigitta h Brigitte B | 128_{17} Lehnstuhl Z B | 128_{31} Die Fußnote zu *similis simili gaudet* fehlt in B | 129_{5-8} Zu deutsch: „Dem .... Vater des gelehrten Sohnes .... Frau Aktuarius h statt S_1 195_{27-29} Zu deutsch: Dem .... alte Schulmeister .... Schulmeisterin | 129_{13} der Schwägerin h statt S_1 196_3 dem Josef | 129_{15} sie läßt h statt S_1 196_6 er läßt | 129_{16-18} „Schön Dank bis wie ich. — h statt S_1 196_{7-11} „Der Josef, ja, der Josef — das freut mich; er wird wohl auch schon alt sein — recht alt — so alt aber doch nicht wie ich — hihi — das Jahr noch werde ich neunundsiebzig! Man hat aber keine Freude mehr in so hohen Jahren. | 129_{19} aber fehlt B | 129_{21} Wege S_1 (196_{14}) Weg' h | 130_{12} trotzdem Z | 130_{17} liebe Minna Z | 130_{24} Die Schwägerin und h statt S_1 197_{13} der Josef und | Nach 130_{27} Leben war.] streicht h die Stelle S_1 197_{16-32}: Ja, ja, schau' einmal, ich habe ja gar nicht einmal gewußt, daß der Bruder zwei Mädeln hat, von Dir hat er mir ja gar nichts sagen lassen!"

„Aber er sagt, er hätte noch eigens den Bruder und die Schwester zu Euch nach der Stadt geschickt."

„So, so, wann war denn das?"

„Es ist nun achtzehn Jahr' vorüber."

„Achtzehn Jahr'? Das ist doch spaßig, ich kann mich darauf nicht besinnen, und wie sein Erstes zur Welt gekommen ist, das weiß ich noch wie heut'! Das ist gewesen vor sechsunddreißig Jahren, da hat er, ohne anzuklopfen, dort die Thüre sperrangelweit aufgerissen und zum Grüßgott hereingerufen: Wir haben einen Buben! Das war ein sauberes Kind, ist ihnen aber nicht lange verblieben. Das weiß ich noch wie heut' — noch wie heut'. — Daß aber Dein Bruder und Deine Schwester sollten bei uns gewesen sein . . .!" Er stützte den Kopf in die Hand und dachte nach. | 130$_{28}$ Thür B | Aktuarius h statt S$_1$ 198$_1$ Schulmeisterin | 131$_5$ Bier fehlt B | 131$_7$ Magdalena S$_1$ (198$_{10}$) Brigitta h | 131$_{11}$ Schulmeister S$_1$ (198$_{14}$) alte Mann h | 131$_{25}$ Schulmeisterin S$_1$ (198$_{26}$) Tante h | 132$_{11}$ Magdalena S$_1$ (199$_{11}$) Brigitte h | 132$_{15}$ Magdalena S$_1$ (199$_{15}$) das Mädchen h | 132$_{18}$ Schulmeister S$_1$ (199$_{18}$) Aktuarius h | 132$_{27}$ Magdalenens S$_1$ (199$_{25}$) Brigittens h | 133$_3$ Magdalena S$_1$ (199$_{32}$) Die Dirne h | 133$_{12}$ Sennefelder B | 133$_{23}$ Magdalena S$_1$ (200$_{18}$) Brigitte h | 133$_{30}$ Schulmeisterssohne S$_1$ (200$_{25}$) Aktuarssohne h Aktuariussohne B | 134$_4$ und beruhigte B | 134$_{10}$ Magdalena S$_1$ (201$_4$) Brigitte h | 134$_{16}$ Schulmeisterin S$_1$ (201$_{11}$) Frau h | 134$_{26}$ Bett B | 134$_{31}$ Magdalena S$_1$ (201$_{24}$) Brigitte h | 135$_9$ Magdalena S$_1$ (202$_1$) Brigitte h | 135$_{10}$ Schulmeister S$_1$ (202$_2$) Alte h | 135$_{18}$ Schulmeisterin S$_1$ (202$_{10}$) Tante h | 135$_{27}$ gern B | 135$_{30}$ Magdalena S$_1$ (202$_{22}$) Brigitte h | 136$_{13}$ still B | 136$_{14}$ Magdalena S$_1$ (203$_4$) Brigitt' h Brigitte ZB | Nach 136$_{18}$ wüßte] streicht h die Stelle S$_1$ Seite 203$_{8-24}$: Der alte Mann war greinig, zuwider und launenhaft wie ein Kind, doch vermochte er nicht, auch manchmal lieb zu sein wie ein solches, aber er war ebenso hilflos und der Pflege bedürftig, und ebenso herzinnig erfreut über kleine Freundlichkeiten. Er hatte Recht, man hat wohl keine Freude an so hohem Alter! Und nun ward ihr auch klar, warum sie ihrem Vater ein solches wünschte, er hat ja nichts Gutes davon, es war eigensüchtig von ihr, aber es war liebende Eigensucht, sie wollte sich die härteste Mühsal nicht gereuen lassen, um in der Sorge für seine letzten Tage ihren Gefühlen gegen ihn genug zu thun, und wie sie es nie vergaß, so sollte auch die Welt daraus inne werden, was der alte, hinfällige Mann ihr dereinstens gewesen war. In diesem Sinne betete sie zu Gott, daß er ihr erhalten bleiben möge und mit diesem Gebete entschlief sie zum andern Male. [Es war noch kaum . . . | 136$_{23}$ wurde Z | 137$_{1}$ Schulmeisterssohn S$_1$ (204$_{5}$) junge Gelehrte h | 137$_{2}$ alte Schulmeister S$_1$ (204$_{6}$) Oheim h | 137$_{11}$ Schulmeisterin S$_1$ (204$_{15}$) Frau Aktuarius h | 137$_{17}$ Magdalena S$_1$ (204$_{20}$) Brigitte h | 137$_{22}$ Magdalena S$_1$ (204$_{25}$) das Mädchen h | 137$_{27}$ Magdalena S$_1$ (204$_{29}$) Brigitte h | 137$_{28}$ Waggon H$_e$, Wagen Z | Nach 137$_{31}$ beginnt S$_1$ Kap. XV. h streicht XV. | 138$_{1}$ Magdalena S$_1$ (205$_{1}$) Brigitta h Brigitte B | 138$_{22}$ Einsiedler Z | 139$_{6}$ Zwischen Ungewohnte wach S$_1$ (206$_{3}$) schaltet h der Fahrt ein | 139$_{12}$ Magdalena S$_1$ (206$_{10}$) sie h | 139$_{13}$ heraus S$_1$ (206$_{12}$) hinaus h | 139$_{18}$ Magdalena S$_1$ (206$_{16}$) Brigitte h | 139$_{28}$ Wirklichkeit Z | 140$_{18}$ ja fehlt B | 140$_{23}$ Bahnhofshalle Z | 140$_{25}$ Magdalena S$_1$ (207$_{19}$) Brigitte h | 140$_{30}$ viel B | 141$_{10}$ draußen B | 141$_{12}$ Magdalena S$_1$ (208$_{4}$) Brigitte h | 141$_{27}$ an die B |

III. Kapitel. Es beginnt nach S$_1$ 208$_{21}$ (XV. Kap.) . . . nehmen] und reicht bis zum Schlusse dieses Kapitels S$_1$ Seite 231$_{6}$. | 142$_{1-7}$ III. Capitel bis Herr von Fischer h | 142_{6} Dienstvermittelungsanstalten ... Dienstvermittelung B | 142_{8} sie S_1 (208_{22}) Brigitte h | 142_{11} Wagen Z | 142_{17} Magdalena S_1 (208_{29}) Die Dirne h | 142_{28} Ausgaben B | 142_{31} Magdalena S_1 (209_{10}) Brigitta h | 143_{2} einer abgelegenen S_1 (209_{13}) h schaltet so ein | 143_{5} und erbarmungslose B | 144_{6} Stiefeln B | 144_{17} Stiefeln,] die mehr Ehre im Leder hatten als ihr Erzeuger, [denn H_e S_1 Z B; im Handexemplar von S_1 nach Erzeuger mit Bleistift am Rande (eingeklammert) im Leibe; Leder wohl verlesen aus handschriftlich Leibe (Vgl. Lesarten zu Ein braves Mädchen, Bd. XIII., 415_{29}, wo Z handschriftliches Leben als Leder liest) und bei der Durchsicht der Druckbogen nicht wahrgenommen. | 144_{26} rasender Flugbahn B | 145_{3} Magalena S_1 (211_{5}) Brigitte h | 145_{5} zwei gleiche Theile B | 145_{12} zusammengekauert, wie S_1 Z | 145_{17} Magdalena S_1 (211_{18}) Brigitta h Brigitte ZB | 145_{20} männliche B | 145_{31} die Reindorfer Magdalen' von Langendorf S_1 (211_{31}) Die Leipold Brigitt' von Sebensdorf h | 146_{2} Schulmeisterin Reindorfer S_1 (212_{1}) Aktuariussin Brucker h | $146_{15, 26, 31}$ Magdalena S_1 ($212_{13, 23, 28}$) Brigitte h | 147_{5-7} Sie ist von] der Schwester bis Aktuarius, [schickt sie handschriftlich (h) geändert aus S_1 212_{32}—213_{2} Sie ist von] dem andern Schwager Reindorfer zu Langendorf; meine Schwester, die Schulmeisterin, [schickt sie." | 147_{16} einen fehlt Z | 148_{14} Magdalena S_1 (214_{6}) Brigitte h; ebenso 149_{2} (S_1 214_{23}), 150_{5} (S_1 215_{21}), 151_{7} (S_1 216_{20}), 152_{3} (S_1 217_{15}), 152_{16} (S_1 217_{28}), 153_{1} (S_1 218_{10}), 153_{12} (S_1 218_{20}), 154_{27} (S_1 220_{1}), 155_{30} (S_1 220_{32}), 158_{9} (S_1 223_{5}), 158_{16} (S_1 223_{12}), 160_{19} (S_1 225_{8}), 161_{18} (S_1 226_{3}), 165_{26} (S_1 229_{26}), 167_{10} (S_1 231_{5}); || 148_{24}: Magdalena (S_1 214_{15}) Brigitt' h; ebenso 155_{17} (S_1 220_{20}), 156_{20} (S_1 221_{21}), 161_{3} (S_1 225_{22}), 165_{20} (S_1 229_{20}); || 152_{23}: Magdalena (S_1 218_{2}) Brigitta h; ebenso 156_{14} (S_1 221_{16}), 161_5 (S_1 225_{24}), 166_{28} (S_1 230_{25}); | 153_{29}: Lenerl (S_1 219_4) Gitterl h || 158_1 Magdalena (S_1 222_{29}) Brigitten h; ebenso 162_{16} (S_1 226_{28}); || 158_{26}: Magdalenen (S_1 223_{20}) Brigitten h; ebenso 165_{12} (S_1 229_{13}), 166_{19} (S_1 230_{17}); || 148_{24} Brigitte Z B; ebenso 152_{23}, 155_{17}, $156_{14, 20}$, $161_{3, 5}$, 165_{20}, 166_{28} | 149_{14} selber B | 149_{15} Gesicht, der S_1 Z | 149_{27} mucksen Z B | 150_{10} Lehrling Z | 150_{26} Zeitvertreib B | 151_{14} eintreten Z | 151_{18} bedeutend H_e S_1 (216_{31}) bedeutungsvoll h | 151_{29} ungern B | 152_6 ein fehlt Z | 152_{10} Tisch B | 152_{12} war; der S_1 Z | 152_{31} Raume, zwischen B | 153_9 Frühstück B | 153_{26} Lagerstatt Z B | 153_{30} anstellig, zum S_1 (219_1) ! Z | anstellig; zum h, B | 154_3 aber doch bald B | 154_{17} haltet, der Z | 154_{31} wurde, mehrere S_1 Z | $155_{15, 26}$, 162_{19} Dienstvermittelungs B | 155_{22} trinken, ohne B | 156_6 Rücklehnen B | 156_{16} möchte Z | gerne S_1 (221_{17}) Z, gern h | 156_{31} „Einen Dienst", sagte Magdalena S_1 221_{32}: h streicht sagte Magdalena. | 157_4 Lande S_1 (222_4) Z Land h | 157_{19} gern Z B | 158_{24} Einschreibegebühr Z B | 158_{25} aber es schien Magdalenen S_1 (223_{21}), aber es schien Brigitten h Z aber Brigitten schien B | 158_{27} beim Kauf B | 159_{23} Niemanden S_1 Z (der Text gibt — versehentlich — die Lesart von B niemandem) | 162_{18} meine ich, sie B | 164_3 Eines B | 165_1 Mädel Z B | 165_2 Alte S_1 H_e | 165_5 kann, es B | 165_{28} gern B | 166_8 da fehlt B | $167_{10, 11}$ fehlt Z |

IV. Kapitel. Es entspricht dem XVI. Kapitel von S_1 | 167_{12-20} h streicht (S_1 231_7) XVI und schreibt IV. Capitel — Ankunft. | 167_{16}: h ändert Achseln in Schultern, Achseln Z | $167_{17, 18}$ jedes bis machen fehlt in Z | 167_{21} sie S_1 B der Alte und Brigitte Z | 167_7 v. u.: Magdalena S_1 231_{13} Brigitte h; ebenso: 168_{16} (S_1 232_4), 168_{22} (S_1 232_{10}), 169_6 (S_1 232_{24}), 170_5 (S_1 233_{18}), $170_{8, 15}$

(S_1 $233_{21, 29}$), 171_{21} (S_1 235_{1}), $174_{23, 28}$ (S_1 $236_{26, 31}$), $175_{12, 17}$ (S_1 $237_{12, 17}$), 176_{1} (S_1 227_{3} v. u.), $176_{10, 26}$ (S_1 $238_{7, 23}$), $177_{19, 28}$ (S_1 $239_{14, 22}$), 178_{18} (S_1 240_{11}), 179_{25}, $180_{8, 15}$ (S_1 $241_{13, 27}$, 242_{2}) | 168_{7}: Magdalena S_1 231_{7} v. u., Brigitt' h; | 170_{29}: Magdalenens (S_1 234_{11}) Brigittens h. | 171_{3}: Leni (S_1 234_{15}) Gitta h; ebenso 171_{16} (S_1 234_{29}), $175_{5, 13, 22}$ (S_1 $237_{6, 13, 22}$), 178_{28} (S_1 240_{21}) ||

167_{28} Schritt B | 168_{18} in der Mitte B | 170_{19} rasch fehlt B | 171_{2}: Magdalen' Reindorfer S_1 234_{14} Brigitta Leipold h | Nach 171_{9} fassen."] streicht h S_1 234_{22-24} Magdalena hatte hier unbewußt ihre Treuherzigkeit mit dem belehrsamen Wesen des alten Reindorfer vermischt, [das klang so ganz anders | 171_{11} Dienstboten, Mutter S_1 Z Dienstboten; h B | 171_{28} angehörte, tief S_1 Z | 172_{3} ganz lieb B | 172_{20} verdorben Z | 172_{27} will H_e S_1 (236_{3}) Z soll h B | Nach 172_{29} vermag.] streicht h in S_1 236_{4-12} Mögen sich's Andere leicht machen, sie hat demüthiger zu sein, sie ist nur so zur Welt hereingeschlüpft und hat sich mit jedem Plätzchen zu bescheiden, aber sie will auch jedes gewissenhaft ausfüllen, sie will für jedes mit dem ganzen Einsatze ihres Pflichtgefühles bezahlen und so will sie wett werden mit Gott und der Welt. Diesen demüthig stolzen Gedanken im Herzinnersten festhaltend, trat sie vom Fenster zurück. | Nach 173_{3} können."] streicht h in S_1 236_{18} Nun ging auch sie zur Ruhe und schaltet dafür ein 173_{4}—174_{11} Nun entledigte bis zu Bette. | 174_{11} Bett Z | Nach 174_{14} beschleichen] schaltet h ein (S_1 236_{21}) — War es recht ..... zu Leid'? — [Aber der unmittelbare | '174_{17} Deutlichkeit] der Bilder S_1 (236_{22}) Deutlichkeit] der Gedanken und Bilder h | 175_{1} Freund H_e S_1 Z B | $175_{27, 28}$ Unart,] auf die bis wäre fehlt Z | sich von selbst H_e S_1 B |

Nach 176₁₂ Laube,] streicht h in S₁ 238₁₀ von wildem Wein | 176₁₃ der alte Reindorfer S₁ 238₁₁ ihre alte Mutter h | 176₁₄ er S₁ 238₁₂ sie h | 176₁₆ ihm S₁ 238₁₃ ihr h | 176₁₇ er S₁ 238₁₄ sie h | 176₁₈: — der alte Manu S₁ 238₁₅ — die alte Frau h | der Großvater S₁ 238₁₆ die Großmutter h | 176₃₁ trotzig fehlt B | 177₇ wollen, wenn B | 177₈ wenn sie auch B | 177₂₃ Kind laut vor B | 178₉ sehr fehlt B | 178₂₄: ruhige Blick ,treu erfüllter, selbstbegnügter Pflicht S₁ 240₁₆, ₁₇ ruhige selbstbegnügte Blick treulich erfüllter Pflicht h | 179₃: Gerede S₁ 240₂₅ Gered' h | 179₅ Kinde B | 179₂₁ Trauerflors B | 180₁: Nach Nicht S₁ 241₂₀ streicht h , Du bist | 180₂ Nach sondern S₁ 241₂₁ streicht h , Du bist | 180₆ nichts Hₑ S₁ | 180₁₃ einem Hₑ S₁ |

V. Kapitel. Handschriftlich. Nach 242₆ in S₁ Kap. XVII, XVIII, XIX (bis 291₃ v. u. Beginn des Kap. XX) gestrichen. (Siehe Band IX.) Dafür h: V. Capitel, Inhaltsangabe (aufgeklebt auf S₁ 242), hierauf H: Manuskriptbogen 1—3, dieses V. Kap. enthaltend. Konzept der Inhaltsangabe auf der Rückseite des 3. Manuskriptbogens. — Dieses Manuskript vom Beginne des V. Kapitels bis 184₁₉ murrte der Alte.] Reinschrift, in der manches noch nachträglich verbessert erscheint; von 184₂₀ an Konzept. — Die wichtigeren gestrichenen Stellen der Reinschrift werden hier aufgenommen. | 181₇ sitzt, über H Z B | 181₉ hatte, als H Z B | 181₁₆ Reichthum Z | 181₂₃ so war eine B | 181₂₄ nach [heiraten konnte] in H gestrichen: und das letztere hätte es gewiß sehr übel genommen, wenn der Mooshof an ihm vorüber gegangen wäre, ohne anzuklopfen (,) und sich von wo anders seine Bäuerin geholt hätte. | 181₃₀ heiraten, es B | Hierauf in H die ursprüngliche Fassung „es hätte ihr auch wenig genützt bei dem herrischen Wesen des Alten, der nicht gewohnt war, in Gemeinde, Wirtschaft und Familie einen anderen Willen gelten zu lassen, als den seinen" in die gegenwärtige geändert. | Statt 181_{31}—182_{4} [Die Hochzeit bis einmal um] ursprünglich in H folgende gestrichene Stelle: Für Leute, deren Welt sich etwa auf ein Dutzend Wegstunden im Gevierte beschränkt und sofort einen Riß bekommt, wenn innerhalb derselben etwas in anderer Weise verläuft, als nach Brauch und Herkommen zu erwarten steht, mag es sehr nützlich sein, wenn man schon die Träume ihrer Kindheit überwacht und sie bräuchlich und herkömmlich träumen lehrt, so daß Keiner, der in Federn liegt und mit Geld in der Tasche klimpert, auch nur im Traume daran denkt, sich Einem zuzugesellen, der im Stroh raschelt und den Sack nach verlorenen Kreuzern umstülpt, wonach auch Dieser sich bescheiden müßte, daß es ihm schlecht und — recht erginge. Ob Juliana von Kind auf träumte, daß sie einst auf den Mooshof als Bäuerin zu sitzen käme, — es wär' kein gar so kindisch Träumen gewesen, — oder ob es ihr unerwartet kam, genug, sie heirathete den Hüblinger und saß nun auf dem Hofe. War ihr gerade um [das Sitzen .... | 182_{28} Bauern B | 183_{29} hob, es B | 184_{19}: Nach vielleicht?"] streicht H: sagte höhnisch der Alte. „Wie hätt' sie dabei sein können?" Fragte kopfschüttelnd Hüblinger. „Ach, es war nur so ein Gedanken, weil mir recht hart g'schieht um sie. Weißt denn jetzt auch gar nichts von den Leipoldischen, Vater?" „Nein, denn seither hab' ich mich um die Leut' nit bekümmert." „Wirst ja aber doch einmal wieder nachschau'n müssen, als der Brigitt' ihr Vormund ...". — Hierauf beginnt mit ‚murrte der Alte' H_1 | 184_{20} Gescheideste B | 185_{5} Ehr, hab B | 186_{3} gelegen Z | 186_{4} zusammklaub B | 186_{11} geschickt." B | 186_{16} aufgeführt Z | zugeschickt Z B | 186_{19} Na ja, 's Gericht ... gescheut B | 186_{20} Scheererei Z |

186_{21} Angelegenheiten B | 186_{23} Gericht ... ausgericht't B | 186_{26} geschenkt B | 186_{27} einsperren B | 186_{29} behüt B | 186_{31} hauen ... Behüt B | 187_{12} genug ... zu können B | 187_{18} gewaltig B | 187_{19} Hauben B | 187_{20} Jahren B | 187_{28} meinen B | 187_{29} ständ Z | 188_{5} und 'm H | 188_{11} selber, so B | 188_{13} darum Z | 188_{21} Gesicht B | 188_{28} alleweil Z | 189_{2} in die Hand B | 189_{3} f Unbesinnen ... dem deinen ... voraufgegangen ... mögen B | 189_{4} dieselben Z | $189_{5, 7}$ keine B | 189_{7} wenn B | 189_{8} im Ort B | 189_{10} keinen B | 189_{12} ist B | 189_{15} nehm' Z | ichs H Z B | 189_{20} f genug ... einzuwenden gewußt B | 189_{22} sagen B | 189_{24} in dieser Weis' Z | 189_{25} dein (?) G'walt H | die G'walt Z dein Gewalt B | 189_{26} Gefahr B | 189_{28} umkehren B | 189_{30} Ansehen B | 190_{13} Zeit herumschwätz B | 190_{17} einsehen B | 190_{18} Leute B | 190_{21} und ein Verlaß B | 190_{30} vom frischen fehlt B | 191_{1} wenn Z | 191_{7} einen B | 191_{18} gewußt B | 191_{26} mit'n Bader Z mit'm (Bader) so H, vgl. 188_{5} und'm Mooshofbauer; in beiden Fällen dürfte die Handschrift die mundartliche Lautierung nicht genau wiedergeben und Z in beiden Fällen das Richtige (mit'n ... und'n) haben; B hat und'n ... mit'm. ||

VI. Kapitel. Es entspricht dem XX. Kapitel von S_1. — Vor dem Beginn des XX. Kapitels: Der Morgen des unwillkommenen Tages] S_1 291_{3} v. u. schaltet h, auf S_1 291 aufgeklebt, ein: VI. Capitel. Inhaltsangabe. Der Vater der kleinen Auguste hatte seine Rückkehr brieflich angesagt. (= 192_{1-12}) | 192_{13} Magdalena S_1 291_{2} v. u. Brigitte h | Ebenso: 192_{30} (S_1 292_{15}), 193_{1} (S_1 292_{19}), 193_{16} (S_1 292_{31}), 194_{21} (S_1 294_{4}), 206_{28} (S_1 304_{25}), $208_{14, 22, 27}$ (S_1 $306_{6, 13, 17}$), 209_{17} (S_1 307_{4}), 210_{8} (S_1 308_{14}); 193_{9} Leni S_1 292_{25} Gitta h; ebenso 200_{30} (S_1 299_{21}); 197_{11} Magdalena S_1 296_{15} Brigitt' h (Brigitte Z B) | 193_{1} die Erwartete Z (Druckfehler) | 193_{10} suchen, sie S_1 Z | 193_{23} recht fehlt Z | 194_{5} Verdacht Z (Druckfehler) | 194_{17} unauffindbaren Z | 195_{2} ihren seelenvollen, ernstfreundlichen S_1 294_{15}; h streicht seelenvollen | 195_{13}: Das größte, in dem alle mächtig süßgewaltigen liegen, — Wunder, wie er sie einst geträumt. — S_1 $294_{25, 26}$. — h ändert es in den vorliegenden Text. | 195_{20} gewaltige B | 196_{14} entschloß sich der Hausherr Z | 197_{13} wieder fehlt Z | 197_{23} Stirn Z B | 198_{3} Vermittelung Z B | 201_{9} leugnet, sei S_1 Z | 201_{22} Tausenden der Residenz B | 202_{21} fragen, ja worin S_1 301_{5}; h streicht ja | 204_{25} hinzugeben.] Und gar bis 204_{30} zurückzieht [Wenn . . schaltet h in S_1 303_{2} ein. | 205_{8}: demselben ganz nahestehende S_1 303_{11}; h ändert ganz in auch | 205_{12} dankest Z | 206_{19} werde, nur S_1 Z B | 207_{15} ausgegeben B | 208_{19} Hause, Leni. Es muß S_1 306_{11}; h streicht , Leni | 209_{21} kommen Z | Nach 209_{22} nicht vor.] streicht h in S_1 $307_{9, 10}$ Es mußte wohl etwas an der Sache sein. | Nach 209_{27} kommen mag?] streicht h in S_1 307_{16} An ihre erste — 308_{2} nimmer gelten lassen? Siehe Band IX, Text der ersten Fassung. | 210_{19}: in ihr, dürfte S_1 Z | 210_{20} Liebe, welche die Pflicht zu höchst stellt." S_1 308_{24} ändert h in welche] mit der Pflicht Hand in Hand geht." | Nach 210_{29} Hände."] streicht h in S_1 $309_{1, 2}$ „Thue so an Deinem und möge Dir ein freundliches die Arbeit lohnen!" | Nach 211_{2} geschieden] streicht h S_1 309_{7-13} den Schluß des Kapitels: „Es ist Liebe, welche die Pflicht zu höchst stellt!" — Er wird es morgen wohl vorbringen, wie er das meint. — „Der Mensch thut nicht Alles aus sich selbst!" — Mag sein, so wird es sich auch finden, was sie muß!" In dieser beruhigenden Erwartung, mit Morgen über Alles und über sich selbst klar zu werden, schlief sie ein. und ersetzt es durch den vorliegenden Text: 217_{4-13} Das Mädchen bis schlief ein. |

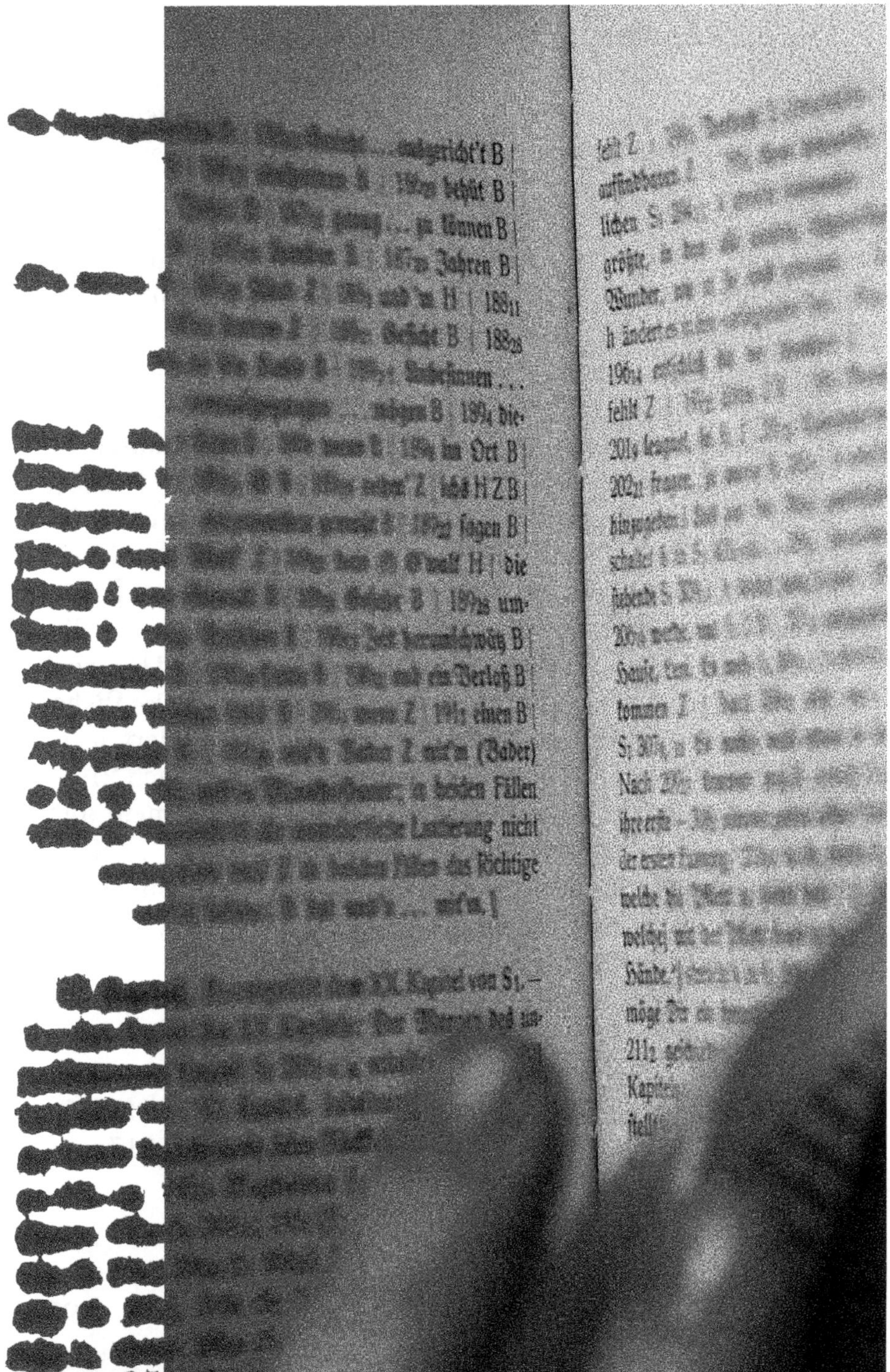

(Druckfehler) | 194₁₇ un-
n elenvollen, ernstfreund-
seenvollen | 195₁₃: Das
ig ißgewaltigen liegen, —
etuunt. — S₁ 294₂₅, 26. —
n Text. | 195₂₀ gewaltige B |
anerr Z | 197₁₃ wieder
| 98₃ Vermittelung Z B |
Tasenden der Residenz B |
301 h streicht ja | 204₂₅
204 zurückzieht [Wenn . .
205: demselben ganz nahe-
ganzn auch | 205₁₂ dankest Z |
207 ausgegeben B | 208₁₉
11 h streicht , Leni | 209₂₁
nit vor.] streicht h in
etwas an der Sache sein. |
| seicht h in S₁ 307₁₆ An
n ssen? Siehe Band IX, Text
ihdürfte S₁ Z | 210₂₀ Liebe,
tel." S₁ 308₂₄ ändert h in
inand geht." | Nach 210₂₉
2 Thue so an Deinem und
c rbeit lohnen!" | Nach
S₁ 097—13 den Schluß des
el die Pflicht zu [illegible]
wo vorbringen, wie er [illegible]
[illegible]

VII. Kapitel. Es entspricht dem XXI. Kapitel von S_1 | 211_{14-19}: h streicht in S_1 309_{15} XXI. und setzt ein VII. Capitel + Inhaltsangabe. | 211_{19} f: Magdalena saß an ihrem Lieblingsplätzchen. S_1 309_{15} v. u. ersetzt h durch Brigitte saß im Schatten der Laube, | 211_6 v. u. ganz ihr eigen Z | 211_5 v. u. Nach Entscheidung S_1 309_8 v. u. schaltet h ein herbei | 211_3 v. u. beruhen, sie S_1 Z | 212_{16} Magdalen' S_1 310_{12} Brigitte h; 212_{24} Magdalen' S_1 310_{19} Brigitt' h Brigitte B | 212_{26} Magdalena S_1 310_{22} Brigitt' h | 213_{17} Magdalen' S_1 311_8 Brigitt' h; ebenso 217_5 (S_1 316_5) | 214_{18} Magdalena S_1 314_5 Brigitte h; ebenso 215_{17} (S_1 314_{21}) 215_{21} (S_1 314_{26}), 216_3 (S_1 315_6), 216_{28} (S_1 315_{30}). || 213_7 daß es kommen B | 213_{21} Land Z | Nach 214_6 herauskommen."] streicht h in S_1 311_{27} [Mir hat es — 313_{27} Sie glauben, siehe Band IX, Text der ersten Fassung, und schaltet vor dem in S_1 313_{27} folgenden ich kenne Sie ein: „Er verwirrt Sie, Brigitte," fuhr Gustav fort, „Sie denken, | Nach 214_{16} hat,] streicht h in S_1 $314_{1, 2}$ so verlangte ich mein Anrecht an der Ihren und und schaltet nach habe S_1 314_2 ich ein | Nach 214_{25} bin?] streicht h in S_1 314_{11} Das ist ganz einfach. | Nach 215_4 überlassen] streicht h in S_1 314_{21} , taugt ihm das? Magdalena, Sie [lieben das Kind und schaltet dafür ein 215_4? — Sie denken bis 215_{17} „Brigitte, Sie [lieben das Kind | 216_{11} und Pflegemutter Z | 216_{14} gerne S_1 Z | gern h_1 B | Nach 217_1 nicht.] ändert h den Text von S_1 $316_{1, 2}$ Wenn die Frau Tant' einverstanden wär', dann will ich es sagen, Alles, was ich denk' und empfind', — [wenn die Frau Tant' in den $217_{1, 2}$ vorliegenden | Nach 217_9 Freunde!"] streicht h in S_1 316_{9-13} Er wandte sich zum Gehen, kehrte sich aber noch einmal gegen sie. „Wenn nun auch die Tante einverstanden sein wird?"

Sie schwieg, doch ließ sie ihre Hand willenlos in der seinen, als er sie zum Abschiede drückte. | 217_{11} still B |

VIII. Kapitel. Es entspricht vom Anfang bis 234_{23} dem XXII. Kapitel der ersten Fassung von S_1. Von dort an bis zum Schlusse des Kapitels und weiter bis zum Schlusse der Erzählung liegt H zugrunde. | S_1 317 streicht h XXII und schaltet ein: VIII. Capitel + Inhaltsangabe. | 218_{21} zweite, am S_1 Z | 219_{27} noch eine Anfängerin B | 219_{30} Ach, also B | 220_{6}: Magdalena S_1 318_{26} Brigitte h; ebenso 221_{1} (S_1 319_{19}), 222_{2} (S_1 320_{17}), 224_{17} (S_1 322_{24}), 224_{31} (S_1 323_{3}), 226_{12} (S_1 324_{12}), $228_{7, 14, 21}$ (S_1 $326_{1, 8, 15}$), 230_{4} (S_1 327_{26}), 231_{11} (S_1 328_{26}), 232_{1} (S_1 329_{18}), 232_{25} (S_1 330_{8}); $220_{16, 17, 20}$: Leni S_1 $319_{2, 3, 6}$, Gitta h; 231_{17}: Magdalen' S_1 328_{32} Brigitt' h || 220_{12} sie das Kind S_1 (318_{32}), das Kind sie h_1 | 220_{25} pünktlich B | 223_{13} Solcitator B (H_e in gewöhnlicher Rechtschreibung Sollicitator) | 223_{17} einen Spiegel Z | verleidet,] und zwar durch meinen Namen B | 223_{27} im schwärmerischen H_e S_1 (322_{4}) Z 1, in schwärmerischem h B | 223_{28} seeliger B | 226_{14} setzen B | 229_{1}: Nach gefallen streicht h in S_1 326_{27} „Ich weiß nicht.“ (Antwort Brigittens) | 229_{7-9}: Nach angeklopft hat und streicht h in S_1 326_{33}—327_{1} nach der verlangt doch Jede und die braucht ein jedes Weib und schaltet ein ich mein bis Weib fehlen dürft' | 229_{14} davon getragen Z | 230_{1} würden, die S_1 Z | 230_{15} im besten B | Nach 231_{3-7} (S_1 328_{22}) bringen.] schaltet h ein Noch eins bis aufs Land“ | 231_{21} Wagen, als S_1 Z B | Nach 231_{28} (S_1 329_{10}) zu trennen.] streicht h Sei dem Kinde meiner Auguste eine gute Mutter!“ Statt aller Antwort zog Magdalena die Kleine näher an sich und diese schlang die Aermchen um ihren Hals. All [das Weitere macht ... | 231_{28} aus S_1 329_{15} ab h | 232_{1} bei der Hand S_1 329_{18} an der Hand h | 232_{18} Stirn B | Nach 232_{28} Sie lächelte] streicht h (S_1 330_{11-14}) und begann: „Ich hab' auch versprochen, daß ich für den Fall Alles sagen werd', was ich gedacht und empfunden, ich thue es lieber gleich jetzt, als daß ich mich etwa später daran erinnern lasse. Nur [eines hätt' ich (zuvor streicht h) zu erbitten." | hätte B | 233_{4} sollt' und dann ist es so eigen, S_1 330_{22} ändert h in sollt', es ist das so eigen, | Nach 233_{7} (S_1 330_{26}) alles,] schaltet h ein 233_{8-21} was du bis gesagt hab', und streicht S_1 331_{27} „Ich will schon [damit du nicht | Nach 234_{9} gezittert,] S_1 331_{15f} streicht h wie du gegen meinen Vater so gut warst [aber je aufrichtiger ... | 234_{23} Ehe B | Von 234_{2} Eh gäbe."] an (S_1 331_{29}) traten an Stelle des Schlusses vor S_1 (331—370) die Bogen 4 bis 14, Seite 1 des Manuskriptes H. Den ferneren Text von S_1 .siehe Band IX, Text der ersten Fassung. | $235_{8, 17}$ nicht B | 235_{25} weiter, ich H Z | 236_{20} Gebahren Z B; H ändert Gebahren in Gehaben | 237_{7} zitterte, er B |

IX. Kapitel. 237_{24} zeitig Z | 237_{30} als welcher B | 239_{1} und nach der B | 239_{30} gefallen B | 240_{3} hättest Z B | 240_{6} Gered B | 240_{24} Rede, so macht B | 240_{27} gesetzt B | 241_{8} die schmalen Knöchel Z | 241_{17} wohlgemeinten B | 241_{31} Treppe Z | 243_{6} in der Abendstunde Z; in H unleserlich | 243_{9} Abgang B | 243_{25} sei, denn H Z B | 243_{28} Fonde H B | Fond Z | 244_{27} Teufelsdirn B | 245_{14} Euere Z | 245_{15} aber hat nix B | 245_{18f} rechnen bis gar nit." fehlt Z | 246_{3} genommen B | 246_{31} schlechter, wär' H | 247_{6} Herr fehlt H Z | 247_{9} schöne B | 247_{28} Ei nein Z | 247_{31} G'scheiteste B | 248_{8} wann (?) H | 248_{16} von niemand Z | 249_{3} Geschichten B | 249_{27} recht, ich H B | 250_{7} geschieht B | 250_{8} Bürgermeister Z B | meine B | 250_{15} ich's halt B | ich's Euch halt H Z | 250_{19} verschriebn B | 250_{21} zsamm, no H Z | 250_{23} damals B | 250_{26} Augenschein B | 251_{2} Lein'nzeug B | 251_{6} in unsern Nest H; richtiger als das durch ein Druckversehen in den Text gekommene unserm nach Z B | 251_{14} beschwert, in HZB | 252_{8} hinauf, man HZ | 252_{9} wenn B | 252_{10} blieben, ich HZ | 252_{18} meldt, wie's HZ | werden B | 252_{22} d' Stiegen B | 252_{26} g'standen; der B | 252_{29} wuthig Z | g'macht, hergfall'n HZ | 253_{3} Ungelegenheit B | 253_{9} herausruck ZB ||

X. Kapitel. 254_{17} benutzen B | $254_{30, 31}$ Wer das gedacht hätte? fehlt Z | 255_{2} oftmals B | 257_{5} sind gerade B | 257_{16} Zweiweseneinteilung B | 257_{24} In Z fehlen die Klammern ( ) | 257_{25-28} „Lächerliche bis —pfu—ih!" fehlt in Z | 257_{31} hinaus; das B | 258_{3} hin, das HZ | war gerade nicht B | 259_{26} gerne fehlt B | 261_{2} auf dem halben Wege B | 261_{11} vergessen, er B | 262_{7} wirken die HZ | 264_{5} zwar glücklich B | 265_{7} gleichgiltig, soll HZ | 265_{11} nistet Z | 265_{16} klappernde B ||

XI. Kapitel. 271_{22} hineinschwätzen Z | 272_{14} schon fehlt Z | 272_{23} wenn Z | 273_{29} daß es B | 274_{18} geht's Z gehn's B | 274_{21} weil's HZB | bei dem ersten Z; bei dein ersten H | 275_{5} gewesen ZB | 275_{13} kreideweiß Z | 275_{23} frühzeit ZB | 276_{12} gschlagn, mit H gschlagen, mit Z | 276_{17} Gewissen Z | 277_{16} aufraffen, er HZ | 277_{24} ihr, als HZ ||

XII. Kapitel. 279_{16} frühzeit ZB | 280_{5} Gustav, er HZ | 281_{14} Eins B | 281_{23} schenkt, braucht B | 283_{15} selbst eine war B | 284_{15} Schwiegertochter Z | 284_{21} dem Freunde B | 286_{13} ärgerlich B | 287_{3} gekonnt B | 289_{9} dich nur gesehen B ||

103_{21} Marterl] das ist Marterkreuz, ein Kreuz aus Holz oder Stein, an der Stelle errichtet, wo ein Mensch verunglückte; gewöhnlich besagt eine kurze Inschrift, auf welche Art und Weise, manchmal ist auch eine bildliche

Darstellung dabei. Auch Votivkreuze gibt es für Errettung aus Gefahren. A. — 123_{19} Stadtaktuarius] Aktuarius war früher der — mehr in Deutschland als in Österreich übliche — Titel des Gerichtsbeamten, dem die Aufnahme der Gerichtsverhandlungen und die Aufbewahrung der Gerichtsakten obliegt; Gerichtsschreiber, Stadtschreiber, der bei den Behörden, hier beim Magistrate, die Protokolle abfaßt und aufbewahrt. — 128_{31} similis simili gaudet] Gleich und gleich gesellt sich gern. A. — fehlt B. — 232_{31} Gewähr] = Gewährung. A. — 245_{16} Keusche] Hütte H Z, kleine Hütte B. — A. — 251_{26} grechtelt] = zurecht gemacht, vorbereitet. — A. —

Bilder aus dem Leben einer großen Stadt

Ein Wiedersehen. Eine Handschrift, H_1, I. N. 16895, $2^{1}/_{2}$ Bogen. — Zwei Drucke: Z = Illustrierter österreichischer Volkskalender für 1882. Nachlässig; im Schriftenkasten, I. N. 16896, Korrekturbogen, Kb, mit Tilgung der ärgsten Fehler, vermutlich für die Buchausgabe, von Anzengrubers Hand. — B = Allerhand Humore. Seite 67—83. —

Titel: H_1: Nach langen Jahren durchgestrichen; dafür Ein Wiedersehen. Genrebild aus dem Nachtleben Wiens. Von L. A. — Z_1 und B unter dem Titel: Genrebild aus dem Wiener Leben.

293_9 darnach, wenn H_1 | 295_5 noch etwas Z, nach Kb | 295_6 Ersatz, für H_1 | Ersatz für Z | 295_{13} wissen, diese Z B | 295_{15} striken H_1 | 295_{18} ordnungs- und friedeliebender Z, ordnungs- und friedliebender B | 295_{23} auszuspielen, dagegen H_1 | 296_{10} Arbeitsgeber, Letzterer H_1 | Arbeitgeber, letzterer Z B | 296_{30} lassen, er H_1 |

lassen! Er B | 297_{17} Miethverhältnisse Z B | 298_{16} hatte, aus H_1 Z | 298_{20} sich, die H_1 Z | 301_7 Schankstube (?) H_1 | 301_{12} Angebot Z B | 301_{22} zu Mostbartl H_1 | 301_{31} wenigen fehlt Z B | 302_{12} gottverfl.... H_1 | 303_9 nach, das H_1 Z | 303_{27} doch fehlt Z B | 306_5 streiten woll'n, wo wir Z B | 306_8 bleiben Z B | bleibn (?), geh' H_1 | 306_{22} so denk ich Z B | 306_{24} daß's 'kommen ist? Z B | 307_5 gewest Z B | 307_{21} zum Z B | 307_{29} Frauenzimmer Z B | 309_{25} verloren Z B ||

Das Schlußkapitel eines Romans. Zwei Handschriften; H_1, I. N. 16851, 2 Bogen; H_2, I. N. 16852, 3 Bogen. — Zwei Drucke: Z = Heimat 1882, pag. 465 ff. Davon Korrekturfahnen (Kb) mit eigenhändigen Korrekturen, I. N. 16853, im Schriftenkasten. — B = Allerhand Humore. Seite 84—95.

Unter dem Titel: Skizze H_1, H_2, Z.

Vor 310_2 streicht H_1 Einleitungsversuche: Es müßte zuviel dazu gethan werden, die Leute sind zu alltäglich, die Situation zu gewöhnlich, der Ausgang zu wenig packend, um einen Roman aus der Geschichte zu brauen. Ferner: Es läßt sich nicht über jeden Roman ein Roman schreiben, die Leute, die... |

310_4 inne, als H_1 H_2 Z | 310_6 klebte; „Emil H_1 H_2 | klebte, „Emil B | 310_{22} Zimmer, die Z B | 313_{13} schon lange fehlt H_2 Z B | 314_4 was da kommt H_2 Z B | 316_{14} verdammt; daß Z B | 318_{10} Schranken Z B | Nach 318_{31} bezeichnet B das spatium mit ***; die Handschriften und Z zeigen kein spatium | 319_{10} Eindruck, von Z B | 319_{22} Emmi Z B | 319_{23} vornherein B | 320_{20} Stelle suchen Z B | 320_{23} über ihn fehlt H_2 Z B | Erkundigungen Z B ||

Muttersorge. Eine Handschrift, H_1, I. N. 16829, 2½ Bogen; zwei Drucke: Z = Heimat, 1882, pag. 417ff; B = Allerhand Humore, S. 96—106.

Unter dem Titel: Genrebild aus dem Wienerleben H_1 Z.

322_{17} recht fehlt Z B | 323_{5f} das, durch ..... ersteren, in H_1 Z B | 323_{20} verlor, die H_1 | 323_{27} fettwülstiges (?) H_1 | 324_{28} Mittagsmahl B | 324_{29} heißhungrig Z B | 328_2 Studentliede H_1 | 328_{10} Alliance B | 328_{18} g'schieht Z B | 328_{27} allemal Z B | 328_{30} Tinerl; nur B | 329_{22} 'worden Z B [329_{15} Z B 'word'n] | 330_{30} pfiff ein paar Z B ||

„Wie schad!" Eine Handschrift: H_1, I. N. 16900, 2 Bogen. — Zwei Drucke: Z = Feuilleton der „Presse" vom 8. Juli 1883. — B = Allerhand Humore, Seite 107—120. — Titel: „Wie Schad'!" H_1 Z B. — Unter dem Titel: Genrebild aus dem Wiener Leben H_1 Z. —

333_7 Fräulein Z B | 333_9 die noch auf Z | 333_{14} gegenseitig Z B | 333_{15} Nacht; das Z B | 333_{17} (und so überall) Weber Fanny H_1 | 333_{22} is 's ja H_1 Z B | 334_6 viele in der Großstadt Z B | 334_{14} tagsüber Z Tags über B | 334_{29} haben, sie wendete, während Z B | 335_2 grellem gelben Z | 335_4 möcht' H_1 Z B (möchte im Text Druckfehler) | 335_5 unsern Herrgotten (?) H_1 | 335_{18} uns'rerseits Z B | 335_{29} späteren Z B | 336_7 g'drückt (?) H_1 | 336_{28} Ausheiterung, zu Z ; zu B | 336_{31} o, Herr H_1 Z B | 337_{16} Segen Z B | 337_{21} Ja, Herr Z | 338_1 Gesicht Z B | 338_7 wendete Z B | 338_{20} lassen; das Z B | 338_{21} gehen: sie Z B | 338_{30} wolle H_1 Z B (wollte im Text Druckfehler) | 338_{31} nach, das H_1 | 339_{19} Aber, erlaubens H_1 (dagegen 340_{12} hab'n S') Aber erlaubens Z B | 339_{25} Frauenzimmer dann H_1 Z B | 340_3 halt's noch Z halt't noch

H_1 B | 340_{6} g'schickt H_1 Z (geschickt im Text Druckfehler nach B) | 340_{12} wär', hab'n Z B | 340_{23} rechtschaffenes Z B | 341_{12} wollen, nach Z B (H_1 tilgt diesen Beistrich) | 341_{22} einem Z B | 341_{27} zerbröckelte Z B | 342_{4} sich ein paarmal Z B | 342_{12} klättern; innen Z B | 342_{14} Kopfe, wie H_1 | 342_{22} warum, die H_1 Z | 343_{28} Stirne Z | 345_{11} Manne; dann Z B | 345_{12} übel; aber Z B | 346_{15} auf den Mund Z B | 346_{18} daß 's später H_1 Z B | 346_{27} setzte, als H_1 | 347_{3} empfänden, welche Z B ||

D' Parapluiemacher-Mali. Eine Handschrift, H_1 I. N. 16835, 2 Bogen + 1 Blatt; 2 Drucke: Z = Feuilleton der „Presse" vom 22. Oktober 1882; B = Allerhand Humore, Seite 121—132. Davon auch Korrekturbogen, Kb, im Schriftenkasten, I. N. 16737. —

Unter dem Titel: Eine moralische Geschichte. H_1 Z Kb. |

349_{10} von einer von meinen Arbeitsmädeln Z B | 349_{11} Strassen (?) H_1 | 349_{12} könnt' Z B | 349_{15} Herren Z B | 349_{16} man ist Z B | 349_{17} in (?) gefährlichsten H_1 | 350_{7} Parapluienähen Z B | 350_{20} unter die Füß' Z B | 350_{21} hat, doch Z B | 350_{29} Gewölbthür Z B | 351_{4} aufg'nommen Z B | Nach 351_{6} einsehn."] in H_1 Widersprechen wäre unartig unterstrichen — (oder durchgestrichen?) | 351_{11} b'halten Z B | 351_{28} theuren Z B | 352_{31} ausg'schaut Z B | 353_{1} hausiren Z B | 353_{6} bevorzugt hat, is Z B | 359_{10} haben Z B | 353_{15} auch fehlt Z B | 353_{16} nit losz'bringen Z B | 353_{17} Mutter, der H_1 | 353_{20} sein mit Z B | 353_{22} hat's ihm Z B | 353_{24} kommen, er H_1 | 353_{31} heimkommen ist, Z B | 354_{1} und ein Breit's Z B | 355_{7} ang'fahren Z B | 355_{9} seine Einladung . . . stellen Z B | 355_{12} abg'legen Z B | 355_{14} einen Begriff Z B | 355_{20} Zeit, drüber H_1 | 356_{5} war, da H_1 | 356_{7} erreicht, H_1 |

356_{10} nachg'lacht; im Z B | 356_{22} da fehlt Z B | 357_{22} sie, 's Equipascherl H_1 | 357_{24} Namen Z B | 358_{2} die Händ' Z B | 358_{17} ihrem Z B | 358_{20} auf, ich H_1 ||

Der Handschrift liegt ein auf beiden Seiten beschriebener Zettel bei. Die erste Seite enthält in einigen wenigen durchgestrichenen Zeilen den Schluß einer Einleitung, die die „moralische" Parapluiemachergeschichte an die vorausgehende, von einem Buchhalter erzählte moralische Geschichte „Geläutert" unmittelbar anschließt. Vgl. „Geläutert", 458_{10} ff: „ ... auf eine schöne Stimme, auf sechs Schuh Höhe oder auf lange Finger, mögen sie diese im Klavierspiel oder anders verwerten!" — „Bravo, bravo, Sie erzählen wie gedruckt," sagte der Regenschirmfabrikant zum Buchhalter. „Danke für Ihren Beifall", sagte der, „aber jetzt, verehrter Parapluiemacher, ist die Reihe an Ihnen." „Also auch etwas Moralisches", sagte ich, meine Hand auf die Rechte des Dicken legend. —

Auf der Rückseite eine Inhaltsskizze:

Er nimmt eine Arbeiterin auf. Sie kommt mit ihrer Mutter, die beiden Frauenzimmer, trotz es draußen stöbert und weht, kommen in leichten Sommerröcken, schleißigen Umhängtüchern. Vor 5 Vierteljahren. Ein Gschöpferl, zwischen 15—16, mager wie die teure Zeit, spitze Ellbögen, ein schmales Gesichterl, ein ganz zernichts Fratzerl halt. Fleißig, sparsam. Aber nach 3/4 Jahr, kein Mensch kann eine Idee von der Vorstellung haben, sie wäre die nämliche g'weßt, so hat sie sich herausgewachsen, so sauber, die aschblonden Haar, die brennend schwarzen Augen, eine Pikanteresse von Schönheit, — nix zu sagen.

Ein junger Graf, die Mutter wollt's nit ungern. Aber die Kameradinnen ziehen sie auf, heißen 's Graferl, die Fräul'n Gräfin, die Gräfin Mutter. Fuchsteufelswild war sie drüber. Eine Ohrfeige, wie er sie mit ihrer Mutter *per* Equipage einmal abholen will. Aber er hat nicht nachgelassen. Völlig krank ist er worden, muß sich die wirkliche Gräfin Mutter herbeilassen, sich damit abzugeben. Im Mai hab ich sie im Prater fahren sehen. Geht heute oder morgen die G'schicht auseinand, so hat sie genug, ist für sie gesorgt. Nun und die Moral. Der Erzähler machte große Augen, Nun, die Moral, denke ich, liegt doch auf der Hand, daß der Mensch die Gaben, die er von Gott's und Natur wegen hat, sich zu Nutz machen und verwerten soll. Der eine lachte laut auf. Ich verwies es ihm sehr ernst. Es ist das doch, sagte ich, mit einer ganz belanglosen Änderung bezüglich der Förmlichkeit die nämliche fest begründete Moral, welche die meisten unserer jungen Mädchen lehrt, ihre Neigungen zu bezwingen, der eitlen Leidenschaft zu entsagen und ohne die sogenannte Liebe nur der Pflicht zu leben, wenn sie eine Versorgung finden. —

Darunter noch eine Notiz: Zureden wie ein' kranken Füllerl: es war eine anerkennenswerte Zartheit, daß er einer Dame gegenüber, mit welcher ein Graf wenn auch unerlaubten Umgang anstrebte, das Sprüchlein vom kranken Roß so hübsch umschrieb.

Man kann nicht wegbleiben. Eine Handschrift, H_1, $2^1/_2$ Bogen, I. N. 16825. — Drei Drucke: Z_1 = Deutsches Montagblatt, Nr. 6, vom 6. August 1877 (I. N. 16826); davon Kb. — damit übereinstimmend Z_2 = Vorstadtzeitung vom 11. August 1877; $Z_1 + Z_2$ = Z. — B = Allerhand Humore, Seite 132—143. —

Unter dem Titel: Aus den Aufzeichnungen eines Weiberfeindes. H_1 Z B |

359_{15} Minchen, sie H_1 | 360_{21} Anblick. Sie Z B | 360_{25} Ruhebette B | 361_{5} Wie immer? Z B | 361_{17} früh fehlt Z B | 361_{29} Nicht! Z B | 362_{2} Nadeln. Wenn Z B | 362_{7} Todesfällen, am H_1 | 362_{14} zurückkehre, hörst Z B | 362_{28} Mann, er trug Z B | 363_{14} über dem Kleide Z B | 363_{24} das, daß H_1 | 363_{27} „Hanne soll bei dir wachen.“ fehlt Z B | 364_{13} Ganges, das H_1 | 365_{1} war und zu fehlt H_1. Die gewollte Form wohl in der gestrichenen ersten Fassung von 364_{31}—365_{2}: . . . wußte, daß der Vater zu seinem Kinde sterben gekommen war. | 365_{6} Lichtschein Z B | 365_{11} fragt Z B | 365_{29} zur Hanne, B | 366_{8} Stirn; (H_1 Stirne,) wie Z B | 366_{25} fragt Z B | 366_{27} „Seligen“, der H_1 | 367_{6} Sünder Z; In Kb von Z_1 nachträglich Sünder in Sünden gebessert ||

Sein Spielzeug. Eine Handschrift, H_1, 9 Bogen, I. N. 16854. Korrekturvorschläge (K) von fremder Hand am Rande und im Texte. — 2 Drucke: Z = Nord und Süd, 1879, 10. Band, Seite 366—382. — B = Kleiner Markt, Seite 16—61. —

Unter dem Titel: Skizze gestrichen, dafür Novellette H_1 | Novelle B | Neben dem Titel in H_1 mit Bleistift (von wessen Hand?) Aus der Spielzeugwelt. —

368_{3} gewesen, Tages H_1 | 368_{12} Mann, bald H_1 | 370_{11} schwur es dir so oft Z B | 371_{15} Polster Z B | 371_{16} Ach! Z B | 372_{2} mich fehlt B | 372_{4} unterstützt. Eltern B | 373_{7} System, früher H_1 Z B | 373_{28} Vitriolöl, unrichtig H_1 Z B | 374_{8} in der Welt ich Z B | 374_{13} Schule, es H_1 | 374_{28} leben, es H_1 | 376_{19} Und das glaube Z B | 377_{15} Sopha Z B | 378_{11} Acht gegeben Z B | 378_{17} gemacht hat, wir H_1 Z B | 378_{31} nahezu Z B | 379_{16} räth Z | 379_{23} zusammen passen, und Z B | 380_{21} in der höchsten Z B | 381_{22} sagt Z B |

382_7 bemerkten Z B | 383_{20} naß machte Z B; H_1 ändert machte in gemacht | 384_7 wär' Z B | 385_9 ein' Verlorenen H_1 | 385_{10} falls die (?) mich H_1 | 386_{17} los, um H_1 Z B | 387_{12} auf nassem Z B (auf dem nassen H_1) | 387_{21} gleich fehlt Z B | 388_3 auf dem großen Blechtablett Z | 389_{30} dachte Z B | 390_{11} Langeweile Z B | 391_5 hat, das Z B | 392_{26} in einem B | 393_5 bitten auf H_1 | 393_{10} gar fehlt Z B | 393_{20} retten, Gott B | 394_{25} zusehen, ist Z B | 394_{29} so fällt kein Z B | 395_{30} werde B | 396_7 Wohnung und kauerte Z B | 396_{21} vergitterte fehlt H_1; K fügt es hinzu | 397_{14} auf. Kreuze B ||

Skizzen 1.

Vereinsamt. Eine Handschrift, H_1, I. N. 16882, 2½ Bogen. — Drei Drucke: Z_1 = Deutsches Montagsblatt, 24. Dezember 1877, Z_2 = Illustrierter österreichischer Volkskalender 1881; davon Korrekturbogen, Kb, mit Verbesserung einiger (nicht aller!) unsinnigen Druckfehler im Schriftenkasten, I. N. 16882. — B = Kleiner Markt, Seite 1—14. —

Unter dem Titel: Eine Weihnachtsstudie H_1 Z_1 B | Ein Weihnachtsbild (gebessert in Eine Weihnachtsstudie Kb) Z_2 |

401_3 sein fehlt Z_2 | 491_{14} seid ihr Z_2 B | 401_{17} anschaffen, ich H_1 Z_1 Z_2 | 401_{20} um Billiges Z_2 B | 402_9 das setzt sich Z_1 Z_2 | 402_{16} Land, aber H_1 Z_1 | 402_{28} machen, oft H_1 Z_1 | 403_4 im Zaune Z_2 B | 403_9 dann auch Z_2 | 403_{19} der (ohne Sperrdruck) Zeit Z_2 B | 403_{21} kömmt Z_2 B | im Märchen Z_2; ein M. Kb | 403_{28} wollen, in H_1 Z_1 | 403_{30} lebt — für Z_1 Z_2 B | 403_{31} im Märchen Z_1 Z_2; ein Kb | 404_1 soll, vor H_1 | 404_{10} wie erstaunt Z_1 Z_2; nie Kb | 404_{11} kann, es Z_1

Z_2 B | 404_{25} anbelangt Z_2 B | 405_1 verkostende Z_2 (nicht korrigiert! In H_1 das Wort schlecht lesbar.) | 405_8 noch dunkel, Z_2 B | 405_{19} der Enkel Z_2 B | 405_{26} wohl schon auf Z_2 B | 405_{31} schritt nach der Treppe zu (In Kb nicht verbessert.) Z_1 Z_2 | 406_3 nie merken Z_2 | 406_{30} Decke, in H_1 | 407_7 kleinen fehlt Z_2 B | 407_{17} Einziger! Der Z_2 B | 407_{19} war es düster Z_2 B | heute, aber H_1 Z_1 | 407_{27} schlagen Z_2 | 408_2 einen (nicht gesperrt!) Z_2 B | Häuserreihe Z_2 | 408_4 wird das Licht Z_2 | 408_5 andern fehlt Z_1 Z_2 | 408_{11} lange, dann H_1 | 408_{16} Was ist das? Z_1 Z_2 B; H_1 hat im wiederholt angefangenen Satz jedesmal Wie ist ihm? das endlich in Wie ist das? geändert wird. | 408_{22} für eine kurze Z_1 Z_2 B | 408_{31} hastig, wo H_1 | 409_2 ein, setzt Z_1 Z_2 B | 409_4 Ausgestoßene und Ausgeschlossene Z_2 | 409_6 besser, die H_1 Z_1 ||

402_{23} Klinker] künstliche Steine aus gebranntem Ton, als Straßenpflaster dienend. —

Ein braves Mädchen. Eine Handschrift, H_1, I. N. 16752, ein Bogen und zwei Halbbogen; jeder von diesen aus verschiedentlich zusammengeklebten Teilen bestehend: der erste enthält u. a. ein Blatt, auf dessen Rückseite Zeilen einer sonst verlorenen Reinschrift, H_2, dieser Skizze sichtbar werden; der zweite bringt den Schluß der Skizze auf der Rückseite des Konzeptes eines Briefes an den vorbereitenden Ausschuß des Goethe-Vereines, datiert vom 11. Mai 1878, in dem Anzengruber bedauert, aus Zeitmangel die Wahl als Ausschußmitglied nicht annehmen zu können. — Ein Druck, Z, Deutsches Montagsblatt, 15. Juli 1878

Unter dem Titel: Aus den Aufzeichnungen eines Weiberfeindes H_1 Z |

410_{5} der Tanzenden Z | 410_{15} erleichtert, ich Z | 411_{5} Minna, sie Z | 411_{24} über mir Z | 411_{25} eingezogen, zwei Z | 411_{26} Ehebett Z | 411_{27} heute Z | 412_{1} binnen Z | 412_{3} habe Z | 412_{12} vornherein Z | 412_{20} solche, ich H_1 | 412_{29} wo fehlt Z | 413_{3} Hause, vielleicht H_1 Z | 413_{14} nachzusingen, sie H_1 Z | 414_{1} dreizehn Jahre alt Z (Jahr in H_1 gestrichen) | 414_{4} Mädchen Z | 414_{6} vergnügen, denn H_1 Z | 414_{25} Gläser. Wem H_1 | 415_{28} Leibe, denn H_1 Z | 415_{29} nach alle H_1 Z | Ecken in Leder Z | 416_{12} erdenkliche Mühe zu Z | 416_{19} über mir Z | 417_{11} bleiben, als H_1 Z | 417_{15} aufzuspielen, man Z | 417_{18} Gefälligkeiten, kein H_1 Z | 417_{28} verhält, alles H_1 Z | 418_{15} Hochzeitsfeier Z |

Abgesprungen und aufgetrennt. Eine Handschrift, H_1, I. N. 16736, 6 Halbbogen. Die Halbbogenseiten 1—4 sind die Rückseiten einer Reinschrift des „Schandfleck" (1. Fassung), vgl. Lesarten und Anmerkungen zum „Schandfleck", Band IX. — Zwei Drucke: Z_1 = Deutsches Montagsblatt, 13. Mai 1878; Z_2 = Illustr. österr. Volkskalender 1879, Seite 73—82. Z_1 zeigt viele Druckfehler, die in dem Blatte des Schriftenkastens, I. N. 16736, vermutlich für späteren Gebrauch, ausgebessert sind, nämlich für den (sehr sorglosen) Abdruck im Volkskalender.

Unter dem Titel: Aus den Aufzeichnungen eines Weiberfeindes H_1 Z_1 Z_2 |

419_{9} sein, man H_1 | 419_{16} von besagtem Z_1 Z_2 | 419_{22} wie fehlt Z_1 Z_2 | 419_{23} Augen, dem H_1 | 420_{8} zusammengeführt, ehe H_1 | 420_{12} Ja, warum Z_2 | 420_{17} und Wäscheschrank Z_1 Z_2 | 420_{27} Chorhemd, er H_1 Z_1 | 421_{1} meines Überziehers Z_1 Z_2 | 421_{19} erwähntest, übrigens H_1 | 422_{8} überreichen, laß H_1 | 422_{22} als noch die Kniehosen gang Z_2 | 422_{26} bleiben,

Herr H_1 | 423_{27} Manne Z_1 Z_2 | 424_{24} Na, Z_2 | 425_{18} bei Seiner Exzellenz Z_2 | 425_{22} niedersetzen Z_2 | 425_{27} antworten, damit H_1 | 426_4 sagte Z_1 sagten Z_2 | 426_{18} verhüllte Z_2 | 426_{22} bückten Z_1 Z_2 | 427_{10} anzutreffen, das H_1 | 428_{18} darunter, daher H_1 Z_1 Z_2 | 429_5 Egoismuses H_1 | 429_{13} hast?] Habe ich dich nicht da noch gebeten? [Habe ich dich ... Z_2 | 429_{27} du als ... Faulheit immer H_1 | 430_{10f} kindisch, berufst ... „Muttern" ?" Z_1 Z_2 ||

Aus dem Leben einer Rattlerin. Ein Druck: Z = Neue Freie Presse vom 19. Mai 1878. — Davon Kb mit Verbesserungen (von späterer Hand?) I. N. 16742. — Titel: Aus dem Leben einer Rattlerin. Z | In Kb ersetzt eine fremde Hand (Bettelheims?) diesen Titel durch Fidi; dieser wird wieder zu gunsten des alten gestrichen, aber endlich (von wessen Hand?) doch bestätigt. |

434_7 Anfang an um Z; Kb streicht an | 436_{12} als sonst Z; Kb ändert in wie sonst | 439_2 Zutunlichkeit Z; Kb bessert in Zutulichkeit | 440_{29} der das Frühjahr über Z, der Frühjahrs über Kb | 441_5 Da sie Z, Nachdem sie Kb | 441_{26} gebräuchlich. Fido Z; gebräuchlich, Fido Kb ||

Geläutert. Eine Handschrift, I. N. 16785, 2½ Bogen. — Der erste Bogen besteht aus einem mit 2 numerierten Bogen und einem vorn angeklebten Blatte und enthält in Reinschrift (H_2) den Text 444_1—448_{29}. Dieses Blatt, die untere Hälfte eines Halbbogens, hat den Titel links auf dem Rande; der Erzählung ging entweder eine allgemeine Einleitung (vgl. D'Parapluimacher-Mali) oder eine andere Erzählung (Parallel- oder Gegenbeispiel) voraus. — Bogen 2 und 3 sind Konzept, H$_1$. — Ein Druck, Z: Presse vom 16. Juni 1881. —

Unter dem Titel: Eine moralische Geschichte, H$_2$ Z |

444$_5$ Monats Z | 444$_8$ umgeben, bald H$_2$ | 444$_{10}$ wurde; denn Z | 444$_{13}$ war, dennoch Z | 444$_{19}$ Kegelbahn, rasch H$_2$ | 445$_3$ zwei Z | 445$_{16}$ Garten; ich Z | 445$_{27}$ bekannt und der Z | 446$_{9f}$ und dann zu Z | 446$_{18}$ Regen, so lange H$_2$ Z | 446$_{25}$ erregt, dann H$_2$ | Statt 447$_{1-6}$ hatte H$_2$ ursprünglich: „Gut, erzählen wir," sagte ich, „aber etwas Moralisches." Dabei blinzte ich den Regenschirmfabrikanten an. Der Leser kann es freilich nicht wissen, denn es wird ihm erst später erklärt werden, daß ich diese Worte auf den Mann gemünzt hatte; dieser selbst aber setzte sie sofort außer Kurs, indem er mir in harmlosem Einverständnisse zunickte. — Diese Zeilen wurden gestrichen. Das „blinzen" und „münzen" scheint auf die naive Moral oder Unmoral des Regenschirmfabrikanten, beziehungsweise des Erzählers der moralischen Geschichte von der Parapluiemacher-Mali hinzudeuten. | 447$_{17}$ wendete Z | 448$_4$ saßen, ich H$_2$ | 448$_{10}$ halten, wenn H$_2$ | 448$_{12}$ tragen, ich H$_2$ | 448$_{14}$ meidet, indem H$_2$ | 448$_{21}$ nicht, Tag H$_2$ | 448$_{24}$ erheitern, ich H$_2$ | 450$_2$ vorgaben, ich H$_1$ | 451$_{21}$ merken, wir H$_1$ | 452$_{29}$ Thüre, dieselbe H$_1$ | 453$_2$ sich, ich H$_1$ | 453$_{22}$ Beachtung, wie H$_1$ | 453$_{25}$ aus, dabei H$_1$ | 554$_1$ Scherben, während H$_1$ | 454$_3$ einig, fürs H$_1$ | 454$_4$ sprengen, warum H$_1$ | 454$_{19}$ diejenige Z | 454$_{26}$ gäbe H$_1$ Z | 455$_4$ müssen, und H$_1$ Z | 455$_{10}$ wendete Z$_1$ | 455$_{15}$ verdrießen; hätte H$_1$ | 455$_{19}$ gewesen, aber H$_1$ | 455$_{21}$ Versöhnung; stritten Z | 456$_3$ scheinen, aber H$_1$ | 456$_{18}$ lassen, denn H$_1$ Z | 457$_{23}$ reichte, er H$_1$ | 458$_5$ aufzuerlegen, denn H$_1$ | 458$_7$ verstehe, und H$_1$ Z ||

Den Schluß von 458$_{12}$ verwerten?] an scheint später hinzugefügt; eine andere, ebenfalls spätere, Schlußwendung wurde wieder gestrichen: „Es ist das zwar eine Tugend ohne Verdienst,“ bemerkte der Regenschirmfabrikant. „Aber sie lebt von eigenen Mitteln,“ sagte ich. —

Ursprünglich folgten, so scheint es, auf 458_{12} verwerten?] jene sechs Zeilen, die sich auch auf der Beilage zu H_1 der Parapluiemacher-Mali finden (vgl. oben, Lesarten 604_{13-18} „Bravo—Dicken legend), und an diese schloß sich sofort die Erzählung des Regenschirmfabrikanten; und zwar, von kleinen, aus der Situation sich ergebenden Abweichungen abgesehen, zunächst 349_{1-7}, dann als Einschaltung des Autors 348_{2-22}, endlich 349_8—351_{30}, allerdings erheblich kürzer. — Mit (351_{29}) „ein ganz zernichts Fratzerl halt, aber recht anstellig, fleißig und sparsam“ ist die Bogenseite und damit diese erste Fassung und Handschrift der „Parapluiemacher-Mali“ zu Ende. — Sie wurde später blau durchgestrichen. —

Allerseelen. Eine Handschrift, H_1, J. N. 16738, 2½ Bogen. — Zwei Drucke: Z_1 = Presse vom 3. November 1881; abgedruckt in der Beilage des Berliner Börsen-Courier Nr. 543, vom 11. November 1881; B = Kleiner Markt, Seite 83—101. —

459_9 mustern, die H_1 | 459_{14} Todestages, der H_1 | Todestages; der Z_1 | 459_{26} fährt, der H_1 Z_1 | 461_{19} schließen, der H_1 B | 462_8 waren, dabei H_1 Z_1 B | 462_{23f} streicht H_1 vor beiden Gedankenstrichen das Komma, macht also einen Unterschied gegenüber dem gewöhnlichen , — ... , — | 462_{27} „lebendig Z_1 B | 465_{27} eingeschlossen B | 465_{28} über allen Schrecken des Todes und Greuel H_1 Z_1 B; die Korrekturen in H_1 zeigen Schwanken zwischen Ruhe- und Richtungskonstruktion oder zwischen Ein- oder Mehrzahlauffassung von Schrecken und Greuel.

Gegen die Richtungskonstruktion spricht aber das ruht 465_{26} und gegen die Mehrzahlauffassung das Fehlen des n in Greuel | 466_{22} zuwirft, dieser H_1 | 466_{28} handsam fehlt B | 466_{31} schwarzsammetnes B | 467_{7} niederhing, das H_1 | 467_{20} sammetnem B | 468_{17} Rechten nach dem Z_1 B | 468_{18} Erd' ist Z_1 B | 475_{2} sprachen, als H_1 | 469_{17} anzufangen, aber H_1 | 470_{1} mächtiger, doch H_1 | 470_{9} Noth; Ihr Z_1 B | 470_{10} Verkehre Z_1 B ||

Die Vorangegangenen und die Dahintergebliebenen. Eine Handschrift, H_1, I. N. 16884, 2 Bogen. — Ein Druck, Z: Presse vom 1. April 1883. —

Unter dem Titel: Spanisches H_1 Z |

472_{24} dessem H_1 | Bart Z | 472_{26} schaben, sie H_1 | 473_{5} darum, die H_1 | 473_{12} gestehen, sie H_1 | 473_{16} war, sie H_1 | 473_{20} gelassen, der H_1 | 473_{23} seine, vielleicht H_1 | 474_{2} jungen fehlt Z | 474_{12} heruntergelange, aber H_1 | 474_{14} Unternehmen, man H_1 | 474_{28} durften, aber H_1 | 475_{3} unter obwaltenden Z | 475_{16} zusehends, Tag um Tag, mehr für H_1 — zusehends Tag um Tag mehr für Z | 476_{6} gelegt, Felipillo H_1 | 477_{8} Ziele, es H_1 | 477_{12} Arsenal, er H_1 | 477_{27} Reibungen Z | 478_{2} , lauschigen fehlt Z | 478_{5} Laura, es H_1 | 478_{7} konnte, wenn H_1 ; Z | 480_{1} an, es H_1 | 480_{28} gestattet, heutzutage H_1 | 481_{16} Gedanke Z | 481_{18} aufzusuchen, es H_1 | 481_{29} trieb, andere H_1 | 481_{31} stand; ebensowenig H_1 Z | 483_{31} legen, — aber H_1 | legen — aber Z | 484_{18} Wortbruchs an den Toten Z ||

Der Christabend einer Leichtfertigen. Eine Handschrift, H_1, I. N. 16754, ein Bogen. — Ein Druck, Z: Presse vom 24. Dezember 1883. Titel: Auch ein Christabend. —

Unter dem Titel: Weihnachtsskizze H_1 Z.

486_{6} dahin, das H_1 | 486_{8} nahe, wollte H_1 | 487_{8} ſie ein paar Z | 487_{16} wandeln, leider H_1 | 488_{5} ſich fehlt H_1 | 488_{8} ein Schloß Z | 488_{13} ſchaffen, erſt H_1 | 489_{8} ganzen fehlt | 489_{11} net Z | 489_{15} würd H_1 | 489_{18} bieten, aber H_1 | 489_{19} Grundſätze, vielleicht H_1 | 489_{27} Wohnſtube, inmitten H_1 ; Z | 489_{29} Lampe, im H_1 | 490_{6} ſchlüpfte, die so H_1 Z (und fehlt) | 490_{8} herausſag; wann Z | 490_{14} können, da H_1 | 490_{15} an fehlt Z | 490_{18} gewiſſe Z_1 | 490_{22} bewahr; aber Z | 490_{24} b'halt't Z | 491_{7} alte fehlt Z | 491_{11} zuvor fehlt Z | 491_{13} mit Bändern unter dem Kinne fehlt Z | 491_{24} zeigte, kurz H_1 | 491_{30} Hände, ſie H_1 | 492_{16} anzukleiden, bot Z | 493_{9} Philippine, ſie H_1 | 493_{20} Geräuſch Z | 494_{13} geſtanden, ſie H_1 | 494_{21} Ung'legenheiten Z | 494_{24} betreten, und H_1 | 494_{30} Seraphin, (?) denn H_1 | 495_{3} laſſen, denn H_1 | 495_{5} den (? die) Schmerzen H_1 | 495_{10} wollen Z_1 | 495_{28} Geſagten, es H_1 ||

Getreu dem Feldzeichen. Zwei Handschriften: H_1, I. N. 16794, 2 Bogen; H_2, I. N. 16792, $3^1/_2$ Bogen. Links oben am Rande: Das Manuſkript wird nach Drucklegung zurück erbeten. L. A. — Ein Druck, Z: Nr. 1 u. 2 der von der „Öſterreichiſchen Geſellſchaft vom roten Kreuze" verlegten und von Josef von Weilen redigierten Monatsschrift „Das rote Kreuz". 1. Jahrgang, Nro. 1. und 2., 1. IX. und 1. X. 1884. — Davon Korrekturbogen, mit einer Verbesserung von späterer (Bettelheims?) Hand, im Schriftenkasten; I. N. 16793.

Unter dem Titel: Skizze H_1 H_2 Z |

498_{6} den friedlichen Heeren Z | 498_{14} „rote Kreuz" Z | 499_{4} um den Z | ſeine armen H_2 Z; H_1 ersetzt das gestrichene ſeine durch die | 499_{12} Verbände, ruhiger Haud, kompreß H_1 H_2 Z | 499_{19} Lippen — die H_1 |

Lippen, die Z | 499$_{23}$ nieder, trotz H_2 Z | 500$_8$ starke runde Z | 500$_{19}$ Stundenlang Z | 590$_{21}$ Materiale H_2 Z | 501$_1$ Achseln, für H_2 Z | H_1 scheint Achseln; für zu schreiben | 501$_{21}$ Belieben auch, zu H_1 H_2 Z | 502$_{10}$ und — — kein Z | 502$_{27}$ ja sie Z | 502$_{28}$ Befallenen H_1 H_2 Z; Kb von Z schlimmbessert Gefallenen | 503$_{11}$ miserable H_1 H_2 | 503$_{26}$ die sie und mit Recht — es ist H_1 H_2 Z | 504$_{23}$—505$_9$ ward, — die .... Begegnungen, auf ... verließ, — er ... von wo, — er ... Tageslichte; der ... Marmor, — er ... Schande, — er ... Enkelkinde, — danu H_1 H_2 | ward, die ... Begegnungen auf ... verließ, er ... es scheu und aufgeregt eines ... von wo, er ... Tageslichte, der ... Marmor, er ... Schaude, er ... Enkelkinde, dann Z | 505$_{23}$ war, inmitten H_1 H_2 Z | 505$_{24}$ leere umgestürzte H_1 H_2 Z | 506$_8$ ihr seine Z | 507$_5$ Daliegenden Z | 507$_{16}$ Wimpern, die H_1 | heuchlerisch vor ... Mädchens gesenkt, H_2 Z | 507$_{17}$ bangen fragenden H_2 Z | 507$_{21}$ Herren H_2 | gebreitet, auf H_1 H_2 | gebreitet; auf Z | 507$_{23}$ Kopfschütteln, er H_1 H_2 | 507$_{29}$ gelegen fehlt H_2 Z | 508$_{20}$ Janos, — H_1 H_2 | 509$_{10}$ auch habe ich H_1 | 509$_{15}$ Üble, das H_2 Z | 509$_{29}$ letzte, denn H_1 H_2 Z | 510$_{12}$ erwirken, da H_1 H_2 | 510$_{18}$ versichere, könnte H_1 H_2 Z | versichere, nicht in Ihrem Hause eine bessere Rolle gespielt zu haben, ich gäbe ... Z | 510$_{29}$ im gereitzten H_1 H_2 | 511$_4$ sich von allen Extremen fern H_2 Z | 517$_9$ Vernichtet einander nicht in H_1 ohne Sperrdruckandeutung ||

499$_{12}$ kompreß] = dicht, eng; der Verband besteht aus mehrfach zusammengelegter weißer Leinwand, um vor äußerem Druck zu schützen und selbst einen Druck auszuüben.

Falsches Glück! Zwei Handschriften: H_1, 3 Bogen, I. N. 16773; H_2, 4 Bogen, I. N. 16775. – Ein Druck, Z, Friedjungs Deutsche Wochenschrift vom 28. Dezember 1884. —

Titel: H_1 streicht Falsches Glück., schreibt aber dasselbe wieder hin. |

Unter dem Titel: H_1 streicht Novellette und schreibt Eine Weihnachts- und Neujahrsgeschichte darüber | Eine Weihnachts- und Neujahrs-Geschichte H_2 | Eine Weihnachts- und Neujahrsgeschichte Z |

512_3 Fronte H_1 H_2 | 512_5 modern, außer H_2 Z | 512_{14} welche beide außer H_1 H_2 | 512_{18} herumtummelten, Letzterer H_1 H_2 ; letzterer Z | 513_5 bedurfte, denn H_1 H_2 Z | 513_9 Blechgeschirre H_1 | 513_{16} in das Grüne H_1 | 514_{14} Schnupftabakdosen Z | 514_{29} aussehen, dazu H_2 Z | 514_{31} Saume Z | 515_5 vervollständigen Z (Druckfehler) | 516_{24} langjährigen fehlt H_2 Z | 516_{28} mit einmal fehlt Z | 516_{31} große fehlt Z | 517_{16} Hause, wenige H_1 H_2 Z | 518_{10} Arbeit, für H_1 H_2 Z | 518_{31} Dianens H_1 | 519_7 etwa fehlt H_2 Z | 519_{12} Naivetät H_1 H_2 Z | 519_{21} noch Neuling H_2 Z | 520_{13} in den heiligsten H_2 Z | 520_{15} auf, als H_1 H_2 Z | 520_{16} kurzen, aber unsagbar H_2 Z | 520_{22} Angebot H_2 Z (H_1 streicht ge) | 520_{30} hatten, er H_1 H_2 | 521_{14} erschwingen und H_1 H_2 | 521_{20} hinreichend H_2 Z | 521_{28} so viel, als er war H_1 H_2 Z | 522_4 Jahres, der H_1 H_2 Z | 522_{11} Kamerade H_1 H_2 | 523_{10} -Jakob fehlt H_2 Z | 523_{14} erlebt allsammt, H_2 Z | 524_{18} auf einmal Z | 525_3 malen kounte H_2 Z | 525_{24} könnt' es doch Z ||

514_2 Muffelofen] dient zum Einbrennen von Emails und Farben (vgl. 514_{15} Muffelfarben) auf Metall, Glasur und Porzellan. —

Ein frommer Augenblick. Eine Handschrift, H_1, I. N. 16777, 1½ Bogen. Ein Druck, Z: Heimgarten, X. (1886), Seite 23ff. —

Unter dem Titel: Genrebild H_1 Z.

526_{14} brechen, beugte Z | 528_3 wohl fehlt Z | 528_6 Niemanden anderen Z | 528_7 ich bezahlte bloß fehlt Z | 528_{16} Ach, Du Z | 529_{25} hätte, so Z | 530_2 also die ... Jungen, bleiben [H_1 blieben (?)] H_1 Z | 530_{26} bereden, ihnen Z | 531_1 Murmelthiere, das Z | 531_4 werden, das H_1 Z | dümmste Z; H_1 vermutlich dummste | 531_{17} Charakter, denn H_1 Z | 531_{24} Haus und H_1 Z | 532_3 verehrteste Z | 532_{19} „Donnerwetter", der H_1 Z | 532_{30} hinkt, in H_1 Z | 533_7 blitzenden Z | 534_2 menschenfreundlich H_1 | 536_{11} schlagen, so Z ||

Der gekränkte Gatte. Eine Handschrift, H_1, I. N. 16784, 2 Bogen. — Ein Druck, Z: Deutsche Zeitung vom 30. Juli 1886.

Unter dem Titel: Ein „Sittenbild" H_1 Z |

537_{12} durch, derselbe H_1 | 537_{13} auf; man Z | 537_{19} nur fehlt Z | 538_4 sah ein Z | 538_6 Hängebacken, die H_1 | 538_8 daß er seines Durstes bis Z | 538_{23} für Z | 540_{18} an der Seinen Z | 540_{28} göun' es Z | 540_{29} hm! —" Z | 541_9 Hatte es nie gedacht; Z | 541_{23} habe ... ?" Z | 541_{28} Schlag, Ausflüge H_1 | 542_6 aber obwohl H_1 Z | 542_8 besser; ... sollen, die Z | 542_{10} wollt' Z | 542_{12} nicht, der H_1 | 542_{24} war, aber H_1 | 542_{28} Lehrling' Z | 542_{29} g'habt ... dazug'stellt Z | 543_6 ausg'zahlt Z | 543_{23} Noch ein paar Z | 544_{18} aträttes H_1 Z | 544_{19} Handel eins H_1 | handelseins Z | 545_2 vom Z | 545_4 anz'stell'n Z | 545_{16} leg, selbst H_1 | 545_{26} Tage Z | 545_{30} sicher, — sonst H_1 | 546_4 wehrhafter, um H_1 | 546_{13} Herr — wie H_1 Z |

546_{28} hätten, ein H_1 | 547_6 ſelbſt geſtehe Z | 547_8 ergebe, aber H_1 Z | 547_{22} mit fehlt H_1 (Schreibfehler) | 548_3 Übelm H_1 | 548_{15} ſie für ihn Z | 548_{22} Jedem, der ihm G'hör gibt, Z ||

541_{30} Zieglerhütten] Waldschenke bei Dornbach (Bezirk Hernals). — 543_9 abſpicken] wohl vom lateinischen *spicere*, heimlich etwas absehen.

Begrabenes Glück. Eine Handschrift H_1, I. N. 16747, $3^1/_2$ Bogen. — Ein Druck: Z = Neues Wiener Tagblatt vom 31. Oktober 1886.

Unter dem Titel: H_1 streicht Eine Begegnung zu Allerſeelen sowie Skizze und beläßt Eine Skizze vom Allerſeelentage; so Z |

549_4 Thor Z | 549_8 ließ als iu der That war, von H_1 | 549_{12} Jungen, mit ... Glotzäuglein, nicht H_1 | 549_{18} oftmals Z | 550_4 glich, das H_1 | 550_{10} einmal ſchalkhafter Z | 551_{20} würzen, als H_1 | 552_8 Ich weiß es, Herr Z (H_1 streicht das es) | 552_9 Leichenbegängniſſe Z | 552_{17} wie ich hab' Sie (Schreibfehler?) H_1 | 553_1 völlig, runde H_1 | 553_4 Ausdruck, das Z | 553_{20} Beweglichkeit, ihr H_1 | 553_{21} Silberfäden Z | 553_{22} weich, auch H_1 Z | 553_{24} können, die H_1 ; Z | 553_{28} geröthet, ſelbſt H_1 | 554_{11} dabei fehlt Z | 556_5 der verhandelten Heimlichkeit Z | 556_7 waren ſie ſchweigend Z | 556_9 wies der Herr Rath mit Z | 557_1 will, zu H_1 | 557_7 mit beiden Händen, Z | 557_{11} Nun, Z | 558_{14} Romanleſen Z | 558_{18} die junge Frau Z | 558_{29} hatte, Z | 558_{30} waren, was H_1 | 559_{22} Rath. Z | 559_{24} an fehlt Z | 560_{22} fragen Z | 561_2 Ungelegenheiten ...", puſtete Z | 561_{11} Frau, durch ihre Nothlage bedrückt, Z | 567_{19} verflackern. — — Z ||

552_{31} Knerzeln] von Knorz = krummes, knotiges Stück Holz; Knerzel = kleiner, dicker Kerl, Kuhps (Castelli). —

Makulatur. Eine Handschrift, H_1, I. N. 16823, 2½ Bogen. — Zwei Drucke: Z = Neues Wiener Tagblatt vom 14. November 1886; davon ein (wahrscheinlich) Nachdruck Z_2 in einer New Yorker deutschen Zeitung. $Z_1 + Z_2 = Z$. —

Unter dem Titel: Skizze H_1 Z |

562_8 Vergänglichkeit], an die kurze Frist fehlt Z | 562_{17} nüchterner (?) H_1 — doch scheint aus dem gestrichenen kälterer hervorzugehen, daß der *comp.* gemeint war. | nüch-teuerer Z_1 nüchterner Z_2 | 562_{24} Ganz anders Z_2 | 563_3 gelte Z | 563_9 auf; das Z | 563_{11} die Haare (?) H_1 | 563_{25} hinunter, das H_1 | 564_{11} sich in Z | 564_{15} der Frauen Z | 564_{17} nachsieht und ... verunziert. Scheu Z (sinnstörende Interpunktion). | 565_{12} stäke, wer weiß, was H_1 Z | 565_{29} Fensternische über Z | 567_9 Einkaufskörbchen Z | 567_{20} der Frau H_1 | 568_{16} ein paarmal Z_2 | $569_{5\,ff}$ H_1 setzt vor die Punkte ... noch Beistriche | 569_{16} auch gravierendsten Z | 573_4 umgekehrt, aber Z_1 Z_2 | 573_8 sein ruhiges Gewissen Z_2 ||

Der 13. Band wurde vom Herausgeber handschriftlich abgeschlossen am 30. Juni 1920. Dr. Rudolf Latzke.

Lightning Source UK Ltd.
Milton Keynes UK
UKHW010828100119
335121UK00002B/175/P

9 780666 637253